어떻게 죽을 것인가

Being Mortal

어떻게 죽을 것인가

아툴 가완디 지음 _ 김희정 옮김

현대 의학이 놓치고 있는 삶의 마지막 순간

부·키

지은이 아툴 가완디Atul Gawande는 스탠퍼드 대학교를 졸업한 뒤 옥스퍼드 대학교에서 윤리학과 철학을 공부했고, 하버드 의과대학에서 박사학위를, 하버드 보건대학에서 공중보건학 석사학위를 받았다. 현재 하버드 의과대학과 보건대학 교수, 보스턴 브리검 여성병원 외과의이며『뉴요커』지 전속 필자로 활동하고 있다. 첫 저서『나는 고백한다, 현대의학을Complications』은 내셔널 북 어워드 최종 후보에 올랐고,『어떻게 일할 것인가Better』는 2007년 아마존 10대 도서에 선정되었으며,『체크! 체크리스트The Checklist Manifesto』 역시 베스트셀러에 올라 저술가로서 확고한 입지를 다졌다. 그는 최고의 과학 저술가에게 수여하는 루이스 토머스 상을 비롯해 내셔널 매거진 어워즈를 2회 수상했고, 사회에 가장 창조적인 기여를 한 인물에게 수여하는 맥아더 펠로십을 수상했다. 또한 그는『타임』지가 선정한 '세계에서 가장 영향력 있는 사상가 100인'에 이름을 올렸으며, 2015년 영국『프로스펙트』지가 선정한 '세계적인 사상가 50인'에 선정되었다.

옮긴이 김희정은 서울대 영문학과와 한국외국어대 동시통역대학원을 졸업했다. 현재 가족과 함께 영국에 살면서 전문 번역가로 활동하고 있다. 옮긴 책으로『랩 걸』『배움의 발견』『인간의 품격』『사다리 걷어차기』『장하준의 경제학 강의』『칼 라르손의 나의 집 나의 가족』『우주에서 가장 작은 빛』 등이 있다.

어떻게 죽을 것인가

2015년 5월 29일 초판 1쇄 발행 | 2024년 6월 21일 개정판 10쇄 발행

지은이 아툴 가완디 | 옮긴이 김희정 | 발행인 박윤우 | 편집 김송은, 김유진, 박영서, 성한경, 장미숙 | 마케팅 박서연, 이건희, 정미진 | 디자인 서혜진, 이세연 | 저작권 백은영, 유은지 | 경영지원 이지영, 주진호 | 발행처 부키(주) | 출판신고 2012년 9월 27일 | 주소 서울시 마포구 양화로 125 경남관광빌딩 7층 | 전화 02-325-0846 | 팩스 02-325-0841 | 이메일 webmaster@bookie.co.kr | ISBN 978-89-6051-909-1 03100

만든 사람들
편집 여임동 | 디자인 오필민

이제야 깨닫는다
이 생이 얼마나 빨리 흘러가 버리는지를
— 무사 카르나, 인도의 대서사시 『마하바라타』에서


결국 그들의 방문을 받지 않은 거리는 없다.
— 필립 라킨, 「앰뷸런스」

차례

추천사

죽음은 삶의 가장 중요한 이벤트다. 죽음이 있기에 삶은 비로소 성립하며 가치를 지닌다. 그런데 오늘날 죽음은 누구나 삶 속에서 목격하는 자연스러운 단계가 아니라 전문가들만이 다룰 수 있는 금기와 미지의 영역이 되어 있다. 죽음에 대해 이야기를 나누는 것은 거북한 일이며, 막상 죽음의 당사자는 생애의 마지막 날들을 어떻게 보낼 것인지 스스로 결정하기가 매우 어렵다. 내 아버지는 임종의 순간까지 본인의 죽음이 가까웠음을 알지 못했다. 아버지는 수 개월간 응급실과 중환자실, 요양병원을 거친 뒤 코로나19로 직계 가족의 면회조차 어려울 때 돌아가셨다. 상점을 나설 때 잘 모르는 사람과도 나누는 인사를, 아버지는 인생의 마지막 순간에 가장 가까운 사람들과 나누지 못했다. 이 책을 다시 읽으며 나는 아버지의 마지막 날들이 어쩌면 다를 수도 있었을까 생각해본다. 『어떻게 죽을 것인가』는 죽음에 대해 사색하는 철학서가 아니다. 아툴 가완디는 안전과 생존을 최우선에 놓는 현대 의학이 죽음을 맞이하는 사람의 삶을 어떻게 소외시키는지 차분한 어조로 조목조목 진단한다. 의료 시스템과 노년의 현실에 대한 구체적인 보고서에 가까운 이 책은 그러나 그 어떤 책보다도 죽음과 삶의 가치, 존엄에 대해 깊이 사유하게 한다. 죽음이라는 묵직한 주제를 진지하게 다루지만 예상외로 온 얼굴에 미소가 번질 만큼 따뜻한 이야기들도 곳곳에 스며 있다. 내가 가장 좋아하는 것은 개, 고양이, 식물, 잉꼬 백 마리(!)를 요양원에 들여놓은 의사 빌 토머스의 이야기다. 우리는 죽음을 삶에서 분리하지 않고 더 현명하게 껴안을 수 있다. 그 모색의 시작으로 이 책은 더없이 훌륭하다. 그야말로 누구에게나 '죽기 전에 꼭 읽어야 할 책'이다.

— 김하나 (작가, 『말하기를 말하기』 『여자 둘이 살고 있습니다』 저자)


인생이 축구라면, 전반전엔 모든 선수들이 온통 '어떻게 살 것인가?'에 답하겠다고 전력 질주 하지만, 후반전엔 '어떻게 죽을 것인가?'에 답하기 위해 발버둥친다. 골을 더 넣겠다며 애쓰는 선수도, 더 이상 실점하지 않겠다고 버티는 선수도, 승부와 상관없이 멋진 플레이로 마무리하겠다는 선수도, 결국 마지막 종료 휘슬을 들어야 하니까. 나 역시 '어떻게 존엄을 잃지 않으면서 생을 아름답게 마무리할 수 있을까?'가 가장 고민하는 인생의 화두 중 하나다.

이 어려운 질문에 답을 찾고자 하는 모든 생명체에게 이 책은 가장 영감 어린 책이다. 고백하자면, 나는 아툴 가완디의 열렬한 팬이다. 20년 전, 그가 쓴 『나는 고발한다, 현대의학을』을 읽고 그에게 완전히 매료되었다. 현대 의학의 성과와 한계를 냉정하게 평가하면서, 의학이 '생명 연장의 꿈'을 실현하는 데에 그치지 않고 죽음을 인간적으로 맞이할 수 있도록 모색해 온 그는 질병을 치료하는 기술자가 아니라, 환자를 돌봐주는 의사였다. 담담하게 써 내려간 의학서를 읽으며 눈시울이 뜨거워진 건 처음이었다.

현대 의학의 최전선에서 생사를 넘나드는 환자들을 날마다 대해온 그는 『어떻게 죽을 것인가』에선 존엄한 죽음의 방식에 관한 화두를 우리에게 던진다. 현대 의학의 역할은 환자의 목숨을 지속하고 연명하는 것이 아니라, 환자가 원하는 방식대로 삶을 마무리하고 죽음을 맞이할 수 있도록 도와주는 조력자여야 하지 않느냐고 냉정하지만 묵직한 어조로 묻는다.

이 책이 각별히 울림이 큰 것은 아툴 가완디가 아버지의 죽음을 병원에서 목도하면서 때론 의사로서, 때론 보호자로서 매우 객관적이면서 한없이 주관적으로 죽음을 성찰하고 있어서다. 병원의 긴박함과 긴장감을 수려한 문장으로 담아내면서도, 사려 깊은 성찰 끝에 얻은 깊은 통찰을 매 페이지에 담아낸다. 그는 현대 의학의 가장 냉정한 비판자이자 동시에 환자들의 가장 따뜻한 동반자이다. 이 책은 우리 삶의 책장 안에 가장 오랫동안 꽂혀 있어야 할 책이다.

— 정재승 (뇌과학자, 『과학 콘서트』 『열두 발자국』 저자)

# 서문

의과 대학에 다니면서 참 많은 것을 배웠지만, 죽음을 다룬 적은 거의 없었다. 첫 학기에 바짝 마른 해부용 사체를 접하기는 했지만, 그건 그저 인체 해부학을 배우기 위한 도구일 뿐이었다. 전공 교재는 나이 들어 쇠약해지다가 결국 죽음에 이르는 과정에 관해서는 거의 아무것도 말해 주는 것이 없었다. 그 과정이 어떻게 벌어지는지, 사람들이 삶의 마지막 순간을 어떻게 맞이하는지, 그리고 그것이 주변 사람들에게 어떤 영향을 끼치는지는 그다지 중요하지 않은 것처럼 다루었다. 학생들, 그리고 교수들이 알고 있던 의대 교육의 목표는 생명을 구하는 방법을 가르치는 데 있지 꺼져 가는 생명을 어떻게 돌봐야 하는지를 알려 주는 데 있지 않았기 때문이다.

내가 기억하기로 죽음을 주제로 토론을 벌인 건 단 한 번뿐이었다. 톨스토이의 고전 중편소설 『이반 일리치의 죽음The Death of Ivan Ilyich』을 한 시간 다뤘을 때였다. 학생들을 더 원만하고 인간적인 의사로 키워 내기 위해 매주 연 '환자―의사Patient-Doctor'라는 세미나 중 한 과정이었다. 우리는 세미나를 하면서 신체검사를 할 때 지켜야 할 예절을 배울 때도 있었고, 사회경제적 요인과 인종이 건강에 미치는 영향에 대해서 배울 때도 있었다. 그러던 어느 날 오후, 우리는 세미나실에 모여서 이름도 모르는 불치병에 걸려 점점 병세가 악화돼 가는 이반 일리치의 고통에 대해 생각했다.

나이 마흔다섯 살인 이반 일리치는 상트페테르부르크의 중간급 치안 판사로, 항상 사회적 지위에 대한 자잘한 걱정으로 시간을 보내는 사람이다. 그는 어느 날 사다리에서 떨어진 뒤 옆구리에 통증을 느낀다. 통증은 시간이 지날수록 가라앉기는커녕 점점 더 심해져서 일을 할 수 없는 지경에까지 이른다. 전에는 '지적이고 세련되고 활기차고 상냥한 사람'이었던 일리치가 점점 우울해지고 쇠약해지자 친구와 동료들은 그를 피한다. 그의 아내는 점점 더 많은 비용을 지불해야 하는 의사들을 불러들인다. 그러나 아무도 다른 의사의 진단에 동의하지 않고, 그들이 내린 처방은 하나같이 소용이 없다. 자신에게는 고문이나 다름없는 이 상황에 일리치는 화를 내기만 한다.

톨스토이는 이렇게 쓰고 있다. "이반 일리치를 가장 고통스럽게 한 것은 기만과 거짓이었다. 무슨 이유에서인지 모두가 그는 죽어가는 게 아니라 그저 아플 뿐이며, 잠자코 치료를 받기만 하면 좋은 결과가 있을 거라고 여기는 것 말이다." 이반 일리치는 때로 어쩌면 상황이 좋아질지도 모른다는 희망을 갖기도 한다. 그러나 점점 몸이 허약해지고 수척해지면서 그는 자신에게 무슨 일이 일어나고 있는

지 깨닫고, 극도의 고통과 죽음에 대한 공포에 휩싸인 채 산다. 그러나 의사, 친구, 가족 그 누구도 죽음이라는 주제를 용납하지 않는다. 바로 그것이 일리치에게는 가장 큰 고통이었다.

"아무도 그를 그가 원하는 만큼 동정하지 않았다." 톨스토이는 계속해서 말한다. "오랫동안 계속되는 통증을 겪고 난 후에 그가 가장 원했던 건 (그 사실을 고백하기에는 너무 수치스러웠지만) 사람들이 아픈 아이에게 그러듯이 자기를 동정해 주는 것이었다. 누군가 다독거리면서 안심시켜 주기를 갈망했다. 그는 자신이 중요한 자리에 있는 공무원인 데다 턱수염이 하얗게 세기 시작하는 나이이므로, 자신이 원하는 방식대로 위안을 얻기란 불가능하다는 사실을 알고 있었다. 그럼에도 여전히 그것을 열망하고 있었다."

의대 학생들의 생각은 이랬다. 이반 일리치 주변 사람들이 그를 적절히 위로하지도, 그에게 무슨 일이 일어나고 있는지 제대로 인정하지도 못한 것은 모두 당시 문화와 개별 인물들의 문제일 뿐이라는 것이었다. 톨스토이 소설의 배경이 되는 19세기 말 러시아는 우리에게 가혹하고 거의 원시적으로까지 보였다. 우리는 현대 의학 지식이 있었다면 그게 무슨 병이었든 간에 일리치를 고칠 수 있었을 거라 확고히 믿었고, 또한 정직과 친절이 현대 의사의 기본적 책임이라는 사실을 당연히 받아들였다. 우리가 그런 상황에 처하면 환자의 마음을 잘 어루만질 수 있으리라는 자신이 있었다.

우리는 지식에 대해서만 걱정하고 있었다. 어떻게 공감하고 동정해야 할지는 잘 알고 있지만, 제대로 진단하고 치료하는 데 필요한 지식을 갖출 수 있을지는 확신이 서지 않는다고 생각했다. 우리가 이대 하비를 내는 것은 인체가 돌아가는 과정과 병리의 복잡한 메커니즘을 이해하고, 병을 멈추기 위해 지금까지 축적해 온 방대한 기술과 지식을 배우기 위해서였다. 그 외에는 별로 달리 생각할 만한 게 없다고 믿었다. 그래서 이반 일리치에 대해서는 금세 잊고 말았다.

그러나 몇 년 후 외과 전공의 훈련을 거쳐 환자를 진료하기 시작한 나는 점점 쇠락해 가다가 죽음이라는 현실에 직면할 수밖에 없는 환자들과 만나게 되었다. 내게 그들을 도울 준비가 얼마나 안 되어 있는지를 깨닫는 데는 긴 시간이 필요하지 않았다.

나는 외과 전공의 과정 1년 차 때부터 글을 쓰기 시작했다. 내 첫 에세이에는 조지프 라자로프라고 이름 붙인 환자의 이야기가 등장한다. 시 행정담당관인 그는 몇 년 전 폐암으로 아내를 여의었는데, 60대에 접어든 후 그도 불치암에 걸렸다. 전립선암이 몸 전체에 전이된 것이다. 체중이 20킬로그램 이상 줄었고, 복부, 음낭, 다리에 물이 차올랐다. 어느 날 아침에 눈을 뜨니 오른 다리를 움직일 수 없었고, 배변 조절도 할 수가 없었다. 그는 내가 신경외과 병동에서 인턴으로 일하던 병원에 입원했다. 암이 흉추까지 번져서 척수를 누르고 있다는 진단 결과가 나왔다. 암 자체는 고칠 수 없었다. 하지만 의료진은 증상을 완화시킬 수 있기를 바랐다. 그러나 응급 방사선 치료에도 암세포는 줄어들지 않았다. 신경외과 주치의는 그에게 둘 중 하나를 선택하라고 말했다. 하나는 고통을 경감시켜 주는 완화치료, 다른 하나는 척추에서 점점 자라나는 암세포를 제거하기 위한 수술이었다. 라자로프는 수술을 선택했다. 당시 신경외과 인턴이었던 나의 임무는 그가 수술에 따르는 위험을 이해하고 있으며, 수술하기를 원한다는 확인 서명을 받는 것이었다.

나는 라자로프의 입원실 밖에 서서 땀으로 축축해진 손으로 그의 차트를 쥔 채 어떻게 이야기를 꺼낼까 궁리했다. 수술이 성공적으로 끝나면 척수 손상이 더 이상 진행되지 않게 할 수 있으리라는 희망이 있었다. 하지만 암을 완치하거나 마비를 되돌릴 수도, 이전의 생활로 돌아갈 수도 없었다. 무슨 짓을 해도 잘해야 몇 달 이상 살지 못할 것이고, 수술에는 위험이 따른다. 가슴을 절개하고 갈비뼈를 하나 들어낸 다음 폐의 바람을 빼서 납작하게 만들어야 비로소 척추에 접근할 수 있다. 출혈이 많은 수술이고 회복은 더딜 것이다. 그는 이미 쇠약해진 상태에서 몸을 더욱 악화시킬 수 있는 수술 후 합병증의 위험에까지 직면해 있었다. 수술로 삶의 질이 나빠지고 수명이 단축될 위험이 있었다. 그러나 신경외과 주치의가 이 모든 가능성을 라자로프에게 충분히 설명했고, 그는 자신이 수술을 원한다는 사실을 분명히 했다. 나는 그냥 환자를 만나 서류를 작성하기만 하면 되는 일이었다.

침대에 누워 있는 라자로프의 얼굴은 잿빛에다 굉장히 수척해 보였다. 나는 인턴이라고 자기 소개를 한 후 수술 동의서에 서명을 받으러 왔다고 말했다. 그리고 그에게 수술에 따르는 위험을 다 알고 있다는 사실을 확인해 달라고 요청했다. 나는 수술을 통해 종양을 제거할 수는 있지만 그로 인해 마비, 뇌졸중 등 심각한 부작용을 겪을 수 있고 심지어 목숨을 잃을 가능성도 있다고 말했다. 명확하게 메시지를 전달하되 너무 가혹하게 들리지 않게 하려고 노력했지만, 내 말이 그를 화나게 만든 것 같았다. 병실에 함께 있던 그의 아들이 이렇게까지 용기를 내는 게 과연 좋은 생각인지 물었을 때도 마찬가지였다. 라자로프는 마뜩잖다는 듯 말했다.

"그래서 날 포기하겠다는 거냐? 할 수 있는 건 다 해 봐야지." 라자로프에게서 서명을 받은 후 병실 밖으로 나오자 그의 아들이 따라 나오며 나를 잡았다. 어머니가 중환자실 인공호흡기에 매달린 채 임종했을 때 아버지 자신은 저렇게 죽지 않겠다고 말했다는 것이다. 그러나 이제는 '할 수 있는 일은 다 하겠다'고 저렇게 고집을 피운다는 얘기였다.

당시 나는 라자로프의 선택이 잘못됐다고 믿었고 지금도 그 생각에는 변함이 없다. 수술에 따르는 위험 때문이 아니라 수술을 받아도 그가 원하는 삶을 되찾을 확률이 없었기 때문이다. 배변 능력, 활력 등 병이 악화되기 전에 누렸던 생활을 다시 찾을 수 있는 수술이 아니었다. 길고도 끔찍한 죽음을 경험할 위험을 무릅쓰고 그가 추구한 것은 환상에 지나지 않았다. 그리고 결국 그는 그런 죽음을 맞이했다.

수술은 기술적으로는 성공이었다. 8시간 반에 걸친 수술로 그의 척추에 침범한 종양을 제거하고 척추체를 아크릴 시멘트로 재건하는 데 성공했다. 덕분에 척수를 짓누르던 압력은 사라졌다. 그러나 환자는 수술의 부담에서 결코 회복되지 못했다. 중환자실에 들어간 그는 호흡부전이 생겼고, 전신감염에 걸렸으며, 움직이지 못해서 피떡이 고였고, 이를 치료하기 위해 투여한 혈액 희석제 때문에 출혈을 일으켰다. 우리는 날마다 뒤처지고 있었다. 결국 우리는 그가 죽어 가고 있다는 것을 인정할 수밖에 없었다. 수술 후 14일째 되는 날, 그의 아들은 의료진에게 이 모든 것을 그만 멈춰 달라고 말했다.

라자로프의 생명을 유지하고 있던 인공호흡기를 끄는 임무가 내게 떨어졌다. 나는 그에게 투여되고 있는 모르핀 주사 용량이 충분히 높은지 확인했다. 호흡곤란으로 인한 고통을 겪지 않도록 하기 위해서였다. 혹시 그가 내 말을 들을지도 모른다는 생각에 몸을 숙여 호흡기를 입에서 빼내겠다고 속삭였다. 호흡기를 빼내자 그는 몇 번 기침을 하고 잠깐 눈을 떴다가 다시 감았다. 그의 호흡이 점점 힘겨워지더니 이내 멈췄다. 나는 청진기를 가슴에 대고 점점 꺼져 가는 심장박동 소리를 들었다.

내가 처음 라자로프에 관한 글을 쓴 지도 이제 10년이 넘었다. 그리고 지금 내 머릿속에 가장 먼저 떠오르는 것은 당시 그의 결정이 얼마나 잘못되었는지에 관한 것이 아니다. 그보다는 우리가 그 앞에 놓여 있던 선택지에 대해 정직하게 이야기하기를 얼마나 꺼려했는지에 관한 것이다. 다양한 치료 방법이 갖는 특정 위험에 대해 설명하는 것은 아무런 어려움이 없었다. 그러나 우리는 그의 병을 둘러싼 현실에 대해서는 전혀 이야기하지 않았다. 암 주치의, 방사선 치료사, 외과 집도의 등 절대 고칠 수 없는 병이라는 것을 알면서도 몇 달에 걸쳐 그의 치료를 도왔던 의료진 모두가 그 문제를 논하려 하지 않았다. 환자의 상태를 둘러싼 큰 그림이나 의료진의 궁극적인 한계에 대해서 논의하는 데 실패한 것이다. 삶의 마지막 단계에 접어든 그가 가장 중요한 것을 돌보는 데 실패한 것은 물론이다. 라자로프가 환상을 좇고 있었다면, 의료진 역시 마찬가지였다. 그는 여기 병원에 있었고, 몸 전체로 점점 퍼져 가는 암 때문에 부분적인 마비를 겪고 있었다. 그는 심지어 단 몇 주 전에 누리던 삶으로도 돌아갈 가능성이 전혀 없었다. 그러나 그것을 인정하고 환자가 그 현실에 대처하도록 돕는 일은 우리 능력 밖의 일로 느껴졌다. 우리는 현실을 인정하지도, 환자를 위로하지도, 적절한 안내자 역할을 하지도 않았다. 그저 환자가 시도해 볼 수 있는 또 하나의 치료 방법을 제시했을 뿐이다. 어쩌면 좋은 결과가 나올지도 모른다는 희망을 주면서 말이다.

우리는 이반 일리치가 만났던 19세기의 원시적인 의사들보다 조금도 나을 게 없었다. 아니 실은 더 나빠진 것인지도 모른다. 우리가 환자에게 새로운 형태의 육체적 고문을 가한 것을 생각하면 말이다. 누가 더 원시적인 의사인지 충분히 의심해 볼 만한 일 아닌가.

현대 과학 기술은 인간의 삶을 근본적으로 변화시켰다. 사람들은 역사상 그 어느 때보다 더 나은 삶을, 더 오래 누리고 있다. 그러나 과학의 발전으로 인해 나이 들어 죽어 가는 과정은 의학적 경험으로 변질되었고, 의료 전문가들의 손에 맡겨야 하는 문제가 되었다. 그런데 의학계에서 일하는 우리들은 이 문제를 다룰 준비가 놀라울 정도로 되어 있지 않은 것으로 판명되었다. 이러한 현실이 대체로 주목받지 못하는 까닭은 삶의 마지막 단계가 점점 사람들에게 친숙하지 않은 것이 되어 가고 있기 때문이다. 1945년까지만 해도 사람들은 대부분 집에서 죽음을 맞이했다. 1980년대에 이르자 이 비율은 17%로 줄었다. 이 시기에 어떻든지 집에서 죽은 사람들은 병원에 가지 못할 만큼 갑작스럽게 일을 당했을 공산이 크다. 말하자면 중증 심장마비, 뇌졸중, 치명적인 부상을 당했거나 너무 고립되어 있어서 도움을 구하기 어려웠을 거라는 얘기다. 미국뿐 아니라 다른 모든 선진국에서도 노화와 죽음은 병원이나 요양원에서 겪는 일이 됐다.

의사가 되면서 나는 치료를 받는 입장에서 치료를 하는 입장이 됐다. 두 분 다 의사인 부모님 밑에서 자랐음에도 병원에서 접하는 모든 것이 새롭기만 했다. 나는 이전까지 누군가 죽는 것을 한 번도 목격한 적이 없었다. 따라서 처음으로 그런 경험을 했을 때 충격을 받지 않을 수 없었다. 나 자신도 언젠가 죽게 되리라는 사실이 생각나서가 아니었다. 어쩐 일인지 내 또래의 죽음을 목격했을 때도 그런 생각이 떠오르지는 않았다. 나는 의사 가운을, 그들은 환자복을 입고 있었고, 서로 입장이 바뀌는 그림은 상상하기 어려웠다. 그러나 내 가족이 환자가 되는 상황은 상상할 수 있었다. 내 가족들—아내, 부모님, 아이들—이 생명을 위협하는 심각한 질병을 앓은 적이 있었기 때문이다. 정말 급박한 상황이었음에도 의학 기술 덕분에 모두 목숨을 구할 수 있었다. 그래서인지 의학 기술로도 목숨을 구하지 못하는 환자들을 봤을 때 나는 충격을 받고 말았다. 물론 이론적으로는 내 환자가 죽을 수 있으리라는 것을 알고 있었지만, 그런 일이 일어날 때마다 뭔가 반칙을 당했다는 느낌이 들었다. 마치 게임의 규칙을 저쪽에서 어긴 것 같은 느낌 말이다. 내가 생각하고 있던 게 어떤 게임이었는지 모르겠지만, 그 게임에서 우리는 항상 이기도록 되어 있었다.

새로 일을 시작한 의사와 간호사는 모두 환자가 죽어 가는 모습이나 죽음 그 자체를 맞닥뜨려야 한다. 처음에는 울음을 터뜨리는 사람도 있고, 마음의 문을 닫아 버리는 사람도 있으며, 아무렇지 않은 듯 넘어가는 사람도 있다. 처음 환자들의 죽음을 경험했을 때 나는 너무 조심스러워서 눈물을 흘릴 수가 없었다. 그런데 그들이 내 꿈에 나타나기 시작했다. 우리 집에서, 내 침대에서 죽은 환자의 시체를 발견하는 악몽이 되풀이됐다.

나는 꿈속에서 공황 상태에 빠져 '도대체 이 사람이 여기 어떻게 왔을까?' 하는 생각이 들었다.

비록 꿈속이지만 나는 발각 당하지 않고 시체를 병원에 되돌려 놓지 않으면 엄청난 곤경에 빠질 것이고 심지어 체포될 수도 있다는 걸 안다. 시체를 자동차 트렁크에 넣을까 생각해 보지만 너무 무거울 것 같다. 트렁크에 넣는 데 성공하기도 하는데 이때는 피가 기름 얼룩처럼 스며 나오다가 결국 넘쳐흐른다. 병원까지 가지고 가서 환자 이송용 침대에 싣고 복도를 헤매지만 그 환자가 입원해 있던 병실을 찾지 못할 때도 있다. 그때 누군가가 "이봐!" 하며 나를 쫓기 시작한다. 그러다가 심장이 요동치며 땀에 흠뻑 젖은 채 잠에서 깨면 어둠 속에서 아내 옆에 누워 있는 나를 발견한다. 그때는 내가 그들을 죽였다고 느꼈다. 나는 실패한 것이다.

물론 죽음은 실패가 아니다. 죽음은 지극히 정상적인 일이다. 죽음이 비록 우리의 적일는지는 모르지만, 만물의 자연스러운 질서이기도 한 것이다. 나는 이 진실을 추상적으로는 알고 있었지만 구체적으로 이해하지 못했다. 그 진실이 모든 사람에게 적용될 뿐 아니라 내 앞에 앉아 있는 이 사람, 내가 책임져야 할 이 사람에게도 적용된다는 사실을 받아들일 수 없었다.

이제는 돌아가신 외과의 셔윈 눌랜드Sherwin Nuland 박사는 『사람은 어떻게 죽음을 맞이하는가How We Die』에서 이렇게 한탄한다. "우리 전 세대까지는 자연이 결국 이기게 되어 있다는 사실을 누구나 예상하고 받아들였다. 의사들은 패배의 징후를 훨씬 더 기꺼이 인정하려 했고, 그것을 부정하는 데 있어서는 훨씬 덜 오만하게 굴었다." 그러나 나는 기술이라는 놀라운 무기가 배치된 곳에서 훈련을 받는 21세기의 경로를 따라가면서, '덜 오만하게 굴었다'는 것이 정말로 무얼 의미하는 것인지 궁금해졌다. 보통 의사가 되는 사람들은 일에서 얻는 만족감을 상상하며 이 길에 들어선다. 그리고 그 만족감이라는 것이 능숙함에서 오는 것이라는 사실도 알게 된다. 그것은 목수가 다 부서져 가는 골동품 서랍을 감쪽같이 고치는 데 성공하고 얻는 깊은 만족감, 아이들이 어느 순간 원자라는 개념에 눈을 뜨고 세상을 보는 눈이 달라질 때 과학 선생님이 얻는 만족감과 다르지 않다. 만족감은 부분적으로 다른 사람을 도왔다는 데서 오기도 하지만, 어렵고 난해한 문제를 기술적으로 능숙하게 해결했다는 데서 오기도 한다. 능숙함은 한 사람의 확고한 정체성과 연결되는 문제다. 따라서 환자를 보는 의사에게 문제를 해결해 줄 수 없는 환자를 만날 때만큼 정체성에 위협을 받는 때는 없다.

우리는 모두 태어난 순간부터 나이를 먹는다는 삶의 비극을 피할 길이 없다. 사람이라면 누구나 이 사실을 이해하고 받아들이기도 한다. 이제는 죽은 환자들, 죽어 가는 환자들이 꿈에 나타나 나를 괴롭히지 않는다. 그렇다고 해서 고칠 수 없는 환자를 만났을 때 대처하는 방법을 알아냈다는 뜻은 아니다. 내가 선택한 직업은 문제를 해결하는 능력 때문에 존재하고 성공한 분야다. 해결 가능한 문제라면 우리가 그 방법을 알고 있다. 그러나 해결할 수 없는 문제라면? 이 질문에 대해 적절히 답하지 못해 왔다는 사실이 걱정스럽다. 또한 그것이 냉담함과 몰인정함, 그리고 엄청난 고통을 초래하고 있다는 것도 문제다.

죽음을 일종의 의학적 경험으로 만드는 실험이 시작된 것은 10년 밖에 되지 않았다. 역사가 짧은 셈이다. 그리고 그 실험은 실패하고 있는 듯하다.


이 책은 현대인이 경험하는 죽음에 관한 내용을 담고 있다. 나이 들어 죽음을 맞이해야 하는 존재라는 게 어떤 건지, 의학이 이 경험을 어떻게 변화시키고 또 변화시키지 못했는지, 그리고 우리가 유한성에 대처하기 위해 생각해 낸 방법이 현실을 어떻게 왜곡시켰는지를 살펴볼 것이다. 외과의 일을 시작한 지 10년이 지나면서 중년이 된 나는 이제 나 자신도 내 환자들도 현재의 상황을 견디기 어렵다는 사실을 깨닫는다. 그러나 어떤 답이 나와야 할지, 심지어 적절한 답을 내놓는다는 게 가능하기나 한 건지 잘 모르겠다. 그러나 나는 이 문제를 둘러싼 베일을 벗기고 더 가까이 그 본질을 들여다보면 가장 혼란스러운 게 무언지, 가장 이상한 게 무언지, 혹은 가장 불안한 게 무언지를 이해할 수 있을 거라고 확신한다. 저자이자 과학자로서 말이다.

사실 우리는 노인들이나 불치병을 앓는 사람들과 많은 시간을 보내지 않아도 의학이 도움을 필요로 하는 사람들을 얼마나 자주 실망시키는지 알 수 있다. 아주 조금 나아질 가능성이 있을지도 모른다는 이유로 뇌를 둔화시키고 육체를 서서히 무너뜨리는 치료를 받으며 점점 저물어 가는 삶의 마지막 나날들을 모두 써 버리게 만드는 것이다. 많은 환자들이 요양원이나 중환자실같이 고립되고 격리된 곳에서 치료를 받는다. 삶에서 가장 중요했던 모든 것으로부터 단절된 채 엄격히 통제되고 몰개성화된 일상을 견뎌 내면서 말이다. 늙어 가다가 죽음에 이르는 경험을 정직하게 살펴보기를 꺼려하는 경향 때문에 우리는 환자들에게 해를 끼치는 일이 더 많아졌고, 환자들은 그들이 가장 필요로 하는 기본적인 위로와 안식을 거부당해 왔다. 우리는 사람들이 마지막 순간까지 성공적으로 산다는 게 어떤 것인지 일관된 관점을 가지고 있지 않다. 그 때문에 우리는 의학, 기술, 그리고 낯선 사람들의 손에 우리 운명을 맡기는 것이다.

　나는 지금까지 무슨 일이 벌어져 왔는지를 이해하고 싶다는 바람으로 이 책을 썼다. 죽음, 좀 더 정확히는 죽을 수밖에 없는 운명이라는 것은 어떤 의미에서 사람들의 기대를 저버리는 주제일 수도 있다. 의사가 생의 종말과 죽음의 불가피성을 조망하는 책을 썼다고 하면 깜짝 놀라는 사람들도 있을 것이다. 그리고 아무리 조심스럽게 이 문제를 거론한다 해도 어떤 이들은 늙고 병든 구성원들을 희생시키는 고려장식 공동체의 망령을 불러오는 것으로 받아들일 수도 있을 것이다. 그러나 냉혹하고 가차없는 삶의 사이클을 받아들이기를 거부하는 우리의 습성 때문에 늙고 병든 구성원들이 이미 희생되고 있다면 어떻게 해야 할까? 그리고 더 나은 해결책이 바로 눈앞에 있어서 우리가 제대로 눈을 뜨고 발견해 주기만을 기다리고 있다면 어떨까?

Being Mortal

1

독립적인 삶

혼자 설 수 없는 순간이 찾아온다

현대화는 사람들에게—젊은이와 노인 모두에게—더 많은 자유와 통제력을 누리는 삶의 방식을 제공했다. 거기에는 다른 세대에게 덜 묶여 살 자유도 포함되어 있다. 노인들에 대한 존중은 없어졌을지 모르지만, 그것이 젊음에 대한 존중이 아니라 독립적인 자아에 대한 존중으로 대체된 것이다.

이런 삶의 방식에는 한 가지 문제가 남아 있다. 독립적인 자아에 대한 숭배가 삶의 현실을 고려하지 않는다는 것이다. 독립이라는 것이 불가능해지는 때가 온다는 현실 말이다. 언젠가는 심각한 질병이나 노환이 덮쳐 오게 될 것이다. 해가 지는 것만큼이나 피할 수 없는 자연현상이다. 여기서 질문 하나가 떠오른다. 우리가 지향하는 삶의 목표가 독립이라면, 그걸 더 이상 유지할 수 없게 됐을 때 어떻게 해야 할까?

나는 심각한 질병이나 노령에 따른 어려움을 보지 못하고 자랐다. 부모님은 두 분 다 의사였고 아주 건강했다. 할머니, 할아버지가 계시긴 했지만, 너무 멀리 있어 만나 뵐 기회가 없었다. 부모님이 인도에서 미국으로 건너와 오하이오주 애선스라는 작은 대학 도시에서 우리 남매를 기르셨기 때문이다. 내가 가까이에서 규칙적으로 마주친 노인이라곤 중학생 때 피아노를 가르쳐 준 같은 동네 할머니뿐이었다. 그 할머니는 나중에 병들어 어딘가로 이사를 갔는데, 그녀가 어디로 갔는지 그리고 그녀에게 어떤 일이 일어난 건지는 별로 궁금해하지 않았다. 현대 사회에서 늙어 가며 겪는 일들은 완전히 내 세상 밖에서 벌어지는 일들이었다.

대학에 진학한 후, 나는 같은 기숙사의 캐슬린이라는 여학생을 사귀었다. 그리고 1985년 크리스마스에 버지니아주 알렉산드리아에 있는 캐슬린의 집에 갔다가 그녀의 할머니 앨리스 홉슨 여사를 만나게 됐다. 당시 일흔일곱 살이었던 앨리스 할머니는 기가 팔팔하고 독립적인 인상을 주었으며, 자신의 나이를 결코 숨기려 하지 않는 분이었다. 염색을 하지 않은 할머니의 하얀 머리는 정성스럽게 빗질

해서 옆 가르마를 탄 베티 데이비스 스타일이었다. 손에는 검버섯이 가득하고 피부에 주름이 많았지만, 립스틱을 살짝 바르고 다림질을 깔끔하게 한 블라우스나 원피스 차림을 한 채 다른 사람이라면 그 나이에 엄두도 못 낼 높은 굽의 구두를 신고 있었다.

그 후 몇 년에 걸쳐 나는 앨리스 할머니에 대해 더 잘 알게 됐다. 결국 캐슬린과 결혼하게 됐기 때문이다. 앨리스 할머니는 화훼, 버섯 농장들로 유명한 펜실베이니아주의 농촌에서 자랐다. 할머니의 아버지는 대규모 온실에서 카네이션, 금잔화, 달리아 등을 기르는 농부였다. 앨리스 할머니와 그녀의 형제자매들은 집안에서 처음으로 대학 진학을 한 세대였다. 할머니는 델라웨어 대학 재학 시절, 토목공학을 공부하던 리치몬드 홉슨을 만났다. 두 사람은 대공황 때문에 대학을 졸업하고 6년이 지난 다음에야 결혼할 수 있었다. 신혼 때는 리치몬드 할아버지 직장 문제로 이사를 많이 다녀야만 했다. 그러던 중 미래의 내 장인이 될 짐과 그의 동생 척이 태어났고, 할아버지는 육군 공병대에 취직해서 커다란 댐과 다리를 건설하는 전문가가 됐다. 10년 후, 리치몬드 할아버지는 워싱턴 DC 외곽에 위치한 사령부에서 공병대 수석 엔지니어와 함께 일하는 자리로 승진해 옮겨 간 뒤 쭉 그곳에서 일했다. 리치몬드 할아버지와 앨리스 할머니는 알링턴에 정착했다. 그곳에서 두 분은 차를 사 이곳저곳 여행을 다니면서도 얼마간의 돈을 저축할 수 있었고, 그 덕분에 빚을 지지 않고도 집을 늘렸을 뿐 아니라 영특한 두 아들을 대학에 보낼 수도 있었다.

그러던 어느 날, 시애틀로 출장 갔던 리치몬드 할아버지가 갑작스런 심장마비를 일으켰다. 할아버지는 협심증 병력이 있었고, 가끔 찾아오는 가슴 통증을 완화하기 위해 나이트로글리세린을 복용하고 있었다. 하지만 당시는 1965년이었고, 의사들이 심장질환에 대해 취할 수 있는 조치가 그다지 많지 않았다. 할아버지는 결국 앨리스 할머니가 병원에 도착하기 전에 숨을 거뒀다. 그의 나이 겨우 예순이었고, 앨리스 할머니는 쉰여섯이었다.

육군 공병대에서 나오는 연금 덕분에 할머니는 알링턴의 집을 팔지 않아도 됐다. 내가 할머니를 처음 만났을 때 그녀는 그린캐슬가에 있는 그 집에서 20년째 살고 있었다. 내 장인 장모인 짐과 낸이 근처에 살고 있긴 했지만, 할머니는 완전히 독립적인 생활을 하고 있었다. 잔디도 직접 깎고, 배관 문제도 척척 혼자서 해결했으며, 친구 폴리와 함께 헬스 클럽에 다니기도 했다. 또한 바느질과 뜨개질을 좋아해서 옷이나 목도리를 만들곤 했는데, 크리스마스에는 붉은색과 초록색 실을 섞어 만든 크리스마스 스토킹(작은 선물을 담을 수 있도록 커다랗게 만들어 벽난로 등에 걸어 놓는 양말 모양의 주머니)을 온 가족에게 나눠 주기도 했다. 식구들의 이름을 새기고 납작코 산타를 달아 정성스럽게 만든 것이었다. 할머니는 또 케네디 센터에 연간 회원으로 가입해 공연을 관람하는 모임을 조직했고, 커다란 8기통짜리 쉐보레 임팔라의 운전석에 쿠션을 깔고 직접 운전을 했다. 할머니는 그 차로 혼자 볼일을 보고, 가족들을 방문하고, 친구들을 태워주었으며, 자신보다 몸이 불편한 사람들을 위해 정기적으로 식사 배달을 하기도 했다.

시간이 흐르면서 앨리스 할머니가 얼마나 더 오래 독립적인 생활을 할 수 있을지 여부가 과제로 떠올랐다. 할머니는 기껏해야 150센티미터가 조금 넘는 자그마한 체구였다. 누군가 이 얘기를 하면 발끈했지만, 해가 갈수록 몸이 더 쪼그라들고 힘도 조금씩 약해져 가는 것만은 분명했다. 내가 당신의 손녀와 결혼한 날, 할머니는 나를 꼭 안아 주며 얼마나 기쁜지 모른다고 말했다. 하지만 관절염이 심해 나와 춤을 추지는 못했다. 그럼에도 할머니는 여전히 혼자 살며 독립적인 생활을 하고 있었다.

우리 아버지는 앨리스 할머니를 만났을 때 그녀가 혼자 산다는 걸 알고는 깜짝 놀랐다. 비뇨기과 전문의인 아버지는 나이 든 환자들을 많이 만나는 편이었는데, 늘 혼자 사는 노인들에 대해 걱정했다. 아버지는 그런 노인들이 아직까지 심각한 어려움을 겪지 않았다 하더라도, 앞으로는 반드시 문제에 봉착할 거라고 생각했다. 또한 인도 출신이라 그런지 나이 든 식구와 함께 살며 돌봐 주고, 말동무가 되어 주는 것이 가족의 의무라고 생각했다. 1963년 레지던트 과정을 밟기 위해 뉴욕으로 온 이후 아버지는 미국 문화의 거의 모든 부분을 받아들였다. 채식주의를 포기했으며, 데이트라는 것도 하게 됐다. 소아과 레지던트를 사귀었는데, 아버지와는 다른 말을 쓰는 인도의 한 지방에서 온 여자였다. 두 사람이 결혼하자 할아버지가 정해 준 처자와 결혼하지 않았다는 이유로 집안이 발칵 뒤집히기도 했다. 아버지는 열광적인 테니스 팬이 됐고, 지역 로터리 클럽 회장을 맡았으며, 야한 농담도 곧잘 했다. 아버지는 1976년 7월 4일이 자신에게 가장 자랑스러운 날이라고 말하곤 했다. 이날은 미국 독립 200주년 기념일이기도 했지만 무엇보다 아버지가 미국 시민이 된 날이었다. 애선스 카운티 축제가 벌어지던 그날 아버지는 돼지 경매와 데몰리션 더비(자동차들이 서로를 들이받으며 파괴하는 게임—옮긴이) 사이에 마련된 무대에서 수백 명이 환호하는 가운데 미국 시민 선서를 했다. 그럼에도 아버지가 결코 익숙해지지 못한 것은 바로 미국인들이 노약자들을 대하는 방식이었다. 혼자 살게 내버려 두거나 개인의 특성을 전혀 고려치 않는 획일적인 시설에 맡김으로써, 그들이 정상적인 의식을 갖고 살아갈 수 있는 마지막 순간을 자기 이름도 제대로 모르는 간호사나 의사들과 함께 보내도록 하는 것 말이다. 그것은 아버지가 자란 세상의 모습과 완전히 상반되는 것이었다.

내 아버지의 아버지는 서구인들 눈에 목가적으로 보일지도 모를 전통적인 노후를 누렸다. 나의 할아버지 시타람 가완디는 뭄바이에서 내륙으로 480킬로미터쯤 되는 곳에 있는 우티라는 마을의 농부였다. 할아버지의 조상들도 대대로 그곳에서 수백 년 동안 땅을 일구며 살아왔다. 앨리스 할머니를 처음 만나던 때 부모님, 여동생과 함께 할아버지를 방문했던 기억이 난다. 당시 할아버지는 이미 백 살을 넘긴 상태였다. 내가 만나 본 사람들 중 가장 나이 든 사람이었다. 할아버지는 반으로 꺾인 밀짚처럼 허리가 굽어서 지팡이를 짚고 있었다. 귀도 너무 어두워져서 사람들이 고무로 된 관을 할아버지

귀에 대고 소리를 질러야 했다. 또한 몸이 쇠약해져 있었고, 일어날 때 가끔 부축을 받아야 했다. 그러나 하얀 터번을 단정하게 머리에 두르고, 아가일 패턴의 갈색 카디건을 입은 채 렌즈가 두꺼운 맬컴 엑스 스타일 구식 안경을 쓴 할아버지는 위엄을 전혀 잃지 않은 분이었다. 할아버지는 늘 주변에 있는 가족의 도움을 받았고, '나이가 들었음에도'가 아니라 바로 '나이가 들었기 때문에' 가족 전체의 존경을 받았다. 또한 할아버지는 결혼 문제, 토지 소유권 문제, 사업 문제 등 중요한 사안이 생길 때마다 조언을 해 주었고, 가족 내에서 높은 지위를 누렸다. 우리는 밥을 먹을 때도 할아버지를 가장 먼저 챙겼다. 그리고 젊은 사람이 할아버지 댁에 방문할 때면 허리 굽혀 인사를 한 뒤 그분의 발에 살짝 손을 갖다 대는 것으로 존경심을 나타냈다.

미국에서라면 할아버지를 요양원에 보냈을 게 거의 확실하다. 미국의 의료 전문가들은 개인의 신체 기능에 등급을 매기는 형식적인 분류 체계를 갖고 있다. 이 체계에 따르면 8가지 일상 활동을 스스로 해내지 못할 경우 기본적인 신체 독립성이 결여된 것으로 판정한다. 거기에는 화장실 가기, 밥 먹기, 옷 입기, 목욕하기, 머리 손질 등 몸단장하기, 침대에서 일어나기, 의자에서 일어나기, 걷기 등이 포함된다. 또한 일상생활의 8가지 독립 활동, 즉 쇼핑, 요리, 가사일, 빨래, 약 복용, 전화 사용, 외출, 재정 관리 등을 혼자 하지 못하면 독립적으로 안전하게 살 능력이 결여된 것으로 판정한다.

우리 할아버지는 독립성을 보장하는 기본 활동 중 몇 개밖에 하지 못했고, 그보다 복잡한 일을 해내는 건 거의 불가능한 상태였다. 그러니 인도에서는 그것이 그게 심각한 상황으로 이어지지 않았다. 할아버지의 상태 때문에 가족끼리 비상 회의를 열지도, 할아버지를 어떻게 해야 할 것인지에 대해 비통에 찬 논쟁을 벌이지도 않았다. 할아버지가 원하는 방식으로 계속 살 수 있도록 가족 모두가 지원하리라는 것은 기정사실이나 마찬가지였다. 삼촌네 가족이 할아버지와 함께 살고 있었고, 바로 가까운 곳에 자식, 손주, 조카들이 있었기 때문에 할아버지를 도울 사람은 항상 충분했다.

그 덕분에 할아버지는 현대 사회의 노인들 중 그야말로 극소수밖에 누리지 못하는 생활방식을 유지할 수 있었다. 예를 들어 가족들은 할아버지가 맨손으로 일군, 아니 실은 그보다 더 열악한 조건에서 일궈 낸 농장을 계속해서 소유하고 경영하는 것이 가능하도록 도왔다. 극심한 흉년이 든 어느 해, 할아버지의 아버지는 저당 잡힌 2에이커의 땅과 비루먹은 수소 두 마리를 뺀 모든 것을 사채업자에게 빼앗긴 후 얼마 지나지 않아 돌아가시고 말았다. 장남이었던 시타람 할아버지는 자기 아버지가 남긴 빚을 떠안았다. 열여덟 살밖에 되지 않은 새신랑이었던 할아버지는 남은 2에이커 땅에 매인 노예나 다름없는 계약 노동자 신분으로 일하지 않을 수 없었다. 할아버지 부부는 빵과 소금만으로 끼니를 때운 적도 있었다. 아사 직전이었다. 그러나 할아버지는 기도와 쟁기질을 멈추지 않았고, 마침내 기도에 대한 응답이 왔다. 풍년이 든 것이다. 식탁에 올릴 음식이 충분했을 뿐 아니라 빚을 갚는 데도 성공했다. 그 후 2에이커는 200에이커로

불어났고, 할아버지는 동네에서 가장 큰 지주이자 사채업자가 됐다. 할아버지는 세 명의 아내를 두었고, 그분들을 모두 먼저 저세상으로 보냈으며, 자식은 열셋을 낳았다. 또한 할아버지는 교육, 근면, 절약, 자립심, 언행일치를 강조하고 다른 사람에게도 똑같은 기준을 적용한 분이었다. 평생 동안 해가 뜨기 전 일어나서 일과를 시작했고, 밤에 말을 타고 일일이 밭을 둘러보지 않고는 잠자리에 들지 않았다. 100세 노인이 돼서도 할아버지는 이 일과를 고집했다. 삼촌은 몸이 쇠약해진 데다 균형을 잘 잡지 못하는 할아버지가 말에서 떨어질까 봐 걱정했지만, 이 일과가 할아버지에게 중요하다는 것을 알았다. 그래서 할아버지가 탈 작은 말을 구한 뒤 누군가 꼭 함께 다니도록 배려했다. 할아버지는 돌아가시던 해까지도 이 순찰을 계속했다.

할아버지가 서구에서 살았다면 이 모든 게 얼토당토않은 일로 보였을 것이다. 주치의는 안전하지 않으니 순찰을 그만두라고 조언했을 것이고, 혹시라도 고집을 부리다가 말에서 떨어져 엉치뼈라도 부러져 응급실로 실려 가면 퇴원을 허락하지 않았을 것이며, 심지어는 요양원으로 가야 한다고 강권했을 것이다. 그러나 할아버지가 살았던 전근대 사회에서는 자신이 어떻게 살고 싶은지 스스로 선택할 수 있었고, 가족은 그렇게 할 수 있도록 돕는 역할을 했다.

할아버지가 결국 죽음에 이른 것은 110세가 거의 다 되었을 때였다. 인근 마을 법원에 일을 보러 가다가 버스에서 떨어져 머리를 부딪혔기 때문이다. 고령의 노인이 그런 외출을 한다는 것 자체가 말도 안 되는 일처럼 들릴지도 모르지만, 할아버지에게는 중요한 업무였다. 할아버지가 채 내리지 않았는데 버스가 움직이는 바람에 떨어진 사고였다. 동행한 가족이 있었지만 눈 깜짝할 사이에 일이 벌어지고 말았다. 아마도 경막하혈종, 즉 두개골 안쪽 출혈이 일어났을 것이다. 삼촌이 할아버지를 집에 모시고 온 다음 이삼일 동안 할아버지는 꺼져 가는 모닥불처럼 시름시름 앓다가 돌아가셨다. 자신이 원하는 방식으로 살다가 가족에게 둘러싸여 임종을 맞으신 것이다.

인류 역사에서 대부분의 기간 동안, 고령이 될 때까지 살아남은 소수의 사람들은 시타람 가완디와 비슷한 형태의 노후를 보냈다. 여러 세대가 함께 사는 시스템, 많은 경우 한 지붕 아래 3대가 같이 사는 시스템에서 나이 든 구성원은 젊은 구성원들의 보살핌을 받았다. 핵가족 제도가 대가족 제도를 대체(북유럽에서 수세기 전에 일어난 변화처럼)한 후에도 노인들로 하여금 노환에 홀로 대처하도록 내버려 두지 않았다. 자녀들은 대부분 결혼 적령기가 되자마자 집을 떠났지만, 부모가 노령에 접어들 때까지 살아 있을 경우 자녀 중 한 명(보통 가장 어린 딸)이 남아 노부모를 돌봤다. 19세기 중반 매사추세츠주 암허스트에서 살았던 에밀리 디킨슨Emily Dickinson도 그랬다. 그녀의 오빠는 결혼해 집을 떠난 뒤 자기 가족을 이루고 살았지만, 에밀리와 여동생은 부모님 곁에 남아 그분들이 마지막을 맞을 때까지 돌봤다. 에밀리가 40대에 접어들었을 무렵, 아버지가 일흔한 살을 일기로 세상을 떠났다. 어머니는 그보다 더 오래 살았다. 결국 에밀리와 그녀의 동생은 일생을 부모님 집에서 살았다.

에밀리 디킨슨의 부모가 미국에서 보낸 삶과 시타람 가완디가 인도에서 보낸 삶에는 분명 다른 점이 있겠지만, 결국 두 경우 모두 노인을 돌보는 문제를 쉽게 해결할 수 있는 시스템의 혜택을 봤다는 데서 공통점이 있다. 요양원에 갈 돈을 미리 저축해 둘 필요도 없고, 정기적인 식사 배달 서비스를 요청할 필요도 없다. 부모는 살던 집에서 계속 살고, 그들이 키운 한 명 혹은 그 이상의 자녀가 부모를 돌볼 것이라는 이해가 전제로 깔려 있다. 이와는 대조적으로, 현대 사회에서 고령과 노환은 함께 나눠야 하는 여러 세대의 책임에서 개인의 문제로 변화했다. 대부분 혼자 감당하거나 의사와 기관의 도움을 받아 해결해야 하는 문제가 된 것이다. 어떻게 이런 변화가 일어났을까? 어떻게 시타람 가완디의 노후가 앨리스 홉슨의 노후로 변했을까?

그 이유 중 하나는 고령이라는 것 자체가 달라졌다는 점이다. 과거에는 노인이 될 때까지 살아남는 경우가 흔치 않았고, 그렇게 살아남은 사람은 전통과 지식, 역사의 수호자로서 특별한 기능을 했다. 그러면서 죽을 때까지 집안의 우두머리라는 지위와 권위를 유지하려는 경향이 있었다. 많은 사회에서 노인들은 존경과 복종의 대상일 뿐 아니라 성스러운 의식을 주도하고 정치 권력을 휘두르는 사람이었다. 그런 만큼 나이 든 사람에 대한 존중이 두터웠기 때문에 대개 나이를 밝힐 때는 어린 척하기보다 나이 든 척하곤 했다. 인구학자들은 이런 현상을 '나이 반올림age heaping'이라고 부르며, 인구 조사 시 이런 거짓말을 바로잡아 올바른 통계를 내기 위한 온갖 종류의 조정 장치를 개발해 내기도 했다. 그런데 학자들은 18세기경부터 미국과 유럽에서 나이에 관한 거짓말의 방향이 달라지기 시작했다는 점에 주목했다. 요즘 사람들은 인구 조사원에게 자기 나이를 깎아 말하는 경향이 있다는 것이다. 반면 과거의 인구 조사 결과는 당시 사람들이 나이를 보태 말하곤 했다는 것을 알게 해 준다. 예전 사람들은 나이가 들면서 생기는 위엄을 갖기를 원했던 것이다.

그러나 이제 고령은 더 이상 희귀한 현상이 아니다. 1790년에는 미국 사회에서 65세 이상 노인 인구의 비율이 2%도 되지 않았지만, 이제는 14%나 된다. 독일, 이탈리아, 일본에서는 이 수치가 20%를 넘는다. 중국은 세계 최초로 노인 인구가 1억 명을 넘어선 나라가 됐다.

노인들이 예전에 누렸던 지식과 지혜에 대한 독점적인 지위도 문자의 발명에서부터 인터넷에 이르기까지 통신 기술의 발달로 점점 설 자리가 좁아졌다. 새로운 기술은 새로운 직업을 낳았고, 새로운 전문 지식을 가진 사람들이 그 자리를 차지했다. 이에 따라 오랜 경험과 노련한 판단의 가치가 훨씬 퇴색되어 버렸음은 물론이다. 세상을 설명하기 위해 노인들에게 의지하던 때가 있었다. 하지만 이제 우리는 구글 검색을 하고, 컴퓨터에 문제가 생기면 아이들에게 도움을 구한다.

어쩌면 가장 중요한 문제는 평균 연령이 늘어나면서 젊은이와 노인 사이의 관계가 변화했다는 점일 수도 있다. 전통적으로 부모가 생존해 있으면 나이 어린 가족들이 안정된 삶을 확립하는 과정에서 꼭 필요한 안정감, 조언, 경제적 보호 등을 제공하는 원천이 됐다. 그리고 땅을 소유한 부모는 죽을 때까지 그것을 가지고 있는 경우가 대부분이었다. 따라서 부모를 돌보기 위해 많은 것을 희생한 자녀는 집과 땅을 모두 물려받거나, 적어도 일찍 집을 떠난 자녀보다 더 많이 물려받을 것이라는 전망이 있었다. 그러나 부모들이 훨씬 더 오래 살면서 긴장 관계가 조성되기 시작했다. 젊은이들에게 전통적인 가족 구조는 안정과 보호를 제공하는 원천이라기보다 부동산과 재산, 그리고 심지어는 생활 방식과 같이 가장 기본적인 결정 사항들을 둘러싼 투쟁의 장이 되어 버렸다.

사실 시타람 할아버지의 대가족 안에서도 세대 간 갈등은 언제고 터질지 모르는 분화구 같은 문제였다. 할아버지가 100세를 넘기면서, 자신들도 노인이 되어 가는 마당에 아직 땅을 물려받아 경제적 독립을 이루지 못한 삼촌들의 심정이 어땠을지 짐작이 간다. 나는 당시 동네에서 노인들과 그 자녀들이 땅이나 재산을 두고 엄청나게 싸웠다는 이야기를 많이 들었다. 우리 할아버지도 돌아가시기 몇 년 전, 함께 살던 삼촌과 크게 언쟁을 벌인 적이 있었다. 근본적인 이유가 뭔지는 잘 모르겠다. 어쩌면 삼촌이 할아버지에게 상의하지 않고 사업에 관한 결정을 해 버렸는지도 모른다. 혹은 할아버지가 외출하고 싶어 할 때 가족 중 아무도 따라갈 사람이 없었는지도 모르고, 그도 아니면 할아버지가 창문을 연 채 주무시고 싶어 할 때 다른 가족들은 창문을 닫고 싶어 했는지도 모른다. 이유가 무엇이든 간에 (누구 이야기를 듣는지에 따라) 할아버지가 한밤중에 집에서 뛰쳐나갔다는

설도 있고, 할아버지가 나간 사이에 누군가 문을 잠가 버렸다는 설
도 있다. 할아버지는 어찌어찌 몇 킬로미터나 떨어진 또 다른 친척
집으로 가서 두 달 동안이나 집에 돌아오길 거부했다.

　세계 경제가 변화하면서 젊은이들에게 주어지는 기회도 극적으로
변했다. 이제 한 나라의 번영은 젊은이들이 가족의 기대라는 굴레를
벗어던지고 자신의 길을 걸을 용의가 얼마나 있느냐에 달린 일이 되
었다. 지역에 상관없이 원하는 직장을 얻고, 원하는 사람과 결혼하
는 젊은이들 말이다. 내 아버지도 인도 우티에서 미국 오하이오주
애선스에 이르기까지 자신의 길을 따라간 사람이었다. 나그푸르에
있는 대학에 가기 위해 고향 마을을 떠났고, 좋은 직장을 찾아 미국
으로 건너왔다. 의사로 성공하면서 아버지는 점점 더 많은 돈을 고
향에 보냈고, 이를 통해 할아버지와 형제자매들이 새 집을 짓고, 깨
끗한 물과 전화를 마을에 들여오고, 우기에 가물어도 농사를 잘 지
을 수 있게끔 관개시설을 정비하도록 도왔다. 아버지는 심지어 고향
근처에 할머니 이름을 딴 지역 대학을 설립하기도 했다. 그러나 아
버지가 고향을 떠났고, 다시 돌아가지 않으리라는 사실은 부인할 수
없었다.

　아버지는 미국 사회에서 노인들이 받는 대접에 대해 불만과 걱정
이 많았지만, 할아버지가 더 전통적인 노후 생활을 누릴 수 있었던
것은 아버지의 형제자매들이 아버지와 달리 집을 떠나지 않았기 때
문에 가능한 일이었다. 우리는 향수에 젖어 시타람 할아버지 같은 노
년을 보낼 수 있으면 좋겠다고 생각한다. 그러나 우리가 인생의 마지

막 시기를 그렇게 보내지 못하는 데는 다 이유가 있다. 결국 우리가 원하지 않기 때문이다. 역사적인 패턴은 명확하다. 사람들은 기존의 생활방식을 버릴 기회와 자원을 손에 넣는 즉시 떠나 버렸다.

정말 흥미로운 사실은 시간이 흐르면서 노인들도 자녀들이 집을 떠나는 것을 그다지 슬퍼하지 않는 것 같다는 점이다. 역사학자들은 산업화 시대의 노인들이 혼자 남겨졌다고 해서 불행해지거나 경제적으로 궁핍해지지는 않았다는 결론에 이르렀다. 그리고 경제가 성장함에 따라 재산 소유 패턴에도 변화가 일어나기 시작했다. 자녀들이 기회를 잡기 위해 다른 지역으로 떠남에 따라, 긴 노후를 보내게 된 부모들은 소유한 땅을 자식에게 물려주는 대신 임대하거나 팔기 시작했다. 또한 소득이 늘어나고 연금 제도가 도입되면서 더 많은 사람들이 저축을 하며 재산을 불릴 수 있게 됐고, 죽을 때까지, 혹은 몸을 더 놀릴 수 없을 때까지 일하지 않아도 노후에 경제력을 유지하며 살 수 있게 됐다. '은퇴'라는 혁신적인 개념이 도입되기 시작한 것이다.

영양, 위생, 의료 시스템이 나아지면서 1900년에만 해도 50세 미만이었던 평균 수명이 1930년대로 들어서면서 60세 이상으로 올라갔다. 가족 구성원 수도 현저히 줄어들어 1800년대 중반에 평균 일곱 명의 자녀를 두던 것이 1900년 이후에는 세 자녀 정도가 됐다. 여성이 막내를 낳는 평균 연령도 낮아졌다. 폐경이 될 때까지 출산하던 추세에서 30세 이전에 출산을 마치는 식으로 감소한 것이다.

그 결과 자녀가 성인이 될 때까지 생존하는 부모의 수가 대폭 늘었다. 20세기 초반 기깅 이린 사너가 21세 되는 해의 여성 기대 연령은 50세였지만, 그보다 100년 전에는 60세였다. 따라서 부모는 자녀가 성년에 이른 후에도 자신이나 자식이 그들의 노후 문제를 걱정하기까지 10년 이상을 보내게 됐다.

그래서 많은 부모들이 자녀들과 마찬가지로 자신의 선택에 따라 삶을 영위했다. 부모와 자식 양쪽 모두 따로 사는 것을 자유의 한 형태로 받아들였다. 재력이 있는 노인들은 거의 대부분 사회학자들이 '거리를 둔 친밀감intimacy at a distance'이라고 부르는 방식을 택했다. 20세기 초반까지만 해도 미국의 65세 이상 노인들 중 60%가 자녀들과 같이 살았다. 하지만 1960년대 초반에 이르자 이 비율이 25%로 떨어졌다. 이 패턴은 전 세계적으로 동일하다. 유럽에서는 80세가 넘은 노인 중 10%만이 자식과 함께 살고 있고, 절반 이상은 배우자도 없이 완전히 혼자 살고 있다. 나이 든 부모가 혼자 살게 내버려두는 것을 전통적으로 부끄럽게 여기는—우리 아버지가 그랬던 것처럼—아시아에서도 다른 지역과 동일한 급진적인 변화가 일어났다. 중국, 일본, 한국 등의 국가 통계 지표를 보면 혼자 사는 노인의 비율이 급격히 늘어난 것을 알 수 있다.

이는 사실 엄청난 발전을 상징한다. 노인들의 선택 범위가 넓어진 것이다. 애리조나의 부동산 개발업자 델 웹Dell Webb은 1960년 '선 시티Sun City'를 개장해서 '은퇴자촌retirement community'이라는 용어를 유행시켰다. '선 시티'는 피닉스에 만들어진 공동체로, 최초로 거주민 자격을 은퇴자로 제한해서 당시 많은 논란을 불러일으켰다. 대부분의 개발업자들은 노인들이 젊은 세대들과 더 많이 접촉하기를 원한다고 믿었지만 웹의 생각은 달랐다. 그는 인생의 마지막 단계에 접어든 사람들이 모두 시타람 할아버지처럼 가족들에게 군림하면서 살고 싶어 하지는 않을 거라고 믿었다. '선 시티'는 노인들이 소위 '여가를 즐기는 인생 단계leisure years'를 어떻게 보내고 싶어 할지에 대해 웹이 생각하는 바를 현실로 옮긴 곳이다. 단지 안에는 골프장, 쇼핑센터, 레크리에이션 센터 등을 마련해 기분전환을 하며 활동적인 은퇴 생활을 즐길 수 있도록 했고, 비슷한 상황에 있는 사람들끼리 외식을 즐기며 경험을 나누도록 했다. 웹의 아이디어는 엄청난 인기를 끌었고, 이후 은퇴자촌 개념은 유럽, 남미와 북미, 심지어 아시아에 이르기까지 널리 퍼졌다.

물론 앨리스 홉슨 할머니처럼 은퇴자촌 같은 곳으로 이주해 갈 생각이 전혀 없는 사람들은 계속 자신이 살던 집에서 자신이 원하는 방식대로 자율성을 갖고 사는 것이 사회적으로 받아들일 수 있는 개념이 되었고 실현 가능한 일이 되었다. 이는 크게 축하하고 기뻐해야 할 일이다. 인류 역사상 나이 드는 일이 이보다 더 나은 시대는 없었다. 세대 간 힘의 균형이 재편되긴 했지만, 우리가 보통 생각하는 것과는 다른 경우가 많았다. 노인들은 자신이 누렸던 통제력과 지위를 일부 나눠 주었지만 완전히 잃은 게 아니었다. 현대화가 강등시킨 것은 노인들의 지위가 아니라 가족이라는 개념 자체였다. 현대화는 사람들에게—젊은이와 노인 모두에게—더 많은 자유와 통제력을 누리는 삶의 방식을 제공했다. 거기에는 다른 세대에게 덜 묶여 살 지에도 포함되어 있다. 노인들에 대한 존중은 없어졌을지 모르지만, 그것이 젊음에 대한 존중이 아니라 독립적인 자아에 대한 존중으로 대체된 것이다.

이런 삶의 방식에는 한 가지 문제가 남아 있다. 독립적인 자아에 대한 숭배가 삶의 현실을 고려하지 않는다는 것이다. 독립이라는 것이 불가능해지는 때가 온다는 현실 말이다. 언젠가는 심각한 질병이나 노환이 덮쳐 오게 될 것이다. 해가 지는 것만큼이나 피할 수 없는 자연현상이다. 여기서 질문 하나가 떠오른다. 우리가 지향하는 삶의 목표가 독립이라면, 그걸 더 이상 유지할 수 없게 됐을 때 어떻게 해야 할까?

1992년에 앨리스 할머니는 여든네 살이 되었다. 할머니는 여전히 건강해 보였다. 새로 낀 의치에 적응해야 했고, 두 눈 모두 백내장 수술을 받아야 했지만 그게 전부였다. 크게 아프거나 병원 신세를 져야 할 일은 별로 없었다. 친구 폴리와 여전히 헬스 클럽에 다녔고, 장보기나 집안일을 모두 혼자 해결했다. 짐과 낸이 자신들의 집 지하실을 할머니가 독립적으로 살 수 있는 별채로 개조하겠다고 제안했지만 소용없었다. 거기 사는 게 더 쉽지 않겠냐는 뜻이었지만, 할머니는 들은 척도 하지 않았다. 혼자 사는 것을 포기할 의도가 전혀 없었던 것이다.

하지만 상황이 조금씩 변하기 시작했다. 가족들과 함께 산으로 여행을 간 어느 날, 할머니가 점심식사 시간에 나타나지 않았다. 전혀 상관없는 캐빈에 앉아 다른 사람은 모두 어디 있는지 궁금해하고 있었다. 우리 중 그 누구도 할머니가 그렇게 혼돈에 빠진 모습을 본 적이 없었다. 그 후 며칠간 가족들이 할머니를 예의 주시했지만 아무 일도 일어나지 않았다. 모두들 더 이상 그 이야기를 꺼내지 않았다.

그러나 어느 날 오후, 앨리스 할머니 댁을 방문한 낸은 할머니의 다리가 이쪽저쪽 심하게 멍들어 있다는 것을 알아챘다. 넘어지신 걸까?

처음에 할머니는 그렇지 않다고 말했다. 하지만 결국 지하실로 내려가는 나무 계단에서 굴렀다고 고백했다. 그냥 발이 슬쩍 미끄러졌을 뿐이라는 것이었다. 누구에게나 일어날 수 있는 사고이고, 이제부터 더 조심하겠다고 다짐했다.

그러나 얼마 지나지 않아 할머니는 더 자주 넘어졌다. 뼈가 부러지지는 않았지만, 가족들은 걱정을 하지 않을 수 없었다. 그래서 짐은 오늘날의 모든 가족들이 그러듯이 자연스러운 조치를 취했다. 할머니를 병원에 모시고 간 것이다.

의사는 몇 가지 검사를 한 후, 할머니의 뼈가 약해졌다고 진단하고 칼슘 복용을 권했다. 또한 그는 할머니가 평소에 먹는 약들의 복용량을 조정하고, 몇 가지 새로운 처방을 내렸다. 그러나 사실 그는 어떻게 해야 할지 몰랐을 것이다. 의사의 힘으로 고칠 수 있는 문제가 아니었기 때문이다. 앨리스 할머니는 균형을 잘 잡지 못했고, 기억이 가끔씩 가물가물했다. 문제는 점점 더 심각해질 게 분명했다.

할머니가 독립적인 생활을 지속할 수 있는 시간은 얼마 남지 않아 보였다. 하지만 의사로서는 방향을 제시해 줄 수도, 조언을 해 줄 수도 없었다. 심지어 앞으로 할머니에게 어떤 일이 벌어질지 예측할 수도 없었다.

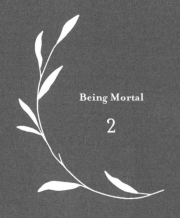

Being Mortal

2

무너짐

모든 것은 결국 허물어지게 마련이다

노인병 전문의 실버스톤 박사에 따르면 "노화 과정에 관여하는 단일하고 일반적인 세포 메커니즘은 존재하지 않는다"고 한다. 리포푸신과 활성산소로 인한 손상, 무작위로 벌어지는 DNA 변형, 그리고 수많은 여타 미세포상 문제가 축적되면서 일어나는 일이라는 것이다. 그리고 그 과정은 점차적이면서도 가차 없이 진행된다.

실버스톤 박사에게 노인병 전문가들이 재현 가능한 특정 노화 경로를 식별해 냈는지 물었더니 그는 이렇게 답했다. "아뇨, 우리는 나이가 들면서 그저 허물어질 뿐입니다."

몸의 쇠락은 넝쿨이 자라는 것처럼 진행된다. 하루하루 지내면서는 눈에 띄는 변화가 나타나지 않을 수 있다. 그런대로 적응해 가며 산다. 그러다가 뭔가 일이 벌어지면 모든 게 예전 같지 않다는 걸 깨닫게 된다.

의학과 공공 보건의 향상은 우리 삶의 궤적을 바
꿨다. 상당히 최근까지도 죽음은 늘 우리 곁에서 일어날 수 있는 일
이었다. 나이가 다섯 살이든 쉰 살이든 상관이 없었다. 날마다 주사
위를 굴리는 심정으로 살아야 했다. 한 사람이 경험하는 전형적인
건강 상태를 그려 보면 다음 그래프와 크게 다르지 않았을 것이다.

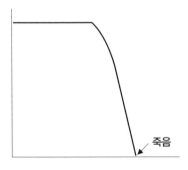

사람들은 보통 건강에 별 문제를 느끼지 않으며 일상적인 삶을 영
위했을 것이다. 그러다가 병에 걸리면 갑자기 딛고 있던 땅이 꺼지
듯 모든 것이 무너져 버린다. 우리 할머니 고피카바이 가완디의 경

우처럼 말이다. 할머니는 당신의 목숨을 앗아 간 말라리아에 걸리던 바로 그날까지도 굉장히 건강한 상태였다. 서른이 채 되지 않은 나이였다. 출장을 갔다가 심장마비로 세상을 떠난 리치몬드 할아버지의 경우도 마찬가지다.

　세월이 흐르고 의학이 발달하면서 발밑의 땅이 꺼지는 일을 겪는 시기는 점점 더 늦춰졌다. 위생 개념을 비롯한 공중 보건 의식의 출현으로 전염병에 의한 사망자 수, 특히 어린이 사망자 수가 급격히 줄었다. 또한 임상 지식이 늘면서 출산이나 외상성 손상에 따른 사망률이 줄었다. 20세기 중반 무렵 선진국에서 30세 이전 사망자 수는 100명 중 4명에 그쳤다. 그리고 그 후 수십 년 동안 의학은 심장질환, 호흡기질환, 뇌졸중 등 수많은 성인병으로 인한 사망자 수를 줄이는 방법을 찾는 데 큰 발전을 이루어 왔다. 물론 우리는 결국 어떤 이유로든 죽음을 맞이한다. 그러나 의학의 발달이 질병으로 인해 죽음에 이르는 순간을 상당히 늦춰 준 것만은 분명하다. 예를 들어 불치암에 걸린 사람들도 진단을 받은 후 오랫동안 놀라울 정도로 건강한 생활을 영위하는 게 가능해졌다. 이들은 치료를 받고, 증상을 완화시키면서 정상적인 생활을 영위한다. 한동안은 병에 걸렸다는 느낌 없이 지내기도 한다. 그러나 몸속의 암은 비록 느리더라도 계속해서 퍼져 나간다. 마치 방어선을 침투해 들어가는 야간 게릴라들처럼 말이다. 그러다 결국 언젠가는 고개를 들고 폐, 뇌, 혹은 척추에서 모습을 드러낸다. 조지프 라자로프의 경우처럼 말이다. 그 단계가 되면 병세가 급속도로 악화되는 경우가 많다. 여기서부터는 의학이 발달하기 전 시대와 속도가 비슷해진다. 죽음을 연기하기는 했지만, 마지막 단계의 쇠락 속도와 곡선은 거의 같아지는 것이다. 이제 몸은 불과 몇 달 혹은 몇 주 만에 암에게 완전히 정복당하고 만다. 수년 동안 진단을 받아 왔음에도 불구하고 여전히 죽음을 전혀 예상치 못한 놀라운 사건으로 받아들이게 되는 것도 다 그런 이유 때문이다. 곧장 계속해서 이어져 있을 것만 같았던 길이 갑자기 사라질 수 있고, 그러면 우리는 가파른 내리막길로 빠르게 미끄러져 내려갈 수밖에 없다.

　그러나 많은 만성 질환의 경우 건강 악화 속도와 패턴이 달라졌다. 폐기종, 간질환, 울혈심부전 등이 그 예다. 이 질환들은 적절한 치료를 받기만 하면 단지 내리막길로 떨어지는 순간을 늦추는 데 그치는 것이 아니라 내리막길 자체를 절벽이라기보다 언덕을 내려가는 수준으로 완만하게 만들 수 있게 됐다.

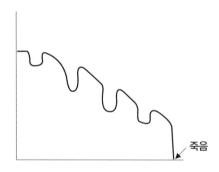

　이 길에서 환자는 가끔 현기증이 날 만큼 뚝 떨어지는 경험을 하

는 경우도 있겠지만, 오랫동안 잘 복구된 평지를 걷는 느낌이 들 때도 있을 것이다. 병이 환자의 몸에 가져오는 손상은 피할 수 없을지도 모르지만 죽음을 늦출 수는 있다. 투약, 주사, 수술, 집중 치료 등을 통해 위기를 넘길 지식과 기술이 있기 때문이다. 환자들은 대개 지독히 나쁜 상태로 병원에 온다. 그리고 치료가 그들을 더 나빠지게 만든 것처럼 보일 때도 있다. 하지만 이렇게 죽는구나 하는 순간 갑자기 상태가 호전된다. 환자들이 죽지 않고 집으로 돌아가게 만들 수 있게 된 것이다. 비록 신체 기능이 더 손상되고 쇠약해진 상태이긴 하지만 말이다. 증세가 나빠지기 전 상태로 돌아가는 경우는 없다. 병이 진전되고 기관 손상이 더 심해지면 작은 문제를 견뎌 내는 힘마저 없어진다. 단순한 감기도 죽음으로 이어질 수 있다. 마지막 단계는 항상 내리막길이고, 결국은 더 이상 회복할 수 없는 시점이 오고 만다.

그러나 의학의 발전 덕분에 앞에서 말한 두 가지 궤적을 걷지 않아도 되는 사람들의 수가 훨씬 늘었다. 평생 건강하게 살다가 나이 들어 죽는 사람이 점점 많아지고 있는 것이다. 노령은 진단명이 아니다. 사망진단서에는 항상 호흡부전, 심장마비 등의 사인이 들어가게 마련이지만 사실은 한 가지 병으로 죽음에 이르는 게 아니다. 의학의 힘으로 최선을 다해 여기저기 보수하고 기워 가며 유지를 하다가 신체 기능이 종합적으로 무너지게 되면 죽음에 이르는 것이다. 혈압을 낮추고, 골다공증을 완화하고, 이 병을 치료하고, 저 병을 주시하고, 고장 난 관절, 판막, 피스톤 등을 교체하면서 중앙 관제 센터가 서서히 쇠퇴해 가는 것을 지켜본다. 많은 사람들에게 죽음의 궤적은 길고도 느린 과정이 됐다.

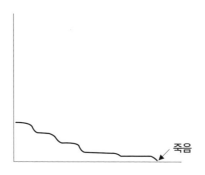

의학과 공중 보건의 발전은 굉장한 축복이다. 사람들은 전에 없이 더 건강하게, 더 오래, 더 생산적인 삶을 살 수 있게 됐다. 그런데 우리는 이렇게 변화한 삶의 궤적을 따라가면서, 길게 뻗은 내리막길을 걸으며 사는 것을 뭔가 당혹스러운 일로 받아들이게 됐다. 이 시기에 우리는 누구나 다른 사람의 도움을 필요로 한다. 게다가 많은 경우 상당히 오랜 기간 동안 그 도움을 받아야 한다. 그런데 우리는 이것을 새로 받아들여야 할 정상적인 상태이자 이미 예견된 상황이라고 여기기보다 일종의 나약함으로 간주한다. 우리는 아흔일곱 먹은 노인이 마라톤을 완주한 일화 등을 들먹이며 그게 엄청난 생물학적 행운이라기보다 누구에게나 합리적으로 기대할 수 있는 일인 것처럼 말한다. 그러다가 우리의 몸이 그런 환상에 부응하지 못하면, 우리는 어떻게든 무언가 변명해야 할 것 같은 느낌이 든다. 우리 의학

계 종사자들도 이 문제에 대해서는 별로 도움이 되지 않는다. 의료진은 내리막길에 들어선 환자에게 뭔가 고쳐 줄 수 있는 개별 문제가 있지 않는 한 관심을 기울이지 않기 때문이다. 어떤 의미에서 현대 의학의 발전은 두 가지 혁명을 가져왔다. 하나는 우리 삶의 궤적을 생물학적으로 변화시킨 것이고, 다른 하나는 이 궤적에 대해 우리가 어떻게 생각하는지를 문화적으로 변화시킨 것이다.

나이가 든다는 것, 즉 노화한다는 것은 우리 몸의 각 부품이 노쇠해진다는 의미다. 치아를 예로 들어 보자. 인체에서 가장 단단한 물질은 치아의 하얀 에나멜 층이다. 무척 단단함에도 불구하고 나이가 들면서 닳아 없어지게 되는데, 그 과정에서 밑에 있던 더 연하고 짙은 색을 띠는 층이 드러난다. 이와 함께 치아 속질과 뿌리에 대한 혈액 공급이 위축되고, 침 분비량이 감소한다. 이 때문에 염증이 생기면서 잇몸이 내려앉아 치아 아랫부분이 드러나게 되면 치아가 흔들리게 되고 더 길어 보이게 된다. 이런 현상은 특히 아래쪽 치아에서 많이 나타난다. 전문가들은 치아 하나만 검사해 봐도 오차범위 5년 내에서 나이를 추정할 수 있다고 한다. 물론 치아가 하나라도 남아 있어야 하겠지만 말이다.

꼼꼼히 관리를 하면 치아를 잃지 않고 살 수도 있다. 하지만 나이가 들면 이것도 쉽지 않다. 관절염, 수전증, 경미한 뇌졸중 등을 겪으면서 양치질과 치실 사용이 점점 어려워진다. 게다가 나이가 들면서 신경이 둔화되기 때문에 너무 늦기 전에 충치나 잇몸 질환을 자각하지 못하게 될 수도 있다. 일생 동안 턱 근육은 40%, 아래턱뼈는 20% 정도가 손실되면서 약화된다. 이에 따라 씹는 능력이 떨어지면서 점점 더 부드러운 음식을 찾게 되는데, 이런 음식은 일반적으로 발효성 탄수화물 함량이 높기 때문에 충치를 일으킬 확률이 올라간다. 미국 같은 선진국에 사는 사람들은 60세가 되면 평균적으로 치아의 3분의 1을 잃는다. 84세를 넘어서면 거의 40%가 치아를 모두 잃는다.

나이가 들면서 뼈와 치아는 물러지지만 우리 몸의 나머지 부분은 경화된다. 혈관, 관절, 근육, 심장판막, 심지어 폐마저 칼슘이 축적되면서 딱딱하게 굳어 간다. 현미경으로 보면 혈관과 연조직에도 뼈에 있는 것과 동일한 형태의 칼슘이 있다는 것을 알 수 있다. 노인의 몸을 수술할 때 대동맥을 비롯한 주요 혈관들을 만지면 바삭거리는 느낌이 든다. 콜레스테롤 수치보다 골밀도 수치가 죽상동맥경화증으로 사망할 확률을 더 정확히 예측할 수 있다는 연구 결과도 있다. 나이가 듦에 따라 마치 뼈에서 칼슘이 새어 나와 각 조직들로 옮겨 가는 것만 같다.

더 좁아지고 뻣뻣해진 혈관으로 전과 같은 양의 혈액을 흐르게 하려면 심장이 더 힘들게 일을 해야 한다. 그 결과 65세 즈음에는 인구의 절반 이상이 고혈압이 된다. 압력을 더 높여서 펌프질을 해야 하기 때문에 심장 벽이 두꺼워지고 격렬한 신체 활동에 반응하는 능력이 떨어진다. 따라서 30세부터는 심장의 최대 출력이 꾸준히 감소한다. 점점 더 멀리 혹은 더 빨리 뛰기 어려워지고, 숨을 헐떡거리지 않고 오를 수 있는 계단 숫자도 줄어든다.

심장 근육이 점점 두꺼워지는 동안 다른 근육들은 점점 가늘어진다. 40세 정도부터 근육량과 근력을 잃기 시작해서 80세가 되면 근육 무게의 4분의 1에서 절반 정도를 잃는다.

이 모든 과정은 손만 봐도 알 수 있다. 손에 있는 근육량의 40%는 모지구근毛指球筋, thenar muscles에 속한다. 노인의 손바닥을 자세히 살펴보면 엄지 아래쪽 부분이 통통하지 않고 평평하다. 엑스레이만 찍어도 동맥에 칼슘화된 자국이 점점이 보이고 뼈는 더 투명해 보인다. 50세 이후부터 골밀도가 해마다 평균 1%씩 떨어지기 때문이다. 손에는 29개의 관절이 있는데 모두 골관절염 위험에 노출될 확률이 높다. 관절염에 걸리면 관절 표면이 헤지고 많이 닳은 모양이 된다. 관절 사이의 공간이 없어져서 뼈와 뼈가 닿아 있는 것을 볼 수 있다. 관절염을 앓으면 관절 주변이 붓고, 손목의 움직임이 제한되고, 물건을 쥐는 힘이 떨어지고, 통증을 느낀다. 손에는 또 정식으로 명칭이 붙은 신경가지만 해도 48개나 있다. 손끝에 있는 피부 기계수용기(물리적 자극을 감각신호로 바꾸는 기관—옮긴이)의 능력이 저하되면 촉감에 대한 민감성이 떨어진다. 운동신경이 상실되면서 손놀림도 둔해진다. 글씨체가 나빠지고, 손놀림 속도와 진동을 느끼는 감각이 감소한다. 그래서 조그만 자판과 터치 스크린을 가진 일반적인 휴대전화를 사용하는 일이 점점 어려워지는 것이다.

이 모든 것이 정상이다. 물론 건강한 식생활과 신체 활동 등으로 그 과정을 좀 늦출 수는 있지만 완전히 멈추는 것은 불가능하다. 폐

의 기능이 줄고, 장 운동이 느려지며, 분비선 기능이 멈춘다. 심지어
는 뇌마저도 줄어든다. 30세 젊은이의 뇌는 두개골을 꽉 채우는 약
1360그램짜리 신체 기관이다. 그런데 70세가 되면 뇌가 줄어들어
두개골 안에 거의 2.5센티미터 정도 되는 공간이 생긴다. 그래서 우
리 할아버지처럼 나이가 많이 든 사람들은 머리에 충격을 받으면 뇌
출혈을 일으킬 확률이 훨씬 높다. 뇌가 두개골 안에서 덜거덕거리며
움직이기 때문이다. 뇌에서 가장 먼저 수축이 시작되는 곳은 계획과
판단 기능을 하는 전두엽과 기억에 관여하는 해마다. 그 결과 기억
력과 다중작업능력(다수의 개념을 취합해서 비교·평가하는 능력)은 중년
에 절정에 이르렀다가 그 이후부터 점점 쇠퇴한다. 정보 처리 속도
는 40세가 되기 훨씬 전부터 떨어지기 시작한다.(그래서 수학자와 물리
학자들이 주로 젊었을 때 업적을 세우는 것인지도 모른다.) 85세에 이르면 작
업 기억(정보를 일시적으로 저장해 각종 인지 과정을 수행할 수 있게 만드는 단
기 기억—옮긴이)과 판단력이 상당히 손상되고, 그중 40%는 교과서적
인 의미의 치매 증세를 보인다.

  학계에서는 노화가 일어나는 원인을 두고 치열한 논쟁이 벌어지
고 있다. 고전적인 견해에 따르면 노화란 신체가 무작위로 마모됨에
따라 일어나는 현상이다. 그러나 최근에 나온 견해에서는 노화가 보
다 질서 있게 진행되는 유전적 프로그램이라고 주장한다. 이 주장을
지지하는 사람들은 서로 비슷한 마모 현상을 겪는 유사 종들 사이의
평균 수명이 엄청나게 다르다는 점을 지적한다. 예를 들어 캐나다

기러기는 수명이 23.5년인 데 비해 흰머리 기러기의 수명은 6.3년에 불과하다. 어쩌면 동물들도 식물과 마찬가지로 생명이 어느 한도까지는 내적으로 조정되는지도 모른다. 어떤 대나무 종은 100년 동안 빽빽하게 숲을 이룬 형태로 번창하며 자라다가 한꺼번에 꽃을 피운 후 모두 죽어 버린다.

생물이 마모가 아니라 생명 작용을 정지함으로써 죽는다는 개념은 최근 들어 상당한 지지를 받고 있다. 이제는 유명해진 예쁜꼬마선충*Caenorhabditis elegans*은(이 작은 선충으로 실험한 과학자들이 10년 사이에 노벨상을 두 차례나 수상했다) 단 하나의 유전자를 바꾸는 것으로만도 수명이 두 배 늘어났고 노화 속도도 느려졌다. 과학자들은 이후 유전자 하나를 바꿔서 초파리, 쥐, 효모 등의 수명을 늘리는 데 성공했다.

이런 연구 결과에도 불구하고 수명이 미리 입력되어 있다는 개념에 반하는 증거가 훨씬 더 우세하다. 10만 년에 달하는 인류 역사 중 최근 수백 년을 제외하면 인간의 평균 수명이 항상 30세 이하였다는 것을 잊지 말자.(로마 제국 신민의 평균 수명은 28세였다는 연구 결과도 있다.) 늙기 전에 죽는 것이 자연스러운 현상이었다는 얘기다. 사실 인류 역사 대부분의 기간 동안 죽음은 나이와 뚜렷한 연관성 없이 날마다 남녀노소가 접하는 위험이었다. 몽테뉴Michel de Montaigne는 16세기 말엽의 사회상을 관찰하고는 다음과 같이 쓴 적이 있다. "노령으로 죽는 것은 드물고, 특이하고, 놀라운 현상이며, 다른 형태의 죽음보다 훨씬 부자연스럽다. 그것은 그야말로 마지막 남은 극단적인 형태의 죽음이다." 그러니 세계 대부분의 지역에서 평균 수명 80세가 넘는 지금, 우리는 정해진 시간을 훨씬 넘어 살고 있는 특이한 생명체인 셈이다. 우리가 연구하는 노화라는 현상은 결국 자연스러운 과정이라기보다 부자연스러운 과정이라고 할 수 있다.

최근 수명을 결정하는 데 있어서 유전인자는 놀라울 정도로 작은 요인이라는 것이 밝혀졌다. 독일 로스토크에 위치한 막스 플랑크 인구 통계 연구소의 제임스 보펠James Vaupel은 평균 수명에 비해 한 개인이 얼마나 오래 살지를 결정하는 요인 중 부모의 수명이 차지하는 비중은 3%에 불과하다고 말한다. 이에 비해 키가 얼마나 클지는 부모의 키로 90% 이상 설명할 수 있다고 한다. 동일한 유전자를 지닌 일란성 쌍둥이마저도 수명은 굉장히 달라서 보통 15년 정도 차이가 난다.

유전자로 설명할 수 있는 부분이 우리가 생각한 것보다 적다면, 마모 현상으로 죽음을 설명하는 고전적인 견해가 우리가 아는 것보다 더 많은 부분에 대한 열쇠를 쥐고 있는지도 모른다. 시카고 대학의 레오니드 가브릴로프Leonid Gavrilov는 다른 모든 복잡한 시스템이 고장 나는 것과 동일한 방식으로 인체도 고장이 난다고 주장한다. 무작위로 점차 장애가 생긴다는 것이다. 엔지니어들이 항상 말하는 대로 단순한 장치는 노화하지 않는다. 아무 문제 없이 순조롭게 작동하다가 중요한 부품이 고장 나면 순간적으로 폐기해야 할 상태가 되어 버린다. 예를 들어 태엽을 감아 작동하는 장난감은 기어에 녹이 슬거나 용수철이 부러지기 전까지 잘 돌아가다가 그런 부품에 문제가 생기면 작동을 딱 멈춰 버린다. 그러나 복잡한 시스템―말하자면 발전소처럼―은 수천 개의 중요한, 그리고 부서지기 쉬운 부품들이 들어가 있음에도 멈추지 않고 기능해야 한다. 따라서 엔지니어들은 여러 단계의 예비 장치들을 설계한다. 비상시에 대처할 예비 장치와 그 예비 장치를 대체할 또 다른 예비 장치를 마련하는 것이다. 물론 예비 장치들은 최초의 구성 요소들만큼 충분한 성능을 발휘하지는 못할지도 모른다. 하지만 손상이 누적되어도 시스템이 멈추지 않고 계속 돌아가도록 만들어 줄 수는 있다. 가브릴로프는 인체도 유전자가 설정한 한도 내에서 이런 방식으로 작동한다고 주장한다. 신장도 하나 더, 폐도 하나 더, 생식샘도 하나 더, 치아도 여러 개 더 가지고 있지 않은가. 우리 세포의 DNA는 일상적으로 자주 손상을 받지만, 세포 속에는 여러 개의 DNA 수선 장치가 들어 있다. 주요 유전자에 영구적인 손상이 가더라도 보통 근처에 여분의 복사본이 존재한다. 그리고 세포 전체가 죽을 경우 다른 세포가 그 자리를 메울 수도 있다.

그럼에도 불구하고 복잡한 시스템 안의 결함이 점점 늘어나면 결국 한 군데만 더 고장 나도 시스템 전체를 악화시키는 시점이 온다. 노쇠한 상태가 되는 것이다. 발전소, 자동차, 거대 조직 등에서 흔히 볼 수 있는 현상이다. 그리고 우리에게도 나타난다. 언젠가는 너무 많은 관절 손상이 일어나고, 너무 많은 동맥 석회화가 벌어진다. 예비 장치가 남아 있지 않은 상태에 도달하는 것이다. 더 이상 마모될 곳이 없는 지경에 이르렀다고 할 수 있다.

이런 현상은 당혹스러울 만큼 다양한 형태로 나타난다. 예를 들어 흰머리가 생기는 것은 머리카락에 색깔을 부여하는 색소세포가 다 떨어졌기 때문이다. 두피의 색소세포 수명은 몇 년에 불과하다. 줄기세포가 피부로 이동해 수명이 끝난 색소세포를 대체하도록 되어 있지만, 비축된 줄기세포는 점차 바닥난다. 그 결과 50세쯤 되면 보통 머리카락의 절반이 흰머리가 된다.

피부세포 안에서 노폐물을 제거하는 장치가 서서히 기능을 잃으면 잔여물이 뭉쳐서 끈적끈적한 황갈색의 리포푸신lipofuscin(지방갈색소)이 된다. 이것이 바로 피부에 나타나는 검버섯이다. 리포푸신이 땀샘에 축적되면 땀샘이 제 기능을 하지 못한다. 나이가 들면 일사병에 걸릴 확률이 높아지고 더위에 빨리 지치는 것도 이 때문이다.

눈은 이와 다른 이유로 나빠진다. 수정체는 내구성이 엄청나게 강한 크리스탈린 단백질로 되어 있다. 그러나 시간이 흐르면서 화학적인 변화가 일어나 탄력성이 감소한다. 이 때문에 40세가 넘으면 대부분 원시가 된다. 이 화학적인 변화는 수정체를 점점 노랗게 만든다. 백내장(노화, 과도한 자외선 노출, 콜레스테롤 과다, 당뇨, 흡연 등으로 수정체가 하얗게 흐려지는 현상)이 아니더라도 건강한 60세의 망막에 도달하는 빛은 20세 때의 3분의 1이다.

노인병 전문의 펠릭스 실버스톤Felix Silverstone 박사에게 노화에 대해 질문한 적이 있다. 그는 뉴욕의 파커 주이쉬 인스티튜트Parker Jewish Institute에서 24년 동안 노인병 전문의로 일해 왔을 뿐 아니라 노화에 관해 100개가 넘는 논문을 발표한 사람이다. 실버스톤 박사에 따르면 "노화 과정에 관여하는 단일하고 일반적인 세포 메커니즘은 존재하지 않는다"고 한다. 리포푸신과 활성산소로 인한 손상, 무작위로 벌어지는 DNA 변형, 그리고 수많은 여타 미세포상 문제가 축적되면서 일어나는 일이라는 것이다. 그리고 그 과정은 점차적이면서도 가차 없이 진행된다.

실버스톤 박사에게 노인병 전문가들이 재현 가능한 특정 노화 경로를 식별해 냈는지 물었더니 그는 이렇게 답했다. "아뇨, 우리는 나이가 들면서 그저 허물어질 뿐입니다."

결코 마음에 드는 전망은 아니다. 당연한 일이겠지만 사람들은 노화라는 주제를 꺼리는 경향이 있다. 나이 드는 것을 주제로 한 베스트셀러가 수십 권쯤 되지만 대개는 제목들이 '내년에는 더 젊게', '나이의 샘물', '불로장생' 같은 식이다. 개인적으로 가장 마음에 들었던 것은 '섹시 이어스Sexy Years'다. 하지만 현실을 직시하지 않는 데는 대가가 따른다. 노령화에 적응하는 문제를 대면하는 일을 뒤로 미루고 있는 것이다. 사회 전체적으로 꼭 필요한 일인데도 말이다. 그리고 각 개인이 겪는 노화 경험을 보다 나은 쪽으로 변화시킬 기회가 와도 눈을 감아 버린다.

의학의 발전으로 수명이 늘어남에 따라 이른바 인구의 '직사각형화'가 일어나고 있다. 인류 역사 대부분의 기간 동안 한 공동체의 연령별 인구 비율은 피라미드 형태를 띠었다. 토대가 되는 어린아이들이 가장 큰 비율을 차지하고, 점차 연령대가 높은 집단으로 갈수록 비율이 줄어드는 모양새다. 1950년 미국 인구 중 5세 이하 어린이의 비율은 11%였고, 45세에서 49세 사이의 성인은 6%, 80세 이상은 1%였다. 현재는 50세 성인과 5세 아동의 숫자가 같다. 30년 후에는 80세 이상 인구와 5세 이하 인구가 맞먹을 전망이다. 모든 선진국에서 이와 비슷한 패턴이 나타난다.

이 새로운 인구 구조에 제대로 대처하고 있는 사회는 거의 없다. 우리는 여전히 65세에 은퇴하는 개념을 고수하고 있다. 65세 이상 인구가 아주 적은 비율이었을 때나 말이 됐지, 그 비율이 20%를 육박해 감에 따라 점점 유지하기 어려운 개념이 되고 있는데도 말이다. 사람들이 노후를 위해 저축해 두는 액수는 대공황 이후 최저 수준이다. 최고령층의 절반 이상이 배우자 없이 살고 있으며, 우리 대부분은 전례 없이 적은 수의 자녀를 두고 있다. 상황이 이러한데도 우리는 노후에 혼자서 어떻게 살아가야 할지에 대해 거의 생각을 하지 않는다.

걱정스럽기는 매한가지지만 훨씬 주목을 받지 못하는 문제도 있다. 의료계가 상당 부분 자신들에게 책임이 있는 이 변화를 맞닥뜨리는 데 있어서도, 노년의 삶을 더 낫게 만드는 방법에 대해 우리가 이미 갖고 있는 지식을 적용하는 데 있어서도 너무 더디다는 것이다. 예를 들어 노령 인구가 급속도로 늘어나고 있음에도 불구하고 자격을 갖춘 노인병 전문의의 숫자는 오히려 줄어들고 있다. 실제로 미국에서는 1996년과 2010년 사이에 노인병 전문의 수가 25%나 감소했다. 또한 성인 1차 진료 훈련 과정 지원자 수는 곤두박질친

반면 성형외과나 방사선과 지원자 수는 기록적으로 많았다. 이는 부분적으로 돈 때문이다. 노인병과 성인 1차 진료 분야의 수입은 의학계에서 가장 낮다. 또 다른 이유는 인정을 하든 안 하든 간에 상당수 의사들이 노인을 돌보고 싶어 하지 않기 때문이다.

노인병 전문의 펠릭스 실버스톤 박사는 이렇게 말한다. "주류 의사들이 노인병학에 대해 관심을 꺼 버립니다. 속된 말로 늙은이들, 그러니까 이 삐걱거리는 고물 차를 다룰 능력이 없기 때문이에요. 고물 차 같은 이 노인들은 귀가 잘 안 들려요. 눈도 어둡고요. 기억력이 좀 안 좋은 경우도 있지요. 이들을 상대할 때는 좀 느긋해져야 돼요. 의사가 방금 물어보거나 얘기해 준 것을 반복해서 다시 말해 달라고 하기 때문이죠. 그리고 이들은 주된 증상 하나만 갖고 오는 게 아니에요. 한 열다섯 가지쯤은 됩니다. 그 많은 증상을 한꺼번에 해결할 수 있는 의사가 어디 있겠어요. 완전히 압도되고 말지요. 게다가 그 증상들이 한 50년 이상 계속된 거라고 해 보죠. 50년 동안 앓아 온 증상을 고치겠다는 의사는 없을 겁니다. 고혈압에, 당뇨에, 관절염에…. 이런 갖가지 증상을 가진 환자를 돌보는 건 전혀 매력적인 일이 아니지요."

그러나 이런 문제를 다룰 기술이 있으며, 전문 지식을 갖춘 숙련된 집단이 존재한다. 노인병을 고칠 수는 없지만 관리하는 것은 가능하다. 사실 나도 우리 병원의 노인병 클리닉에 방문해서 그곳 의료진들이 하는 일을 직접 보기 전까지는 노인들을 치료하는 데 동원되는 전문 지식과 기술의 성격을 완전히 이해하지도, 그것이 우리 모두에게 얼마나 중요한지도 깨닫지 못했다.

노인병 클리닉The Geriatrics Clinic. 우리 병원에서 '더 나이 든 성인을 위한 건강 센터the Center for Older Adult Health'라고 부르는(80세 이상을 위해 만들어진 곳임에도, 환자들은 'geriatrics'나 'elderly'같이 '노인'을 연상시키는 단어를 탐탁지 않게 여긴다.) 이곳은 내 진료실 바로 아래층에 있다. 몇 년 동안 거의 날마다 지나쳤지만 한 번도 그곳에 대해 제대로 생각해 본 적이 없는 것 같다. 그러던 어느 날 아침, 나는 아래층에 내려가 환자들의 허락을 받은 후 노인병 클리닉 과장 유르겐 블루다우 Juergen Bludau의 진료를 참관할 기회를 얻었다.

"오늘 어떻게 오셨어요?" 블루다우 과장이 아침 첫 환자 진 가브릴스에게 물었다. 여든다섯 살의 진 할머니는 새하얗고 짧은 곱슬머리에 타원형 안경을 쓴 채 라벤더색 니트 차림을 하고 있었다. 잘 웃는 상냥한 분이었고, 작지만 단단한 체구에 걸음걸이도 안정적이었다. 할머니가 지갑과 코트를 한 팔에 끼고 걸어 들어왔고, 딸이 뒤따라 들어왔다. 연보라색 정형외과용 신발을 제외하고는 아무런 장비도 필요하지 않은 듯 보였다. 할머니는 내과 전문의의 권고로 왔다고 답했다.

"특별히 상담하고 싶은 문제가 있으세요?" 의사가 물었다.

진 할머니의 반응은 그렇기도 하고 아니기도 하다는 것 같았다. 그녀가 가장 먼저 언급한 것은 몇 달째 계속되는 요통이었다. 통증이 다리로 뻗쳐 내려가고, 어떨 때는 침대나 의자에서 일어나는 것이 힘들 때도 있다는 것이었다. 할머니는 또 심한 관절염을 앓고 있었다. 손을 보니 관절이 부어 있었고, 손가락이 옆으로 휜 백조목변형swan-neck deformity이 진행된 상태였다. 10년 전에는 양쪽 무릎 모두 관절 교체 수술을 받았다. 할머니는 '스트레스 때문에' 혈압이 높다고 말하면서 블루다우 과장에게 자신이 복용하고 있는 약 목록을 건넸다. 녹내장이 있어서 4개월마다 눈 검사를 받아야 한다는 이야기도 했다. 전에는 한 번도 '화장실 문제'가 없었는데 최근 들어 패드를 사용하기 시작했다는 고백도 나왔다. 대장암 수술을 받았고, 방사선과 소견으로는 대장암이 전이된 것일지도 모를 폐결절이 생겨 조직 검사를 해야 한다고도 덧붙였다.

블루다우 과장은 할머니에게 어떻게 사는지 물었다. 이야기를 듣다 보니 처갓집 식구들을 처음 만났을 당시의 앨리스 할머니가 떠올랐다. 진 할머니는 보스턴 웨스트 록스베리 지역의 독신자 단지에서 요크셔 테리어랑 단 둘이 살고 있었다. 남편은 23년 전 폐암으로 세상을 떠났다. 운전을 하지 않기 때문에 근처에 사는 아들이 일주일에 한 번 장을 봐다 주고, 날마다 들여다본다고 한다. "그저 내가 아직 살아 있는지 보려는 거지요." 할머니가 농담을 던진다. 아들 하나와 딸 둘이 더 있는데 멀리 살지만 모두 도움을 준다고도 했다. 그 외에는 혼자서도 상당히 잘 살고 있는 것으로 보였다. 요리와 청소도 스스로 하고, 약 복용과 공과금 관리도 혼자서 해내고 있었다.

"나만의 방식이 있어요." 할머니가 말했다.

그녀는 고등학교까지 공부했고, 2차대전 중에는 찰스타운 해군 공창에서 리벳공으로 일했다. 또 얼마 동안은 보스턴 시내에 있는 조던 마시 백화점에서도 일했다. 그러나 그런 건 아주 옛날 일이고, 이제는 테리어 강아지와 함께 작은 마당이 있는 집에 거의 붙어 있다시피 하고, 가끔 방문하는 가족들만 만난다.

의사는 그녀의 일상생활에 대해 굉장히 자세히 질문했다. 할머니는 보통 새벽 다섯 시에 일어난다면서 이제는 잠이 없어진 것 같다고 덧붙였다. 허리가 너무 아프지만 않으면 침대에서 일어나 샤워를 하고 옷을 입는다. 아래층으로 내려와서 약을 먹고, 개에게 밥을 준 다음 아침식사를 한다. 블루다우 과장은 그날 아침에는 무엇을 먹었는지 물었다. 시리얼과 바나나를 먹었단다. 바나나를 싫어하지만 칼륨 섭취에 좋다는 말을 들었기 때문에 차마 끊지 못한다고도 했다. 아침을 먹고 나서는 마당에서 개를 산책시킨다. 그런 다음 빨래나 청소와 같은 집안일을 한다. 늦은 아침이 되면 〈더 프라이스 이즈 라이트The Price Is Right〉라는 텔레비전 프로그램을 보면서 쉰다. 점심 메뉴는 샌드위치와 오렌지 주스다. 날씨가 좋으면 점심식사 후 마당에 나가 앉아 있는다. 정원 가꾸기를 좋아했지만 이제는 할 수가 없다. 오후에는 시간이 잘 가지 않는다. 집안일을 좀 더 하고, 낮잠을 자거나 사람들과 전화를 한다. 그러다 마침내 저녁식사를 만들 때가 된다. 이때는 샐러드와 구운 감자 혹은 스크램블 에그를 먹는다. 밤에는 보스턴 레드삭스의 야구 경기나 뉴잉글랜드 패트리어츠의 미식축구, 혹은 대학 농구를 본다. 할머니는 스포츠 팬이다. 보통 잠자리에 드는 시간은 자정쯤이다.

블루다우 과장은 진 할머니에게 진찰대에 앉으라고 했다. 할머니가 진찰대로 올라가는 발판을 딛다가 비틀거리자 그는 할머니의 팔을 부축했다. 혈압을 재니 정상이었다. 눈과 귀도 들여다보고 입도 벌려 진찰했다. 청진기를 가슴에 대고 심장과 폐 소리도 들었다. 이 모든 게 아주 빠른 속도로 진행됐다. 그가 속도를 늦춘 것은 할머니의 손을 살필 때였다. 손톱이 단정하게 정리되어 있었다.

"누가 손톱을 깎아 드리나요?" 그가 물었다.

"제가 깎지요." 진 할머니가 대답했다.

나는 이 진찰을 통해 얻을 수 있는 게 무얼까 생각해 보려고 애썼다. 할머니는 나이에 비해 건강이 괜찮아 보였다. 하지만 점점 심해지는 관절염과 실금 그리고 대장암 전이에 이르기까지 각종 질병을 가지고 있었다. 내 생각에는 40분밖에 되지 않는 진찰 시간 동안 우선순위를 정하는 게 중요해 보였다. 가장 목숨에 위협이 되는 증상(암 전이 가능성)에 초점을 맞추거나, 환자에게 가장 큰 고통을 주는 증상(요통)을 완화시키는 것이 좋을 것 같았다. 그러나 블루다우 과장은 나와 생각이 다른 것이 분명했다. 그는 내가 중요하다고 생각한 두 문제에 대해서는 거의 아무것도 묻지 않았다. 대신 오랫동안 할머니의 발을 살폈다.

"꼭 그래야 하나요?" 신발과 양말을 벗어 달라는 요청을 받자 할머니가 물었다.

"네." 블루다우 과장이 답했다. 할머니가 진료실에서 나간 후 그가 말했다. "항상 발을 봐야 해요." 그는 나비 넥타이를 맨 날렵하고 건강해 보이는 신사 이야기를 했다. 그러나 발을 보는 과정에서 진실이 드러났다. 그 신사는 손이 발에 닿을 정도로 허리를 굽힐 수가 없어서 몇 주째 발을 씻지 않고 있었다. 전체적인 관리 부재를 보여 주는 것이자 현실적인 위험을 암시하는 것이었다.

진 할머니는 신발을 벗는 데 어려움을 겪었다. 할머니가 애쓰는 모습을 잠시 지켜보던 블루다우는 몸을 숙여 도왔고, 양말을 벗겨 드린 후 한 발씩 차례로 두 손에 쥐고 샅샅이 살폈다. 뒤꿈치, 발가락, 발가락 사이 등을 자세히 들여다보았다. 그런 다음 양말과 신발을 다시 신는 걸 돕고는 할머니와 딸에게 진단 소견을 이야기했다.

블루다우 과장은 할머니가 굉장히 잘 해내고 있다는 말로 이야기를 시작했다. 정신이 맑고 육체적으로 강하다는 것이었다. 할머니가 처한 상황에서 가장 큰 위험은 지금 누리고 있는 것을 잃게 되는 것이라는 말도 덧붙였다. 가장 심각한 위협은 폐결절도 요통도 아니다. 바로 넘어지는 것이다. 매년 35만 명의 미국인이 넘어져서 고관절 골절상을 입는다. 그중 40%가 결국 요양원에 들어갔고, 20%는 다시 걷지 못했다. 넘어지는 데는 세 가지 주요 원인이 있다. 균형 감각 쇠퇴, 네 가지 이상의 처방약 복용, 그리고 근육 약화다. 이런 위험 요인을 가지지 않은 노인이 1년 사이에 낙상할 확률은 12%다. 반면 이 요인들을 모두 가진 노인의 낙상 확률은 거의 100%에 가깝다. 진 할머니는 이 중 두 가지에 해당됐다. 일단 균형 감각이 좋지 않았다. 보행 보조기의 도움을 받을 필요까지는 없었지만, 진찰실에 들어올 때 팔자걸음으로 어렵게 걷는 모습이 보였다. 그리고 블루다우 과장이 진찰할 때 보니 발이 부어 있었고, 발톱이 정돈되어 있지 않았다. 또 발가락 사이에 염증이 있었고, 발볼에 두꺼운 군살이 박혀 있었다.

게다가 할머니는 다섯 가지 처방약을 복용하고 있었다. 그녀에게 모두 필요한 약이라는 것은 의심할 여지 없었지만, 같이 먹으면 대개 부작용으로 어지럼증을 일으킬 수 있었다. 게다가 혈압약 중 하나에는 이뇨제 성분이 들어 있었는데, 할머니는 평소 물을 많이 마시지 않는 것으로 보였다. 그러면 탈수 증상을 일으킬 위험이 있었고, 어지럼증이 더 심해질 수 있었다. 블루다우 과장이 진찰할 때 보니 할머니의 혀는 완전히 말라 있었다.

그나마 다행인 것은 근육이 눈에 띄게 약해지지는 않아 보였다는 것이다. 블루다우는 할머니가 의자에서 일어날 때 팔로 몸을 받치지 않는다는 사실에 주목했다. 그냥 일어설 수 있었다는 것은 근육의 힘이 잘 보존되어 있다는 의미였다. 그러나 할머니가 이야기한 일과로 볼 때 그 힘을 유지하기 위해 필요한 열량을 충분히 섭취하지는 않는다는 것을 알 수 있었다. 블루다우는 최근 할머니의 체중에 변화가 있었는지 물었다. 그녀는 지난 6개월 사이에 3킬로그램 정도 체중이 줄었다고 인정했다.

블루다우 과장은 나중에 내게 어떤 의사든 환자가 삶의 질을 유지하도록 할 의무가 있다고 설명했다. 이 말은 질병의 폐해로부터 가능한 한 자유로울 수 있게 하고, 세상에 능동적으로 관여할 수 있는 기능을 유지하도록 도와야 한다는 의미였다. 대부분의 의사들은 질병만 치료하면 나머지는 저절로 해결될 거라고 생각한다. 그리고 그렇게 되지 않으면, 예를 들어 친지가 너무 병약해져서 요양원으로 들어가면 '글쎄, 그건 의학적인 문제가 아니지 않을까?' 하고 생각할 것이다.

그러나 노인병 전문의에게는 그것도 의학적인 문제다. 사람들은 자신의 몸과 정신이 노화하는 것을 멈출 수 없다. 그러나 그것을 좀 더 감당하기 쉽게 만들고, 적어도 몇 가지 최악의 경우는 피하게 할 수 있는 방법들은 있다. 그래서 블루다우 과장은 발 관리 전문가에게 진 할머니를 의뢰해 4주에 한 번씩 도움을 받아 발을 더 잘 돌볼 수 있도록 했다. 처방약 중 뺄 수 있는 것은 없었지만, 이뇨 성분이 들어 있는 약을 다른 것으로 대체해 탈수를 방지했다. 또한 그는 식사 외에 간식을 한 번 더 하고, 열량과 콜레스테롤이 낮은 식품들을 집에서 모두 없애 버리라고 권했다. 가능한 한 더 자주 가족이나 친구들과 함께 식사해야 한다는 충고도 덧붙였다. "혼자 밥 먹는 건 그다지 즐거운 일이 아니지요." 이 모든 계획이 잘 돌아가는지 확인할 수 있도록 3개월 후에 다시 찾아오라는 당부도 잊지 않았다.

거의 1년쯤 지난 후 나는 진 할머니와 딸을 다시 찾았다. 이제 여든여섯이 된 할머니는 식사를 더 잘하고 있었고, 심지어 체중도 1킬로그램 가까이 늘었다. 여전히 자기 집에서 안락하고 독립적인 생활을 계속하고 있었고, 가장 중요한 것은 단 한 번도 넘어지지 않았다는 것이다.

앨리스 할머니는 예전부터 넘어지기 시작했다. 내가 블루다우 과장이나 진 할머니를 만나 그 위험성을 인지하기 전이었다. 나를 비롯해서 가족들 중 그 누구도 할머니의 낙상이 위험을 알리는 경고 신호였다는 걸 몰랐고, 약간의 간단한 변화만 줬어도 할머니가 원하는 방식의 삶과 독립성을 좀 더 연장할 수 있었으리라는 것도 몰랐다. 할머니의 의사들도 이에 대한 이해가 전혀 없었다. 상황은 점점 나빠지기만 했다.

그러던 중 낙상 정도가 아니라 교통사고가 일어났다. 당시 할머니는 집 앞 진입로에 주차되어 있던 차를 후진시켜 도로로 나가려던 참이었다. 그런데 차가 도로를 가로질러 인도를 넘어 남의 집 앞마당에 있는 관목에 부딪혀서야 겨우 멈췄다. 가족들은 할머니가 브레이크를 밟는다는 게 가속 페달을 밟은 것 아닐까 추측했다. 할머니는 그러지 않았다고 주장했다. 그녀는 늘 자신이 운전을 꽤 잘한다고 생각했다. 따라서 사람들이 이 사고가 할머니의 나이 때문에 일어난 일이라고 생각하는 게 싫었다.

몸의 쇠락은 넝쿨이 자라는 것처럼 진행된다. 하루하루 지내면서는 눈에 띄는 변화가 나타나지 않을 수 있다. 그런대로 적응해 가며 산다. 그러다가 뭔가 일이 벌어지면 모든 게 예전 같지 않다는 걸 깨닫게 된다.

할머니는 사고가 난 지 얼마 지나지 않아 두 사람을 고용해서 나무랑 정원을 정비했다. 그들은 처음 일에 착수할 때 꽤 합당한 가격을 제시했다. 그런데 나중에는 할머니를 속이기 쉬운 사람이라고 여긴 모양이다. 일을 마치고 나서 1000달러 가까운 돈을 요구한 것이다. 할머니는 망설였다. 돈 문제에 대해서는 무척 조심스럽고 철저했기 때문이다. 하기만 두 젊은이가 와글 내며 위협하기 시작하자 궁지에 몰려 수표를 써 주고 말았다. 충격을 받았지만 한편으로는 창피해서 아무에게도 말하지 않고 금방 잊히기만을 바랐다. 그러나 다음 날 저녁 늦게 두 사람이 다시 와서 돈을 더 달라고 요구했다. 할머니는 언쟁을 벌였지만 결국 또 수표를 써 주었다. 결국 그들에게 내준 돈이 7000달러가 넘었다. 할머니는 이번에도 아무에게도 말하지 않으려 했다. 하지만 이웃들이 할머니가 문 앞에서 누군가와 싸우는 소리를 듣고 경찰을 불렀다.

경찰이 도착했을 때 그들은 이미 떠난 후였다. 경찰은 할머니의 진술을 기록하고 더 조사를 해 보겠다고 약속했다. 할머니는 여전히 이 사건을 가족들에게 알리고 싶지 않았다. 하지만 문제가 커지리라는 걸 알았기 때문에 결국 내 장인어른인 짐에게 고백했다.

짐은 처음에 신고를 한 이웃들과 이야기를 나눴다. 이웃들은 할머니가 걱정된다고 했다. 혼자 사는 것이 안전하지 않아 보인 것이다. 이번 사건뿐 아니라 차 사고도 있었고, 하다못해 쓰레기를 길가에 내놓는 것과 같은 일상적인 일마저 어려워 보인다는 것을 이웃들은 알고 있었던 것이다.

경찰은 그 사기꾼들을 찾아서 중절도죄로 체포했다. 결국 그들은 유죄 판결을 받고 감옥에 갔다. 앨리스 할머니에게는 꽤 만족스러운 결과라고 봐야 할 텐데 그게 꼭 그렇지도 않았다. 모든 과정을 거치는 동안 그 불쾌한 사건이 자꾸만 떠올랐고, 그게 좀체 사라지지 않으며 할머니가 점점 취약해지고 있다는 사실을 상기시켰기 때문이다. 할머니는 그냥 모든 걸 잊어버리고 싶었는데 말이다.

사기꾼들이 체포되고 얼마 지나지 않아 짐은 할머니에게 양로원들을 둘러보자고 제안했다. 어떤 곳인지 그냥 둘러보기만 하자고 말했지만, 두 분 다 그게 무얼 의미하는지 잘 알고 있었다.

노화는 우리의 운명이고, 언젠가는 죽음이 찾아올 것이다. 그러나 우리 몸속의 마지막 예비 장치마저 모두 고장 날 때까지 어떤 의학적 도움을 받느냐에 따라 그 과정은 많이 달라질 수 있다. 가파르게 곤두박질치는 길이 될 수도 있고, 각자의 삶에서 가장 중요한 능력을 좀 더 오래 보존하며 사는 완만한 경사길이 될 수도 있다. 의료계 종사자들은 대부분 이런 생각을 잘 하지 않는다. 우리는 구체적이고 개별적인 문제를 처리하는 데 능숙하다. 대장암, 고혈압, 무릎 관절염 등 특정 질환에 걸린 환자가 찾아오면 어떤 조치를 취할 수 있다. 그러나 고혈압과 무릎 관절염에 더해 각종 다른 문제들을 안고 있는, 이를테면 자신이 영위해 온 삶의 방식을 모두 잃어버릴 위험에 처한 할머니를 만나면 우리는 어떻게 해야 할지 모르고, 많은 경우 문제를 더 심각하게 만들어 버린다.

몇 년 전, 미네소타 대학의 연구원들은 독립적으로 살고 있긴 하지만 만성적인 건강 문제, 최근 병력, 혹은 인지 능력의 변화로 인해 신체 장애를 겪을 위험이 높은 70세 이상 남녀 568명을 가려냈다. 연구 팀은 환자들의 승낙을 받아 무작위로 선택한 절반을 노인병 전문의와 간호사를 만나게 했다. 노후 건강 관리 기술과 지식을 완비한 전문가 덕이었다. 나머지 절반은 통상적인 의사들에게 진료를 받도록 했다. 물론 이 의료진에게도 환자들이 고위험군이라는 정보가 전달됐다. 이후 18개월 동안 양쪽 그룹에서 모두 10% 정도가 사망했다. 그러나 노인병 전문 팀의 진료를 받은 그룹은 상대 그룹보다 장애를 일으킨 사람이 4분의 1 적었고, 우울증에 걸린 사람도 절반이나 적었다. 그리고 집에 의료진의 왕진을 필요로 한 경우도 40%나 적었다.

정말로 놀라운 결과다. 만일 과학자들이 생명을 연장하지는 못하더라도 요양원에 가거나 우울증에 걸려 비참하게 마지막을 보낼 확률을 줄이는 장치—자동 노쇠 방지 장치라고 부르자—를 개발한다면 모두들 그걸 사기 위해 줄을 설 것이다. 의사가 갈비뼈를 열어 그 장치를 심장에 꽂아야 한다고 해도, 사람들은 75세 이상이면 누구나 그걸 가질 수 있도록 하자고 캠페인을 벌일 것이다. 의회에서는 40대가 그 장치를 장착할 수 없는 이유를 밝히라며 청문회를 열 것이고, 의대생들은 자동 노쇠 방지 장치 전문가가 되기 위해 치열한 경쟁을 벌일 것이며, 월스트리트에서는 이 장치를 생산하는 회사의 주가가 하늘을 찌를 것이다.

그런데 현실에서 그 상상의 장치를 대신할 수 있는 것이 바로 노인병 전문 팀이다. 그들은 폐 조직 검사나 허리 수술을 한 것도 아니고, 자동 노쇠 방지 장치를 삽입한 것도 아니다. 그저 처방약들을 더 단순하게 조절하고, 관절염을 관리하기 위해 세심히 지켜봤으며, 반드시 발톱을 손질하게끔 하고, 매끼 식사를 잘 챙기도록 했다. 또한 환자에게 고립이 의심되는 징후는 없는지 살피고, 사회복지사가 방문해 환자의 집이 안전한지 확인하도록 했다.

그런데 우리 사회는 이런 성과에 대해 어떤 보상을 할까? 미네소타 대학 연구 팀을 이끈 노인병 전문의 채드 볼트Chad Bault의 경험을 보면 상황을 짐작할 수 있다. 전문화된 노인병 관리를 받을 경우 삶의 질이 얼마나 개선되는지를 보여 주는 연구 결과를 발표한 지 몇 달 후, 대학 당국이 노인병 클리닉의 문을 닫은 것이다.

"우리 클리닉에서 내는 적자를 더 이상 감당할 수 없다는 게 대학의 입장이었어요." 이후 볼트는 볼티모어에 있는 존스 홉킨스 블룸버그 보건대학으로 옮겨 갔다. 그의 연구에 따르면 대학 병원이 노인병 전문 서비스에 들이는 비용은 환자들이 일반적인 의료를 받지 않음에 따라 절감되는 비용보다 1인당 평균 1350달러가 더 들었다. 문제는 노인들을 위한 의료보험인 메디케어Medicare에서 이 비용을 부담하지 않는다는 점이다. 보통 이상한 이중 잣대가 아닐 수 없다. 심박 조율기나 관상 동맥 스텐트를 삽입하는 데 2만 5000달러가 들어가지만, 이 때문에 보험회사 비용 절감 문제를 걱정하는 사람은 아무도 없다. 환자들이 '어쩌면' 조금 나아질지 모른다는 불확실한 이유만으로도 충분하다. 반면 20명이 넘는 미네소타 대학 노인병 전문 팀은 뛰어난 능력을 증명하고도 다른 곳에서 일자리를 찾아야 했다. 미국 전역에 있는 수십 개 의료 센터에서 노인병 전문 병동을 없애거나 규모를 감축했다. 볼트의 동료들은 이제 더 이상 노인병 전문 훈련을 받았다는 것을 알리지 않는다. 너무 많은 노인 환자들이 몰려들까 봐 두려워서다. "재정 상황이 너무 어려워졌어요." 볼트가 말했다.

그러나 노인병학계가 겪는 참담한 재정 상황은 더 심각한 현실을 짐작하게 해 주는 증상에 불과할 뿐이다. 그 현실이라는 것은 바로 사람들이 우선순위가 바뀌어야 한다고 요구하지 않는다는 점이다. 우리는 하나같이 새로운 의료 장비를 선호하며, 정책 입안자들에게 장비 구매 자금을 보장하라고 요구한다. 또 우리는 병을 고치겠다고 확약하는 의사를 좋아한다. 하지만 노인병 전문의들은 어떤가? 노인병 전문의가 필요하다고 외치는 사람이 누가 있는가? 노인병 전문의가 하는 일, 다시 말해 노령 환자들이 회복력과 역경을 헤쳐 나가는 능력을 강화하도록 북돋는 일은 너무나 어려운 데다 눈길을 끌지 못할 만큼 제한적이다. 노인병 전문의는 환자들의 신체와 신체의 변화에 세심한 주의를 기울여야 한다. 그들의 영양 상태, 복용 약, 생활상 등도 계속 주시해야 한다. 게다가 환자의 생활방식을 재조정하기 위해 필요한 아주 작은 변화라도 이루려면 환자로 하여금 우리 삶에서 바꿀 수 없는 것, 다시 말해 누구나 불가피하게 직면해야 하는 노령과 생의 종말에 대해 생각해 보게끔 만들어야 한다. 불로장생할 수 있다는 환상이 사회 전체에 만연해 있지만, 노인병 전문가들은 결코 그렇지 않다는 것을 받아들이라며 우리를 불편하게 만들고 있는 것이다.

펠릭스 실버스톤 박사는 노화와 그것이 초래하는 고통스러운 현실을 잘 관리하고 감당하는 방법을 찾는 데 일생을 바쳤다. 그는 지난 50년 동안 노인병학계의 최고 권위자였다. 그러나 내가 실버스톤 박사를 만났을 때는 그 역시 여든일곱 노인이 되어 있었다. 그는 자신의 정신과 육체가 점점 노쇠해 간다는 것, 그리고 일생 동안 연구한 것들 대부분이 이제 더 이상 남의 일이 아니라는 것을 실감하고 있었다.

실버스톤 박사는 운이 좋았다. 오랫동안 은퇴하지 않고 계속 일할 수 있었기 때문이다. 심지어 60대에 심근경색을 일으키면서 심장 기능 절반을 잃은 후에도 계속 일을 했다. 그리고 일흔아홉 살 때 거의 심박 정지 상태를 겪은 후에도 그는 일을 멈추지 않았다.

"하루는 저녁나절 집에 앉아 있는데 갑자기 가슴이 두근거리는 걸 느꼈어요. 심계항진이 일어난 거죠. 그냥 책을 읽고 있었을 뿐인데 몇 분 있다가 숨이 가빠 오는 거예요. 그러고 나서 조금 있다가 가슴이 뻐근해지기 시작했죠. 맥박을 재 봤더니 무려 분당 200회가 넘었어요."

실버스톤 박사는 가슴 통증을 느끼는 와중에도 자기 맥박을 재는 사람이었다.

"아내하고 구급차를 부를지 말지 잠시 토론을 했지요. 결국 부르기로 결정했어요."

실버스톤 박사가 병원에 도착했을 때, 의료진은 이미 멈춰 버린 그의 심장을 되돌리기 위해 충격 요법을 시행해야 했다. 심실성 빈

맥이라는 진단이 나왔고, 가슴에 자동 제세동기가 이식되었다. 몇 주 지나지 않아 몸이 회복됐고, 실버스톤 박사는 수치의로부터 전일 근무를 해도 좋다는 허락을 받았다. 사실 그는 심장 문제뿐 아니라 여러 번의 탈장 봉합술과 담낭 수술, 그리고 열심히 치던 피아노를 그만두게 만들었던 관절염을 겪었다. 게다가 170센티미터 정도 됐 던 키는 척추 노화로 인해 약 8센티미터나 줄어들었고, 청력도 약해 진 상태였다. 그럼에도 그는 계속 환자를 돌봤다.

"전자 청진기로 바꿨지요." 그가 말했다. "여간 불편한 게 아니지 만 성능은 좋아요."

여든두 살이 되었을 때, 그는 마침내 은퇴할 수밖에 없었다. 건강 문제 때문이 아니었다. 아내 벨라 때문이었다. 두 사람은 60년 넘게 부부로 살아왔다. 브루클린의 킹스 카운티 병원에서 실버스톤 박사 는 인턴, 벨라 여사는 영양사로 일할 때 만난 사이였다. 부부는 플랫 부시에서 살며 두 아들을 길렀다. 아이들이 집을 떠나고 난 뒤, 벨라 여사는 교원 자격증을 따서 학습 장애가 있는 아이들을 가르쳤다. 그러나 70대에 망막 질환을 앓으면서 시력을 잃기 시작했고, 결국 일을 그만둬야 했다. 10년이 지난 후 그녀는 시력을 거의 모두 상실 했다. 아내를 집에 혼자 두는 것이 더 이상 안전하지 않다고 느낀 실 버스톤 박사는 2001년에 병원 일을 그만두었다. 두 사람은 매사추 세츠주 캔턴에 있는 은퇴자촌 오차드 코브Orchard Cove로 이사했다. 보스턴 근교에 있어서 아들들과 가까이 지낼 수 있었기 때문이다.

"변화를 감당해 낼 수 없을 거라 생각했어요." 그가 말했다. 환자들을 통해 나이 들어 변화에 적응하는 것이 얼마나 어려운지를 너무나 많이 목격했기 때문이다. 실버스톤 박사는 마지막 환자를 진찰하고, 이삿짐을 꾸리면서 자신이 이제 곧 죽을 것 같다는 생각이 들었다. "집뿐 아니라 내 삶까지 해체하는 느낌이었어요." 그는 당시를 회고하며 이렇게 말했다. "끔찍했지요."

우리는 오차드 코브의 중앙 로비 옆에 있는 도서실에 앉아 있었다. 커다란 유리창에서 햇빛이 쏟아져 들어오고 있었고, 벽에는 고상한 그림이 걸려 있었으며, 연방 양식Federal-Style(독립전쟁 후 1780년에서 1820년 사이에 생긴 건축 및 가구 양식—옮긴이)의 소파가 놓여 있었다. 일흔다섯 넘은 노인들만 돌아다닌다는 점을 빼면 고급 호텔 같은 분위기였다. 실버스톤 부부는 숲이 내려다보이는, 침실 두 개가 딸린 널찍한 아파트에서 살고 있었다. 거실에는 그랜드 피아노가 있었고, 책상에는 그가 '영혼을 위해' 여전히 구독한다는 의학 저널들이 널려 있었다. 그들의 아파트는 독립 생활형 주거 공간이었다. 청소, 시트 교환, 저녁식사가 기본적으로 제공된다. 필요한 시기가 되면 어시스티드 리빙assisted living(거동이 불편하거나 장애가 있는 노인들을 대상으로 의료 및 생활 지원을 해 주는 거주 방식—옮긴이) 형태로 업그레이드할 수 있다. 그러면 매일 세끼 식사가 제공되고, 날마다 최대 한 시간까지 위생을 비롯한 여러 가지 도움을 받을 수 있다.

실버스톤 부부의 거주지는 일반적인 은퇴자촌보다 비싼 곳이었다. 문제는 일반적인 곳조차도 1년에 3만 2000달러에 달하는 비용을 지불해야 한다는 것이다. 게다가 처음에는 6만 달러에서 최고

12만 달러까지 가입비를 내야 한다. 미국에서 80세 이상 인구의 중간 소득은 1만 5000달러에 불과하나. 상기 요양 시설에서 사는 노인의 절반 이상이 저축액을 모두 소진하고 정부 보조(복지 기금)에 의존해야 생활을 유지할 수 있다. 보통의 미국인들은 결국 평균 1년 이상을 장애 상태로 요양원에서 지내야 한다(독립적으로 사는 것보다 5배 많은 비용이 든다). 실버스톤 박사가 절박한 심정으로 피할 수 있기를 바라는 운명이다.

그는 노인병 전문의답게 자신이 겪는 변화를 객관적으로 관찰하려고 애썼다. 자신의 피부가 건조해졌다는 것, 후각이 약해졌다는 것, 야간 시력이 나빠졌다는 것, 쉽게 피곤해진다는 것을 알고 있었다. 그는 또한 치아도 잃기 시작했다. 그러나 그는 자신이 할 수 있는 조치를 취했다. 피부가 갈라지는 걸 방지하기 위해 로션을 발랐고, 열사병에 걸리지 않도록 뜨거운 햇빛을 피했다. 또한 실내용 자전거에서 일주일에 세 번 운동을 했고, 1년에 두 번 치과에 갔다.

실버스톤 박사가 가장 염려한 것은 뇌의 변화였다. "이전처럼 명확하게 생각할 수가 없어요." 그가 말했다. "전에는 『뉴욕 타임스』를 30분이면 읽었는데 이제는 한 시간 반이 걸려요." 게다가 그렇게 오랜 시간 읽고도 이전처럼 내용을 잘 이해했는지 분명치 않았다. 그리고 기억력도 문제였다. "앞으로 돌아가서 다시 보면 내가 읽은 부분이라는 건 알겠는데, 내용이 기억나지 않을 때가 있어요. 단기 기억처리의 문제죠. 자극을 받아들인 후 유지하는 게 힘들어진 거예요."

그는 예전에 환자들에게 알려 준 방법을 사용했다. "무슨 일을 할 때 그냥 기계적으로 하지 않고 의도적으로 주의를 기울이려고 해요." 그가 설명했다. "뭔가 자동으로 하는 능력을 잃은 건 아닌데, 예전 같지가 않아요. 예를 들어 다른 생각을 하면서 옷을 입으면 제대로 입을 수 있을지 자신할 수 없는 거지요." 그는 의도적으로 정신을 집중하는 전략이 먹히지 않을 때가 있다는 걸 인정했고, 나와 대화를 나누다가 같은 이야기를 두 번 반복하기도 했다. 그의 마음속에 난 생각의 줄기가 익숙한 길로 흐르려는 경향이 있어서 아무리 애써 새로운 길로 접어들려 해도 말을 잘 안 들을 때가 있는 것이다. 그는 노인병 전문의로서 지닌 지식 때문에 자신의 노쇠 현상을 인정할 수밖에 없었지만, 그렇다고 해도 그것을 받아들이는 것은 쉽지 않았다.

"가끔 우울해져요." 그가 말했다. "우울증을 반복적으로 앓는 것 같아요. 장애가 될 정도는 아니지만, 그런 증상이 나타나면…" 그는 적당한 표현을 찾으려는 듯 잠깐 생각에 잠겼다. "불편하지요."

이런 제약에도 불구하고 그가 가라앉지 않도록 떠받쳐 주는 것이 있었다. 바로 목적의식이었다. 실버스톤 박사는 그것이 의사로 일하는 동안 자신을 떠받쳐 줬던 목적의식과 동일한 것이라고 설명한다. 어떤 식으로든 주변 사람들에게 도움을 주고자 하는 생각 말이다. 그는 오차드 코브에 입주한 지 불과 몇 달 후 그곳의 건강 관리 시스템을 개선하기 위해 구성된 위원회에서 일하기 시작했다. 또한 은퇴한 의사들끼리 저널 읽기 모임을 만들기도 했다. 그는 심지어 젊은 노인병 전문의를 지도하기까지 했다. 첫 독립 연구로 DNR(Do Not

Resuscitate, 소생술 포기)에 대한 그곳 입주민들의 입장을 조사하는 것이었다.

더욱 중요한 것은 그가 자식들과 손주들, 그리고 무엇보다도 아내 벨라에 대해 느끼는 책임감이었다. 벨라 여사는 시력 상실과 기억력 문제 때문에 남편에 대한 의존도가 굉장히 높아졌다. 실버스톤 박사가 곁에 없었다면 그녀는 요양원으로 가야만 했을 것이다. 그는 아내가 옷 입는 것을 돕고 복용해야 할 약을 챙겨 준다. 아침과 점심을 챙기는 것도 그의 일이다. 아내를 산책시키고, 예약된 날에 의사에게 데려가기도 한다. "지금은 아내가 내 인생의 목적이에요." 그가 말했다.

벨라 여사가 늘 남편의 방식을 좋아하는 것은 아니다.

"계속 말다툼을 해요. 온갖 것으로 서로에게 화를 내곤 하지요." 박사가 말한다. "하지만 우리 둘 다 서로를 용서하는 것도 참 잘합니다."

그는 이 책임감이 짐처럼 느껴지지 않는다. 삶의 폭이 좁아짐에 따라, 아내를 돌보는 일은 자신의 가치를 느끼게 해 주는 주된 요인이 되었다.

"나는 아내를 돌보기 위해 있는 사람이에요. 그게 아주 기뻐요." 그는 이 역할을 잘 해내기 위해서 자신의 능력에 어떤 변화가 일어나는지도 면밀한 주의를 기울인다. 자신의 한계에 대해 정직해지지 못하면 아내에게 무용지물이 될 것이기 때문이다.

어느 날 저녁, 실버스톤 박사가 나를 저녁식사 자리에 초대했다.

격식을 갖춘 커다란 식당이었는데 마치 레스토랑 같았다. 예약석이 있었고, 테이블 서비스도 있었으며, 갖춰 입어야 할 드레스 코드도 있었다. 하얀 병원 가운을 입고 있던 나는 주임 웨이터에게 부탁해 네이비 블레이저를 빌려 입고서야 자리에 앉을 수 있었다. 갈색 정장에 청회색 옥스퍼드 셔츠를 입은 실버스톤 박사는 자기가 골라 준 무릎 길이의 파란색 꽃무늬 원피스를 입은 아내에게 팔을 내밀어 그녀를 테이블로 안내했다. 벨라 여사는 이야기 나누는 걸 즐기는 상냥한 타입이었으며, 나이보다 앳돼 보이는 눈을 가진 분이었다. 그러나 일단 테이블에 앉자 메뉴를 보기는커녕 앞에 놓인 접시조차 어디 있는지 몰랐다. 실버스톤 박사가 아내의 음식을 주문했다. 와일드 라이스 수프와 오믈렛, 으깬 감자와 꽃양배추였다. "소금은 넣지 말아 주세요." 그가 웨이터에게 당부했다. 아내가 고혈압이기 때문이었다. 그는 자신의 메뉴로 연어와 으깬 감자를 주문했고, 나는 수프와 런던 브로일을 선택했다.

음식이 나오자, 박사는 아내에게 접시 위에 놓인 음식이 각각 어디에 있는지 시곗바늘 방향을 예로 들며 알려 줬다. 그런 다음 포크를 아내 손에 쥐어 주고는 자기 음식을 먹기 시작했다.

두 사람 모두 의식적으로 천천히 음식을 씹었다. 하지만 벨라 여사가 먼저 음식이 목에 걸렸다. 오믈렛이었다. 눈물을 글썽였고 기침을 하기 시작했다. 박사는 물컵을 아내 입으로 가져갔다. 벨라 여사는 물을 마신 다음에야 겨우 오믈렛을 삼킬 수 있었다.

"나이가 들면서 척추전만증(정상적인 허리뼈보다 앞쪽으로 과도하게 휘는 현상—옮긴이)이 일어나니까 머리가 앞으로 숙여지게 돼요." 박사가 설명했다. "그때시 잎을 똑바로 쳐다보면 젊은이가 천장을 보는 것처럼 돼 버리지요. 고개를 그렇게 쳐들고 무얼 삼킨다고 해 봐요. 가끔 음식이 목에 걸리게 마련이지요. 노인들한테 모두 있는 문제예요. 잘 들어 보세요." 그제서야 나는 거의 매 1분마다 식당 안에 있는 누군가가 음식이 목에 걸려 기침하는 소리가 들린다는 것을 깨달았다. 박사가 아내에게 당부했다. "여보, 고개를 약간 숙이고 먹어요."

하지만 잠시 후 박사 자신도 음식이 목에 걸렸다. 연어였다. 기침을 하기 시작했고 얼굴이 빨갛게 변했다. 마침내 목에 걸린 음식을 게워 내는 데 성공했지만, 다시 숨을 돌리는 데 1~2분이 걸렸다.

"내 충고를 내가 안 따랐네요."

말할 것도 없이, 실버스톤 박사는 나이에서 오는 쇠약함과 싸우고 있었다. 한때는 그저 여든일곱 살까지 사는 것만도 대단하게 여긴 적이 있었다. 하지만 이제는 실버스톤 박사처럼 평생 동안 유지해 온 삶에 대한 주도권을 여전히 갖고 있다는 게 대단한 부분이다. 박사가 노인병 전문의로 일하기 시작했을 때만 해도 그가 지금 겪고 있는 것과 같은 건강상의 문제를 안은 채 여든일곱 살이 되도록 독립적으로 살면서, 장애가 있는 아내를 돌보고, 의학 연구에까지 기여한다는 것은 상상도 할 수 없는 일이었다.

부분적으로는 그가 운이 좋았다고도 할 수 있다. 예를 들어, 박사의 기억력은 심하게 나빠지지 않았다. 그러나 그가 노후 관리를 잘 한 것도 큰 요인이다. 그의 목표는 대단한 것이 아니었다. 의학 지식과 그의 몸이 허락하는 한도 내에서 삶을 품위 있게 누리는 것이었다. 이를 위해 그는 여윳돈을 저축해 두었고, 일찍 은퇴하지도 않았다. 덕분에 그는 재정적으로 궁핍하지 않았다. 그는 사회적 관계를 유지하면서 고립되는 것을 피했다. 또한 자신의 뼈와 치아, 그리고 체중 관리를 철저히 했다. 나아가 노인병에 관한 전문지식을 지닌 의사를 찾아가 자신이 독립적인 삶을 유지하는 데 필요한 도움을 받았다.

노인병학 교수 채드 볼트에게 급증하는 노인 인구를 관리할 수 있을 만큼 충분한 수의 노인병 전문의를 확보하려면 어떻게 해야 할지 물었다.

"방법이 없어요." 그의 대답이다. "너무 늦었습니다." 노인병 전문가를 양성하는 데는 시간이 걸리는데, 이미 그 수가 너무 적다는 것이다. 미국에서 노인병 전문 훈련 과정을 마치는 의사 수는 1년에 300명도 되지 않는다. 가까운 장래에 밀어닥칠 수요를 충족시키기는커녕 은퇴하는 노인병 전문의들을 대체하기도 힘든 숫자다. 노인을 전문으로 다룰 훈련을 받은 정신과 전문의, 간호사, 사회복지사도 노인병 전문의 못지않게 아쉬운 형편이지만 충분히 공급되고 있지 않기는 마찬가지다. 다른 나라의 상황도 이와 비슷하거나 더 안 좋다.

그럼에도 볼트는 또 다른 전략을 마련할 시간이 아직 남아 있다고 믿는다. 그는 노인병 전문의들이 노인들을 직접 돌보는 대신 모든

1차 진료 의사들과 간호사들에게 초고령 노인들을 돌보는 훈련을 시키도록 해야 한다고 주장한다. 사실 이마저도 쉬운 일은 아니다. 의대생의 97%가 노인병학 수업을 전혀 듣지 않고 있는 실정이고, 노인병 전문의가 환자를 돌보는 대신 의료진 교육에 전념하게 하려면 정부에서 그 자금을 대야 하기 때문이다. 그러나 의지만 있다면 10년 내에 모든 의과대학, 간호대학, 사회복지대학, 그리고 내과의사 훈련 프로그램에 노인병 훈련 과정을 만들 수 있다는 게 볼트의 계산이다.

"뭔가 해야 합니다." 그가 말한다. "노인들의 삶이 지금보다 훨씬 나아질 수 있어요."


"아직 운전은 할 수 있어요. 원래 운전을 잘하거든요." 식사가 끝나고 난 후, 실버스톤 박사가 내게 말했다.

그는 오차드 코브에서 몇 킬로미터 떨어진 곳에 있는 스토턴으로 가서 벨라 여사의 처방전을 받아 와야 했다. 나는 함께 가도 되는지 물었다. 그의 차는 10년 된 금색 토요타 캠리였다. 자동 변속 기어가 장착되어 있었고, 주행 기록계는 3만 9000마일(약 6만 3000킬로미터)을 달렸음을 나타내고 있었다. 차 안팎은 새 차처럼 깨끗했다. 박사는 좁은 주차 공간에서 후진으로 차를 뺀 후 빠른 속도로 주차장을 빠져나갔다. 운전대를 잡은 그의 손은 전혀 떨리지 않았다. 땅거미가 지며 초승달이 떠오른 캔턴 거리를 달리는 동안, 그는 빨강 신호등에서 안정적으로 차를 멈추었고, 필요할 때마다 좌회전이나 우회

전 신호를 잘 넣었으며, 아무 문제 없이 방향을 틀었다.

고백하자면 사실 나는 뭔가 큰일이 벌어질까 봐 마음의 준비를 하고 있었다. 85세 이상 운전자가 사망 사고를 낼 확률은 10대 운전자의 세 배가 넘는다. 고령 운전자가 도로의 가장 큰 위험 요인인 것이다. 사고를 당한 앨리스 할머니의 차가 생각났다. 할머니 차가 이웃집 마당으로 돌진했을 때 거기 어린아이가 없었던 게 얼마나 다행인지 모른다. 그보다 몇 달 전, 로스앤젤레스에서 조지 웰러라는 사람이 과실치사 유죄 판결을 받은 일이 있었다. 가속 페달과 브레이크 페달을 혼동하는 바람에 산타 모니카 농산물 장터 한가운데로 뷰익을 몰고 돌진한 사건 때문이었다. 이 사건으로 10명이 목숨을 잃고 60여 명이 부상을 당했다. 당시 조지 웰러는 여든여섯 살이었다.

그러나 실버스톤 박사는 운전하는 데 아무런 어려움이 없어 보였다. 가던 길에 교차로에서 도로 공사 표지판을 제대로 해 놓지 않아 우리 쪽 차선을 따라가다가는 반대편에서 오는 차들과 거의 충돌할 수 있는 상황도 있었다. 그러나 박사는 재빨리 경로를 바꿔서 안전한 차선으로 옮겼다. 이렇게 운전할 수 있는 능력이 얼마나 오래갈지는 아무도 모르는 일이다. 그러나 언젠가는 차 열쇠를 넘겨야 할 날이 올 것이다.

그러나 당시 실버스톤 박사는 그런 문제에 대해 그다지 걱정하지 않는 듯 보였다. 그저 차를 몰고 길을 나선 것이 기분 좋아 보였다. 저녁이라 그런지 138번 도로로 들어서자 차가 그리 많지 않았다. 박사는 제한 속도인 45마일(약 73킬로미터)을 조금 넘길 때까지 속도를 올렸다. 그는 창문을 내리고 창틀에 팔꿈치를 올렸다. 공기는 시원하고 상쾌했다. 우리는 바퀴가 도로에 닿으며 내는 소리를 들었다.

"참 아름다운 밤이네요, 그렇죠?" 그가 말했다.

Being Mortal

3

의존

삶에 대한 주도권을 잃어버리다

앨리스 할머니는 사생활과 삶에 대한 주도권을 모두 잃었다. 병원 환자복을 입고 지낼 때가 대부분이었다. 직원들이 깨우면 일어나고, 목욕시켜 주면 하고, 옷을 입혀 주면 입고, 먹으라고 하면 먹었다. 또한 직원들이 정해 주는 아무하고나 같은 방을 써야 했다. 할머니의 생각과 관계없이 선택된 룸메이트들이 여러 명 거쳐 갔다. 모두 인지 능력 장애가 있는 사람들이었다. 어떤 사람은 너무 조용했고, 어떤 사람은 밤에 잠을 잘 수 없게 만들었다. 할머니는 감금되어 있는 것 같은 느낌이 들었다. 늙었다는 죄로 감옥에 갇힌 것만 같았다.

아주 나이가 많은 사람들의 경우, 그들이 두려워하는 것은 죽음이 아니라고 말한다. 죽음에 이르기 전에 일어나는 일들, 다시 말해 청력, 기억력, 친구들, 그리고 지금까지 살아왔던 생활 방식을 잃는 것이 두렵다는 것이다. 실버스톤 박사의 표현대로 "나이가 든다는 것은 계속해서 무언가를 잃는 것"이다. 필립 로스Philip Roth는 소설 『에브리맨Everyman』에서 이를 더 비통하게 표현했다. "나이가 드는 것은 투쟁이 아니다. 대학살이다."

운이 좋고 꼼꼼하게 자기 관리—건강한 식습관, 운동, 혈압 조절, 필요할 때 의학의 도움을 적절히 받는 것—를 한 사람은 오랫동안 그럭저럭 잘 살아 나갈 수도 있다. 그러나 결국 나이가 들면서 점점 많은 것들을 잃어 가다 보면 일상적인 삶을 유지하는 데 필요한 것들을 스스로 충족하기에는 육체적으로나 정신적으로나 버거운 상태에 이르게 된다. 갑작스럽게 죽음을 맞는 경우가 줄어들었기 때문에, 우리 대부분은 삶의 상당 기간을 독립적으로 사는 것이 불가능할 정도로 쇠약해진 상태로 보내게 될 것이다.

언젠가 벌어질 일임에도 우리는 이 문제에 대해 생각하기를 싫어

한다. 그 결과 대부분 아무런 준비 없이 그 단계에 도달한다. 도움을 필요로 할 때 어떻게 살 것인지 거의 신경 쓰지 않고 지내다가 뭔가 해 보기에는 너무 늦은 시기에 이르게 되는 것이다.

실버스톤 박사가 결정적인 지점에 도달했을 때 마음을 굳히게 된 요인은 자신이 아니라 아내 벨라 여사였다. 나는 매년 점점 어려움이 커져 가는 그녀의 상황을 지켜봤다. 박사 자신은 90대까지도 놀라울 정도의 건강을 유지했다. 의료상의 위기도 없었고, 매주 하는 운동을 거르는 법도 없었다. 사제 훈련을 받는 학생들에게 노인병학을 가르쳤고, 오차드 코브의 보건 위원회 활동도 계속했다. 운전을 그만두지 않아도 됐다. 그러나 벨라 여사는 점점 사그라지고 있었다. 시력을 완전히 상실했고, 청력이 약해졌으며, 기억력도 눈에 띄게 희미해졌다. 저녁을 같이 먹던 날, 내가 그녀 앞에 앉아 있다는 사실을 여러 번 상기시켜 줘야 했다.

실버스톤 박사 부부는 잃어 가는 것들에 대해 슬퍼했지만, 여전히 남아 있는 것에서 기쁨을 찾으려 했다. 벨라 여사는 나를 비롯해 그녀가 잘 모르는 사람들을 기억하지 못할는지는 몰라도, 사람들과 시간을 보내거나 대화하는 것을 즐겼고, 그런 기회를 적극적으로 만들었다. 게다가 두 사람 사이에는 수십 년 동안 이어 오던 그들만의 대화가 있었다. 박사는 아내를 돌보는 데서 삶의 큰 목표를 발견했고, 아내 역시 자신이 남편 옆에 있다는 사실에서 큰 의미를 찾았다. 서로의 존재에서 위안을 찾은 것이다. 실버스톤 박사는 아내의 옷을 입히고, 씻기고, 먹는 것을 도왔다. 산책할 때면 손을 꼭 잡고 걸었고, 밤이면 서로의 팔에 기댄 채 포근하게 누워 있다가 스르르 잠이 들었다. 그는 그 시산늘이 가장 소중한 순간으로 기억에 남는다고 말했다. 거의 70년을 함께 살아온 그 어느 때보다 서로를 사랑하며 잘 안다고 느낀 순간이었다는 것이다.

그러나 어느 날 두 사람은 자신들의 삶이 얼마나 위태로워졌는지를 깨닫게 해 준 사건을 겪었다. 벨라 여사가 감기 증상을 보이다가 귀에 물이 찼는데, 고막이 터지면서 청력을 완전히 잃은 것이다. 소리는 두 사람 사이를 이어 주던 유일한 끈이었다. 눈이 안 보이는 데다 기억력에도 문제가 있었는데, 청력까지 잃고 나니 두 사람은 어떤 종류의 의사소통도 할 수 없게 됐다. 손바닥에 글씨를 쓰는 방법을 시도해 봤지만, 벨라 여사는 그걸 인식하지 못했다. 심지어 극도로 단순한 문제들, 예를 들어 옷을 입히는 것조차 그녀에게는 악몽처럼 혼란스러운 일이 됐다. 감각이라는 닻을 잃게 되자 그녀는 시간 감각까지 잃었다. 점점 극심한 혼돈에 빠졌고, 때로는 망상에 사로잡히거나 불안 증세를 보였다. 더 이상 아내를 돌볼 수가 없었다. 그는 스트레스와 수면 부족으로 지칠 대로 지쳐 갔다.

박사는 어찌해야 할지 몰랐다. 물론 이런 상황에 대처하는 시스템은 있었다. 오차드 코브에서는 벨라 여사를 요양원 층에 있는 전문 간호 팀으로 옮기라고 제안했다. 그러나 그는 그런 생각을 용납할 수 없었고, 결국 거절했다. 아내는 자신과 함께 집에서 살아야 하는 사람이었기 때문이다.

상황이 더 절박해져서 선택을 강요당하기 전에 그들은 유예 기간을 얻을 수 있었다. 악몽을 겪은 지 2주 반 만에 벨라 여사의 오른쪽 고막이 회복된 것이다. 왼쪽 귀의 청력은 영원히 잃었지만, 오른쪽 귀가 들리기 시작했다.

"의사소통을 하는 게 더 어려워졌어요." 박사가 말했다. "하지만 적어도 가능은 하지요."

아내가 오른쪽 귀의 청력을 다시 잃거나 그와 비슷한 큰일이 일어나면 어떻게 할 계획이냐고 물었다. 그는 모르겠다고 답했다. "내가 돌보지 못할 만큼 힘든 상황이 되면 어떤 일이 일어날지 겁나요." 그가 말했다. "너무 앞서서 생각하지 않으려고 노력 중이에요. 내년에 어떻게 될지는 생각하지 않아요. 너무 우울해지거든요. 그냥 다음 주 정도까지만 생각하죠."

사실 이는 전 세계 대부분의 사람들이 택하는 길이고, 충분히 이해할 만한 태도다. 그러나 그런 태도의 문제는 나중에 더 큰 낭패를 보게 되는 경향이 있다는 데 있다. 결국 실버스톤 부부가 두려워하던 위기가 찾아오고야 말았다. 두 사람이 산책을 하던 중, 벨라 여사가 갑자기 쓰러진 것이다. 실버스톤 박사는 무슨 일이 일어났는지 알 수가 없었다. 천천히 걷고 있었고 땅도 평평했다. 아내 팔을 붙잡고 있었는데도 갑자기 쓰러지면서 양쪽 다리의 종아리뼈가 모두 부러지고 말았다. 종아리뼈는 무릎에서 발목 사이 다리 바깥쪽에 자리한 길고 가는 뼈다. 응급실 의료진은 벨라 여사의 두 다리에 무릎 위까지 깁스를 했다. 박사가 가장 두려워하던 일이 벌어진 것이다. 아내에게 필요한 도움은 이제 자신이 감당할 수 있는 범위를 훨씬 넘어서 버렸다. 벨라 여사는 24시간 도움을 받을 수 있고, 간호사가 상주하는 요양원 층으로 옮길 수밖에 없었다.

독자들 중에는 이것이 두 사람 모두에게 도움이 되는 조치일 거라고 생각하는 사람이 있을지도 모르겠다. 어쨌거나 벨라 여사를 육체적으로 돌보는 데 들어가는 온갖 부담에서 벗어날 수 있게 해 줄 테니 말이다. 그러나 그들이 한 경험은 그렇게 단순하지 않았다. 직원들은 정말이지 전문가들이었다. 실버스톤 박사가 오랫동안 그토록 힘들여 하던 일들, 예를 들어 목욕시키기, 화장실 데려가기, 옷 입히기를 비롯해 중증 장애를 가진 사람에게 필요한 모든 도움을 떠맡았다. 그 덕분에 박사는 원하는 일을 하면서 남은 시간을 보낼 수 있게 됐다. 그 시간을 아내와 함께 보낼 수도 있고 혼자서 보낼 수도 있었다. 그러나 직원들이 최선을 다하고 있음에도 불구하고 두 사람은 그들의 존재 자체만으로도 짜증 날 때가 많았다. 일부 직원은 벨라를 한 사람이라기보다 환자로만 대했다. 예를 들어 그녀는 자기가 좋아하는 머리 스타일이 있었다. 그러나 아무도 어떻게 빗어 주면 좋을지 그녀에게 묻지 않았다. 남편은 어떻게 음식을 잘라야 그녀가 어렵지 않게 음식을 삼킬 수 있는지, 어떻게 앉혀야 그녀가 가장 편안해하는지, 어떻게 옷을 입혀야 그녀가 좋아하는지를 모두 알고 있었다. 그러나 박사가 직원들에게 아무리 설명하려 해도 대부분 왜 그래야 하는지 이해하지 못했다. 어떤 때는 짜증이 치밀어서 설명하길 포기하고 직원들이 해 놓은 걸 자기 손으로 다시 만져 갈등을 일으키기도 했다.

"서로 방해만 되고 있었어요." 그가 말했다.

그는 또 낯선 환경 때문에 아내가 혼란스러워하는 것을 염려했다. 며칠 후, 그는 아내를 집으로 다시 데려오기로 결정했다. 어떻게 돌볼 것인지만 생각해 내면 될 일이었다.

두 사람의 숙소는 요양원과 그저 한 층 차이였다. 그러나 그것은 엄청난 차이였다. 그 이유를 꼭 집어내기는 어려웠다. 실버스톤 박사는 여전히 24시간 도움을 줄 간병인과 간호사 서비스를 이용해야만 했다. 깁스를 풀기까지 6주간은 그에게 육체적으로 정말 고된 날들이었다. 그러나 마음은 안심이 됐다. 두 사람 다 벨라 여사의 삶에 대한 주도권을 놓지 않았다고 느꼈다. 그녀는 자기 집, 자기 침대에서 남편과 함께 지낼 수 있게 되었다. 그리고 이는 결과적으로 박사에게 굉장히 중요한 결정이 되었다. 깁스를 뗀 지 4일 후, 그러니까 벨라 여사가 다시 걸을 수 있게 된 지 4일 후 그녀가 세상을 떠났기 때문이다.

그날 두 사람은 점심을 먹기 위해 테이블에 앉았다. 벨라 여사가 남편에게 몸을 돌리더니 말했다. "몸이 안 좋아요." 그런 다음 그녀는 바로 쓰러졌다. 구급차가 순식간에 그녀를 싣고 근처 병원으로 향했다. 구급 요원들이 지체되는 것을 원치 않았기 때문에, 실버스톤 박사는 응급차를 먼저 보내고 자신은 차를 몰고 뒤따랐다. 벨라 여사는 구급차가 병원에 도착한 다음, 남편이 아직 도착하기 전 그 짧은 순간에 숨을 거뒀다.

그 일이 일어난 지 석 달 후, 내가 다시 박사를 만났을 때까지도 그는 실의에 빠져 있었다. "내 몸의 일부가 없어진 느낌이에요. 팔다리를 잃은 것 같아요." 그의 목소리가 갈라졌고, 눈가가 붉게 충혈됐다. 그러나 그에게도 위안이 되는 일이 하나 있었다. 아내가 고통을 겪지 않았다는 것, 다시 말해 마지막 몇 주를 요양원 층에서 혼란을 겪으며 환자로 지내지 않고 집에서 두 사람이 오랫동안 간직해 온 사랑의 온기를 느끼며 평화롭게 보냈다는 사실이다.

앨리스 홉슨 할머니도 집을 떠나는 것에 대해 똑같은 두려움을 가지고 있었다. 집이야말로 자신의 삶에 대한 주도권을 쥐고 있다는 느낌과 편안함을 주는 유일한 장소였기 때문이다. 그러나 할머니를 위협해서 돈을 뜯어낸 사람들과의 사건이 벌어진 후, 그녀가 혼자 사는 것이 더 이상 안전하지 않다는 게 명백해졌다. 내 장인인 짐은 할머니를 위해 노인 주거 단지 몇 군데에 방문 약속을 잡았다. "그렇게 하는 걸 별로 좋아하지 않으셨지." 짐이 말했다. 그러나 할머니는 체념하고 받아들이는 수밖에 없었다. 짐은 할머니가 좋아할 만한, 그리고 잘 지낼 수 있을 만한 곳을 찾겠다고 결심했다. 그러나 그런 곳은 없었다. 그 후 벌어진 일들을 지켜보면서 나는 그 이유를 점차 이해할 수 있었다. 그것은 심신이 쇠약해져 도움을 필요로 하는 사람들을 돌보는 시스템 전체에 대한 의문을 제기하게 만든 이유이기도 했다.

짐은 가족들이 차를 타고 방문하기에 너무 멀지 않고, 재정적으로 할머니의 집을 팔아 감당할 수 있는 곳을 찾고 싶었다. 또 실버스톤 박사 부부가 살던 오차드 코브처럼 '연속성 있는 보살핌continuum of care'을 제공하는 곳을 원했다. 독립적으로 살 수 있는 아파트가 있고 할머니에게 언젠가 필요할지도 모를 24시간 간호 서비스 역량을 갖춘 곳 말이다. 그 조건에 맞는 다양한 시설들이 있었다. 가까운 곳과 먼 곳, 이윤을 목적으로 하는 곳과 그렇지 않은 곳 등 여러 시설을 돌아봤다.

앨리스 할머니가 결국 선택한 곳은 고층 건물로 된 복합 노인 주거 단지였다. 여기서는 롱우드 하우스라고 부르자. 미국 성공회 부속으로 설립된 비영리 시설이었다. 할머니와 교회에 같이 다니던 친구 몇몇이 살고 있었고, 짐의 집에서 차로 10분이 채 걸리지 않는 곳이었다. 활동적인 공동체를 형성하며 번창하고 있었다. 앨리스 할머니나 가족들에게 롱우드 하우스는 가장 매력적인 곳이었다.

"다른 곳들은 대부분 너무 상업적이더군." 짐이 말했다. 할머니는 1992년 가을 롱우드 하우스에 입주했다. 할머니가 고른, 방 하나짜리 아파트는 내가 생각했던 것보다 훨씬 더 널찍했다. 할머니의 식기 세트를 모두 넣을 수 있을 정도로 큰 수납장이 있는 데다 빛이 환한 부엌도 갖추고 있었다. 내 장모인 낸은 할머니가 전에 고용했던 적이 있는 도장업자에게 새로 칠을 맡기고, 칠이 끝나면 가구 배치와 그림 거는 일을 좀 도와 달라고 부탁했다.

"이사해서 자기 물건들이 모두 제자리에 놓여 있는 걸 보는 게 큰 의미가 있지. 이를테면 부엌 수납장을 열었을 때 평생 쓰던 은식기가 잘 정리되어 있는 것처럼 말이야." 낸이 말했다.

그러나 입주한 지 몇 주 후 할머니를 만나 보니 전혀 행복해 보이지 않았고, 잘 적응하고 있는 것 같지도 않았다. 불평을 절대 안 하는 성격이라 뭔가에 대해 화났다거나 슬프다거나 씁쓸하다는 이야기는 하지 않았지만, 부쩍 말이 없어진 데다 가라앉아 보였다. 이전까지는 한 번도 본 적이 없는 모습이었다. 여전히 우리 할머니라는 걸 알아볼 수 있을 정도는 됐지만, 눈에 반짝이던 불빛이 꺼진 느낌이었다.

처음에는 자동차를 없앤 후 차를 운전하면서 누렸던 자유를 상실해서 그런 것이려니 생각했다. 할머니는 롱우드 하우스에 입주하면서도 쉐보레 임팔라를 몰고 갔고, 그곳에서도 계속 운전을 할 생각이었다. 그러나 입주 첫날, 볼일이 있어서 주차장으로 간 할머니는 차가 없어졌다는 것을 깨달았다. 곧 경찰에 전화해서 도난 신고를 했고, 경찰관이 와서 차 번호와 모델명, 색깔 등을 기록한 뒤 수사해 보겠다고 약속했다. 그런데 조금 후 도착한 짐은 뭔가 짚이는 데가 있어 바로 옆에 있는 자이언트 푸드 스토어 주차장을 확인해 봤다. 차는 바로 거기 있었다. 할머니가 혼동을 일으켜 엉뚱한 곳에 주차해 놓고는 그걸 알아차리지 못한 것이다. 몹시 당황한 할머니는 운전하는 걸 포기했다. 단 하루 만에 집과 차를 모두 잃은 것이다.

그러나 할머니의 상실감과 불행이 그것 때문만은 아닌 것 같았다. 할머니는 부엌이 있었지만 요리를 하지 않았다. 대신 롱우드 하우스에 갖춰져 있는 식당에서 다른 사람들과 함께 밥을 먹었다. 하지만 많이 먹지 않아서 체중이 줄었고, 사람들과 어울리려 하지도 않았다. 단체 활동도 피했다. 심지어 예전이라면 좋아했을 법한 활동들, 예를 들어 할머니가 다니던 교회에서 했던 것과 같은 바느질 모임, 독서 클럽, 헬스 클럽 활동, 케네디 센터 방문 모임 등에도 전혀 참여하지 않았다. 기존 활동들이 별로 구미가 당기지 않으면 자신이 주도해서 새로운 모임을 만들 수도 있었다. 그러나 할머니는 그냥 혼자 지냈다. 우리는 할머니가 우울증에 걸렸다고 생각했다. 짐과 낸이 할머니를 모시고 의사를 찾아갔지만, 의사가 처방한 약은 전혀 효과가 없었다. 할머니가 포기한 그린캐슬가의 집과 롱우드 하우스 사이에 놓인 10킬로미터 남짓한 길에서 할머니의 삶은 그녀가 전혀 원하지 않았지만 받아들일 수밖에 없었던 방향으로 근본적인 변화를 일으키고 있었다.

한때는 롱우드 하우스처럼 안락한 곳에 살면서 불행하다고 하면 웃음거리밖에 되지 않던 시절도 있었다. 1913년, 컬럼비아 대학원생이던 메이블 나소Mable Nassau는 그리니치 빌리지에 사는 노인 100명—여성 65명, 남성 35명—을 대상으로 생활 환경을 조사하는 지역 연구를 실행했다. 연금과 사회복지 제도가 확립되지 않은 그 시절에는 모두가 가난했다. 조사에 참여한 100명 중 경제적인 독립을 유지하고 있는 사람은 27명에 불과했다. 저축을 까먹거나, 하숙생을 들이거나, 신문 판매, 집 청소, 우산 수리 등 크고 작은 일감을 맡아서 돈을 버는 사람들이었다. 대부분 일하기에는 너무 병들고 쇠약해져 있었다.

예를 들어 나소가 'C 부인'이라고 부른 한 여성은 62세의 미망인으로 하숙집에서 허드렛일을 하며 번 돈으로 석유 난로가 있는 골방 하나를 겨우 얻어 살고 있었다. 그러나 몸이 아파 더 이상 일을 하지 못하게 되었고, 정맥류로 인해 다리가 너무 부어 침대에서 일어나는 것조차 힘들어졌다. 한편 S라는 한 여성은 보기 드문 증세를 보이며 아팠고, 일흔두 살인 그녀의 오빠는 당뇨병을 앓고 있었다. 인슐린 치료가 나오기 전이라 장애가 심해지고 수척해지면서 죽어 가고 있었다. M이라는 한 남성은 예순일곱 살로, 부두 하역 노동자였는데 중풍으로 불구가 되었다. 보고서에는 조사 대상자 중 상당수가 그냥 '허약하다feeble'고 되어 있는데, 혼자 힘으로 살아가기에는 너무 노쇠한 사람들을 그렇게 묘사한 듯하다.

당시 그들은 가족이 거두어 주지 않으면 구빈원救貧院, poorhouse에 들어가는 것 말고는 다른 선택의 여지가 없었다. 유럽과 미국에는 수백 년 전부터 그런 형태의 시설들이 있었다. 나이가 들어 도움이 필요한데 자녀나 가진 돈이 없으면 몸을 맡길 곳은 구빈원뿐이었다. 구빈원은 암울했고 거기 '감금incarcerate'된다는 것은 끔찍한 운명이 아닐 수 없었다. '감금'이라는 표현은 당시 실제로 쓰이던 말이었다. 구빈원은 모든 유형의 가난뱅이들—극빈 노인들, 불운한 이민자들, 젊은 주정뱅이들, 정신병자들—을 감금해 놓고, '수감자inmate'들의 무절제함과 부도덕함(그들은 당연히 그런 사람들이라고 추정하며)에 대한 대가로 노동을 시키는 곳이었다. 감독관들이 노인들은 일을 조금 덜 시켰지만 그래도 수감자는 수감자였다. 남편과 아내가 떨어져 지내야 했고, 기본적인 위생 관리도 형편없는 상태였다. 게다가 주거 환경은 끔찍하게 더럽고 황폐화된 게 보통이었다.

1912년, 일리노이주 자선사업 감독 위원회에서 발행한 보고서에 따르면 한 자치주의 구빈원은 '동물을 수용하기에도 부적합한 상태'였다. 수감자들은 빈대가 창궐하는 가로 3미터 세로 3.5미터 크기의 방에서 나이, 장애, 질병 등에 관계없이 무작위로 수용되어 살고 있었다. 보고서는 "쥐들이 들끓고, 파리가 음식을 뒤덮고 있으며, 욕조는 하나도 없다"고 묘사한다. 1909년 버지니아의 구빈원 실태 보고서에는 노인들이 영양 결핍과 관리 부족, 그리고 통제 불능 상태로 확산된 결핵에 걸려 죽어 가고 있다는 내용이 나온다. 장애자를 돌보는 데 들어가는 자금은 만성적으로 부족했다. 보고서에는 무작정 헤매고 다니는 여성 수감자를 돌볼 직원이 없어서 그녀에게 10킬로그램이 넘는 공과 사슬을 달고 다니게 했다는 이야기도 나온다.

노인들에게는 그런 곳에 들어가야 할지도 모른다는 것이 가장 큰 공포였다. 그럼에도 앨리스 할머니와 리치몬드 할아버지가 젊었을 때인 1920년대와 1930년대에는 구빈원 수감자의 3분의 2가 노인들이었다. 대호황의 풍요는 구빈원 같은 시설의 열악한 조건에 대한 반성을 촉발시켰다. 그리고 뒤이은 대공황은 전국적인 항의 운동으로 이어졌다. 중산층 노인들은 평생 일해서 모은 돈이 순식간에 휴지조각이 되는 경험을 했다. 1935년 사회보장법이 통과되면서 미국은 유럽 각국에 이어 국민연금 제도를 갖추게 됐다. 갑자기 미망인의 장래가 안전해지고, 부자들만의 전유물이었던 은퇴가 대중화되었다.

시간이 흐르자 선진국에서 구빈원은 기억 저편으로 사라졌다. 그러나 그와 같은 시설은 지금도 세계 곳곳에 존재하고 있다. 특히 개발도상국에서 흔히 발견할 수 있다. 경제 개발로 대가족 제도가 깨졌음에도 빈곤과 무관심으로부터 노인들을 보호할 부의 축적이 아직 이루어지지 않았기 때문이다. 인도에서는 그런 곳이 있다는 것 자체를 인정하려 하지 않는 경향이 있지만, 최근 뉴델리에 방문했을 때 돌아보니 쉽게 찾을 수 있었다. 그곳에서는 디킨스의 소설이나 앞에서 예로 든 보고서에서 본 내용을 그대로 옮겨 놓은 듯한 상황이 벌어지고 있었다.

그중 한 예가 구루 미쉬람 브리드 아쉬람이라는 '노인의 집'이다. 한 자선단체에서 운영하는 이곳은 뉴델리 남쪽 변경의 슬럼가에 있다. '노인의 집'이 위치한 거리에는 오수가 그냥 흐르고, 비쩍 마른 개들이 길가에 쌓인 쓰레기를 뒤지고 있었다. 창고를 개조해서 만든 이곳은 사방이 트인 커다란 공간으로 되어 있었는데, 장애가 있는 노인 수십 명이 매트리스를 쭉 깔고 누워 있었다. 마치 커다란 우표 시트를 보는 듯한 느낌이었다. 운영을 책임지고 있는 바가트는 40대 가량 돼 보이는 용모 단정한 사람으로 상당히 전문적으로 보였고, 손에 들고 있는 핸드폰이 쉴 새 없이 울렸다. 그는 신의 부름을 받아 8년 전 이곳을 열었고 지금까지 기부에 의존해서 운영을 하고 있다고 했다. 빈자리가 있는 한 그 누구도 돌려보낸 적이 없다는 말도 덧붙였다. 그곳에 있는 노인 중 절반 정도는 양로원과 병원에서 돈을 내지 못해 이송돼 온 사람들이었다. 나머지 절반은 자원봉사자나 경찰이 거리와 공원 등에서 발견해 데려왔다. 모두 여러 질병과 빈곤으로 고통받고 있었다.

내가 그곳을 방문했을 때는 100명 이상이 수용되어 있었는데, 가장 젊은 사람은 60세 정도였고, 가장 나이 든 사람은 100세가 넘었다. 1층에는 그나마 상태가 '심하게 나쁘지는 않은' 사람들이 있었다. 거기서 이상한 자세로 바닥을 기어 다니는 시크교도 한 사람을 만났다. 천천히 움직이는 개구리처럼 쭈그려 앉은 상태로 손과 발을 번갈아 땅에 대며 기어 다니고 있었다. 그는 자기가 뉴델리의 부유한 동네에 전파상을 소유하고 있었으며, 딸은 회계사, 아들은 소프트웨어 엔지니어가 됐다고 했다. 그가 일을 당한 것은 2년 전이었다. 그가 묘사한 증상은 가슴 통증과 일련의 뇌졸중 같은 것이었다. 그 후 몸이 마비된 상태로 두 달 반을 병원에서 지냈다. 병원비가 늘어 갔고, 가족들이 더 이상 들여다보지 않았다. 그러다 결국 병원에서 그를 이곳에 데려다 놓은 것이다. 바가트가 경찰을 통해 가족들에게 연락해서 그가 집에 돌아가고 싶어 한다는 의사를 전달했지만, 가족들은 그를 모르는 사람이라고 잡아뗐다.

좁은 계단을 올라가면 나오는 2층에는 치매를 비롯한 심각한 장애를 가진 사람들이 있었다. 노인 한 명이 벽에 기대 서서 음정이 맞지 않는 노래를 목청껏 부르고 있었고, 그 옆에는 백내장으로 눈이 하얗게 된 여성이 혼잣말을 중얼거리고 있었다. 직원 몇 명이 차례로 음식을 먹이고, 할 수 있는 한도 내에서 씻겨 주고 있었지만, 소음과 소변 악취가 참기 힘든 지경이었다. 통역의 도움을 받아 한두 사람과 이야기를 나눠 보려 했지만 질문에 답하기에는 치매가 너무 심한 듯했다. 눈이 멀고 귀가 먹은 할머니 한 분이 근처에 있는 매트리스에 누워 무슨 말을 반복해서 외쳐 대고 있길래 통역관에게 무슨 뜻인지 물었다. 통역관은 전혀 알아들을 수 없는 말이라며 고개를 가로젓더니, 이내 아래층으로 뛰어 내려가고 말았다. 더 이상 감당하기 힘들었던 것이다. 내가 경험한 것 중 가장 지옥에 가까운 광경이었다.

"이분들은 삶의 여정에서 마지막 단계에 이르러 있습니다." 바가트가 시체처럼 누워 있는 노인들을 바라보며 말했다. "하지만 이분들이 정말 필요로 하는 시설을 제공할 수가 없어요."

앨리스 할머니가 태어난 이후 선진국의 노인들은 이런 운명을 맞게 될 위험으로부터 벗어날 수 있게 되었다. 나라가 부유해지면서 가난한 사람들조차도 요양원에 들어가 제대로 된 식사와 전문적인 의료 서비스, 물리치료, 빙고 게임 등을 누리는 생활을 한다. 노령에 따른 질병과 장애의 고통을 덜어 주고, 적절한 간호와 안전한 보호를 제공하는 것이 일상화된 것이다. 구빈원 수감자들은 상상도 할수 없었던 일이다. 그럼에도 대부분의 사람들은 현대의 양로원이나 요양원을 두렵고, 외롭고, 끔찍한 곳이라고 여긴다. 이보다 더 나은 무언가를 원하는 것이다.

롱우드 하우스는 겉으로 보기에 아무 문제가 없어 보였다. 최신 시설인 데다 안전성과 간호에 있어서도 최고 등급을 받은 곳이었다.

앨리스 할머니의 주거 공간은 더 안전하고 관리하기 쉬운 환경에서 할머니가 살던 옛 집의 안락함을 누릴 수 있게 해 주었다. 이는 자녀들과 친척들을 무척 안심시킬 만한 일이었다. 그러나 정작 할머니에게는 맞지 않았다. 할머니는 끝까지 그곳 생활에 익숙해지지 못했고, 그 상황을 받아들이려 하지도 않았다. 직원들이나 가족들이 무슨 짓을 해도 할머니는 점점 더 우울해졌다.

나는 할머니에게 그 이유를 물었다. 할머니도 자신을 불행하게 만드는 것이 무엇인지 딱 집어내지는 못했다. 그저 이런 말을 자주 했을 뿐이다. "여긴 집이 아니야." 내가 만난 여러 요양원 주민들의 불평과 같은 것이었다. 앨리스 할머니에게 롱우드 하우스는 집을 흉내낸 곳에 불과했다. 진짜 집이라고 느껴지는 곳에 산다는 것은 인간에게 무척 중요한 문제일 수 있다. 물고기에게 물이 중요한 것처럼 말이다.

몇 년 전, 해리 트루먼 할아버지에 대한 일화를 읽은 기억이 난다. 워싱턴주 올림피아 인근 세인트 헬렌스 산에 살던 트루먼 할아버지는 1980년 3월, 화산에서 김이 뿜어져 나오며 금방이라도 터질 듯한 상황임에도 집을 떠나지 않겠다고 버텼다. 당시 여든세 살이었던 할아버지는 1차대전 때 전투기 조종사로 복무했고, 미국에 금주령이 내려졌을 때는 주류 밀매를 하기도 했다. 그는 반세기 넘게 세인트 헬렌스 산 북쪽에 위치한 스피리트 호숫가의 오두막에서 살았다. 5년 전 부인이 세상을 떠난 후에는 산 아래 자리한 54에이커 땅에서 고양이 열여섯 마리하고만 살고 있었다. 3년 전에는 지붕 위에 쌓인 눈을 치우다 떨어져 다리가 부러졌는데, 당시 의사는 그 나이에 지붕에 올라간 건 정말 '바보 같은' 짓이라며 나무랐다.

"제기랄!" 트루먼 할아버지가 소리쳤다. "내 나이 여든이오. 여든 말이오. 내 마음먹은 대로 하고, 하고 싶은 대로 할 권리가 있는 나이라고요."

화산 폭발 조짐이 보이자, 관계 당국에서는 인근에 사는 모든 사람들에게 소개 명령을 내렸다. 그러나 트루먼 할아버지는 집에서 떠날 생각이 전혀 없었다. 두 달 넘게 화산이 부글거렸다. 당국은 소개 범위를 산 주변 지역 16킬로미터까지 늘렸다. 트루먼 할아버지는 고집스럽게 자리를 지켰다. 그는 불확실한 데다 종종 서로 상반되는 의견을 내놓는 과학자들을 믿지 않았다. 게다가 자신이 집을 비우면 스피리트 호숫가의 다른 집에서 그랬던 것처럼 침입자가 들어와 물건을 부수고 훔쳐갈까 봐 걱정이 됐다. 그리고 어쨌거나 이 집은 자신의 생명과도 같았다.

"집이 없어질 거라면 나도 운명을 같이하겠소." 그가 말했다. "이 집을 잃으면 어차피 일주도 못 가서 나도 죽을 테니." 초록색 존 디어 모자를 쓰고 버번 코크 칵테일 잔을 한 손에 든 채 직설적이고 괴팍한 어투로 자기 생각을 거침없이 표현하는 트루먼 할아버지는 언론의 주목을 받았다. 지역 경찰은 할아버지의 안전을 위해 체포도 고려했지만, 결국 그의 나이와 여론의 비난을 고려해 포기했다. 당국은 기회가 있을 때마다 피신을 돕겠다고 제안했지만 트루먼 할아버지는 꿋꿋이 고집을 굽히지 않았다. 그는 친구에게 이렇게 말했다. "내일 죽는다 해도 참 괜찮은 인생이었다고 말할 수 있어. 내가 할 수 있는 건 다 해 봤고, 원하는 것도 다 누려 봤으니까."

화산은 1980년 5월 18일 오전 8시 40분에 터졌다. 원자폭탄과 맞먹는 위력이었다. 용암이 흘러내려 호수 전체를 뒤덮었고, 트루먼 할아버지와 고양이들과 집도 함께 묻혔다. 해리 트루먼은 자기 집에 끝까지 남아서 모든 것을 운명에 맡긴 채 자기 방식대로 삶을 살다 간 사람으로 기억됐다. 자신의 삶을 스스로 결정할 수 있는 가능성이 거의 사라져 버린 시대에 큰 의미를 남긴 것이다. 인근 캐슬록 주민들이 해리 트루먼을 기억하기 위해 세운 기념비는 지금도 마을 입구에 서 있고, 아트 카니Art Carney가 주연한 TV 영화도 나왔다.

앨리스 할머니는 화산의 위협을 받은 게 아니었지만, 그녀 입장에서 보면 트루먼 할아버지와 별로 다르지 않은 상황에 처한 것이었을지도 모른다. 그린캐슬가의 집을 포기한 것은 수십 년에 걸쳐 쌓아 올린 자신의 인생을 포기한 것이나 마찬가지였다. 롱우드 하우스는 분명 옛 집에서보다 할머니를 더 안전하게 보호하고 더 관리하기 쉽게 만들었지만, 그것이야말로 할머니가 그곳을 견디기 힘들게 만든 요인이었다. 할머니의 아파트에 '독립 주거 공간'이라는 이름이 붙어 있기는 했지만, 이전까지는 한 번도 당해 보지 않은 규칙과 간섭을 피할 수 없었다. 도우미들은 할머니의 식단을 살폈고, 간호사들은 건강 상태를 체크했다. 또 할머니가 균형을 잘 잡지 못하는 걸 보고는 바로 보행 보조기를 사용하게끔 했다. 이 모든 것이 가족들에게는 안심되는 일이었지만, 할머니 자신은 아이처럼 사사건건 간섭

당하는 게 싫었다. 규칙과 간섭은 시간이 흐르면서 더 늘어나기만 했다. 할머니가 가끔 약 먹는 걸 빠트린다는 것을 안 간호사는 모든 약을 간호사실에 두고 하루에 두 번씩 자기들이 보는 데서 약을 복용하지 않으면 독립 주거 공간에서 나와 요양원 층으로 가야 한다고 말했다. 짐과 낸은 매리라는 이름의 파트타임 도우미를 고용했다. 할머니의 말벗이 되어 주면서, 그녀가 규칙을 지킬 수 있게 돕도록 하기 위해서였다. 그렇게 해서라도 요양원 층으로 옮겨 가야 할 시간을 늦추려고 한 것이다. 할머니는 매리를 좋아했다. 하지만 매리가 몇 시간 동안 아무 할 일도 없이 아파트에서 서성거리는 모습은 할머니를 더 우울하게 만들었다.

앨리스 할머니는 자신이 이역만리 낯선 땅으로 건너가 다시는 그곳을 떠날 수 없는 운명에 처한 것처럼 느껴졌을 것이다. 국경수비대는 충분히 친절하고 유쾌했으며, 할머니가 보다 쉽게 도움을 받을 수 있는 안락한 곳에서 살 수 있도록 했다. 그러나 할머니는 누군가 자신을 돌보는 걸 원치 않았다. 그녀가 원한 건 자기만의 삶을 사는 것이었다. 그런데 그 유쾌하고 친절한 국경수비대원들이 할머니의 열쇠와 여권을 가져가 버린 것이다. 할머니는 집과 함께 자기 삶에 대한 주도권도 잃어버렸다.

사람들은 해리 트루먼 할아버지를 영웅으로 생각한다. 스피리트 호숫가의 해리 트루먼에게 롱우드 하우스란 없었다. 버지니아주 알링턴의 앨리스 홉슨도 롱우드 하우스가 없길 원했다.

어쩌다가 우리는 노인들이 화산에 휩쓸리든가 삶에 대한 주도권을 넘겨주든가 둘 중 하나를 선택할 수밖에 없는 세상에 살게 됐을까? 어떻게 이런 일이 벌어졌는지를 이해하려면 우리 사회가 구빈원을 없애고 오늘날의 시스템을 정립하게 된 과정을 되짚어 봐야 한다. 그러다 보면 그것이 의학과 관련된 이야기라는 것을 깨닫게 될 것이다. 현대의 양로원이나 요양원은 노쇠하고 병약한 사람들이 구빈원처럼 끔찍하고 음울한 곳에서 겪었던 것보다 더 나은 삶을 살게 해 주겠다는 욕구에서 나온 것이 아니다. 열악한 시설들을 둘러보고 나서 이런 말을 한 게 아니라는 얘기다. "일다시피 살다 보면 꼭 이런 시기가 오잖아. 혼자 힘으로 문제를 헤쳐 나갈 수 없는 때 말이야. 그러니 우리가 그걸 관리할 수 있는 방법을 찾아야만 해." 그보다는 이렇게 말했다고 하는 게 옳다. "사람들을 보니 의학적인 문제가 있는 것 같아. 이런 사람들을 병원에 수용하는 건 어떨까? 의사들이 뭔가 알아낼 수도 있잖아." 현대의 요양원은 거기서부터 시작돼 발달한 것이다. 거의 우연히 말이다.

20세기 중반 즈음, 의학은 빠른 속도로 역사적인 변신을 겪고 있었다. 이전까지만 해도 누군가 심각한 질병에 걸리면 대개 의사가 집으로 직접 방문해서 진료를 했다. 병원의 기능은 주로 환자를 먹이고 재우면서 맡아 주는 것이었다. 위대한 의사이자 작가인 루이스 토머스Lewis Thomas는 1937년 보스턴 시티 병원에서 인턴을 했던 경험을 바탕으로 다음과 같이 적고 있다. "병원 침대에 누워 있어서 뭔가 달라진 게 있다면, 그것은 주로 온기, 안전한 보호, 음식, 사려 깊고 친절한 보살핌, 그리고 이 모든 것을 제공하는 간호사들의 비할 네 없는 능력 덕분에 생겨난 변화일 것이다. 의학은 전혀 혹은 거의 영향을 끼치지 못한다."

2차대전 이후 이 그림은 커다란 변화를 겪는다. 우선 술파제와 페니실린을 필두로 수많은 항생제가 나와 감염성 질병을 치료할 수 있게 됐고, 혈압을 조절하는 약과 호르몬 불균형을 치료할 수 있는 약도 개발되었다. 또한 심장 수술에서부터 인공호흡기, 신장 이식에 이르기까지 모든 것에서 돌파구가 될 만한 것들이 연이어 터져 나왔다. 의사는 영웅이 됐고, 병원은 질병과 절망의 상징에서 희망과 치료의 장소로 변했다.

아무리 병원을 빨리 지어도 지역사회의 급증하는 수요에 부응하기 힘들 정도였다. 1946년 미국 의회에서는 힐-버튼 법령Hill-Burton Act을 통과시켜 병원 건설에 엄청난 액수의 정부 자금을 조달할 수 있도록 했다. 이 프로그램으로 20년 동안 전국에 9000개의 새 의료시설이 탄생했다. 역사상 최초로 대부분의 사람들이 그리 멀지 않은 곳에 있는 병원에 다닐 수 있게 됐다. 이는 선진국이라면 어디든 마찬가지였다.

이러한 변화가 얼마나 중대한 의미를 지니는지는 아무리 강조해도 지나치지 않다. 인류가 지구상에 존재한 이후 대부분의 기간 동안 육체적인 고통은 근본적으로 혼자 견뎌 내야 하는 것이었다. 사람들은 주로 자연과 운명, 그리고 가족과 종교의 보살핌에 기댔다. 의술은 그 외에 시도해 볼 수 있는 또 하나의 도구일 뿐이었다. 종교적인 치유 의식이나 집안에 전해 내려오는 민간요법과 별 차이가 없었고 더 좋은 효과를 내는 것도 아니었다. 그러나 의학이 더욱 강력해지면서 현대식 병원은 완전히 다른 개념을 도입했다. 문을 열고 들어가서 "나를 치료해 주세요."라고 말할 수 있는 곳이 된 것이다. 이제 우리는 병원에 들어가서 의사와 간호사에게 무슨 옷을 입는지, 무슨 음식을 먹는지, 몸의 여러 부분으로 무엇이 언제 들어갔는지 등 삶의 모든 것을 낱낱이 고해 바친다. 그런 방식이 늘 유쾌한 것은 아니지만, 문제의 범위가 빠른 속도로 확장되고 있는 와중에 전례 없는 성과를 만들어 낸 것만 분명하다. 각 병원들은 감염을 막고, 암 종양을 제거하고, 산산이 부서진 뼈를 다시 맞추는 방법을 알게 됐다. 그리고 탈장, 심장판막증, 출혈성 위궤양을 고칠 수 있게 됐다. 이제 병원은 노인들을 포함한 모든 사람들이 몸에 문제가 생겼을 때 자연스럽게 찾는 곳이 되었다.

한편 정책 입안자들은 연금 제도를 확립하면 구빈원이 없어질 거라고 추측했다. 그러나 문제는 해결되지 않았다. 1935년에 사회보장법이 통과된 후 몇 년 동안 구빈원에 수용된 노인들의 수는 떨어지지 않았다. 정부는 구빈원을 폐쇄해 보려 했지만 곧 그럴 수 없다는 걸 알게 됐다. 노인들이 구빈원에 들어가는 까닭은 단지 집에서 생활할 돈이 없어서가 아니었다. 너무 쇠약해지고, 병들고, 정신이 흐려지고, 몸이 망가져서 스스로를 돌볼 수 없는데 달리 도움을 구할 곳이 없기 때문이었다. 물론 연금 덕분에 노인들이 은퇴 후 가능한 한 오래 독립적인 생활을 누릴 수 있게 된 건 사실이다. 그러나 연금 제도에는 언젠가 죽게 되어 있는 생명의 마지막 단계. 즉 노쇠해지고 허약해지는 국면에 대한 고려가 들어 있지 않았다.

그런데 갑자기 병원들이 많이 생기면서 상황이 달라졌다. 쇠약해진 노인들이 들어가기에 상대적으로 매력 있는 시설로 자리 잡은 것이다. 그제서야 구빈원을 찾는 사람들의 수가 줄기 시작했다. 1950년대를 지나면서 구빈원들이 하나둘 문을 닫기 시작하자 노인들 중 '극빈자'로 분류된 이들에 대한 책임이 복지부로 넘어갔고, 병들거나 장애를 가진 이들은 병원으로 보내졌다. 그러나 병원들이라고 해서 만성적인 질병이나 고령으로 인해 쇠약해진 사람들의 문제를 해결할 수는 없었다. 사정이 이렇다 보니 결국 병실은 달리 아무 데도 갈 곳이 없는 사람들로 꽉 차기 시작했다. 병원들은 정부에 도움을 요청하는 로비를 벌였고, 의회는 1954년 '회복'하는 데 오랜 시간이 걸리는 환자들을 수용할 수 있는 별도의 시설을 지을 자금을 제공하도록 했다. 바로 이것이 현대 요양원의 시초였다. 노령에 접어들어 도움이 필요한 사람들을 위해 만들어진 게 아니라 병실을 비우기 위해 시작된 것이다. 바로 그 때문에 'nursing home', 즉 요양원이라는 이름이 붙은 것이다.

바로 이것이 현대 사회가 노인 문제에 대처해 온 변함없는 패턴이다. 우리가 만들어 낸 시스템은 거의 항상 뭔가 다른 문제를 해결하기 위해 만들어진 대안이었던 것이다. 한 학자는 노인의 관점에서 요양원의 역사를 기술한다면 "노새의 관점에서 미국 서부 개척 초기를 기술하는 것과 같은 것"이 될 거라며 이렇게 덧붙였다. "노새들도 분명 서부에 있었고, 그들에게 중요한 획기적인 사건들도 분명 벌어졌다. 하지만 당시 그들에 대해 신경 쓰는 사람은 거의 없었다."

미국의 요양원이 또 한 번 크게 증가하게끔 자극한 것도 이전과 마찬가지로 의도된 게 아니었다. 미국에서 1965년에 통과된 노인과 장애인을 위한 의료보험 시스템인 메디케어는 기본적인 위생 및 안전 기준에 부합하는 시설에서 받는 서비스에만 비용을 지급한다고 명시하고 있다. 상당수의 병원, 특히 남부의 병원들이 이 기준을 만족시키지 못했다. 당국은 메디케어 카드를 소지하고도 지역 병원에서 진료를 거부당한 노인 환자들의 심각한 반발에 직면할까 봐 두려웠다. 그래서 건강보험 당국은 '상당 정도의 준수substantial compliance'라는 개념을 만들어 냈다. 법이 정한 기준에 '근접하고' 앞으로 개선하겠다는 목표가 있는 병원은 비용 지급을 승인해 주겠다는 것이었다. 사실 이는 아무런 법적 근거 없이 날조된 개념이었지만, 별다른 폐해 없이 문제를 해결할 수 있게 해 주었다. 사실상 거의 모든 병원이 위생 및 안전 수준을 개선했기 때문이다. 그러나 건강보험 당국의 결정은 간호사 상주, 소방 기구 설치 등 최소한의 연방 기준도 거의 충족시키지 못하고 있던 요양 시설에게도 길을 열어 주었다. 당국의 기준을 '상당 정도 준수'하고 있다고 주장하는 수천 개의 요양원이 승인을 받은 것이다. 그 결과 1970년까지 요양원의 숫자가 폭발적으로 증가했고 그중 1만 3000여 곳은 새로 지어졌다. 요양원이 난립하자 환자 유기와 학대 보고 건수도 급증했다. 당시 내 고향 마을에서 가까운 오하이오주 매리에타의 요양원에서는 화재로 32명이 사망하는 사건이 벌어졌다. 화재 시 비상구를 마련해 놓지 않아 벌어진 일이었다. 또한 볼티모어의 요양원에서는 살모넬라 중독으로 36명이 목숨을 잃었다.

시간이 지나면서 요양원에 대한 규제가 더 엄격해졌다. 마침내 당국이 미흡했던 위생 및 안전 문제에 주의를 기울이기 시작한 것이다. 이제 화재 시 비상구를 갖추지 않은 요양원은 없다. 그러나 핵심적인 문제는 변하지 않았다. 우리 중 절반은 대체로 1년 내지 그 이상의 시간을 요양원에서 보내게 될 텐데, 사실 이곳은 진정 우리를 위해 만들어진 게 아니라는 점 말이다.

1993년 말 어느 날 아침, 아파트에 혼자 있던 앨리스 할머니가 넘어졌다. 그날 낸은 할머니가 계속 전화를 받지 않는 걸 이상하게 여기고 짐을 보내서 살펴보게 했다. 짐은 거실 소파 옆에서 거의 의식을 잃은 채 쓰러져 있는 할머니를 발견했다. 사고를 당한 지 몇 시간이 지난 후였다. 병원에서 의료진은 정맥 주사를 놓고 여러 가지 검사를 한 뒤 엑스레이를 찍었다. 뼈가 부러지거나 머리에 손상을 입지는 않았다. 모든 것이 괜찮은 듯했다. 그러나 의료진은 할머니가 노쇠해서 그렇다는 것 외에는 그녀가 넘어진 이유를 설명하지 못했다.

할머니가 롱우드 하우스로 돌아오자 모두들 전문 간호사가 배치된 요양원 층으로 옮기는 게 좋겠다고 권했다. 할머니는 격렬히 거부했다. 가고 싶지 않았던 것이다. 결국 직원들이 뜻을 굽혔다. 대신 할머니를 좀 더 자주 들여다보기 시작했다. 매리도 할머니를 돌보는 시간을 늘렸다. 그러나 얼마 지나지 않아 짐에게서 전화가 왔다. 할머니가 다시 넘어졌다는 것이었다. 이번에는 상당히 심한 낙상이라고 했다. 할머니는 구급차에 실려 병원으로 갔다. 짐이 병원에 도착했을 때 할머니는 이미 수술실에 들어간 후였다. 엑스레이를 보니 고관절이 부러졌다는 진단이 나왔다. 대퇴골 윗부분이 유리 막대처럼 뚝 부러진 것이다. 정형외과 의사들은 기다란 쇠못 두 개로 골절을 수습했다.

할머니는 휠체어에 앉아서 롱우드 하우스로 돌아왔다. 화장실에 가고, 목욕을 하고, 옷을 입는 등 모든 일상 활동에서 도움이 필요했다. 이제는 요양원 층으로 옮기는 것 외에 선택의 여지가 없었다. 의료진은 물리치료를 잘 받으면 다시 걸을 수 있을지도 모르고, 그러면 독립 주거 공간으로 돌아갈 희망이 있다고 말했다. 그러나 할머니는 돌아가지 못했다. 그때부터 그녀는 휠체어와 요양원 생활의 엄격한 규칙에 매여 지내게 됐다.

앨리스 할머니는 사생활과 삶에 대한 주도권을 모두 잃었다. 병원 환자복을 입고 지낼 때가 대부분이었다. 직원들이 깨우면 일어나고, 목욕시켜 주면 하고, 옷을 입혀 주면 입고, 먹으라고 하면 먹었다. 또한 직원들이 정해 주는 아무하고나 같은 방을 써야 했다. 할머니의 생각과 관계없이 선택된 룸메이트들이 여러 명 거쳐 갔다. 모두 인지 능력 장애가 있는 사람들이었다. 어떤 사람은 너무 조용했고, 어떤 사람은 밤에 잠을 잘 수 없게 만들었다. 할머니는 감금되어 있는 것 같은 느낌이 들었다. 늙었다는 죄로 감옥에 갇힌 것만 같았다.

사회학자 어빙 고프먼Erving Goffmann은 1961년에 출간한 『정신병원Asylum』이라는 책에서 감옥과 요양원의 유사성에 주목했다. 그는 군대 훈련소, 고아원, 정신병원과 함께 감옥과 요양원이 사회 전반과 대체로 단절된 '전체적 기관total institution'의 전형이라고 규정했다. "개인은 각기 다른 장소에서, 각기 다른 구성원들과 함께, 각기 다른 권력 당국 아래에서, 모든 걸 아우르는 합리적 계획 없이 잠자고, 놀고, 일하려는 경향이 있다는 게 현대 사회의 기본적인 사회적 합의다." 반면 전체적 기관은 우리 삶의 다양한 영역을 나누는 장벽을 허물어 버리는데, 그는 그 방식을 다음과 같이 나열한다.

첫째, 일상생활의 모든 영역을 같은 장소, 같은 중앙 권력 아래에서 실시하도록 한다. 둘째, 구성원들이 각각의 일상적인 활동을 다수의 타인들이 바로 옆에 있는 상태에서 행하게끔 한다. 이들은 모두 같은 대우를 받고, 같은 일을 함께 하도록 요구받는다. 셋째, 일상 활동의 모든 단계는 엄격한 시간표에 따라 진행된다. 미리 정한 시간에 특정 활동을 하고, 예정된 계획에 따라 그다음 활동을 한다. 관리 조직이 공식 지침에 따라 일련의 활동들을 부과한다. 마지막으로, 강제 부과한 다양한 활동들은 기관의 공식 목적을 충족시키게끔 고안되었다고 알려진 단일한 계획 안으로 묶인다.

요양원의 공식 목적은 간호와 보살핌이다. 그러나 이 기관에서 진화한 '보살핌'이라는 개념은 앨리스 할머니가 보통의 삶이라고 생각하는 것과 너무 거리가 멀어서 견디기 어려웠다. 이렇게 느끼는 것은 할머니뿐이 아니었다. 나는 자기 의지로 보스턴의 한 요양원에 입주한 여든아홉 살 할머니를 만난 적이 있다. 보통 자녀들이 밀어붙이는 경우가 많은 것과 달리 본인이 자처한 사례였다. 할머니는 울혈심부전과 심한 관절염을 앓고 있었고, 최근 여러 번 넘어진 후 플로리다 주 델레이 비치에 있는 콘도미니엄을 떠날 수밖에 없다고 판단했다. "일주일 사이에 두 번이나 넘어졌어요. 그래서 딸한테 '이제 혼자 집에서 살 수가 없을 것 같다'고 말했지요." 할머니가 설명했다.

할머니는 자기가 들어갈 곳도 스스로 선택했다. 소비자 만족도가 높았고, 직원들도 친절했으며, 딸이 근처에 산다는 장점까지 있었다. 나와 만나기 한 달 전에 그곳으로 입주했다고 한다. 할머니는 안전한 곳에서 살게 된 것이 기뻤다고 말했다. 괜찮은 요양원이라면 기본적으로 안전은 보장되기 때문이다. 그러나 그녀는 너무도 불행했다.

문제는 그녀가 원하는 삶이 단순히 안전하다는 것 이상이라는 데 있었다. "전과 같이 살 수 없다는 건 알아요. 하지만 집이 아니라 병원에 있는 것 같은 느낌이 들어요."

사실 이는 거의 모든 요양원이 안고 있는 보편적인 현실이다. 요양원의 우선순위는 거주민의 욕창 방지와 체중 유지 같은 데 있다. 물론 모두 중요한 의학적 요소들이다. 하지만 그런 것들은 목표가 아니라 수단에 불과하다. 그 할머니는 자신이 직접 꾸민 널찍한 아파트를 떠나 베이지색 페인트 칠이 된 작은 입원실 같은 방에서 생전 처음 보는 사람과 같이 살게 됐다. 소지품은 옷장 하나와 서랍 하나에 늘어갈 수 있는 정도로 줄여야만 했다. 잠자리에 들고, 일어나고, 옷을 입고, 밥을 먹는 것과 같은 기본적인 문제들이 요양원에서 정해 놓은 엄격한 시간표에 따라 결정됐다. 자기만의 비품이나 세간을 들여놔서는 안 되고, 저녁 먹기 전에 칵테일을 한 잔 하는 것도 안 됐다. 안전하지 않다는 이유 때문이었다.

할머니는 자신의 삶에서 할 수 있는 일이 별로 없다고 느꼈다. "나는 도움이 되고, 내 역할을 다 하는 사람이고 싶어요." 그녀가 말했다. 할머니는 예전에 자기 장신구를 직접 만들고 도서관에서 자원봉사를 하는 사람이었다. 하지만 이제 그녀가 주로 하는 것이라곤 빙고 게임, DVD 영화 시청, 그리고 기타 수동적인 단체 활동들뿐이었다. 할머니는 친구, 사생활, 그리고 삶의 목표 같은 것들이 가장 그립다고 말했다. 물론 현대의 요양원은 화재 대책도 없이 창고 같은 곳에서 노인들을 유기하고 학대하던 것에 비하면 정말 많이 발전했다. 그러나 우리는 일단 육체적인 독립성을 잃으면 가치 있고 자유로운 삶은 불가능하다는 개념을 별 생각 없이 자동적으로 받아들이게 된 듯하다.

그러나 정작 노인들 자신은 그런 생각을 전적으로 받아들이려 하지 않으며, 많은 경우 저항한다. 모든 요양원과 어시스티드 리빙 시설에서 우리가 사는 데 필요한 우선순위와 가치를 놓고 갈등이 벌어진다. 어떤 이들은 앨리스 할머니처럼 시간표에 따라 활동하거나 약을 먹는 걸 거부하는 등 비협조적인 태도로 저항한다. 직원들은 그런 노인들을 두고 '성깔 있다feisty'고 표현한다. 노인들을 묘사할 때 가장 많이 쓰는 단어다. 요양원 바깥에서는 대개 어느 정도 존경심을 담아서 이 표현을 사용한다. 우리는 해리 트루먼 같은 사람들이 세상에서 자신을 주장하며 드러내는 완고하고 때로 괴팍한 방식을 좋아하기도 한다. 그러나 요양원에서 누군가에게 '성깔 있다'고 할 때는 그다지 좋은 뜻이 아니다. 요양원 직원들도 '투지'가 넘치거나 '위엄과 자존감'을 지닌 사람들을 좋아하지만, 그러한 특성들이 우선순위를 둔 일들에 방해가 되면 태도가 달라진다. '성깔 있다'는 말이 나오기 시작하는 것이다.

요양원 직원들과 이야기를 나누다 보면 날마다 벌어지는 작은 충돌들에 대한 일화가 쏟아져 나온다. 어떤 할머니는 화장실에 가야겠다며 '5분마다' 직원을 불러 댔다. 그래서 직원들의 일과표에 맞춰 한두 시간에 한 번씩 할머니를 화장실에 데리고 갈 수 있게 시간표를 짰다. 그러나 할머니는 시간표에 맞춰서 소변을 보지 않았고, 화장실에 다녀온 지 10분도 안 돼서 침대를 적시고 말았다. 그래서 이제는 기저귀를 사용하게 한다. 보행 보조기 사용을 거부하는 한 노인은 승인도 받지 않고, 동반 직원도 없이 산책을 나서곤 한다. 담배와 술을 몰래 들여오는 사람도 있다.

음식 문제는 그야말로 백년전쟁이다. 중증 파킨슨병에 걸린 한 할머니는 유동식 규칙을 자꾸 어기고 질식 위험이 있는데도 다른 사람들의 음식을 훔쳐 먹는다. 알츠하이머병을 가진 할아버지는 규칙을 어기고 자기 방에 간식거리를 모아 놓는다. 당뇨병 환자가 몰래 설

탕이 든 쿠키와 푸딩을 먹고 목표 혈당 수치를 훨씬 넘긴 적도 있다. 쿠키만 먹어도 반역자가 될 줄이야 누가 알았겠는가?

나쁜 요양원에서는 다툼이 심해지면 환자를 노인용 의자에 묶어 놓거나 자물쇠를 채워 놓기도 하고, 향정신성 약물을 투여해 화학적으로 진정시키기도 한다. 좋은 요양원에서는 직원들이 농담을 던지며 장난스럽게 손가락을 한두 번 흔들어 보이고, 환자가 숨겨 둔 브라우니를 가져가기도 한다. 하지만 어느 요양원에서든 노인들이 원하는 삶을 살 수 있도록 도와주는 건 고사하고, 그들 옆에 앉아 지금 주어진 상황에서 어떤 삶을 살기를 원하는지 묻는 사람조차 거의 없다.

이것은 바로 삶의 마지막 단계에 관해 생각하지 않으려는 태도로 일관하는 사회가 낳은 결과다. 우리가 만들어 낸 시설과 제도들은 여러 가지 사회적 목적을 달성하고 있다. 병원 입원실을 비우고, 가족의 부담을 덜어 주고, 노년층의 빈곤을 극복하려는 목적 말이다. 그러나 그 시설에 들어가 사는 사람들에게 중요한 목적은 달성하지 못한 듯하다. 우리가 병들고 약해져서 더 이상 스스로를 돌볼 수 없게 됐을 때도 삶을 가치 있게 살아가도록 하는 것 말이다.

어느 날 앨리스 할머니는 자기를 찾아온 아들 짐의 귀에 대고 뭔가를 속삭였다. 1994년 겨울, 고관절 부상을 당하고 요양원 층으로 옮긴 지 몇 주가 지났을 때였다. 롱우드 하우스에 입주한 지 2년쯤 지난 시점이다. 짐은 앨리스 할머니의 휠체어를 밀고 단지 내 산책에 나섰다. 두 사람은 로비에서 편한 자리를 찾아 잠시 앉아 있었다.

둘 다 별로 말이 없는 편이라 사람들이 오가는 것을 아무 말 없이 지켜보고 있었다. 바로 그때 휠체어에 앉아 있던 할머니가 짐에게 몸을 기울였다. 그녀가 속삭인 것은 단 한마디였다.

"난 준비됐다."

짐이 어머니를 바라봤고, 어머니도 아들을 바라봤다. 그리고 짐은 이해했다. 어머니가 세상을 뜰 준비가 됐다는 것을.

"알았어요, 어머니." 짐이 말했다.

짐은 너무나 슬펐고, 어떻게 해야 할지 확신이 서지 않았다. 하지만 얼마 지나지 않아 두 사람은 '소생술 포기' 의사를 밝히는 서류에 서명했다. 할머니의 심장이나 호흡이 정지해도 그녀를 되살리기 위한 시술을 하지 않겠다는 의사를 밝힌 것이다. 가슴 압박이나 충격 요법을 사용하지도, 목구멍에 호흡기를 삽입하지도 않을 것이다. 그냥 할머니를 보내 드릴 것이다.

몇 달이 흘렀다. 앨리스 할머니는 기다리고 견뎌 냈다. 그러던 4월 어느 날 밤, 할머니는 복부에 통증을 느꼈다. 그 사실을 간호사에게 잠깐 말하긴 했지만 더 이상은 언급하지 않기로 마음먹었다. 얼마 후 할머니는 피를 토해 냈다. 그러나 아무에게도 알리지 않았다. 호출 버튼을 누르지도 룸메이트에게 알리지도 않았다. 그냥 아무 말 없이 침대에 누워 있었다. 다음 날 아침 직원들이 할머니를 깨우러 갔을 때, 그녀는 이미 세상을 떠난 후였다.

Being Mortal

4

도움

치료만이 전부가 아니다

셸리의 마음을 가장 불편하게 한 것은 직원들의 무관심한 태도였다. 그들은 루 할아버지가 삶에서 관심을 기울여 온 것들이 무엇인지, 그리고 이곳에 옴으로써 포기할 수밖에 없었던 것들이 무엇인지 전혀 알고 싶어 하지 않았다. 그들은 심지어 그런 방면에서 자신들이 무지함을 인정하려 하지도 않았다. 자신들이 제공하는 서비스를 '어시스티드 리빙', 그러니까 일상생활에 도움을 주는 것이라고 부르고 있었지만, 아무도 할아버지가 잘 살아가도록 돕는 걸 자신의 일이라고 생각하지 않는 듯했다. 다시 말해 그들은 삶에서 할아버지에게 가장 중요한 관계와 기쁨을 어떻게 하면 유지할 수 있을까에 대해서는 생각해 보려 하지 않았다. 그들의 태도는 잔인함보다는 몰이해에서 나오는 것 같았다. 그러나 톨스토이가 말했듯, 그 둘이 결국 뭐가 다르겠는가?

이쯤에서 사람들이 반기를 들지 않았을까 하고 생각하는 독자들이 있을지도 모르겠다. 요양원들을 모두 불태워 없애 버려야 하지 않았을까 생각할 만도 하다. 그러나 아무도 그렇게 하지 않았다. 도움을 받지 않고는 살아가는 게 불가능할 만큼 노쇠해졌을 때 취할 수 있는 더 나은 방법이 있다고 믿지 않기 때문이다. 상상하기 어려운 것이다.

요양원의 가장 유력한 대안으로 남아 있는 것은 가족이다. 이 경우 요양원을 피할 수 있는 가능성은 자녀의 수와 직접적인 관련이 있다. 그다지 많은 연구가 진행된 것은 아니지만 딸이 한 명이라도 있으면 도움을 받는 데 결정적인 역할을 하는 것으로 드러났다. 그러나 수명이 늘어남과 동시에 맞벌이 수입에 기댄 가정이 늘어나고 있다는 게 문제다. 그 결과 관련된 모든 사람들이 고통과 불행을 경험하게 됐다.

루 샌더스 할아버지와 그의 딸 셸리는 할아버지가 여든여덟 살이 되던 해에 미래에 대한 아주 어려운 결정을 해야만 했다. 그때까지만 해도 루 할아버지는 혼자서 문제없이 생활했다. 할아버지는 평생 동안 몇몇 소박한 기쁨을 누리며, 가족이나 친구들과 함께하는 시간 말고는 그다지 크게 원하는 것 없이 살았다. 그는 우크라이나 출신의 러시아계 유대인 이민자의 아들로 태어나 노동자 계층이 많이 모여 사는 보스턴의 도체스터에서 자랐다. 2차대전 때는 남태평양에서 공군으로 복무했고, 전역한 뒤 결혼을 해서 보스턴 근교 공업 도시인 로렌스에 정착했다. 루 할아버지와 아내 루스 여사는 1남 1녀를 두었고, 처남과 함께 가전제품 사업을 시작했다. 그 후 루 할아버지는 좋은 동네에 방 세 개짜리 집을 사고, 아이들을 모두 대학까지 교육시켰다. 할아버지 부부도 어려움을 겪지 않은 것은 아니다. 아들이 마약, 술, 돈 문제로 속을 썩이다가 조울증 진단을 받았고, 결국 40대에 스스로 목숨을 끊고 말았다. 그리고 오랫동안 잘 돌아가던 가전제품 사업도 대형 업체의 체인점들이 생기면서 망했다. 쉰 살에 처음부터 다시 시작해야 하는 위기를 맞은 것이다. 나이가 꽤 든 데다 다른 경험도 대학 졸업장도 없었지만 다행히 전자제품 기업인 레이시언에서 전기 엔지니어로 다시 시작할 기회를 얻었고, 은퇴할 때까지 그곳에서 일했다. 할아버지는 레이시언에서 기본 연금보다 3%를 더 받기 위해 2년 더 일한 후 예순일곱 살에 은퇴했다.

그러는 동안 루스 여사의 건강에 문제가 생겼다. 평생 담배를 피운 그녀는 폐암 진단을 받았고, 암을 극복한 뒤에도 담배를 끊지 않았다. 루 할아버지는 이를 이해할 수 없었다. 남편이 은퇴한 지 3년 후 루스 여사는 뇌졸중을 일으켰고, 평생 그 후유증에서 완전히 벗어나지 못했다. 그녀는 점점 더 많은 것을 남편에게 의존해야 했다.

운전, 쇼핑, 집안일 등 모든 것이 남편 몫이었다. 그러던 어느 날 루스 여사의 겨드랑이에서 혹이 발견되었다. 조직 검사 결과 암이 전이된 것이었다. 결국 그녀는 1994년 10월 일흔세 살을 일기로 세상을 떠났고, 루 할아버지는 일흔여섯 나이에 혼자가 됐다.

셸리는 아버지 걱정을 많이 했다. 아버지가 어머니 없이 혼자 어떻게 살지 전혀 짐작이 가질 않았다. 그러나 루 할아버지는 건강이 악화돼 가는 아내를 돌보면서 혼자 힘으로 살아가는 방법을 익혔다. 아내의 죽음이 슬프기는 했지만, 점점 혼자 사는 일에 개의치 않게 되었다. 그 후 10년 동안 루 할아버지는 행복하고 만족스럽게 살았다. 그의 일과는 단순했다. 일찍 일어나 아침을 먹고 신문을 읽은 다음, 산책을 하고, 슈퍼마켓에서 그날 필요한 장을 본다. 집에 돌아와 점심을 만들어 먹고, 오후에는 마을 도서관에 간다. 예쁘고 밝고 조용한 도서관에서 그는 좋아하는 잡지와 신문을 읽으며 한두 시간을 보내거나 스릴러 소설을 빌려 오기도 한다. 집에 돌아와서는 그날 빌린 책을 읽기도 하고, 영화를 보거나 음악을 들으며 시간을 보낸다. 일주일에 두 번쯤은 같은 건물에 사는 이웃과 함께 크리비지 카드 게임을 즐긴다.

"아버지는 재미있는 친구를 많이 사귀었어요." 셸리가 말했다. "누구하고도 친구가 되는 분이에요."

루 할아버지가 새로 사귄 친구 중에는 그가 자주 들르던 시내 비디오 가게에서 일하는 이란 사람이 있었다. 밥이라는 20대 청년이었다. 할아버지는 밥이 카운터 옆에 마련해 준 의자에 앉아 그와 이야기를 나누곤 했다. 두 사람―이란 출신 젊은이와 유대인 노인―은 몇 시간 동안 지루한 줄 모르고 이야기꽃을 피웠다. 너무나 친해진 나머지 한번은 라스베이거스로 함께 여행을 떠나기까지 했다. 카지노에 가는 걸 좋아한 루 할아버지는 다양한 친구들과 비슷한 여행을 했다.

그러던 2003년, 할아버지가 여든다섯 되던 해에 심장마비를 일으켰다. 운이 좋았다. 의료진이 구급차에 실려 병원에 도착한 할아버지의 막힌 관상동맥을 스텐트 삽입술로 여는 데 성공했기 때문이다. 심장 재활 센터에서 2주일을 보낸 후, 그는 마치 아무 일도 없었던 것처럼 거뜬히 회복했다. 그러나 3년 후, 루 할아버지는 처음으로 넘어졌다. 막을 수 없는 일련의 문제들을 불러오는 노년의 낙상 말이다. 셀리는 아버지에게 떨림 증상이 생겼다는 것도 알아차렸다. 신경과 진단 결과 파킨슨병이었다. 약을 먹으면 증상이 완화되기는 했지만, 이번에는 기억력에 문제가 생기기 시작했다. 셀리는 아버지가 긴 이야기를 할 때 가끔씩 자기가 무슨 말을 하고 있었는지 흐름을 잃는다는 것을 눈치챘다. 어떨 때는 방금 대화한 내용을 혼동할 때도 있었다. 대부분은 괜찮았다. 사실 여든여덟이라는 나이를 감안하면 상태가 참 좋은 편이라고도 할 수 있었다. 루 할아버지는 여전히 운전을 했고, 크리비지 게임에서 누구든 다 이겼다. 집안일과 돈 문제도 직접 관리했다. 그러나 다시 한 번 심하게 넘어지고 나자 그는 겁이 나기 시작했다. 갑자기 그동안 축적돼 온 변화의 무게가 느껴졌다. 루 할아버지는 딸에게 어느 날 넘어져서 머리를 찧고 죽을 것 같아 두렵다고 고백했다. 그는 죽는 것 자체가 아니라 혼자서 죽을지도 모른다는 게 두렵다고 말했다.

셸리는 양로원에 대해 어떻게 생각하는지 물었다. 루 할아버지는 들으려고도 하지 않았다. 그런 데 가 있는 친구들을 이미 봤기 때문이다.

"늙은이들만 가득 있더라." 루 할아버지는 그렇게 살고 싶지 않았다. 그는 딸에게 절대 자신을 그런 곳에 넣지 않겠다는 약속을 받아냈다.

그렇지만 루 할아버지가 더 이상 혼자 생활할 수 없다는 사실에는 변함이 없었다. 남아 있는 유일한 방법은 딸네 가족이 사는 집으로 들어가는 것밖에 없었다. 셸리는 그렇게 했다.

나는 셸리와 그녀의 남편 톰에게 당시 이 문제에 대해 어떻게 생각했는지 물었다. 둘 다 잘된 일이라 여겼다고 답했다. "아버지가 혼자 산다는 게 더 이상 마음이 편치가 않았거든요." 셸리의 말에 톰도 동의했다. 아버지가 심장마비를 겪었고, 아흔이 다 돼 가니 자신들이 적어도 그 정도는 해 드려야 한다고 생각했다는 말도 덧붙였다. 사실 두 사람도 인정한 것처럼 그들이 아버지와 함께 살 날이 얼마나 남아 있었겠는가?

톰과 셸리는 보스턴 근교에 있는 노스 리딩이라는 수수한 위성도시에서 편안히 살고 있었다. 사실 완전히 편한 것만은 아니었다. 셸리는 개인 비서로 일하고 있었고, 톰은 일자리를 잃은 다음 1년 반

동안 실업자로 지냈다. 지금은 여행사에서 일하고 있지만 이전보다 벌이가 적다. 10대 자녀가 둘 있는 셸리의 집에는 루 할아버지가 지낼 곳이 마땅치 않았다. 셸리 부부는 거실에 침대를 들이고, 편한 소파와 할아버지의 장롱, 평면 TV 등을 설치해 침실로 꾸몄다. 루 할아버지가 가지고 있던 나머지 가구는 팔거나 창고에 보관했다.

같이 살기 위해서는 조정이 필요했다. 그리고 얼마 지나지 않아 모두들 왜 오늘날 각 세대가 따로 사는 걸 더 선호하는지 알게 됐다. 루 할아버지는 부모와 자녀의 역할이 바뀌었는데도 자신이 가장이 아니라는 걸 마땅치 않아했다. 그리고 자신의 생활이 예상했던 것보다 더 외로워졌다는 사실도 깨달았다. 교외의 막다른 골목에 있는 집에 살게 되면서 루 할아버지는 하루 중 대부분을 홀로 지내야 했고, 근처에는 도서관, 비디오 가게, 슈퍼마켓 등 걸어서 갈 수 있는 곳이 하나도 없었다.

셸리는 노인들을 위한 주간 프로그램에 아버지를 등록해 보려 했다. 프로그램 참가자들의 아침식사 자리에 함께 가 봤는데, 루 할아버지는 전혀 좋아하지 않았다. 셸리는 또 해당 프로그램에서 가끔 단체 카지노 방문을 한다는 걸 알게 됐다. 보스턴에서 두 시간 거리에 있는 폭스우드 카지노였다. 루 할아버지가 좋아하는 카지노는 아니었지만, 그래도 그는 한번 가 보겠다고 말했다. 셸리는 무척 설레었다. 아버지가 거기서 친구를 사귈 수 있기를 바랐다.

"꼭 아이를 버스에 태워 보내는 느낌이었어요." 어쩌면 루 할아버지는 딸의 그런 태도가 싫었을 것이다. "딸이 '안녕하세요, 여러분.

이분의 이름은 루예요. 오늘 처음 방문이니 모두들 친구가 되어 주셨으면 좋겠어요.' 하고 말한 기억이 나요." 셸리는 아버지가 돌아오자 친구를 좀 사귀었는지 물었다. 대답은 '노'였다. 그는 그냥 혼자 도박만 하다가 왔다고 했다.

그럼에도 루 할아버지는 서서히 적응을 해 갔다. 딸네 집에는 '베이징'이라고 불리는 차이니즈 샤페이종 개가 있었다. 루 할아버지와 베이징은 절친한 친구가 됐다. 베이징은 밤에 할아버지 침대에서 잠을 잤고, 그가 책을 읽거나 TV를 보면 옆에 앉아 있었다. 둘은 함께 산책도 했다. 할아버지는 베이징이 안락 의자에 앉아 있으면 내려오라고 하는 대신 부엌에서 다른 의자를 가져다 앉았다.

할아버지에게는 '사람' 친구도 생겼다. 날마다 오는 우체부에게 인사를 하다가 서로 친구가 된 것이다. 우체부는 매주 월요일 점심 시간에 찾아와서 할아버지와 함께 크리비지 게임을 했다. 셸리는 또 데이브라는 젊은이를 고용해서 할아버지와 함께 시간을 보내도록 했다. 실패의 냄새가 물씬 풍기는 인위적인 놀이 친구였다. 그러나 놀랍게도 두 사람은 절친한 친구가 됐다. 루 할아버지는 데이브와도 크리비지 게임을 했고, 데이브는 일주일에 두 번씩 와서 할아버지와 오후 시간을 보냈다.

루 할아버지는 안정을 찾아 갔고, 자기 여생을 이런 식으로 보내게 될 거라고 상상했다. 하지만 적응하는 데 성공한 그와 달리 셸리는 갈수록 더 힘들어지기만 했다. 그녀는 직장 일을 하고, 집안일을 하고, 고등학교에 다니며 나름대로 어려운 시간을 보내고 있는 아이들에 대해서 걱정하는 것만으로도 벅찼다. 그런데 거기에 더해 겁이 날 정도로 쇠약한 데다 늘 도움을 필요로 하는 아버지까지 돌보게 된 것이다. 엄청난 부담이었다. 예를 들어 루 할아버지가 넘어지는 사고가 그치지 않았다. 그는 방에 있다가, 목욕탕에 있다가, 혹은 식탁에서 일어나다가 갑자기 나무가 쓰러지는 것처럼 넘어졌다. 1년 사이에 구급차로 응급실에 실려 간 것만 네 번이나 됐다. 의사들은 파킨슨병 때문에 먹는 약이 원인일 거라 추측하며 투약을 중단했다. 그러나 약을 끊으면서 떨림 증상이 더 심해졌고, 그로 인해 더 휘청거렸다. 결국 루 할아버지는 체위성 저혈압 진단을 받았다. 노년에 나타나는 증상으로, 앉았다 일어나는 등 자세를 바꾸는 동안 뇌가 제 기능을 하는 데 필요한 적정 혈압을 유지하는 능력을 잃었다는 걸 의미했다. 의사들이 해 줄 수 있는 일이라곤 셸리에게 아버지와 함께 있을 때 좀 더 주의를 기울이라고 조언해 주는 것뿐이었다.

셸리는 아버지가 야경증에 시달린다는 사실도 알게 됐다. 루 할아버지는 전쟁 꿈을 꿨다. 그는 현실에서 백병전을 겪어 본 적이 한 번도 없었지만, 꿈에서는 적이 칼을 들고 공격해 들어와 자신을 찌르거나 팔을 자르곤 했다. 너무나 선명하고 두려운 꿈들이었다. 루 할아버지는 팔을 휘젓고 소리를 지르며 가까운 벽을 치기도 했다. 각자 자기 방에 있는 가족들한테까지 다 들릴 정도였다. "안 돼!" "무슨 소리야?" "이 죽일 놈!"

"아버지가 그런 말을 하는 걸 전에는 한 번도 들어 본 적이 없어요." 셸리가 말했다. 그의 악몽 때문에 나머지 가족들은 밤잠을 설쳐야 했다.

넬리가 져야 하는 부담은 점점 커지기만 했다. 루 할아버지는 아흔 살이 되면서 혼자 목욕할 수 있을 만큼의 균형 감각이나 기민함을 유지할 수 없게 됐다. 셸리는 노인 복지 프로그램의 조언을 받아 목욕탕 벽에 손잡이를 달고, 의자 높이의 변기와 샤워 의자를 설치했다. 그러나 그걸로는 부족했다. 그녀는 가정 간병인을 고용해 목욕을 비롯해 기타 필요한 일들을 돕도록 했다. 그러나 루 할아버지는 간병인이 도울 수 있는 낮에는 씻고 싶어 하지 않았다. 목욕은 밤에 하고 싶어 했기 때문에 셸리가 도와야만 했다. 이제 셸리에게는 매일 해야 하는 일이 하나 늘었다.

옷을 소변으로 적신 후 갈아입는 것도 마찬가지였다. 루 할아버지는 전립선에 문제가 있어서 비뇨기과 약을 먹고 있긴 했지만 여전히 소변이 샜고, 제때 화장실까지 가지 못하는 일들이 벌어졌다. 셸리는 1회용 속옷을 입으라고 권해 봤지만, 루 할아버지는 이를 거절했다. "기저귀는 안 찬다."

크고 작은 부담이 쌓여 갔다. 루 할아버지는 셸리가 다른 가족을 위해 만든 음식을 좋아하지 않았다. 불평하진 않았지만 그냥 먹질 않았다. 그래서 그녀는 아버지를 위해 별도로 음식을 만들어야 했다. 또한 할아버지는 귀가 잘 들리지 않아서 TV를 볼 때면 머리가 깨질 정도로 소리를 크게 해 놓기 일쑤였다. 방문을 닫고 보면 좋겠는데 할아버지는 그걸 싫어했다. 개가 자유롭게 드나들 수 없기 때문이었다. 셸리는 당장이라도 아버지 목을 조르고 싶은 지경이 됐다. 결국 그녀는 'TV 이어'라고 부르는 무선 이어폰을 찾아냈다. 루 할아버지는 이어폰을 무지하게 싫어했지만, 셀리는 아버지를 설득하는 데 성공했다. "생명의 은인이었어요." 하지만 나는 그렇게 해서 구한 것이 그녀의 생명인지 아버지의 생명인지 확신이 들지 않았다.

오늘날과 같이 의료화된 시대에 장애가 있고 노쇠한 사람을 돌보는 일은 기술적인 면에서나 일상생활 면에서나 엄청난 임무다. 루 할아버지가 복용해야 하는 수많은 약들을 모두 파악하고 분류하고 다시 채우는 것만도 보통 일이 아니다. 또 만나 봐야 하는 전문의들은 어찌나 많은지 다 모아 놓으면 소대 하나는 된다. 거기에다 어떤 의사는 매주 만나야 하고, 각 의사들은 계속해서 검사와 촬영을 하며 다른 전문의를 만나야 한다고 추천한다. 할아버지가 지니고 있는 전자 낙상 경보기도 매달 점검해야 한다. 그런데 셀리를 도와줄 사람은 거의 아무도 없었다 오늘날 노인을 돌보는 사람의 부담은 100년 전보다 훨씬 무거워졌다. 셀리는 24시간 가동하는 컨시어지, 운전기사, 스케줄 매니저, 약이나 기계 관련 문제 해결사가 돼야 했고, 여기에 더해 요리사, 가정부, 안내원 역할까지 도맡아야 했다. 가계 수입원인 것은 말할 것도 없다. 오기로 한 가정 간병인이 마지막 순간에 취소를 하거나 병원 예약 시간이 바뀔 때마다 셀리의 직장 업무는 엉망이 되었다. 이 모든 것들이 그녀를 정서적으로 힘들고 지치게 만들었다. 가족과 함께 1박 2일의 가벼운 여행만 가려고 해도 사람을 구해서 아버지와 함께 있게 해야 했다. 그렇게 했는데도 뭔가 문제가 생겨 계획이 흐트러지기 일쑤였다. 한번은 남편, 아이들과 함께 카리브해로 휴가를 갔다가 3일 만에 돌아온 적도 있다. 루 할아버지가 딸을 필요로 했기 때문이다.

셸리는 자신이 서서히 미쳐 가는 것 같았다. 그녀는 좋은 딸이 되고 싶었다. 아버지가 안전하고 행복하기를 바랐다. 그러나 자기 능력으로 감당할 수 있는 삶을 살고 싶기도 했다. 어느 날 밤 그녀는 남편에게 물었다. "아버지가 있을 만한 곳을 찾아봐야 하는 것 아닐까?" 그 말을 하는 자신이 수치스러웠다. 아버지에게 한 약속을 깨는 것이었기 때문이다.

톰은 그다지 도움이 되질 않았다. "잘 해낼 수 있을 거야." 남편이 말했다. "이런 상태가 얼마나 더 오래가겠어?"

그 상태는 상당히 오래갔다. "내가 아내를 잘 이해하지 못했던 거예요." 톰은 3년 후 나와 이야기를 나누면서 당시를 그렇게 회고했다. 셸리는 한계점에 가까워지고 있었다.

셸리의 사촌 중에 노인 복지 시설을 운영하는 사람이 있었다. 그가 루 할아버지의 상태를 평가하고 설명할 간호사를 추천해 주었다. 셸리가 악역을 맡지 않게 하기 위해서였다. 간호사는 루 할아버지가 받아야 하는 도움이 점점 더 많아지고 있다고 설명하고, 그래서 이제는 집에서보다 더 많은 도움을 받을 수 있는 곳으로 가야 한다고 말했다. 더 이상 하루 종일 집에서 혼자 지내면 안 된다는 말도 덧붙였다.

루 할아버지는 애원하는 눈길로 셸리를 바라봤다. 그녀는 아버지가 무슨 생각을 하는지 알 것 같았다. '그냥 일을 그만두고 내 옆에 있을 수는 없는 거니?' 그 생각이 셸리의 가슴에 비수처럼 꽂혔다. 셸리는 눈물이 그렁그렁해진 채 아버지를 충분히 잘 돌보는 게 감정 적으로나 경제적으로나 어려워졌다고 말했다. 루 할아버지는 마지 못해 셸리를 따라 몇 군데 시설을 둘러보겠다고 승낙했다. 누구라도 나이가 들어 쇠약해지면 행복하게 사는 것이 불가능한 것만 같았다.

두 사람이 둘러보기로 한 곳은 요양원이 아니라 어시스티드 리빙 시설이었다. 오늘날 어시스티드 리빙은 독립 주거 시설과 요양원의 중간 단계 정도로 간주된다. 그러나 어시스티드 리빙 개념을 처음 만들어 낸 사람들 중 하나인 케런 브라운 윌슨Keren Brown Wilson의 생각은 좀 달랐다. 그는 1980년대에 오리건주에 첫 어시스티드 리 빙 주택을 열면서 요양원의 필요성을 완전히 없앨 수 있는 시설을 제공하는 것을 목표로 삼았다. 그녀의 의도는 중간 단계가 아닌 대 안을 만들어 내는 것이었다. 윌슨은 루 할아버지와 같은 사람들이 아무리 신체적 제약을 많이 받는 상황이 와도 자유와 자율성을 잃지 않고 살 수 있을 곳을 만들어 낼 수 있다고 믿었다. 늙고 쇠약해졌다 는 이유로 정신병원에 감금된 것 같은 생활을 견뎌야 할 필요가 없 다고 생각했다. 그녀의 머릿속에는 더 나은 삶을 성취할 수 있는 방 법에 대한 비전이 들어 있었다. 그리고 그 비전은 루 할아버지와 셸 리가 분투한 것과 똑같은 경험을 통해 형성되었다. 다시 말해 윌슨 도 가족사에서 한쪽은 어쩔 수 없이 의존하고, 다른 한쪽은 고통스 럽게 책임을 져야 하는 경험을 한 것이다.

윌슨은 웨스트 버지니아주의 석탄 광부와 세탁부의 딸로 태어났다. 부모가 8학년(한국의 중학교 2학년—옮긴이)까지밖에 교육을 받지 못했음에도 윌슨은 믿을 수 없을 만큼 공부벌레였다. 그녀는 초등학생이었을 때 아버지를 잃었고, 열아홉 살 때는 어머니 제시가 심한 뇌졸중을 겪었다. 당시 제시의 나이는 쉰다섯 살밖에 되지 않았다. 뇌졸중으로 그녀는 몸 한쪽이 완전히 마비돼서 걷거나 서지 못했으며, 팔도 들 수가 없었다. 또한 얼굴 한쪽이 축 처졌고, 말투도 어눌해졌다. 지능과 인지 능력에는 아무 영향을 받지 않았지만 돈을 벌러 나가는 것은 고사하고 혼자서는 씻을 수도, 요리를 할 수도, 화장실에 갈 수도, 빨래를 할 수도 없었다. 그녀는 도움이 필요했다. 그러나 대학에 다니던 윌슨은 전혀 수입이 없었고, 좁은 아파트를 룸메이트와 함께 쓰고 있는 상황이었으니 어머니를 돌볼 길이 없었다. 형제자매가 있었지만 사정은 비슷했다. 어머니를 맡길 곳은 요양원밖에 없었다. 윌슨은 자기 대학 근처에 있는 곳을 골랐다. 안전하고 친절한 곳이었다. 그러나 어머니는 딸을 볼 때마다 끊임없이 요구했다. "집에 데려가 줘."

"여기서 나가게 해 줘." 제시는 같은 말을 연신 반복했다.

윌슨은 점차 노인들을 위한 정책에 관심을 가지게 되었다. 그래서 대학을 졸업한 후 워싱턴주 노인 복지 센터에서 일을 하기 시작했다. 세월이 흐르는 동안 윌슨의 어머니는 이 요양원에서 저 요양원으로 전전했다. 그때마다 자식들 중 하나가 사는 곳에서 가까운 데 자리를 잡았다. 그러나 그녀는 그중 어떤 곳도 좋아하지 않았다. 그

사이 결혼을 한 윌슨은 사회학자인 남편의 격려로 공부를 더 하기로 하고, 오리건에 있는 포틀랜드 주립대학에서 노인학 박사 과정을 밟았다. 윌슨은 어머니에게 자신이 나이 드는 것에 관한 공부를 시작했다고 말했다. 그때 어머니가 윌슨에게 한 질문은 그녀의 삶을 바꿔 놓았다. "나 같은 사람을 도울 수 있는 일을 하지 그러니?"

"어머니의 비전은 단순했다." 윌슨은 이렇게 쓰고 있다.

어머니는 작은 부엌과 욕실이 있는 자그마한 집을 원했다. 거기에는 어머니가 좋아하는 모든 것들, 이를테면 고양이, 아직 끝내지 못한 크고 작은 일거리들, 빅스 베이포럽Vicks VapoRub(크림 타입 감기약—옮긴이), 커피포트, 담배가 있다. 거기에는 그녀가 누군가의 도움 없이는 할 수 없는 일들을 도와줄 사람들도 있다. 어머니가 머릿속에 그리는 그곳은 문을 잠글 수 있고, 직접 실내 온도를 조절할 수 있으며, 자기만의 가구가 있는 공간이다. 아무도 그녀가 원하지 않는 시간에 잠에서 깨우거나, 좋아하는 드라마를 보는데 TV를 끄거나, 옷을 망가뜨리지 않을 것이다. 누구도 그녀가 소장하고 있는 과월호 잡지나 애장품들을 안전에 해가 된다는 이유로 없애 버리지 않을 것이다. 그녀가 원할 때 사생활을 가질 수 있고, 그 누구도 옷을 입으라고 하거나, 약을 먹으라고 하거나, 원치 않는 활동에 참여하라고 하지 않을 것이다. 그런 곳에서라면 그녀는 다시 제시가 될 수 있을 것이다. 침대에 누워 있는 환자가 아니라 자기 집에 사는 사람으로서 말이다.

윌슨은 어머니가 그런 이야기를 했을 때 어찌할 바를 몰랐다. 어머니가 원하는 것은 합당하게 늘렸지만, 동시에 지금까지 지내 온 곳들의 규칙을 생각해 보면 불가능한 일이기도 했다. 윌슨은 요양원 직원들에게 미안했다. 어머니를 돌보기 위해 열심히 일하고 있었고, 그저 그곳에서 해야 할 일들을 하고 있는 사람들이었기 때문이다. 그리고 자신이 어머니를 위해 뭔가 더 해 줄 수 있는 게 없다는 사실 때문에 죄책감이 들었다. 박사 과정 내내 어머니의 불편한 질문이 그녀를 괴롭혔다. 공부를 하면 할수록, 요양원 같은 곳에서는 제시가 마음속에 그린 것들을 받아들이지 않을 거라는 확신이 들었다. 요양원은 세세한 것 하나하나에서 거주민을 통제할 목적으로 고안된 곳이었다. 거주민의 건강과 안전을 위해, 다시 말해 그들을 이롭게 하기 위해 고안되었다는 사실 때문에 요양원들은 더욱 몽매하고 변화를 허락하지 않는 곳이 되었다. 윌슨은 쇠약한 노인들을 통제하는 방식으로 돌보는 대신 노인들이 그들을 보살피는 일에 대해 가능한 한 많이 주도권을 유지하게끔 해 줄 수 있는 대안을 하나하나 적어 나가 보기로 결심했다.

마음속에 계속 떠오르는 핵심 단어는 '집home'이었다. 집이야말로 개인의 우선순위가 제대로 존중되는 곳이다. 집에서는 시간을 어떻게 보낼지, 공간을 어떻게 나눌지, 가재도구들을 어떻게 관리할지 마음대로 정할 수 있다. 집을 떠나면 그럴 수 없다. 이런 자유의 상실이야말로 루 할아버지나 제시 할머니 같은 사람들이 두려워하는 것이다.

윌슨은 남편과 함께 식탁에 앉아서 노인들을 위한 새로운 시설이 갖춰야 할 특징들에 대해 밑그림을 그려 보기 시작했다. 어머니가 간절히 원하는 그런 곳 말이다. 그런 다음 두 사람은 누군가 새로운 시설을 짓게 만들어서 시범 운영을 해 보기로 했다. 윌슨 부부는 은퇴자촌 및 건설업체들과 접촉했다. 하지만 그 누구도 관심을 보이지 않았다. 그들의 아이디어가 비현실적이고 터무니없어 보였던 것이다. 결국 두 사람은 자신들이 직접 짓기로 결심했다.

그런 일이라고는 전혀 해 본 적이 없는 학자 두 명이 일을 벌인 셈이었다. 두 사람은 한 걸음씩 배워 나갔다. 우선 건축기사와 함께 구체적인 설계도를 그렸고, 은행을 수없이 찾아다니며 대출 신청을 했다. 하지만 은행 대출을 얻는 데 실패하자 그들을 후원해 줄 개인 투자가를 찾아 나섰다. 투자가는 자금을 제공하는 대신 윌슨 부부가 시설에 대한 과반 지분을 포기하고, 파산할 경우 부채는 모두 떠맡을 것을 요구했다. 두 사람은 제안을 받아들이고 서명했다. 그런데 이번에는 오리건 주정부에서 노인 주거 시설로서의 면허를 내 주지 않을 조짐을 보였다. 장애가 있는 사람들이 입주할 거라는 조항이 들어 있다는 이유 때문이었다. 윌슨은 며칠 동안 정부 당국 사무실 이곳저곳에서 거의 살다시피 하며 호소해 예외적인 허가를 받아 내는 데 성공했다. 믿을 수 없게도 윌슨 부부가 모든 현실적인 장애를 극복해 낸 것이다. 그리고 1983년, 윌슨 부부의 '노인을 위한 생활 지원 주택'이 포틀랜드에서 문을 열었다. 파크 플레이스Park Place라는 곳이었다.

문을 연 파크 플레이스는 더 이상 학술 연구를 위한 파일럿 프로젝트기 이니었다. 그것은 112개 주서 공산을 제공하는 대규모 부동산 개발이었고, 문을 열자마자 거의 즉시 입주 인원이 꽉 찼다. 파크 플레이스는 과감할 뿐 아니라 정말 매력적인 개념의 주거 시설이었다. 일부 주민들은 심각한 장애를 가지고 있었지만 아무도 환자라고 불리지 않았다. 모두 거주민일 뿐이었고, 그런 대우를 받았다. 그들은 모두 욕조와 샤워 시설을 완비한 욕실, 부엌, 잠글 수 있는 현관문(특히 많은 이들이 상상하기 어려워했던 요소다)을 갖춘 개인 아파트에서 살았다. 또한 반려동물을 키우는 것이 허용됐고, 카펫과 가구를 직접 고를 수 있었다. 실내 온도를 몇 도에 맞출 건지, 뭘 먹을 건지 등을 스스로 정할 수 있었고, 누가 언제 자기 집에 들어올 수 있는지도 스스로 결정하도록 했다. 윌슨은 모두 그냥 아파트에 사는 주민일 뿐이라고 거듭 강조했다. 그러나 고령에 따른 장애를 겪고 있는 노인들은 사방에서 손쉽게 가족을 부를 수 있었던 우리 할아버지처럼 원할 때 늘 도움을 받을 수 있도록 했다. 음식, 위생 관리, 약 복용 등 기본적인 것에 대한 도움도 제공됐다. 단지 내에는 항상 간호사가 대기하고 있었고, 밤낮 아무 때고 급히 도움이 필요할 때 누를 수 있는 버튼도 있었다. 그리고 삶의 질을 유지하는 데 필요한 도움도 제공됐다. 말벗을 찾고, 외부 사회와의 연결 고리를 유지하고, 각자 가장 소중하게 여기는 활동을 계속할 수 있도록 배려한 것이다.

물론 파크 플레이스의 서비스는 대부분 요양원에서 제공하는 것과 비슷했다. 그러나 서비스를 제공하는 사람들이 항상 타인의 집에 들어간다는 개념을 이해하고 있다는 게 달랐다. 그리고 그 사실이 단지 내 역학 관계를 근본적으로 변화시켰다. 주민들은 자신의 일과와 규칙을 스스로 정했고, 위험을 감수할 것인지 말 것인지도 원하는 대로 할 수 있었다. 또한 밤을 새우든 하루 종일 자든 자기 마음대로 할 수 있었고, 원한다면 이성 친구를 집에 재울 수도 있었다. 정신을 혼미하게 만드는 약을 먹고 싶지 않다면 그렇게 했고, 음식을 삼키는 데 문제가 있는 데다 치아가 하나도 남아 있지 않으니 유동식만 먹으라는 의사의 조언이 있었다 하더라도 원한다면 피자나 초콜릿을 먹을 수 있었다. 한편 정신이 흐려져서 더 이상 이성적인 결정을 하지 못할 시점에 이르면, 가족 혹은 미리 지정해 놓은 대리인이 나서서 받아들일 수 있는 위험 요인과 선택의 범주를 다시 협의할 수 있었다. '어시스티드 리빙'이라고 알려진 윌슨의 개념은 아무도 보호시설에 감금됐다고 느끼지 않도록 하자는 데 목표를 두고 있었다.

이 개념은 즉시 공격 대상이 되었다. 노인들이란 보호해야 할 대상이라고 오랫동안 믿어 온 사람들은 이 시스템이 근본적으로 너무 위험하다고 생각했다. 직원들이 잠긴 문 저쪽에 있는 사람을 어떻게 안전하게 돌볼 수 있는가? 신체적 장애가 있는 데다 기억력에도 문제가 있는 사람들에게 어떻게 가스레인지와 칼과 알코올 등을 맡길 수 있는가? 주민들이 데려온 반려동물들이 안전하다는 걸 누가 보장할 것인가? 카펫 소독은 어떻게 할 것이며, 소변 냄새와 박테리아는 어떻게 제거할 것인가? 주민의 건강 상태가 달라진 것을 직원이 어떻게 파악할 것인가?

　모두 합당한 의문들이다. 어떤 사람이 정기적인 집 청소를 거부하고, 담배를 피우고, 당뇨를 악화시키는 사탕을 먹어서 병원 신세를 져야 한다면 그 사람은 태만의 희생자일까, 아니면 자유를 상징하는 사람일까? 이를 명확하게 가를 수 있는 기준은 없다. 그리고 윌슨이 간단한 해법을 제시한 것도 아니다. 그녀와 직원들은 주민의 안전을 보장할 방법을 만들어 낼 책임을 짊어졌다. 동시에 그녀는 주민들이 자기 집에 사는 사람만이 누리는 자율성과 사생활을 유지할 수 있는 공간을 제공하겠다는 철학도 지켜야 했다. 그 자율성에는 안전이나 운영 팀의 편의를 이유로 부과된 규칙을 거부할 권리도 포함되어 있었다.

　정부는 윌슨 부부의 실험을 면밀히 관찰했다. 그들은 포틀랜드에 두 번째 단지를 열었다. 주거 공간을 142개 갖추고 있고, 정부 지원을 받는 빈곤층 노인들까지 수용할 수 있는 단지였다. 그러자 당국은 윌슨 부부에게 주민들의 건강, 인지 능력, 신체 기능, 그리고 삶에 대한 만족도를 계속 추적 조사하라고 요구했다. 그리고 1988년, 조사 결과가 발표됐다. 주민들이 자유를 위해 건강을 희생한 것이 아니라는 결론이 나왔다. 삶에 대한 만족도가 높아짐과 동시에 건강도 유지되었던 것이다. 게다가 신체 기능과 인지 능력은 오히려 향상됐고, 심각한 우울증의 발생 건수는 감소했다. 정부 보조 비용도 요양원보다 20% 절감할 수 있었다. 윌슨의 프로그램은 완전히 성공을 거둔 것이다.

월슨이 실행한 프로그램의 핵심은 믿을 수 없을 만큼 단순한 문제를 해결하려는 데 있었다. 그것은 바로 우리가 늙고 쇠약해져서 더 이상 스스로를 돌볼 수 없게 됐을 때에도 삶을 가치 있게 살아가도록 만드는 것이 무엇인가 하는 문제다. 1943년 심리학자 에이브러햄 매슬로Abraham Maslow가 발표한 영향력 있는 논문 「인간 동기부여 이론A Theory of Human Motivation」에는 인간에게 욕구의 위계가 있다는 유명한 주장이 기술되어 있다. 이는 종종 피라미드 형태로 묘사되기도 한다. 가장 밑바닥에는 기본적인 욕구가 자리한다. 여기에는 생리적인 생존에 필요한 음식, 물, 공기에 대한 욕구와 안전을 보장받기 위한 법, 질서, 안정감 등에 대한 욕구가 포함된다. 그다음 단계로 올라가면 애정과 소속감에 대한 욕구가 있다. 그 위에는 성장에 대한 욕구, 즉 개인적인 목표를 이루고, 지식과 기술을 연마하고, 성취에 대한 인정과 보상을 받고자 하는 욕구가 자리한다. 마지막으로 맨 위에는 매슬로가 '자아 실현self-actualization'이라고 명명한 욕구가 있다. 도덕적 이상이나 창조적 행위를 그것 자체를 위해 추구함으로써 자기 실현을 하려는 욕구다.

매슬로는 안전과 생존이 우리가 삶에서 추구하는 가장 원초적이고 기본적인 목표로 남게 된다고 주장한다. 특히 주어진 선택 범위와 능력이 제한되어 있을 때는 더욱 그렇다. 그게 진실이라면, 노인 주거 시설에 대한 관심과 정책이 건강과 안전에 초점을 맞추고 있다는 사실이야말로 매슬로가 말한 목표를 인식하고 그것을 충족하려는 시도라고 볼 수 있다.

그러나 현실은 좀 더 복잡하다. 사람들은 그들을 넘어선 무언가, 예를 들어 가족, 국가, 정의를 위해 자신의 안전과 생존을 기꺼이 희생하는 경우가 많다. 그리고 이런 성향은 나이와 상관없이 나타난다.

게다가 삶을 추동하는 주요 동기는 꾸준하고 동일하게 유지되는 것이 아니라 시간이 흐르면서 엄청난 변화를 거친다. 그리고 이런 변화는 매슬로의 고전적인 욕구 위계에 끼워 맞추기 힘든 경우가 많다. 젊은 시절, 사람들은 매슬로가 말한 것처럼 성장과 자아 실현을 추구한다. 성장은 외부 세계로 열려 있음을 수반한다. 이를 통해 우리는 새로운 경험, 더 넓은 사회적 관계, 그리고 이 세상에 발자취를 남기기 위한 방법을 샅샅이 탐색해 나간다. 그러나 삶의 후반부에 접어들면 우선순위가 급격히 변한다. 대부분은 성취와 사회적 관계를 추구하는 데 들이는 시간을 줄인다. 관심 범위가 좁아지는 것이다. 선택의 기회가 주어질 경우, 가령 젊은이들은 형제자매보다 새로운 사람을 만나서 시간을 보내는 걸 더 선호한다. 하지만 노인들은 정반대의 선택을 한다. 사람들은 나이가 들면서 더 적은 수의 사람들과 상호작용을 하며, 가족이나 오랜 친구들과 시간을 보내는 데 더 집중하는 경향이 있다는 연구 결과도 있다. 무엇을 하는 것보다 존재하는 데, 그리고 미래보다 현재에 더 초점을 맞추는 것이다.

사실 이는 나이 든 사람을 이해하기 위해 필수적으로 알아야 할 변화다. 학자들은 왜 이런 변화가 일어나는지를 설명하기 위해 다양한 이론을 내놓고 있다. 어떤 학자들은 삶의 오랜 경험에서 얻은 지혜를 반영하는 것이라고 주장한다. 또 다른 학자들은 노화된 뇌조직 안에서 인지적 변화가 일어난 결과라고 주장하기도 한다. 이러한 행동 변화는 강요된 것일 뿐 실제로는 진정으로 원해서 벌어지는 현상이 아니라고 주장하는 학자들도 있다. 노인들이 관심사를 좁히는 까닭은 신체적, 인지적 쇠락에서 오는 위축으로 이전처럼 어떤 목표를 추구하기 어려워졌거나, 단지 늙었다는 이유로 세상이 그들을 막기 때문이다. 이때 노인들은 그것에 맞서 싸우기보다 적응을 하게 된다. 아니, 더 슬프게 말하자면 포기하게 되는 것이다.

최근 수십 년 사이, 스탠퍼드 대학의 심리학자 로라 카스텐슨Laura Carstensen은 이러한 논점들을 정리하고 분석하는, 매우 창의적이고 중요한 연구를 수행했다. 그녀의 연구 팀은 매우 영향력 있는 한 연구에서 거의 200명 넘는 사람들의 정서적 경험을 몇 년에 걸쳐 추적했다. 조사 대상의 사회적 배경과 연령(연구 시작 당시 18세에서 94세)은 다양했다. 연구 팀은 연구 시작 시점과 이후 매 5년 시점마다 조사 대상자들로 하여금 일주일 동안 24시간 내내 무선호출기를 소지하고 다니도록 했다. 그리고 일주일 동안 무작위로 35회 호출한 뒤 바로 그 순간 어떤 감정을 느끼고 있었는지 제시된 리스트에서 고르도록 했다.

매슬로의 욕구 위계 이론이 맞는다면 삶의 관심사와 범위를 좁히는 것은 자아 실현이라고 하는 인간 성취감의 최대 원천과 상충하는 일이 된다. 따라서 나이가 들수록 점점 더 불행해진다고 예상할 수 있을 것이다. 그러나 카스텐슨 교수의 연구 결과는 정반대로 나타났다. 논란의 여지가 없는 결과였다. 사람들은 나이가 들면서 불행해지기는커녕 오히려 긍정적인 감정을 더 많이 느끼는 것으로 드러났다. 불안, 우울, 분노 등을 느끼는 성향도 너 석었나. 눌론 시련을 겪기도 하고, 긍정적인 감정과 부정적인 감정이 뒤섞인 통절한 순간도 더 늘어난다. 그러나 전반적으로는 시간이 흐르면서 정서적으로 만족스럽고 안정적인 경험을 더 많이 하는 것으로 나타났다. 나이가 들면서 삶이 더 협소해지는데도 말이다.

이 연구 결과는 또 다른 의문을 낳는다. 만약 나이가 듦에 따라 무언가를 달성하고, 소유하고, 획득하는 것보다 일상의 기쁨과 인간관계를 더 중요하게 여기는 쪽으로 변화한다면, 그리고 그런 것에서 더 큰 만족과 행복을 느낀다면, 왜 우리는 그렇게 되기까지 그토록 오랜 시간을 보내는 걸까? 왜 우리는 나이가 들 때까지 기다리는 걸까? 이러한 교훈을 배우는 것이 너무 어렵다는 게 가장 일반적인 견해다. 산다는 것은 일종의 숙련 과정이며, 노인들의 침착함과 지혜는 오랜 시간에 걸쳐 획득된다는 것이다.

카스텐슨은 이와 다른 설명에 끌렸다. 만약 필요와 욕구의 변화가 나이 드는 것 자체와는 아무 관련이 없다면 어떨까? 만일 이것이 그저 관점의 문제와 관계된 거라면, 즉 이 세상에서 내게 주어진 시간이 유한하다는 사적인 느낌과 관련된 거라면 어떨까? 과학계에서는 이 생각을 좀 이상하게 여겼다. 그러나 카스텐슨 교수에게는 개인의 관점이 가장 중요할지도 모른다고 생각하게 된 이유가 있었다. 거의 죽음에 이를 뻔한 경험을 한 이후, 삶에 대한 그녀의 관점이 엄청나게 변했기 때문이다.

1974년의 일이다. 그녀가 스물한 살 되던 해였다. 갓난아이가 하나 있었고, 결혼 생활은 이미 이혼 절차를 밟는 단계에 이르러 있었다. 학력은 고등학교 졸업이 다였고, 그녀가 후일 저명한 과학자가 되리라고는 아무도—본인은 말할 것도 없고—상상할 수 없는 삶이었다. 그러던 어느 날 밤, 그녀는 부모에게 아기를 맡기고 친구들과 파티를 하러 나가서 핫 튜나라는 밴드의 콘서트를 봤다. 파티가 끝난 후 일행은 모두 폭스바겐 미니버스에 올라 타고 집으로 향했다. 술에 취한 운전자가 몰던 미니버스는 뉴욕주 로체스터 근교 고속도로 어딘가에서 도로변 경사면으로 굴러 떨어졌다.

카스텐슨 교수는 겨우 목숨을 건졌지만, 심각한 머리 부상에 내출혈을 일으켰고 뼈는 산산조각이 났다. 병원에서 몇 달을 지내야만 했다. "다리를 매서 공중으로 쳐들고 누워 있는 모습이 꼭 만화 같은 장면이었어요." 그녀가 말했다. "정신을 잃었다 깨어나기를 반복할 정도로 굉장히 상황이 위급했던 첫 3주 정도가 지난 다음에는 생각할 시간이 많았죠."

"죽음에 얼마나 가까이 다가갔었는지를 깨달을 만큼 몸이 회복되고 나니, 내게 중요한 게 무언지를 보는 눈이 굉장히 달라졌어요. 중요한 것은 내 삶에 존재하는 사람들이었어요. 스물한 살 때였죠. 그 전까지만 해도 내 머릿속에는 온통 이런 생각뿐이었어요. 이 일 다음에는 무얼 하며 살아야 할까? 어떻게 하면 성공 혹은 실패를 하게 될까? 완벽한 인생의 동반자를 만날 수 있을까? 스물한 살짜리가 할 만한 전형적인 생각들이 꼬리에 꼬리를 물었죠. 그런데 갑자기 궤도에서 이탈해 죽은 듯이 멈춘 것 같았어요. 내게 중요하게 여겨졌던 것들에 대해 생각해 봤는데, 이전과는 굉장히 다른 것들이 그게 느껴지기 시작했지요."

그녀는 자신의 새로운 관점이 노인들의 생각과 얼마나 비슷한지 처음에는 잘 몰랐다. 그러나 같은 병실에 있던 다른 환자 네 명이 모두 노인들이었다. 고관절 골절로 다리를 공중에 매달고 있는 사람들이었다. 카스텐슨 교수는 그들과 마음이 통하는 걸 느꼈다.

"거기서 노인들에게 둘러싸여 누워 있는 동안 그분들을 잘 알게 됐고, 그분들에게 무슨 일이 일어나고 있는지도 이해하게 됐죠." 그녀는 의료진이 노인들을 자신과 굉장히 다르게 다루고 있다는 것을 깨달았다. "하루 종일 의사랑 물리치료사들이 드나들며 나를 치료하고 훈련시켰어요. 그런데 바로 옆 침대에 누워 있던 세이디 할머니에게는 나가는 길에 그냥 '계속 분발하세요!'라고 한마디 하는 게 고작이었어요." 이 젊은 여성의 삶에는 가능성이 있지만 그들에게는 없다는 메시지였다.

"바로 그 경험 때문에 나이 드는 것에 관한 연구를 하게 된 거예요." 카스텐슨 교수가 말했다. 그러나 그때는 자신이 그런 연구를 하게 되리라는 것을 몰랐다. "당시에는 어디를 봐도 스탠퍼드 교수가 될 것이라고는 상상할 수 없었지요." 그러나 카스텐슨의 아버지는 딸이 입원실에 누워서 얼마나 지루해하는지를 알았고, 곧 지역 대학 과정에 그녀를 등록시킬 기회를 얻었다. 그는 모든 강의에 들어가 수업 내용을 카세트테이프에 녹음한 다음 딸에게 가져다주었다. 정형외과 여성 병동에 누워서 대학 1학기 과정을 밟은 것이다.

첫 강의는 무엇이었을까? 바로 심리학 개론이었다. 그녀는 자신이 공부하고 있는 심리 현상을 병실 침대에 누워 직접 경험하고 있다는 걸 깨달았다. 덕분에 시작 단계에서부터 전문가들이 제대로 알고 있는 것과 잘못 이해하고 있는 것이 무엇인지 알 수 있었다.

15년 후, 카스텐슨 교수는 자신이 경험한 것을 기초로 해서 하나의 가설을 만들었다. 우리가 시간을 어떻게 보내고 싶어 하는지는 자신에게 얼마나 많은 시간이 남아 있다고 생각하는지에 달려 있다는 가설이다. 젊고 건강할 때는 자신이 영원히 살 것처럼 믿는다. 가지고 있는 기능과 능력을 잃을까 봐 걱정하지 않는다. 그래서 이렇게 말하곤 한다. "세상은 네 손 안에 있다.""마음만 먹으면 못 해낼 일이 없다." 젊은이들은 현재의 즐거움을 기꺼이 뒤로 미룬다. 이를테면 더 나은 미래를 위한 기술과 자원을 얻는 데 몇 년이고 시간을 투자하는 것이다. 그들은 지식과 정보를 얻을 수 있는 더 큰 물결에 연결되고 싶어 한다. 어머니와 시간을 보내는 것보다 친구를 비롯한 사회적 관계를 넓히는 일에 더 몰두한다. 삶의 시야와 한계를 몇 십 년 단위로 판단할 때, 어쩌면 인간에게는 그것이 무한한 것으로 느껴질 수도 있고, 이때 우리는 매슬로의 피라미드에서 맨 위에 자리 잡은 것들, 즉 성취감, 창의성, 그리고 '자아 실현'에 필요한 여러 속성들을 추구하고 싶어질 것이다. 그러나 삶의 시야가 축소되어 눈앞의 미래가 불확실하며 한계가 있다는 것을 알게 될 때, 삶의 초점은 지금, 여기로 변화하게 된다. 일상의 기쁨과 가장 가까운 사람들에게로 옮겨 가게 되는 것이다.

키스텐슨 교수는 자신의 가실에 '사회성서석 선택 이론socioemotional selectivity theory'이라는 난해한 이름을 붙였다. 쉽게 말하자면 관점이 중요하다는 얘기다. 그녀는 이 개념을 시험하기 위해 일련의 실험을 고안해 냈다. 그중 한 실험은 23세에서 66세 사이의 성인 남자를 대상으로 했다. 일부는 건강한 사람들이었다. 그러나 그중 몇 사람은 에이즈 바이러스에 감염되어 위독한 상태였다. 조사에 참여한 사람들은 각자 알 만한 사람들에 관해 묘사한 카드들을 받았다. 거기에는 가족에서부터 읽은 책의 저자에 이르기까지 다양한 정서적 거리에 있는 사람들을 묘사한 내용이 적혀 있었다. 그리고 참여자들로 하여금 30분쯤 시간을 같이 보내고 싶은 사람을 순서대로 배열하도록 했다. 보통의 경우 조사 대상의 나이가 어릴수록 정서적으로 가까운 사람보다 정보를 얻을 가능성이 있거나 새로 친구가 되고 싶은 사람과 시간을 보내는 것을 선호했다. 그러나 몸이 아픈 사람들은 나이에 따른 차이가 없었다. 에이즈에 감염된 젊은이의 선호도는 나이 든 사람과 다르지 않았다.

카스텐슨 교수는 자신의 이론에 있을지도 모르는 허점을 찾기 위해 애썼다. 또 다른 실험에서 그녀의 연구 팀은 8세에서 93세에 이르는 건강한 사람들을 조사 대상으로 삼았다. 아무 전제 없이 그냥 30분이라는 시간을 어떻게 보내고 싶으냐는 질문에서는 나이에 따른 선호도가 명확히 드러났다. 그러나 어딘가 먼 곳으로 떠나게 될 상황을 상상하라고 한 다음 똑같은 질문을 하자 나이에 따른 차이가 사라졌다. 어린이든 젊은이든 노인들과 같은 대답을 고른 것이다. 그런 다음 연구 팀이 조사 대상자들에게 의학계에서 획기적인 발견이 이루어져서 수명이 20년 늘어났다고 상상하며 질문에 답하라고 하자 다시 한 번 나이 차이가 사라졌다. 하지만 이번에는 반대로 노인들이 젊은이들과 같은 선택을 했다.

　문화적 차이도 별 의미가 없었다. 홍콩에서 한 조사 결과는 미국에서 나온 결과와 동일했다. 중요한 것은 관점이었다. 우연히도 연구 팀이 홍콩에서 조사를 한 지 1년이 지난 후, 홍콩이 중국에 반환될 것이라는 뉴스가 나왔다. 사람들은 중국 정부가 홍콩을 지배하기 시작하면 자신과 가족들에게 무슨 일이 일어날지 굉장히 불안해했다. 좋은 기회라고 판단한 연구 팀은 같은 조사를 되풀이했다. 아니나 다를까 사람들은 사회적인 네트워크를 좁혔고, 젊은이나 노인 사이의 차이가 사라져 있었다. 홍콩 이양 1년 후, 불안감이 상당 부분 가라앉았을 때 연구 팀은 다시 한 번 조사를 실시했다. 그 결과 나이에 따른 차이가 다시 나타났다. 그들은 9·11 테러 직후 미국에서, 2003년 봄 사스 전염병이 창궐해 몇 주 만에 300명이 목숨을 잃은 홍콩에서 또다시 같은 조사를 했다. 연구 팀의 표현을 빌리자면 "생명의 덧없음을 두드러지게 느낄"면 삶의 목표와 동기가 완전히 변한다. 가장 중요한 것은 나이가 아니라 관점인 것이다.

　톨스토이도 이 점을 간파했다. 이반 일리치는 건강이 악화되면서 자신에게 주어진 시간이 얼마 남지 않았다는 걸 깨닫게 되자 이전까지의 야망과 허영이 모두 사라져 버렸다. 그는 그저 안식을 원했고 누군가 옆에 있어 주기를 바랐다. 그러나 그걸 이해해 주는 사람은 아무도 없었다. 가족도, 친구도, 아내가 돈을 들여 데려오는 저명한 의사들도 말이다.

톨스토이는 생명의 덧없음과 씨름해야 하는 사람과 그렇지 않은 사람의 관점 사이에 얼마나 깊은 틈이 있는지를 본 것이다. 그는 특히 그런 사실을 혼자서 감당해야만 하는 사람이 겪는 고통을 이해했다. 그런데 톨스토이의 통찰력은 거기서 그치지 않는다. 그는 언젠가 죽게 되고 말 거라는 생각에 욕구의 우선순위가 바뀐다 해도, 그 욕구를 만족시키는 것이 불가능하지 않다는 점을 알고 있었다. 이반 일리치의 가족, 친구, 의사들 중 그 누구도 그가 필요로 하는 걸 알지 못하지만, 그의 하인 게라심은 이해한다. 게라심은 일리치가 고통스럽고, 두렵고 외롭다는 걸 알아차리고 그를 가엾게 여긴다. 언젠가 자신도 주인과 같은 운명을 겪을 거라는 사실을 알고 있기 때문이다. 다른 사람들은 이반 일리치를 피하지만, 게라심은 그에게 말을 붙인다. 게라심은 일리치가 여윈 다리를 자신의 어깨에 올릴 때만 통증이 가라앉는다는 걸 알게 되자 밤새 같은 자세로 앉아 그의 고통을 덜어 준다. 게라심은 자신이 해야 하는 역할에 대해 불만이 없다. 심지어 일리치를 안아서 변기까지 왔다 갔다 하고 뒤를 닦아 주는 것도 개의치 않는다. 그는 계산을 하거나 속이지 않고 일리치에게 필요한 도움을 제공한다. 그리고 이반 일리치가 원하는 것 이상의 목표를 정해서 강요하지도 않는다. 이 모든 것이 일리치의 저물어 가는 삶에 커다란 차이를 가져왔다.

게라심은 이 모든 일을 마음 편히, 자진해서, 꾸밈없이, 유쾌하게 해냈다. 그게 이반 일리치의 마음에 와 닿았다. 일리치는 다른 사람들의 건강하고, 힘 있고, 생기 넘치는 모습을 참기 힘들었다. 그러나 게라심의 힘과 생기만큼은 그에게 굴욕감을 주는 것이 아니라 위안이 됐다.

게라심이 해낸 이 단순하지만 심오한 보살핌은 100년도 더 지난 오늘날까지도 가슴 아플 만큼 부족한 게 현실이다. 즉 우리는 지금도 저물어 가는 사람이 필요로 하는 것을 이해하지 못하고 있다. 그것은 바로 그가 편안한 일상을 보낼 수 있게, 곁에 있는 누군가와 마음을 나눌 수 있게, 그리고 그저 수수한 목표를 성취할 수 있게 도와주는 것이다. 이는 앨리스 할머니가 원했지만 결코 얻지 못했던 도움이기도 하다. 그리고 루 할아버지의 딸 셸리가 4년이라는 시간 동안 점점 지쳐 가다가 결국 더 이상 혼자 힘으로는 감당할 수 없다는 걸 깨닫게 된 도움이다. 그러나 케런 브라운 윌슨은 '어시스티드 리빙'이라는 개념을 바탕으로 집이라는 환경 안에 앞서 말한 필수적인 도움들을 도입하는 데 성공했다.

이 개념은 놀라울 정도로 빨리 확산됐다. 1990년경, 오리건주는 윌슨의 성공에 기초해서 좀 더 '집' 같은 노인 주거 시설을 장려하는 정책을 추진했다. 윌슨은 남편과 함께 그들이 고안한 모델에 기초한 시설을 더 지었고, 비슷한 일을 추진하려는 사람들을 도왔다. 시장은 준비가 되어 있었다. 사람들은 요양원에 가는 처지가 되는 걸 피하기 위해 기꺼이 상당액을 지불했고, 몇몇 주에서는 빈곤층 노인들을 위해 비용을 깎아주겠다고 밝혔다.

얼마 지나지 않아 윌슨은 노인 주거 시설을 더 많이 만들기 위한 자본을 마련하려고 월스트리트 증권가로 갔다. 그녀의 회사, 어시스트 리빙 컨셉트Assisted Living Concepts를 상장한 것이다. 선라이즈, 아트리아, 스털링, 캐링턴 등 유사 기업들도 연이어 생겨났다. 이제 어시스티드 리빙은 미국 내에서 가장 큰 증가세를 보이는 노인 주거 형태가 됐다. 2000년 무렵, 윌슨의 회사는 100명도 채 되지 않는 직원을 둔 작은 회사에서 3000명 넘는 직원을 거느린 기업으로 성장했으며, 18개 주에서 184개 단지를 운영했다. 그리고 2010년에는 어시스티드 리빙에 사는 노인들의 수가 요양원에 사는 노인들의 수와 거의 맞먹을 정도가 됐다.

그러나 그 과정에서 심히 걱정스러운 일이 일어났다. '어시스티드 리빙'이라는 개념이 인기를 끌자 개발업자들이 아무 데고 이 이름을 붙이기 시작한 것이다. 기존 요양원과 다른 혁신적 대안을 상징했던 이 개념은 그저 서비스 가짓수를 줄여 물타기를 한 갖가지 시설을 가리키는 말로 변질됐다. 윌슨은 의회 청문회에서 증언하고, 전국 강연을 통해 이 개념이 변질되어 가는 양상이 점점 우려된다는 점을 밝혔다.

"이 명칭을 사용하려는 욕구가 커지면서, 갑자기 '어시스티드 리빙'은 새 단장한 요양원 한쪽 건물에서부터 개인 고객을 유치하려는 방 16개짜리 숙박 시설에 이르기까지 온갖 곳에서 가져다 쓰는 이름이 되었습니다." 윌슨이 당초의 설립 철학을 아무리 지켜 내려 해도, 그녀처럼 확고하고 충실하게 그 개념을 따르는 사람은 거의 없었다.

어시스티드 리빙은 독립 주거 공간으로부터 요양원으로 가는 과정에서 잠깐 경유해 가는 곳이 되는 경우가 가장 많아졌다. 이제는 널리 퍼진 개념인 '연속성 있는 보살핌'의 한 부분이 된 것이다. 듣기에 따라서는 굉장히 훌륭하고 논리적인 것 같지만, 노인들을 유치원생 취급하는 상황을 영속시키는 개념이다. 안전 문제와 소송에 대한 우려 때문에 어시스티드 리빙 아파트에 들여놓을 수 있는 물건에 대한 제한이 점점 늘어났고, 어떤 활동에 참여할 수 있는지 허락을 받아야 했으며, 요양원으로 보낼 수 있는 '퇴소' 기준이 더 엄격해졌다. 안전과 생존을 우선시하는 의학계의 언어가 다시금 이곳까지 점령한 것이다. 윌슨은 어린아이들조차도 노인들보다는 더한 위험을 감수할 수 있게 해 준다며 성난 어조로 토로한다. 적어도 아이들은 그네 타기와 정글짐 놀이라도 할 수 있다.

2003년 1500개 어시스티드 리빙 시설을 대상으로 한 조사 결과에 따르면, 사생활을 보장하면서도 노인들이 계속 그곳에 남아 있을 수 있도록 하는 데 필요한 서비스를 충분히 제공하는 곳은 11%에 불과했다. 요양원에 대한 대안으로 시작된 어시스티드 리빙 개념은 거의 소멸된 것이나 마찬가지였다. 윌슨 회사의 이사회마저도 그녀의 기준과 철학에 의문을 제기하기 시작했다. 다른 많은 기업들이 운영하기 더 쉬운 데다 비용도 덜 드는 선택을 하고 있다는 걸 알게 됐기 때문이다. 그녀는 노인들이 요양원에 가는 것 말고는 선택의 여지가 없는 소도시에 좀 더 작은 규모의 시설을 짓고 싶어 했다. 그리고 메니케이느Medicaid(미국의 저소득층 의료보장제도—옮긴이) 대상이 되는 저소득층 노인들을 위한 시설도 계획했다. 물론 더 많은 수익을 거두려면 대도시에 좀 더 큰 규모의 시설을 짓는 게 나을 것이고, 저소득층 고객이나 고급 서비스는 배제해야 할 것이다. 그러나 윌슨이 어시스티드 리빙을 만든 것은 자신의 어머니 제시 같은 사람들이 더 나은 삶을 살도록 돕기 위한 것이었고, 그렇게 해서 이윤을 낼 수 있다는 것도 증명했다. 그럼에도 이사회와 월스트리트는 그보다 더 큰 이윤을 얻을 수 있는 길을 원했다. 그녀는 점점 더 힘든 투쟁을 벌이다가 2000년에 CEO직에서 물러났고, 자신이 보유한 주식을 모두 매각했다.

그 후로 10년 넘는 세월이 흘렀다. 이제 케런 윌슨도 중년에 이르렀다. 얼마 전 만난 그녀의 모습은 들쭉날쭉한 치아를 드러내며 짓는 미소, 처진 어깨, 돋보기, 그리고 흰머리 때문인지 세계적인 산업의 기틀을 만든 혁명적 기업가라기보다 책을 좋아하는 할머니에 가까워 보였다. 윌슨은 노인학을 연구한 학자답게 대화가 연구에 관한 질문으로 흐르자 신이 나기 시작했다. 그녀의 표현은 명확하고 간결했다. 그렇지만 그녀는 여전히 거대하고 외견상 불가능해 보이는 문제에 끊임없이 사로잡혀 있는 사람이었다. 회사는 그녀와 그녀의 남편을 부자로 만들어 줬고, 두 사람은 그 돈으로 제시 F. 리처드슨 재단을 설립했다. 어머니의 이름을 딴 이 재단은 노인들을 돌보는 일을 탈바꿈시키기 위한 작업을 계속하기 위한 곳이었다.

윌슨은 자신이 태어난 웨스트 버지니아로 돌아가서 많은 시간을 보낸다. 주로 고향 주변에 있는 분, 밍고, 맥도웰 같은 석탄 생산 지역을 돌아다닌다. 웨스트 버지니아는 미국의 어느 주보다 고령자 비율이 높고 가장 소득이 낮은 인구 구조를 가지고 있다. 세상의 다른 많은 곳처럼 젊은이들은 더 나은 기회를 찾아 떠나고 노인들만 남은 것이다. 자신이 자라난 그 후미진 곳에서, 윌슨은 여전히 보통 사람들이 그저 방치되거나 시설에 갇히는 것밖에는 선택의 여지가 없이 늙어 가지 않아도 될 방법을 모색하고 있다. 아직도 이것은 우리가 직면한 가장 불편한 질문들 중 하나다.

윌슨이 내게 말했다. "이걸 알아줬으면 좋겠어요. 내가 여전히 노인들의 삶을 돕기 위해 만든 어시스티드 리빙을 사랑한다는 걸요." 그러고는 이렇게 반복했다. "나는 그곳을 정말 사랑해요." 그녀는 자신의 실험으로 요양원보다 나은 무언가를 만들어 낼 수 있다는 믿음과 기대가 생겨났다고 말했다. 그리고 그런 믿음과 기대는 여전히 존재한다. 그 무엇도 처음 창안해 낸 사람이 원하는 바 그대로 발전하지는 않는 법이다. 마치 아이처럼, 늘 기대한 방향으로 성장하지는 않는 것이다. 그러나 윌슨은 자신의 본래 의도가 살아 숨쉬는 곳들을 계속해서 만난다.

"제대로 돌아가는 어시스티드 리빙을 만나면 정말 좋아요." 그녀가 말했다.

문제는 대부분의 경우 잘 돌아가지 않는다는 것이다.

루 샌더스 할아버지의 경우가 그랬다. 셸리는 재정 상황이 별로 좋지 않은 아버지를 받아 줄 어시스티드 리빙 시설을 집 근처에서 발견하고 운이 좋다고 생각했다. 루 할아버지가 모아 둔 돈이 거의 바닥난 상태였는데, 다른 곳들은 대부분 수십만 달러의 선불금을 내야 한다고 했기 때문이다. 셸리가 찾은 곳은 정부 보조를 받는 시설이라 가격이 괜찮았다. 멋진 현관에 갓 칠한 페인트, 해가 잘 드는 로비, 예쁜 도서관, 그리고 꽤 널찍한 아파트까지 모든 게 안성맞춤이었다. 사람을 반기는 분위기에 전문적인 느낌이 들었다. 셸리는 그곳을 처음 방문했을 때부터 마음에 들어 했다. 그러나 루 할아버지는 달가워하지 않았다. 둘러보니 보행 보조기를 사용하지 않는 사람은 단 한 명도 없었다.

"두 다리로 걸어 다니는 사람은 나 혼자뿐이겠구나." 그가 말했다. "내가 있을 곳이 아니다." 결국 두 사람은 집으로 돌아갔다.

그러나 얼마 지나지 않아서 할아버지가 또 넘어지고 말았다. 주차장에서 넘어져 아스팔트에 머리를 세게 부딪힌 것이다. 그는 한동안 정신을 잃은 채 누워 있었다. 의사는 혹 후유증이 생기지는 않을지 살펴보기 위해 할아버지를 입원시켰다. 그 후 루 할아버지도 상황이 예전 같지 않다는 것을 인정했고, 셸리가 자신을 어시스티드 리빙 시설 대기자 명단에 올리는 걸 허락했다. 그런데 하필 할아버지가 아흔두 번째 생일을 맞기 직전에 자리가 났다. 그쪽에서는 지금 자리를 잡지 않을 경우 대기자 명단 맨 끝으로 가서 다시 기다려야 한다고 했다. 그는 어쩔 수 없이 서류에 서명할 수밖에 없었다.

그곳에 입주한 후 루 할아버지는 셸리에게 화를 내지 않았다. 그러나 셸리는 오히려 아버지가 화를 내는 편이 대처하기 더 쉬웠을지 모르겠다는 생각이 들었다. 그는 그냥 우울해져 버렸다. 이런 상황에서 자식이 무얼 할 수 있겠는가?

처음에 셸리는 아버지가 겪고 있는 문제가 어느 정도는 그저 변화에 대처하는 게 어려워서 생긴 일이라고 느꼈다. 나이가 나이니만큼 루 할아버지는 변화를 반기지 않았다. 그러나 셸리는 곧 그 이상의 문제가 있다는 것을 직감했다. 루 할아버지는 완전히 길 잃은 사람처럼 보였다. 아무도 아는 사람이 없었고, 남자는 눈을 씻고 찾아봐도 거의 보이지 않았다. 그는 주변을 둘러보며 나 같은 사람이 이런 곳에서 뭘 하고 있나 하는 생각이 들었다. 목걸이 만들기 워크숍을 열고, 컵케이크 장식을 하며 오후를 보내고, 대니얼 스틸 같은 작가들의 로맨스 소설들로만 채워진 형편없는 도서관밖에 없는 이런 곳에서 말이다. 자신의 가족, 우편배달부 친구, 그리고 사랑스러운 개 베이징은 어디에 있단 말인가? 셸리는 그곳 책임자에게 남자한테 더 어울릴 만한 활동을 할 예정이 있는지 물었다. 이를테면 독서 클럽 같은 것도 좋을 것이다. 하지만 사실 그런 걸로 상황이 해결되겠는가?

셸리의 마음을 가장 불편하게 한 것은 직원들의 무관심한 태도였다. 그들은 루 할아버지가 삶에서 관심을 기울여 온 것들이 무엇인지, 그리고 이곳에 옴으로써 포기할 수밖에 없었던 것들이 무엇인지 전혀 알고 싶어 하지 않았다. 그들은 심지어 그런 방면에서 자신들이 무지함을 인정하려 하지도 않았다. 자신들이 제공하는 서비스를 '어시스티드 리빙', 그러니까 일상생활에 도움을 주는 것이라고 부르고 있었지만, 아무도 할아버지가 잘 살아가도록 돕는 걸 자신의 일이라고 생각하지 않는 듯했다. 다시 말해 그들은 삶에서 할아버지에게 가장 중요한 관계와 기쁨을 어떻게 하면 유지할 수 있을까에 대해서는 생각해 보려 하지 않았다. 그들의 태도는 잔인함보다는 몰이해에서 나오는 것 같았다. 그러나 톨스토이가 말했듯, 그 둘이 결국 뭐가 다르겠는가?

루 할아버지와 셸리는 타협점을 찾았다. 셸리가 아버지를 일요일마다 집으로 모시고 와서 화요일에 다시 모셔다 드리기로 한 것이다. 루 할아버지에게는 매주마다 기대할 일이 생겼고, 셸리에게도 마음의 위안이 됐다. 적어도 일주일에 며칠은 그가 좋아하는 생활을 다시 즐길 수 있게 된 것이다.

나는 윌슨에게 어시스티드 리빙 시설이 실패로 끝나는 경우가 많은 까닭을 물었다. 그녀는 몇 가지 이유를 이야기했다. 우선 사람들이 잘 살아가도록 진심을 다해 돕는 일은 "말로 하는 것보다 실제로 하기가 훨씬 힘들다." 그리고 돌보는 사람들로 하여금 그것이 실제로 어떤 일을 수반하는지 생각하도록 만드는 것도 어렵다. 그녀는 옷 입는 걸 돕는 경우를 예로 들었다. 이상적으로는 본인이 할 수 있는 일은 직접 하도록 내버려 둬야 한다. 그래야만 남아 있는 신체 능력을 유지할 수 있고, 독립적인 느낌을 가질 수 있다. 하지만 현실은 다르다. "옷을 입혀 주는 게 스스로 입게끔 놔 두는 것보다 쉬워요.

시간도 덜 걸리고요. 서로 마음 상할 일도 적어지지요." 그래서 노인들의 신체 능력 유지를 우선시하지 않을 경우, 직원들은 노인들이 마치 헝겊 인형이라도 되는 듯이 옷을 입히고 만다. 그리고 점차 모든 것이 이런 식으로 서서히 내리막길을 걷게 된다. 해야 할 일이 사람보다 더 중요하게 되는 것이다.

문제를 더 복잡하게 만드는 것은 '어시스티드 리빙'이라는 개념, 즉 일상적인 삶을 돕는 일의 성공 여부를 잴 수 있는 척도가 없다는 점이다. 반면 위생과 안전에 대해서는 굉장히 엄밀한 평가 기준이 있다. 이쯤 되면 노인들을 위한 시설을 운영하는 사람들이 어떤 부분에 주의와 관심을 기울일지 짐작할 수 있다. 시설에 들어가 있는 우리 아버지가 외롭지는 않은지 하는 것보다 체중이 감소했는지, 약을 빼먹지 않았는지, 넘어지지 않았는지 등을 더 중요하게 여기는 것이다.

윌슨은 가장 실망스럽고 중요한 문제가 따로 있다고 말한다. 바로 어시스티드 리빙 시설이 노인들을 위해서라기보다 그들의 자녀들을 위해 만들어지고 있다는 점이다. 노인들이 어디에서 살지를 결정하는 사람은 대개 자녀들이다. 시설들이 고객 유치를 위해 주안점을 두고 있는 것이 무엇인지를 살펴보면 쉽게 그 사실을 확인할 수 있다. 그들은 마케팅 전문가들이 '시각 효과'라고 부르는 것을 창출해 내기 위해 애쓴다. 예를 들어 셸리의 눈을 사로잡은 고급 호텔 느낌의 아름다운 현관을 만드는 식이다. 그들은 또 컴퓨터 시설, 운동 시설, 그리고 음악회와 박물관 방문 등을 강조한다. 이 모든 게 다 중

년에 이른 자녀들이 자기 부모를 위해 해 줬으면 하고 바라는 것들이다. 부모들이 하길 원하는 게 아니고 말이다. 무엇보다도 그들은 자기 시설이 안전하다는 것을 강조한다. 노인들이 원하는 방식으로 살 수 있게끔 개인의 선택권을 다른 무엇보다 우선시하겠다고 밝힌 곳은 거의 없다. 왜냐하면 자녀들이 부모를 모시고 이런 시설을 둘러보기 시작하는 까닭은 부모가 무언가 선택하는 문제에 있어서 툭하면 고집을 피우고 심술궂게 굴어서인 경우가 많기 때문이다. 어시스티드 리빙은 이런 면에서 요양원과 전혀 다른 점이 없는 곳으로 변질되고 말았다.

윌슨은 한 동료가 자신에게 이런 말을 한 적이 있다고 했다. "스스로는 자율권을 원하고, 사랑하는 사람들은 안전하길 바라는 게 인간이라는 거예요." 바로 이 점이 노쇠한 사람들에게는 가장 크고 역설적인 문제가 되고 있다. "우리가 애정을 가진 사람에게 바라는 일들 중에는 정작 자신은 단호히 거부하는 것들이 많다는 거죠. 자아감을 침해하는 일인 경우가 많기 때문이에요."

윌슨은 일이 이렇게 된 데는 일정 부분 노인들 탓도 있다고 말한다. "노인들에게도 부분적으로는 책임이 있어요. 의사 결정권을 자녀들에게 나눠 주거든요. 나이 들고 노쇠해져서 그런 것일 수도 있고, 부모 세대에서 자녀 세대로 이행해 가는 긴밀한 유대감 같은 것이 있어서일 수도 있습니다. '자, 이제 너에게 책임을 맡길게.' 하는 식인 거죠."

그녀가 계속 말했다. "하지만 '이곳이 우리 엄마가 원하는, 혹은 좋아하거나 필요로 하는 곳일까?'하고 생각하는 자녀는 드물어요. 그보다는 자신의 눈으로 판단하는 경우가 많지요." 자녀들은 스스로에게 이런 식으로 묻는다는 것이다. '이곳에 엄마를 맡겨도 내 마음이 편할까?'

루 할아버지가 어시스티드 리빙 시설에 들어간 지 1년도 채 되지 않아 그곳은 더 이상 그가 살기에 적합하지 않은 곳이 됐다. 할아버지도 처음에는 최대한 그곳 생활에 적응하려 애썼다. 그는 유대인 남성이 자기 말고 또 있다는 것을 발견했다. 조지라는 이름을 가진 사람이었다. 두 사람은 금방 친해져서 크리비지 게임을 즐겼고, 매주 토요일에는 그가 평생 동안 애써 피해 오던 유대교 사원 방문도 했다. 루 할아버지에게 특별한 관심을 보이는 할머니들도 몇몇 있었다. 대부분의 경우 모른 척하고 넘어갔지만 항상 그런 것은 아니었다. 그는 어느 날 저녁 자신의 아파트에서 작은 파티를 열었고, 평소 자신을 사모하던 할머니 두 명도 그 자리에 초대했다. 그날 루 할아버지는 선물로 받은 브랜디도 한 병 내왔다.

"그러고는 아버지가 정신을 잃고 쓰러져 바닥에 머리를 부딪힌 거예요. 결국 응급실에 실려 가셨죠." 셸리가 말했다. 그녀는 나중에 아버지가 치료실에서 나올 때 그 일을 가지고 농담을 던지며 웃었고 회상했다. "봐, 여자들까지 초대했는데 겨우 한 잔 마시고 기절해 버리다니."

루 할아버지는 매주 셸리네 집에서 보내는 3일과 어시스티드 리빙의 무관심하고 무책임한 환경에도 불구하고 어찌어찌 엮어 낸 삶 사이에서 어느 정도 행복과 안정을 찾았다. 그렇게 되기까지 몇 달이 걸렸다. 아흔두 살 나이에, 그는 서서히 그다지 싫지는 않은 새로운 일상을 다시 만들어 갔다.

그러나 그의 몸이 협조를 하지 않았다. 체위성 저혈압이 악화된 것이다. 그는 브랜디를 마셨을 때뿐만이 아니라 보통 때도 더 자주 정신을 잃었다. 걸어 다니다가도, 침대에서 일어나다가도 밤낮 없이 정신을 잃곤 했다. 수차례 구급차에 실려 갔고, 엑스레이를 찍기 위해 의사를 만나는 일도 잦아졌다. 긴 복도를 지나 엘리베이터를 타고 식당에 가기에는 너무 버거워졌다. 하지만 그는 여전히 보행 보조기 사용을 거부했다. 자존심 문제였다. 셸리는 아버지가 전자레인지로 데워 먹을 수 있는 음식을 사다가 냉장고에 채워 드리곤 했다.

셸리는 다시 아버지에 대한 걱정을 많이 하기 시작했다. 루 할아버지는 식사를 제대로 하지 않고 있었고, 기억력도 점점 나빠져 갔다. 간병인의 규칙적인 방문과 직원들의 저녁 점검이 있긴 했지만, 그는 대부분의 시간을 방에 앉아 혼자 지냈다. 셸리는 아버지가 쇠약해져 가는 것에 비해 충분한 관리와 보호를 받지 못하고 있다고 느꼈다. 아버지를 24시간 돌볼 수 있는 곳으로 옮겨야 할 것 같았다.

셸리는 인근에 있는 요양원을 방문했다. "거기는 사실 다른 데보다 좋은 편이었어요." 그녀가 말했다. "깨끗했거든요." 그러나 그곳이 요양원이라는 사실에는 변함이 없었다. "휠체어에 축 처진 채 앉아 있는 사람들이 복도에 줄지어 있었어요. 끔찍했지요." 그녀의 아버지가 세상에서 그 무엇보다 두려워하던 바로 그런 곳이었다. "아버지는 자기 인생이 침대 하나, 서랍장 하나, 작은 TV 한 대, 그리고 다른 누군가와 자신 사이에 놓인 커튼 하나로 구분된 방 반쪽으로 줄어드는 걸 원치 않았어요."

그러나 그녀는 그곳을 걸어 나오면서 이렇게 생각했다고 말했다. "이렇게 해야만 해." 끔찍해 보이긴 하지만 아버지를 맡겨야 할 곳이 바로 여기라는 결론을 내렸다는 것이다.

이유가 뭔지 물었다.

"나한테는 안전이 가장 중요한 문제였어요. 그게 다른 무엇보다도 우선이었어요. 아버지의 안전을 생각해야만 했죠." 그녀가 말했다. 어떤 방식으로 이런 과정을 거치게 되는지 설명했던 케런 윌슨의 말이 맞았다. 셸리는 아버지가 가장 두려워하는 곳에 아버지를 보내는 것 말고는 선택의 여지가 없다고 느꼈다. 모두 사랑과 헌신에서 나온 결정이었다.

나는 다시 그녀에게 왜 그런 결정을 할 수밖에 없었는지 물었다. 그녀의 아버지는 그때까지 있던 곳에 적응하지 않았는가? 인생의 조각을 다시 짜 맞추지 않았는가? 친구, 규칙적인 일상, 그리고 여전히 하고 싶어 하는 것들을 겨우 다시 쌓아 올리지 않았는가? 물론 요양원에 있는 것보다 안전하지 않다는 것은 사실이다. 루 할아버지도 두려움을 갖고 있긴 했다. 심하게 넘어졌는데 너무 늦기 전에 자신을 발견하는 사람이 아무도 없으면 어떡하나 하는 두려움 말이다. 그러나 그곳에서 할아버지는 더 행복했다. 자신에게 선택권을 준다면 두말할 것 없이 더 행복한 쪽을 선택했을 게 분명했다. 그런데 왜 그녀는 다른 선택을 했을까?

셸리는 이렇게 납해야 할지 몰랐다. 다른 방식은 생각하기 힘든 듯했다. 아버지에게는 누군가 돌봐 줄 사람이 필요했다. 지금 있는 곳에서는 안전하지 않았다. 자기가 정말로 아버지를 거기 내버려 뒀어야 한다는 말인가?

바로 이런 식으로 일이 진행되는 것이다. 우리 할아버지처럼 기댈 수 있는 대가족이 함께 지내면서 그가 선택한 방식으로 살 수 있게 지속적으로 돕는 시스템이 부재한 경우, 우리 사회의 노인들은 통제와 감독이 계속되는 시설에 갇혀 사는 수밖에 없다. 풀 수 없는 문제에 대해 의학적으로 고안된 답이고, 안전하도록 설계된 삶이지만, 당사자들이 소중하게 여기는 것은 하나도 없는 텅 빈 삶이다.

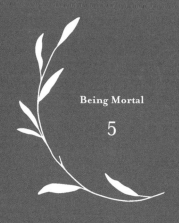

Being Mortal

5

더 나은 삶

누구나 마지막까지 가치 있는 삶을 살고 싶어 한다

질병과 노화의 공포는 단지 우리가 감내해야 하는 상실에 대한 두려움만은 아니다. 그것은 고립과 소외에 대한 공포이기도 하다. 사람들은 자신의 삶이 유한하다는 사실을 깨닫게 되면서부터는 그다지 많은 것을 원하지 않는다. 돈을 더 바라지도, 권력을 더 바라지도 않는다. 그저 가능한 한 이 세상에서 자기만의 삶의 이야기를 쓸 수 있기를 바랄 뿐이다. 일상의 소소한 일들에 대해 직접 선택을 하고, 자신의 우선순위에 따라 다른 사람이나 세상과의 연결고리를 유지하고 싶어 하는 것이다. 현대 사회에서 우리는 쇠약해지고 의존적이 되면 그러한 자율성을 갖는 것이 불가능해진다고 생각하게 됐다. 하지만 내가 루 할아버지, 루스 할머니, 앤 할머니, 리타 할머니를 비롯한 많은 사람들에게서 배운 것은 그것이 분명 가능하다는 사실이었다.

1991년, 뉴욕주 북부의 소도시 뉴 베를린에서 빌 토머스Bill Thomas라는 젊은 의사가 실험을 했다. 사실 그는 자신이 무엇을 하고 있는지도 잘 몰랐다. 당시 서른두 살이었던 그는 전문 가정의 자격을 딴 지 2년이 채 되지 않았고, 체이스 메모리얼 요양원의 의학 담당자로 막 부임한 상태였다. 그곳은 중증 장애를 가진 노인 80명이 수용된 곳이었다. 그중 절반은 신체 장애를 가지고 있었고, 5명 중 4명꼴로 알츠하이머병 혹은 다른 인지 장애를 앓고 있었다.

거기 오기 전까지 토머스는 인근 병원 응급실에서 근무했다. 요양원과는 거의 정반대 환경을 지닌 곳이라 할 수 있다. 응급실을 찾는 사람들은 개별적이고 치료 가능한 문제를 가지고 온다. 다리가 부러졌다든지, 크랜베리가 코에 들어갔다든지 하는 문제 말이다. 환자가 더 광범위하고 근본적인 문제를 갖고 있다면—예를 들어 다리가 부러지긴 했는데 그게 치매 때문이라면—토머스는 두 가지 선택을 할 수 있었다. 해당 문제를 무시하거나 그 문제를 다룰 수 있는 곳, 예를 들어 요양원 같은 곳으로 보내는 것이었다. 토머스가 요양원 의학 담당 일을 맡은 이유는 뭔가 다른 일을 해 볼 기회라고 여겼기 때문이다.

체이스 메모리얼에서 일하는 사람들은 그곳에 대해서 특별히 문제 될 만한 게 없다고 생각하는 듯했다. 그러나 신입의 눈으로 모든 것을 보는 토머스에게는 문을 여는 곳마다 절망밖에 보이지 않았다. 요양원은 그를 우울하게 만들었고, 그는 문제를 해결하고 싶었다. 처음에는 의사로서 자신이 가장 잘 아는 방법으로 문제를 해결하려고 했다. 기운도 활력도 없는 주민들을 보며, 그는 지금까지 간과한 문제가 있거나 조제약의 조합이 적절치 못해서 그런 것 아닐까 의심했다. 그래서 건강 검진을 하고, 정밀 촬영 검사를 하고, 약도 바꿔 보았다. 그러나 몇 주 내내 검사를 하고 약을 바꿔 봐도 아무런 성과가 없었다. 소득 없이 의료비만 증가하고, 간호 직원들의 원망만 늘 뿐이었다. 간호부장은 그에게 좀 한발 물러서라고 조언했다.

"나는 돌보는 것과 치료를 혼동하고 있었어요." 그가 내게 말했다.

하지만 토머스는 포기하지 않았다. 그는 요양원에 없는 요소가 바로 생명 그 자체라는 생각에 이르렀다. 그래서 생기를 좀 불어넣을 수 있는 실험을 해 보기로 결심했다. 그가 생각해 낸 아이디어는 아주 멋진 것이었지만 동시에 순진하기 그지없고 미친 짓이기도 했다. 요양원 주민들과 직원들의 동의를 얻어 낸 것만도 작은 기적이었다.

토머스의 아이디어를 이해하기 위해서는, 다시 말해 어떻게 해서 그걸 생각해 내고 또 실행에 옮겼는지를 이해하려면 그에 관해 조금 알 필요가 있다. 우선 그는 어렸을 때 학교에서 '세일즈 콘테스트'가 벌어지면 늘 1등을 했다. 당시 그의 학교에서는 보이 스카우트나 스포츠 팀 후원금을 모으기 위해 양초, 잡지, 초콜릿 등을 아이들에게 나눠 주고 가가호호 방문 판매를 하게 했다. 토머스는 늘 가장 물건을 많이 판 아이에게 주는 상을 받곤 했다. 그는 또 고등학교 때 학생회장과 육상 팀 주장으로도 선출됐다. 그는 자신이 원하기만 하면 사람들에게 거의 뭐든 팔 수 있었다. 자기 자신을 포함해서 말이다.

그는 동시에 최악의 학생이었다. 시험 점수는 딱할 정도였고, 할당된 과제를 끝내지 않아 선생님들과 입씨름을 벌여야 하는 일도 많았다. 하지만 능력이 부족해서가 아니었다. 책을 열렬히 탐독했고, 독학으로 많은 것을 배우는 타입이었다. 이를테면 그는 배를 만들기 위해 독학으로 삼각함수를 마스터하는 소년이었다(실제로 배도 완성했다). 그저 선생님들이 시키는 과제를 하고 싶지 않을 뿐이었고, 그런 자신의 마음을 전혀 망설임 없이 선생님들에게 이야기했다. 요즘 같으면 반항성 장애를 가졌다고 진단받았을 것이다. 1970년대에는 모두들 토머스를 그저 골칫거리 정도로 생각했다.

토머스의 두 가지 특성, 즉 세일즈맨 기질과 골칫거리 반항아 기질은 그 근원이 같아 보인다. 나는 그에게 어렸을 때 많이 써먹은 세일즈 비결이 있었는지 물었다. 아무 비결도 없었다면서 그가 내놓은 답은 아주 단순했다. "나는 거절당해도 괜찮다고 생각했어요. 아마 그 점 때문에 좋은 세일즈맨이 됐던 것 같아요. 세일즈맨이 되려면 기꺼이 거절당할 수 있어야 해요." 그는 바로 그런 성격 덕분에 자신이 원하는 걸 얻을 때까지 버티고, 원하지 않는 건 피할 수 있었던 것이다.

그러나 그는 오랫동안 자신이 원하는 게 무언지 알지 못했다. 그가 자라난 곳은 뉴 베를린 옆에 있는 니콜스라는 마을 외곽의 골짜기였다. 그의 아버지는 공장에서 일했고, 어머니는 전화 교환원이었다. 두 분 다 대학에 가지 못했고, 아무도 토머스가 대학 진학을 할 거라고 기대하지 않았다. 그는 고등학교를 졸업할 무렵 이미 직업 훈련을 받는 쪽으로 진로가 정해져 있었다. 그러나 그는 친구의 형과 우연히 나눈 대화 때문에 생각을 다시 하게 됐다. 그 형은 대학에 다니다가 잠깐 집에 온 거였는데, 맥주와 여학생들과 신나는 대학 생활에 대해 이야기해 줬다.

토머스는 근처에 있는 주립대학에 등록했다. 뉴욕주립대학 코틀랜드 캠퍼스였다. 거기서 뭔가가 그에게 불을 붙였다. 대학으로 떠나는 그에게 크리스마스가 되기 전 학교를 그만두고 고향으로 돌아와 주유소에서 일하고 있을 거라고 한 고등학교 선생님의 말 때문이었는지도 모른다. 그게 뭐였든 간에 그는 모든 사람의 예상을 뒤엎고, 커리큘럼을 섭렵하고, 학점 평균 4.0을 유지하고, 학생회장에 다시 한 번 선출됐다. 그는 사실 애초에 체육 교사 정도는 되지 않을까 하는 생각으로 대학에 입학했다. 하지만 생물학 수업을 듣다가 어쩌면 의사가 자기 길일지도 모른다고 생각하기 시작했다. 그는 결국 코틀랜드 캠퍼스에서 최초로 하버드 의대에 합격한 학생이 됐다.

토머스는 하버드가 정말 좋았다. 그는 사실 굉장히 공격적인 자세를 취할 수도 있었을 것이다. 노동자 계급 출신인 자신이 아이비리 그 대학 졸업장과 신탁 자금 계좌를 갖고 있는 거만한 상류층 녀석들과 다르다는 걸 증명하려는 듯한 태도 말이다. 그러나 토머스는 그러지 않았다. 그는 하버드에서 눈이 번쩍 뜨이는 경험을 했다. 과학과 의학을 비롯한 모든 것에서 의욕과 열정이 넘치는 사람들과 함께하는 것이 너무나 즐거웠다.

"의대에 다니면서 내가 좋아했던 일들 중 하나는 매일 밤 베스 이스라엘 병원 카페테리아에서 여러 사람들과 어울려 저녁을 먹는 거였어요." 그가 내게 말했다. "두 시간 반 동안 토론이 벌어졌죠. 정말 열띠고 굉장한 토론이었어요."

토머스는 또 그에게 중요한 일을 해낼 능력이 있다고 믿어 주는 사람들이 있는 곳에서 공부하는 게 정말 좋았다. 당시 노벨상 수상자들이 강의를 하러 오곤 했다. 심지어 토요일 아침에도 말이다. 토머스와 그의 동료들이 위대한 목표를 추구하는 사람들이라고 믿었기 때문이다.

그러나 그는 누군가의 인정을 받아야 할 필요를 느끼지 못했다. 하버드 의대에서는 그를 유명 병원의 전문의 프로그램이나 연구실에 보내려고 했다. 하지만 그는 뉴욕주 로체스터에서 가정의학 전문의 프로그램에 들어갔다. 위대한 목표를 위해 정진하기를 바라는 하버드의 이상과 부합하는 길은 아니었다.

그가 늘 마음속에 품고 있던 목표는 뉴욕주 북부의 고향으로 돌아가는 것이었다. "나는 고향에서 살아야 하는 사람이에요." 그가 말했다. 사실 하버드 의대를 다니던 4년이 뉴욕주 북부를 떠나 살았던 유일한 기간이었다. 방학 동안 그는 보스턴에서 니콜스까지 자전거로 왕복하기도 했다. 편도 500킬로미터가 넘는 거리다. 여행을 하며 자급자족하는 생활이 좋았다. 길가에 있는 들이나 과수원 아무 곳에나 텐트를 치고, 어디서든 먹을 거리를 구해 끼니를 해결하는 생활말이다. 가정의학이라는 것도 이와 비슷한 매력이 있었다. 독립적으로 혼자 걸을 수 있는 길이기 때문이다.

전공의 과정을 밟던 도중 돈이 조금 모이자, 그는 자전거 여행을 하다가 발견한 뉴 베를린 근처 농지를 샀다. 언젠가 가지고 싶었던 땅이었다. 전문의 과정을 다 마칠 즈음에는 그곳에서 땅을 일구는 것이 그가 진짜 좋아하는 일이 됐다. 이후 그는 지역 병원에 취직했지만, 얼마 지나지 않아 응급실 근무에 주로 집중했다. 근무 조를 나눠서 일하기 때문에 시간을 예측할 수 있어서 나머지 시간을 농장에서 보내는 데 용이했기 때문이다. 그는 전적으로 자립하는 자급자족 개념에 충실하고 싶었다. 집도 친구들의 도움을 받아 손수 지었다. 먹을 거리 대부분을 자기 손으로 길렀고, 바람과 태양광을 이용해 자가 발전도 했다. 전기 회사의 배전선과는 아예 연결도 되지 않았다. 그는 날씨와 계절에 순응하며 살았다. 결국 토머스와 그의 아내가 된 간호사 주드는 농장을 400에이커 넘는 크기로 확장했다. 소, 짐수레 말, 닭, 지하 채소 보관실, 제재소, 그리고 제당소까지 가지고 있었다. 아이들도 다섯이나 됐다.

"나는 정말 당시 내가 살던 방식이 진정으로 참된 삶이라고 믿었어요."

그 시점에 그는 의사라기보다 농부에 가까웠다. 폴 버니언 스타일의 수염을 하고 있었고, 넥타이를 매기보다는 하얀 의사 가운 안에 작업복을 입고 있는 경우가 더 많았다. 그러나 응급실 근무는 진이 빠지는 일이었다.

"기본적으로 그렇게 밤새 일을 하는 데 넌더리가 난 거죠." 그래서 그는 요양원 일을 하게 됐다. 근무 시간은 낮이었고, 규칙적이었다. 어려우면 얼마나 어렵겠냐는 생각이 들었다.

토머스는 첫날부터 요양원이 자신의 농장과 너무나 대조적이라는 걸 느꼈다. 농장에서 그가 경험하는 것은 어지러울 정도로 충만한 생명력이었다. 하지만 출근할 때마다 맞닥뜨리는 것은 생명력이라고는 찾아볼 수 없는 구속과 규정으로 가득한 삭막함이었다. 요양원에서 본 것들이 그의 마음을 계속 괴롭혔다. 간호사들은 토머스에게 금방 익숙해질 거라고 했지만, 그는 그럴 수도 없었을뿐더러 자신이 목격한 것에 그냥 순응하고 싶지도 않았다. 그 이유를 명확히 설명할 수 있게 되기까지는 몇 년이 걸렸지만, 애초에 그는 체이스 메모리얼 요양원의 환경이 자급자족을 소중히 여기는 자신의 이상과 근본적으로 배치된다는 것을 뼛속부터 느끼고 있었다.

토머스는 좋은 삶이란 독립성을 극대화한 삶이라고 믿었다. 그러나 바로 그 독립성이야말로 요양원 주민들에게 허용되지 않는 것이었다. 그는 점차 요양원 주민들에 대해 알게 됐다. 교사, 가게 주인, 주부, 공장 직공 등 자신이 성장하면서 알고 지내 온 사람들과 다르지 않은 사람들이었다. 그는 그들을 위해 할 수 있는 더 나은 무언가가 있을 거라고 확신했다. 그래서 자신이 집에서 했던 것과 같은 방법으로 요양원에도 좀 생명력을 불어넣기로 결심하고 거의 본능적으로 움직였다. 바로 생명 자체를 들여놓기로 한 것이다. 식물, 동물, 어린아이들을 요양원 주민들의 일상 안으로 끌어들이면, 다시말해 요양원을 그 모든 것들로 채우면 어떻게 될까?

토머스는 체이스 메모리얼 요양원의 경영진을 찾아갔다. 그는 뉴욕주에서 혁신을 꾀하는 기업에게 제공하는 소규모 보조금을 신청해서 자신의 아이디어를 실행에 옮길 수 있다고 제안했다. 토머스를 고용했던 로저 홀버트는 그 생각에 원칙적으로 찬성했다. 그는 뭔가 새로운 일을 시도하는 것에 대해 협조적이었다. 홀버트는 체이스 요양원에서 근무한 20년 동안 그곳의 명성을 유지하고, 주민들이 참여할 수 있는 활동의 범위를 넓히는 데도 신경을 썼다. 토머스의 새로운 아이디어는 지금까지의 요양원 발전 방향과도 일치하는 듯했다. 그래서 리더십 팀은 혁신 보조금 지원을 받기 위한 지원서 작성에 들어갔다. 그러나 토머스가 마음속에 품은 생각은 홀버트가 상상했던 범위를 훌쩍 뛰어넘는 것이었다.

토머스는 자신이 이런 제안을 하게 된 배경을 설명했다. 그는 자신이 '요양원에 존재하는 세 가지 역병'이라고 부르게 된 무료함, 외로움, 무력감을 공략하는 것이 이 계획의 목표라고 말했다. 그러기위해서는 살아 있는 생명을 요양원 안에 들여야 할 필요가 있었다. 모든 방에 초록빛 식물을 들이고, 잔디밭을 없애는 대신 채소와 꽃을 심은 정원을 만들고, 동물도 들여놓아야 할 것이다.

여기까지는 별 문제가 없어 보인다. 동물은 위생과 안전 문제 때문에 조금 어려울 수도 있다. 그러나 뉴욕주의 요양원 관련 규정상 개 한 마리나 고양이 한 마리까지는 허용된다. 홀버트는 토머스에게 개를 기르려고 두세 번 시도해 봤지만 성공하지 못했다고 말했다. 데려온 개들의 성격이 요양원에 적합하지 않았고, 제대로 관리하기가 힘들었기 때문이다. 그러나 홀버트는 다시 한 번 시도해 볼 용의가 있다고 덧붙였다.

토머스가 말했다. "개를 두 마리 키워 보죠."

"규정상 두 마리는 허용이 되지 않아요." 홀버트가 말했다.

"일단 지원서에 그렇게 적어 보죠." 토머스는 그렇게 대답했다.

잠시 침묵이 흘렀다. 이런 작은 발걸음마저도 요양원 규정뿐 아니라 요양원은 원칙적으로 노인의 위생과 안전을 위해 존재한다는 믿음에 이르기까지 기존의 핵심적인 가치와 부딪히는 일이었다. 홀버트로서는 이 새로운 개념을 이해하고 마음으로 받아들이느라 힘든 시간을 보냈다. 얼마 전에 이야기를 나누었을 때도 홀버트는 그 순간을 생생하게 기억하고 있었다.

간호부장 로이스 그레이싱이 같은 방에 앉아 있었어요. 요양원 내 여러 활동을 이끄는 책임자와 사회복지사도 함께 있었고요. 내가 "이거 흥미로울 것 같은데요." 하고 말하자, 세 사람은 눈을 굴리면서 서로를 쳐다보고 있었죠.

내가 다시 말했어요. "좋아요. 내가 적도록 할게요." 그러고는 무얼 적을지 생각하기 시작했죠. "이 프로젝트에 당신만큼 열정적인 건 아니지만, 일단 개 두 마리라고 적을게요."

그러자 토머스가 말했어요. "그럼, 고양이는 어떻게 할까요?"

"고양이라니요? 개 두 마리라고 이미 적었잖아요."

"어떤 사람들은 개를 별로 좋아하지 않아요. 고양이를 좋아하죠."

"그러니까 개도 키우고 고양이도 키우자는 거예요?"

"일단 논의해 보기 위해서라도 적어 놓도록 하죠."

"좋아요. 일단 고양이 한 마리라고 적어는 봅시다."

"아니, 아니요. 층이 두 개잖아요. 한 층에 두 마리씩 어때요?"

"보건부에 개 두 마리하고 고양이 네 마리를 키우겠다고 제안하자는 거예요?"

"네, 일단 적어 놓기는 하자고요."

"좋아요. 일단 적어는 봅시다. 내 생각엔 우리가 너무 가는 것 같아요. 절대 허가가 날 리 없어요."

"한 가지 더요. 새는 어때요?"

내가 관련 규정을 명확히 읽어 줬어요. "요양원에서는 어떤 새도 키울 수 없다고 되어 있어요."

하지만 그는 이렇게 말할 뿐이었죠. "하지만 새는요?"

내가 다시 물었어요. "새를 어쩌게요?"

"상상해 보세요. 지금 창밖을 내다보세요. 1월이나 2월에 창밖을 내다본다고 상상해 보자고요. 밖에는 눈이 1미터쯤 쌓여 있겠지요. 그때 요양원 안에서는 무슨 소리가 들려오고 있을까요?"

"글쎄요. 투덜거리는 소리도 들리고, 우유 소리도 들리겠지요. 여기저기에서 텔레비전 소리도 들릴 거고요. 우리가 바라는 것보다 약간 더 크게 틀어 놓은 상태로 말이에요. 그리고 스피커에서 안내 방송도 나오겠죠."

"그것 말고 다른 소리는요?"

"직원들이 서로 이야기하거나 요양원 주민들하고 대화하는 소리도 들리겠죠."

"좋아요, 다 좋아요. 그런데 생명의 소리는요? 긍정적인 삶의 소리 말이에요."

"새들이 지저귀는 걸 말하고 싶은 거예요?"

"바로 그거예요."

"새들이 지저귀는 걸 듣기 위해서 몇 마리나 키울 작정인 거예요?"

"백 마리라고 적죠."

"백 마리라고요? 여기다가? 제정신이에요? 개 두 마리, 고양이 네 마리, 새 백 마리가 있는 집에 살아 본 적 있어요?"

"아뇨. 하지만 한번 시도해 볼 만하지 않나요?"

바로 그것이 토머스와 나의 가장 중요한 차이점이었어요. 같이 앉아 있던 다른 세 사람은 눈이 거의 튀어나올 지경이 됐죠. 그들은 하나같이 이렇게 말했어요. "맙소사. 이런 걸 정말 할 생각이에요?"

내가 말했어요. "토머스 선생, 나도 이번 프로젝트에 원칙적으로 동의합니다. 뭔가 새롭게 발상의 전환을 하고 싶기도 하고요. 하지만 내가 이곳을 동물원처럼 보이게 하거나 동물원 같은 냄새가 나도록 하고 싶어 하는지는 잘 모르겠군요. 그런 건 상상할 수가 없어요."

그러자 그가 말했죠. "그냥 저와 함께해 주실 수 없을까요?"

내가 다시 답했어요. "이 일에 어떤 가치가 있는지 증명해서 우리를 확신시켜야 할 거예요."

토머스에게는 그것으로 충분했다. 홀버트가 '노'라고 말하지 않은 것이다. 그 후 열린 몇 번의 회의에서 토머스는 홀버트와 나머지 사람들의 반대 의견을 완전히 진압하는 데 성공했다. 그는 요양원에 있는 사람들이 세 가지 역병으로 고통받고 있다는 사실을 계속해서 강조했다. 무료함, 외로움, 무력감으로 죽을 지경이 되었으니 이를 치유할 방법을 찾아야 한다고 설득했다. 이를 위해 애써 볼 가치는 있지 않겠느냐는 것이었다.

요양원 측은 결국 지원서를 제출했다. 홀버트는 통과될 가능성이 없다고 생각했다. 그러나 토머스는 지원군 몇 명과 함께 주정부가 있는 도시로 가서 관리들을 직접 만나 로비를 벌였다. 그리고 그는 결국 보조금 승인과 계획을 실행에 옮기는 데 필요한 예외 조항을 확보하는 데 성공했다. 홀버트는 당시를 이렇게 회상했다.

"그 소식을 들었을 때 나는 '맙소사, 이제 정말 그 일을 해야 하는 거네'라고 생각했어요."

프로젝트를 실행에 옮기는 일은 간호부장 로이스 그레이싱에게 떨어졌다. 60대에 들어선 그녀는 요양원에서 일한 경력이 상당히 길었다. 노인들의 삶을 향상시킬 수 있는 새로운 방법을 시도한다는 것이 그녀에게는 굉장히 매력적인 일이었다. 그레이싱은 내게 당시 ㄱ 일이 '대단한 신헌'처럼 느껴졌다고 말했다. 그리고 자신이 때로 옆을 돌아보지 않고 몰두하는 토머스의 낙관적인 열정, 그리고 직원들의 두려움과 관성 사이에서 균형을 맞추는 안내자 역할을 해야겠다고 생각했다.

결코 쉬운 일이 아니었다. 어디를 가나 일이 이루어지는 방식에 관한 뿌리 깊은 문화가 있게 마련이다. 토머스는 이렇게 말했다. "문화는 공동체 구성원들이 공유하는 습관과 기대를 모두 합친 거예요." 그가 보기에는 바로 그 습관과 기대가 좋은 삶을 향유하게 하기보다 요양원의 틀에 박힌 일상과 안전을 우선시하도록 만든 것이었고, 거주민들과 함께 지낼 개 한 마리를 들이는 일조차 어렵게 만든 것이었다. 그는 동물, 식물, 어린아이들을 요양원 주민들이 영위하는 삶의 일부가 될 만큼 충분히 많이 들이고 싶었다. 잘 돌아가던 요양원 직원들의 일과에 변화와 혼란이 초래되는 건 피할 수 없는 일이었다. 그러나 솔직히 말해서 그것이 그가 이루고자 하는 목표의 일부 아니었던가?

"문화는 엄청난 관성을 지니고 있어요." 그가 말했다. "그래서 바로 문화로 자리 잡는 것이죠. 문화는 그 지속성 때문에 영향력을 행사합니다. 문화에는 혁신의 싹을 질식시키는 힘이 있어요."

토머스는 관성을 타파하기 위해 직접 그 저항에 맞부딪히는 전략을 세웠다. "그 뿌리를 세게 공격하는 거지요." 그는 그것을 '빅뱅'이라고 불렀다. 그냥 개나 고양이나 새를 한 마리씩 들여온 다음 사람들이 어떻게 반응하는지 기다리는 게 아니라 모든 동물을 거의 동시에 들여온 것이다.

그해 가을, '타깃'이라는 이름의 그레이하운드와 '진저'라는 이름의 작은 개, 그리고 고양이 네 마리와 새들이 요양원에 도착했다. 또한 인조 식물을 모두 치우고 각 방에 살아 있는 식물을 들여놨다. 직원들은 학교가 파한 자녀들을 요양원으로 데려와 시간을 보내도록 했다. 주민들의 가족과 친구들은 요양원 뒤뜰에 정원과 아이들 놀이터를 만들었다. 충격요법이었다.

한 가지 예만 들어도 그 규모와 속도를 짐작할 수 있다. 토머스는 잉꼬 백 마리를 같은 날 배달되도록 주문했다. 요양원에 새 백 마리를 어떤 식으로 들일 건지 구체적인 계획을 세워 놓았을까? 그렇지 않았다. 잉꼬 백 마리를 실은 트럭이 도착했는데, 새장은 아직 배달되지 않은 상태였다. 새를 배달하러 온 운전기사는 1층 미용실에 잉꼬 백 마리를 풀어 놓은 뒤 문을 닫고 떠나 버렸다. 뒤늦게 새장이 배달됐지만, 모두 조립이 되지 않은 상태로 납작하게 포장되어 있었다.

"말 그대로 아수라장이었어요." 토머스가 말했다. 그때 기억을 떠올리는 것만으로도 그의 얼굴에는 미소가 떠올랐다. 그는 그런 사람이었다.

토머스와 그의 아내 주드, 간호부장 그레이싱은 몇 사람의 도움을 받아 몇 시간에 걸쳐 새장을 조립하고, 깃털이 구름처럼 날리는 미용실 안을 뛰어다니며 잉꼬를 잡아 새장에 넣은 다음 모든 주민들의 방에 배달했다. 노인들은 미용실 밖에 모여들어 창문 너머로 구경을 했다.

"모두 배꼽이 빠지도록 웃었죠." 토머스가 말했다.

그는 당시 함께했던 사람들이 얼마나 멋모르고 일을 벌였는지를 생각하며 이제 와서 신기해했다. "우리가 도대체 뭘 하고 있는지도 모르면서 덤빈 거였어요. 전혀 몰랐죠." 하지만 그것이 바로 강점이 됐다. 토머스의 팀이 너무 어설프게 일하자, 대부분의 사람들이 경계심을 푼 채 팔을 걷어붙이고 도왔다. 그리고 거기에는 주민들도 포함됐다. 할 수 있는 사람은 누구나 새장 바닥에 신문지를 깔고, 개와 고양이들을 데려다 안정시키고, 아이들을 인솔해서 돕도록 했다. 말하자면 아름다운 혼란이었다. 아니 그레이싱의 외교적 표현을 빌리자면 '고양된 환경'이었다.

그때 그때 풀어야 할 문제들이 수없이 많았다. 동물들에게 먹이를 주는 일만 해도 그랬다. 사람들은 날마다 돌아가며 이 일을 맡아서 할 '먹이 주기 당번표'를 만들기로 했다. 주드는 문을 닫은 정신과 병원에서 약 배급 카트를 구해 왔다. 그 카트에는 금방 '버드 모빌'이라는 별명이 붙었다. 버드 모빌에는 새 모이, 개에게 줄 특식, 고양이 사료 등이 담겨 있어서 직원들이 그것을 밀고 각 방마다 돌아다니며 새장에 깔린 신문지를 갈아 주거나 동물들에게 먹이를 줄 수 있었다. 토머스는 우울증 약을 몇 톤쯤 나눠 주었을 그 카트에 개껌이 실려 다니는 것 자체가 뭔가 불온한 느낌이 들었다고 말했다.

온갖 비상 사태가 벌어졌고, 그중 어느 것이라도 이 실험에 종지

부를 찍을 수 있었다. 예를 들어 어느 날 새벽 3시에 토머스는 간호사로부터 전화를 받았다. 요양원 의학 담당자에게는 그다지 드문 일이 아니었다. 그러나 그 간호사는 토머스가 아니라 주드와 통화하고 싶어 했다. 그는 아내에게 전화를 넘겼다.

"개가 바닥에 똥을 쌌어요." 간호사가 주드에게 말했다. "와서 치울 건가요?" 그 간호사가 보기에 개똥을 치우는 일은 자기 지위에 맞지 않는 미천한 일이었던 것이다. 개똥을 치우기 위해 간호대학에 간 것은 아니지 않은가.

주드는 거절했다. "그 일로 복잡한 문제들이 벌어졌죠." 토머스가 말했다. 다음 날 아침 출근을 해 보니 그 간호사는 아무도 개똥을 밟지 않도록 그 위에 의자를 두고 퇴근해 버렸다.

일부 직원들은 전문적으로 개를 다루는 사람을 고용해야 한다고 생각했다. 동물을 다루는 것은 간호 직원들의 일이 아니었고, 그 일을 한다고 해서 돈을 더 받는 것도 아니었기 때문이다. 당시 주정부의 요양원 비용 변제 예산 삭감으로 인해 2~3년 동안 임금 인상이 거의 이루어지지 않은 상태였다. 그런데 그렇게 돈이 없다던 주정부에서 동물과 식물에 쓸 돈은 있었다는 것 아닌가? 여느 집에서 그러는 것과 마찬가지로 동물을 돌보는 책임은 모두 함께 나눠야 한다고 생각하는 사람들도 있었다. 동물이 있으면 일이 일어나게 마련이고, 그럴 때 누구든 그 자리에 있던 사람이 필요한 일을 처리하는 게 옳다는 논리다. 그게 요양원장이든 간호보조사든 말이다. 근본적으로 다른 세계관이 충돌한 것이다. 지금 이곳을 시설처럼 운영할 것인지, 집 같은 환경을 띠도록 운영할 것인지의 문제였다.

그레이싱은 추지의 관점으로 일하도록 독려했다. 그녀는 직원들끼리 균형 있게 책임을 나눠 갖도록 도왔다. 사람들은 서서히 체이스 메모리얼 요양원을 생명으로 채우는 것이 모두의 임무라는 사실을 받아들였다. 그리고 이는 이성적인 논쟁이나 타협에 따라 이루어진 일이 아니었다. 요양원 주민들에게 끼친 영향이 무시할 수 없을 만큼 분명해졌기 때문이었다. 주민들이 깨어나고 생명력을 되찾기 시작한 것이다.

"그 전에는 말을 못할 거라고 여겼던 사람들이 말문을 열기 시작했어요." 토머스가 말했다. "극도로 내성적인 데다 걷지도 못하는 것 같았던 사람들이 간호사실로 찾아와서 개를 산책시키겠다고 자원하는 거예요." 또한 모든 주민들이 빠짐없이 잉꼬들을 데려갔고, 이름도 붙여 줬다. 사람들의 눈에 빛이 나기 시작했다. 토머스는 이때 한 경험을 책으로 쓰면서 직원들이 쓴 일지를 일부 인용했다. 일지에는 동물들이 요양원 주민들의 일상에 얼마나 없어서는 안 될 존재가 되었는지 생생하게 기록되어 있다. 심지어 치매가 상당히 진행된 사람들에게까지도 동물들은 큰 영향을 끼쳤다.

거스는 새를 정말 좋아한다. 새소리에 귀를 기울이고, 자기 커피를 새에게 나눠 줘도 되느냐고 물었다.

주민들은 내가 일하기 쉽게 도와준다. 대다수가 날마다 자기 방의 새들

이 어떤지 보고한다. (예: 하루 종일 노래한다, 먹질 않는다, 오늘은 좀 더 생기가 돈다 등등)

M.C.가 오늘 새 모이 주는 일을 도왔다. 보통은 창고 문 옆에 앉아 사람들이 오가는 것을 바라보기만 하던 할머니. 그런데 오늘 아침 내가 같이 가자고 묻자 기쁜 표정으로 따라나섰다. 내가 새 모이를 주고 물도 갈아 주는 사이 M.C.가 모이통을 들어 줬다. 나는 각 단계를 그녀에게 설명했고, 내가 새들에게 분무기로 물을 뿌리자 M.C.는 웃고 또 웃었다.

체이스 메모리얼 요양원 주민들에게는 이제 잉꼬 백 마리, 개 두 마리, 고양이 네 마리, 토끼 한 무리, 그리고 달걀을 낳는 암탉들도 있다. 또 수백 개의 화분, 날로 번성하는 채소밭과 꽃밭 정원도 있다. 요양원에는 직원들이 자녀들을 맡길 수 있는 탁아 시설과 새로운 방과후 교실도 생겼다.

학자들은 2년에 걸쳐 이 프로그램의 효과에 대해 조사했다. 체이스 메모리얼 요양원 주민들과 관련된 다양한 수치를 근처 다른 요양원 주민들의 수치와 비교하는 방법이 사용됐다. 그 결과 체이스 요양원 주민들은 비교 집단 주민들에 비해 복용하는 처방 약이 절반 정도밖에 되지 않는다는 것이 밝혀졌다. 할돌과 같이 불안 증세에 먹는 향정신성 제재의 처방이 특히 줄어들었다. 약 구입에 들어간 비용은 비교 집단에 비해 38%밖에 되지 않았다. 사망률도 15% 감소했다.

연구에서는 그 이유를 밝히지 못했다. 그러나 토머스는 답할 수 있을 것 같았다. "길이야 할 이유를 갖고 싶어 하는 인간의 근본적인 욕구로 거슬러 올라가면 사망률의 차이를 설명할 수 있다고 믿습니다." 다른 연구 결과들도 이 결론을 뒷받침한다. 1970년대 초, 심리학자 주디스 로딘Judith Rodin과 엘렌 레인저Ellen Langer 박사는 코네티컷의 한 요양원에 사는 주민 모두에게 화분을 하나씩 주는 실험을 했다. 주민 절반에게는 화분에 물을 주게 했고, 그들의 삶에서 무언가에 대해 책임을 지는 일이 어떤 혜택을 주는지에 관한 강의를 듣도록 했다. 나머지 절반의 경우 다른 누군가가 대신 화분에 물을 주게 했고, 환자의 복지는 직원들의 책임이라는 강의를 듣게 했다. 1년 반이 흐른 후, 더 많은 책임이 주어진 그룹—그것이 화분 하나처럼 작은 것이라 하더라도—은 더 활동적이고 정신이 맑았으며, 더 오래 살았다.

토머스는 자신의 책에서 L이라고 이름 붙인 남성의 이야기를 꺼냈다. L은 요양원에 들어오기 3개월 전 60년 넘게 함께한 아내를 여의었다. 그는 먹는 데 완전히 관심을 잃었고, 자녀들은 일상생활에서 그를 점점 더 많이 도와야 했다. 그러던 중 L은 자동차를 도랑에 처박는 사고를 냈고, 경찰은 자살 기도였을 가능성이 있다고 했다. L이 퇴원하자 자녀들은 그를 체이스 메모리얼 요양원에 들여보냈다.

토머스는 그를 처음 만났던 때를 떠올렸다. "나는 그분이 어떻게 지금까지 살아남았는지 의아했습니다. 지난 3개월 동안 벌어진 일로 인해 그의 세상은 완전히 무너져 버린 상태였어요. 아내를 잃었고, 집도 자유도 한순간에 빼앗겨 버린 거죠. 그중 최악은 아마도 자기가 이 세상에 계속 존재해야 할 의미를 잃은 것 아닐까 싶어요. 삶의 기쁨이 하나도 없는 상태였죠."

L은 요양원에서 항우울제와 직원들의 노력에도 불구하고 상태가 계속 악화되기만 했다. 그는 걷기를 포기했고, 그냥 침대에 누워만 있었다. 먹는 것도 거부했다. 그러나 그즈음 토머스의 프로그램이 시작됐고, 요양원에서는 L에게도 잉꼬 한 쌍을 받겠냐고 물었다.

"그는 그냥 그러겠다고 했어요. 자기가 금방 이 세상을 뜰 거라는 사실을 아는 사람 특유의 무관심한 태도로 말이죠." 토머스가 말했다. 그러나 얼마 지나지 않아 L에게 변화가 오기 시작했다. "처음에는 감지하기 힘들 만큼 미묘한 변화였어요. L은 침대에 누운 채 자기가 맡은 생명체들을 잘 볼 수 있는 자세로 바꿔 눕기만 했습니다." 그러던 그는 새를 돌보기 위해 들어온 직원들에게 자기 새가 무엇을 좋아하며 요즘 어떻게 지내는지를 이야기하기 시작했다. 새들이 침잠해 있던 그를 끌어내고 있었다. 토머스가 살아 있는 생명이 어떤 영향을 주는지에 대해 주장하고자 했던 이론을 너무나 잘 보여 주는 사례였다. 새 생명들은 무료한 일상에 자발성을 더해 주었고, 외로움을 달래는 동반자가 되어 주었으며, 무력감을 느끼게 하는 공간에서 다른 존재를 돌볼 기회를 주었다.

"L은 다시 음식을 먹기 시작했을 뿐 아니라 옷을 입고 자신의 방에서 나오기 시작했습니다." 토머스는 이렇게 보고했다. "매일 오후 누군가 개들을 데리고 산책을 나가야 했는데, L이 직원들에게 자기가 바로 그 일을 할 적임자라고 말했어요." 3개월 후 그는 요양원을 떠나 집으로 돌아갔다. 도미스는 자신의 프로그램이 L이 생명을 구했다고 믿는다.

그것이 사실인지 아닌지는 중요하지 않을 수도 있다. 살아야 할 이유가 생기면 장애가 있는 노인들의 사망률이 떨어진다는 것도 토머스가 한 실험의 가장 중요한 결과는 아니다. 가장 중요한 사실은 요양원 노인들에게 살아야 할 이유를 제공하는 것이 가능하다는 점이다. 그것이 전부다. 주변에서 무슨 일이 벌어지고 있는지 잘 모를 정도로 치매가 심한 노인들마저도 더 의미 있고, 기쁘고, 만족스러운 삶을 경험하는 것이 가능했다. 얼마나 약을 덜 먹고, 얼마나 더 오래 살 수 있는지에 대한 것보다 사람답게 사는 일에 대해 사람들이 얼마만큼 더 가치를 두는지 측정하기는 어렵다. 하지만 그보다 더 가치 있는 일이 있을까?

1908년, 하버드 대학의 철학자 조시아 로이스Josiah Royce는 『충성심의 철학The Philosophy of Loyalty』이라는 책을 펴냈다. 로이스 교수는 나이 들면서 겪는 어려움에 관해서는 논의하지 않는다. 하지만 삶의 유한성에 대해 생각하는 사람들이 근본적으로 느끼는 문제에 관심을 기울인다. 그는 왜 우리가 단순히 존재하기만 하는 것—안전한 환경에서 단순히 의식주만 제공받는 것—은 공허하고 의미 없다고 느끼는지 이해하고 싶었다. 삶이 가치 있다고 느끼기 위해서는 우리에게 무엇이 더 필요한 걸까?

그는 우리가 스스로를 넘어서는 대의를 추구하기 때문이라고 믿었다. 로이스 교수는 그것을 인간 본연의 욕구로 보았다. 그 대의는 큰 것(가족, 국가, 원칙)일 수도, 작은 것(건축 계획, 애완 동물)일 수도 있다. 중요한 것은 어떤 대의에 가치를 부여하고 그것을 위해 희생할 만한 가치가 있다고 생각할 때 우리는 자신의 삶에서 의미를 찾는다는 점이다.

로이스 교수는 자신을 넘어선 대의를 위해 헌신하는 걸 '충성심loyalty'이라고 부른다. 그는 이를 개인주의에 대한 반대 개념으로 간주한다. 개인주의자는 자신의 이익을 가장 먼저 앞세운다. 따라서 자신의 존재, 고통, 기쁨을 가장 중요하게 여긴다. 개인주의자에게 자신의 이익과 전혀 관계없는 대의에 충성심을 갖는 것은 이해할 수 없는 일이다. 개인주의자들은 충성심 때문에 자기 희생까지 감수하는 건 위험한 일이 될 수도 있다고 주장한다. 사태를 오판하는 비이성적 경향으로 인해 사람들이 압제자에게 이용당하도록 내몰 수 있기 때문이라는 것이다. 개인주의자에게 자기 이익보다 더 중요한 것은 없는데, 죽으면 '자신'이라는 존재가 사라지기 때문에 자기 희생이라는 것은 아무런 의미가 없다.

로이스는 개인주의적 관점에 전혀 공감하지 않는다. 그는 이렇게 쓰고 있다. "이기적인 사람들은 항상 우리 곁에 존재했다. 그러나 이기적일 권리를 하늘이 내렸다는 주장을 이렇게 기발하게 방어한 적은 한 번도 없었다." 그는 사실 인간에게는 충성심에 대한 욕구가 있다고 주장했다. 충성심이 필연적으로 행복을 가져다주는 것은 아니며, 심지어는 고통스럽기까지 하다. 하지만 우리는 모두 삶을 견디며 내기 위해 자신을 넘어선 무언가에 헌신할 필요가 있다는 것이 그의 믿음이었다. 그러지 않을 경우 우리는 덧없고, 변덕스럽고, 만족을 모르는 자신의 욕망에 따라 살아갈 수밖에 없다. 그리고 그것은 결국 고통만 안겨 줄 뿐이다. "본래 나는 수없이 많은 조상들의 기질이 합류한 만남의 장소 같은 존재다. 시시각각… 나는 충동의 집합체다." 로이스는 계속 말한다. "우리는 내적인 빛을 볼 수가 없다. 그러니 외적인 빛을 보기 위해 노력해 보자."

그리고 우리는 그렇게 한다. 자신이 죽은 후 세상에 어떤 일이 벌어질지에 대해 우리가 깊은 관심을 기울인다는 사실을 고려해 보자. 자기 이익이 삶을 의미 있게 만드는 주요 원천이라면, 자신이 죽은 후 한 시간 안에 자기가 알던 모든 사람들이 지구에서 사라져 버린다 해도 아무 상관이 없을 것이다. 그러나 대부분의 사람들에게 그것은 매우 중요한 문제다. 그런 일이 벌어질 가능성이 있다면, 우리는 삶이 아무런 의미가 없다고 느낄 것이다.

죽음을 의미 없는 것으로 느끼지 않게 할 유일한 길은 자신을 가족, 공동체, 사회 등 더 큰 무언가의 일부로 여기는 것이다. 그러지 않을 경우, 결국 죽을 수밖에 없다는 사실은 그저 공포로 다가올 뿐이다. 그러나 더 큰 무언가의 일부라는 믿음이 있다면, 죽음이 단지 끔찍한 공포로만 여겨지지는 않을 것이다. 로이스는 말한다. 충성심은 "우리같이 평범한 존재가 겪는 역설적인 상황을 해결해 준다. 우리 밖에 전력을 다해야 할 대의가 있다는 것, 그리고 우리 안에 그 일을 기꺼이 해내고자 하는 의지, 그 일을 하면서 좌절하고 꺾이는 것이 아니라 더 풍부해지고 더 스스로를 드러내는 의지가 있다는 걸 보여 줌으로써 말이다." 더 최근에는 심리학자들이 이와 같은 개념을 '초월transcendence'이라는 용어로 표현하기도 했다. 이들은 매슬로의 욕구 위계 중 자아 실현 단계보다 더 위에 초월 단계가 존재한다고 주장했다. 사람들에게는 다른 존재가 잠재력을 성취하도록 돕고자 하는 초월적 욕구가 있다는 것이다.

인생의 황혼기에 접어들면서 우리는 모두 단순한 기쁨이 주는 안락함을 찾게 된다. 동료애와 우정, 규칙적인 일상, 맛있는 음식, 얼굴에 와 닿는 햇살의 온기 같은 것 말이다. 그때 우리는 무엇을 성취하고 축적하는 것보다 단순히 존재하는 것에서 얻는 행복감에 더 관심을 가지게 된다. 하지만 야망이 점점 줄어드는 걸 느끼는 동안, 우리는 자신이 남기고 갈 것에 대해 더 진지하게 생각하기 시작한다. 그리고 산다는 것을 의미 있고 가치 있게 느끼도록 해 주는 목적을 우리 밖에서 찾고자 하는 깊은 욕구를 가지게 된다.

빌 토머스가 '에덴 올터너티브Eden Alternative' 프로그램이라는 이름으로 동물, 어린이, 식물을 체이스 메모리얼에 도입하면서 요양원 주민들은 충성심을 표현할 기회를 얻었다. 아주 제한적이기는 했지만 단순히 존재하는 것 이상의 무언가에 매달릴 수 있는 실질적인 기회를 얻은 것이다. 그리고 그들은 그것에 절박하게 매달렸다.

"1992년경, 소독약 냄새 진동하는 규격화된 요양원에 그 많은 동식물과 어린아이들을 들여온 젊은 의사가 자기 눈앞에서 벌어지는 기적을 목격한 거죠." 토머스가 내게 설명했다. "사람들이 살아나는 게 보였어요. 그들이 세상과 상호작용하기 시작하고 사랑하고, 관심을 기울이고, 웃기 시작하는 것을 목격한 겁니다. 보통 짜릿한 느낌이 아니지요."

의학, 그리고 늙고 병든 사람들을 돌보기 위해 의학이 만들어 낸 기관들이 삶을 의미 있는 것으로 만드는 게 무언지를 두고 잘못된 관점을 가져왔다는 데 문제가 있는 것이 아니다. 문제는 아예 관점 자체가 부재한다는 사실이다. 의학은 아주 작은 영역에 초점을 맞춘다. 의료 전문가들은 마음과 영혼을 유지하는 게 아니라 신체적인 건강을 복구하는 데 집중한다. 그럼에도 우리는―바로 이 부분이 고통스러운 역설을 만들어 내는데―삶이 기울어 가는 마지막 단계에 우리가 어떻게 살 것인지를 결정할 권한을 의료 전문가들에게 맡겨 버렸다. 반세기 넘는 세월 동안 질병, 노화, 죽음에 따르는 여러 가지 시련은 의학적인 관심사로 다뤄져 왔다. 인간의 욕구에 대한 깊은 이해보다 기술적인 전문성에 더 가치를 두는 사람들에게 우리 운명을 맡기는, 일종의 사회공학적 실험이었다.

그 실험은 실패로 끝났다. 우리가 삶에서 추구하는 게 안전과 보호일 뿐이라면 다르게 결론 내릴 수 있을지도 모른다. 그러나 우리는 가치와 목적이 있는 삶을 추구함에도 불구하고 그것을 가능케 하는 환경을 제공받지 못해 왔으므로, 현대 사회가 벌여 온 일들에 대해 다르게 이해할 방법은 없는 듯하다.

빌 토머스는 요양원을 새롭게 만들고 싶어 했다. 케런 윌슨은 요양원을 완전히 없애고 어시스티드 리빙 시설로 대체하고 싶어 했다. 그러나 두 사람은 같은 생각에서 출발했다. 누군가에게 의존할 수밖에 없는 상황에 놓인 사람들이 자신의 존재 가치를 유지하도록 돕고 싶다는 생각 말이다. 토머스는 사람들에게 돌봐야 하는 생명을 주는 것으로 첫발을 디뎠고, 윌슨은 잠글 수 있는 문과 자신만의 부엌을 주었다. 두 사람의 프로젝트는 상호 보완적이었고, 노인을 돌보는 일에 관련된 사람들의 사고 방식을 전환하는 계기를 마련했다. 육체적으로 노쇠해져서 도움에 의존할 수밖에 없는 사람들이 더 나은 삶을 영위하는 게 가능한지 아닌지는 더 이상 논란거리가 아니었다. 두 사람의 프로젝트로 그것이 가능하다는 게 분명해졌기 때문이다. 이제 문제는 거기에 필요한 요소가 무엇인가 하는 것이다. 전 세계 관련 기관 전문가들은 그에 대한 답을 찾기 위해 노력하기 시작했다. 2010년 무렵, 자기 아버지를 위해 요양원을 돌아보던 루 할아버지의 딸 셸리는 업계에서 이런 소동이 벌어지고 있다는 걸 전혀 눈치채지 못했을 것이다. 루 할아버지 같은 사람이 갈 수 있는 시설은 대부분 여전히 우울할 정도로 감옥 같은 분위기였다. 그러나 요양원 같은 곳을 혁신하고자 하는 새로운 프로그램과 시설들이 전국 곳곳에서 모습을 드러냈다.

보스턴 근교에는 '뉴브리지 온 더 찰스NewBridge on the Charles'라는 새로운 은퇴자촌이 있다. 우리 집에서 20분만 차를 타고 가면 나오는 곳이다. '연속성 있는 보살핌' 개념에 기초해 세워진 곳으로 독립 주거 공간, 어시스티드 리빙, 그리고 요양원 동이 따로 있다. 그런데 얼마 전 방문해서 보니 요양원 동도 지금까지 보던 시설들과는 완전히 달랐다. 기존의 요양원들은 대개 끝이 보이지 않는 복도에 늘어선 방을 두 사람 이상이 나눠 쓰도록 했고, 한 층에 60여 명을 수용했다. 그러나 뉴브리지에서는 16명을 넘지 않는 소규모 단위로 나뉘어 있었다. 각 단위는 '가구household'라고 불렸고, 실제로 한 가구의 기능을 했다. 각자 혼자 쓰는 방은 식당, 부엌, 기타 활동 공간 등 공동 생활 구역 주변으로 배치되어 있었다. 모든 것이 보통 집과 비슷한 분위기였다.

각 가구는 인간적인 규모였다. 바로 그것이 이 시스템의 핵심 개념이었다. 연구 결과에 따르면 20명 미만 단위에서 생활하는 사람들은 불안이나 우울 증세를 경험하는 빈도가 적으며, 더욱 사교적이 되고 친구 관계를 만들기도 쉬워진다고 한다. 또한 안전하다는 느낌을 더 강하게 받고, 직원들과의 상호작용도 더 원활해진다. 치매 증상을 보이는 사람들에게서도 동일한 결과가 나왔다. 그러나 뉴브리지는 거주 공간의 규모에만 신경을 쓰는 데서 그치지 않았다. 각 가구는 병원 같은 느낌을 주지 않기 위해 특별히 신경을 써서 지어졌다. 탁 트인 구조 덕분에 주민들은 다른 사람들이 무얼 하는지 잘 볼 수 있고, 그래서 여러 활동에 동참할 기회도 많아진다. 중앙에 부엌이 있기 때문에 간식을 먹고 싶은 사람은 언제든 그렇게 할 수 있다. 내가 서서 관찰하는 동안에도 여러 활동들이 서로 뒤섞이며 경계를 넘나드는 것을 볼 수 있었다. 보통 가정에서 그러듯 말이다. 이를테면 할아버지 두 분이 식탁에서 카드 놀이를 하고, 간호사가 간호사실이 아닌 부엌에서 서류를 작성하는 식이었다.

이곳은 그냥 건축물의 구조만 다른 것이 아니었다. 내가 만난 직원들은 그들이 하고 있는 일에 대해서 다른 요양원 사람들과 완전히 다른 신념과 기대를 가지고 있었다. 예를 들어 이곳에서는 걷는 것이 병리적인 행동으로 간주되지 않았다. 로다 매코버라는 할머니를 만났을 때 그걸 바로 알 수 있었다. 아흔아홉 살이나 된 로다 할머니는 루 할아버지처럼 자꾸 넘어지곤 했다. 고혈압과 좌골신경통 때문이었다. 그리고 그보다 더 걱정스러운 것은 나이 때문에 망막이 퇴화해서 앞이 거의 보이지 않는다는 사실이었다.

"다시 만나도 잘 못 알아볼 거예요. 흐릿하게 보이거든요." 로다 할머니가 말했다. "하지만 지금 미소를 짓고 있네요. 그건 보여요."

로다 할머니의 정신은 여전히 명민했다. 그러나 눈이 잘 보이지 않는다는 것과 자주 넘어진다는 것은 그다지 좋은 결합이 아니다. 하루 24시간 도움을 받지 않고는 생활하는 게 거의 불가능하다. 보통의 요양원에서였다면 안전을 위해 휠체어를 사용하고 있었을 것이다. 그러나 뉴브리지에서 로다 할머니는 여전히 걸어 다녔다. 물론 위험이 따르는 일임은 분명했다. 그럼에도 그곳 직원들은 스스로 움직이는 것이 얼마나 중요한지 이해하고 있었다. 그녀의 건강을 위해서만이 아니라(휠체어를 타기 시작하면 체력이 급격히 떨어질 것이다) 행복을 위해서 중요하다는 것을 이해하고 있었던 것이다.

"혼자서 화장실에 갈 수 있다는 것이 얼마나 행운인지 몰라요." 로다 할머니가 내게 말했다. "별게 아니라고 생각할지도 모르겠네요. 젊으니까요. 세상에서 가장 좋은 일이 바로 혼자 화장실에 갈 수 있는 거라는 걸 늙어 보면 알게 돼요."

할머니는 2월이 되면 백 살이 될 거라고 말했다.

"정말 굉장한데요." 내가 말했다.

"굉장히 늙은 거죠." 그녀가 답했다.

나는 우리 할아버지가 거의 110세까지 살았다는 이야기를 했다.

"맙소사!" 그녀가 말했다.

할머니는 몇 년 전까지만 해도 자기 아파트에서 살았다고 했다. "거기서는 정말 행복했어요. 사는 것같이 살았죠. 사람답게 말이에요. 친구들과 함께 게임도 하면서. 친구 중 한 명이 차가 있어서 어디든 갈 수 있었고요. 정말 사는 것같이 살았죠." 그러다가 좌골신경통이 생겼고, 낙상이 잦아졌고, 시력을 잃어 갔다. 그래서 요양원으로 들어갔다. 여기가 아니라 다른 곳이었는데 정말이지 끔찍했다. 가구와 애장품 등 자기 것을 거의 모두 잃었고, 다른 사람과 방을 함께 쓰면서 엄격한 일과를 지켜야 했으며, 십자가가 머리 위에 걸린 침대에서 잠을 자야 했다. "유대인이거든요. 십자가가 그리 달갑진 않았죠."

로다 할머니는 1년을 그곳에서 지내다가 뉴브리지로 옮겨 왔다. "비교 자체가 안 돼요, 비교가." 뉴브리지는 고프먼의 '보호수용소'와 정반대 환경을 가진 곳이다. 이 분야의 개척자들이 이제 인간이 사생활과 공동체에 대한 욕구를 모두 갖고 있고, 융통성 있는 생활

리듬과 패턴을 원하며, 주변 사람들과 따뜻한 관계를 맺을 수 있는 가능성을 필요로 한다는 사실을 깨달아 가고 있는 것이다. "여기서는 꼭 내 집에 사는 느낌이에요." 로다 할머니가 말했다.

나는 로다 할머니와 헤어진 뒤 바로 옆 가구에서 일흔아홉 살인 앤 브레이브맨 할머니와 여든여섯 살인 리타 칸 할머니를 만났다. 두 할머니는 그 전 주에 영화관에 다녀왔다고 했다. 공식적으로 예정된 단체 관람이 아니었다. 〈킹스 스피치The King's Speech〉를 보고 싶어서 목요일 밤에 둘이 다녀오기로 한 것이다. 영화관에 갈 때 앤 할머니는 예쁜 터키석 목걸이를 걸었고, 칸 할머니는 볼과 눈을 예쁘게 화장하고는 새 옷을 입었다. 간호보조사 한 명이 같이 가 주기로 했다. 앤 할머니는 다발성 경화증 때문에 허리 아래가 마비돼서 전동 휠체어로 돌아다녀야 했다. 또 리타 할머니는 잘 넘어지는 편이라 보행 보조기를 사용해야 했다. 두 사람은 휠체어를 실을 수 있는 차를 빌리는 비용으로 15달러를 지불했다. 그러나 어쨌든 외출하는 게 가능하기는 했던 것이다. 두 사람은 다음 번에 DVD로 〈섹스 앤 더 시티Sex and the City〉를 보려고 벼르는 중이었다.

"『그레이의 50가지 그림자Fifty Shades of Grey』 읽어 봤어요?" 리타 할머니가 짓궂은 표정을 지으며 내게 물었다.

나는 얌전한 목소리로 아직 읽어 보지 않았다고 답했다.

"체인이며 그런 건 한 번도 들어 본 적이 없어요." 할머니는 놀랍다는 듯이 말했다. 그러고는 나는 어떤지 알고 싶어 했다. 나는 정말로 대답하고 싶지 않았다.

뉴브리지에서는 주민들이 반려동물을 기르는 걸 허용하지만, 빌 토머스의 에덴 올터너티브 프로그램에서처럼 경영진이 주도해서 동물을 들이지는 않았다. 따라서 동물이 뉴브리지 생활에서 중요한 부분을 차지하지는 않는다. 그러나 어린아이들은 큰 역할을 한다. 뉴브리지는 유치원에서 8학년까지 있는 사립학교와 마당을 같이 사용한다. 시간이 흐르면서 두 기관은 밀접한 관계를 맺게 됐다. 그다지 많은 도움을 필요로 하지 않는 주민들은 학교에서 보조 교사나 도서관 사서로 일했다. 학교 수업에서 2차대전을 다룰 때, 학생들은 책에서 공부한 내용을 직접 설명해 줄 참전 용사들을 만날 수 있었다. 학생들도 뉴브리지에 날마다 드나들었다. 더 어린 학생들은 매달 주민들과 이벤트를 열었다. 미술 전시회를 열고, 명절을 함께 축하하는가 하면 주민들 앞에서 음악 공연도 했다. 5학년과 6학년 학생들은 주민들과 함께 체육 수업을 한다. 중학생들은 치매 환자와 함께 지내는 법을 배우고, 요양원 주민들과 파트너가 되는 버디 프로그램에 참여한다. 요양원 노인과 어린 학생 사이에 개인적인 우정이 싹트는 일도 흔하다. 알츠하이머병에 걸린 할아버지와 친구가 된 한 소녀는 그의 장례식에서 추도사를 해 달라는 요청을 받기도 했다.

"저 꼬마들이 얼마나 귀여운지 몰라요." 리타 할머니가 말했다. 할머니는 아이들을 만나는 게 가장 만족스러운 두 가지 일과 중 하나라고 했다. 다른 하나는 그녀가 참여할 수 있는 수업들이었다.

"수업이요, 수업! 난 수업을 듣는 게 너무 좋아요." 그녀는 독립 주거 단지 주민이 가르친 시사 강의를 들었다. 그때 오바마 대통령이 취임 후 아직까지도 이스라엘에 방문하지 않았다는 걸 안 그녀는 바로 이메일을 썼다.

"그 사람한테 엉덩이를 너무 무겁게 놀리지 말고 얼른 이스라엘로 가라고 말해 줘야 한다고 느꼈어요."

뉴브리지 같은 시설은 너무 비싸서 보통 사람들이 들어가기는 힘들 거라는 인상을 준다. 그러나 이곳 주민들은 부유하지 않다. 리타 할머니는 의무기록사로 일했고, 남편은 고등학교 상담 교사였다. 앤 할머니는 매사추세츠 종합병원 간호사였고, 남편은 사무용품 장사를 했다. 그리고 로다 할머니는 경리, 남편은 포목 세일즈맨이었다. 재정적으로 루 할아버지와 다를 바 없는 사람들이었다. 뉴브리지 요양원 주민의 70%가 모아 둔 돈을 모두 소진하고, 정부 보조금을 받아 이곳에 머물고 있었다.

뉴브리지는 유대인 공동체와 긴밀한 관계를 유지함으로써 상당한 자선금 지원을 받을 수 있었고, 그 덕분에 파산하지 않고 시설을 유지할 수 있었다. 한편 나는 차로 한 시간이 채 안 되는 곳에서 벌어진 프로젝트에 방문할 기회가 있었다. 셸리 부부가 사는 데서 매우 가까운 곳이었다. 이곳에서는 뉴브리지와 같은 재원을 전혀 가지고 있지 않지만 혁신이라고 할 만한 일을 해냈다. 바로 피터 샌본 플레이스Peter Sanborn Place다. 1983년, 지역 주민들 중 독립 생활이 가능한 저소득층 노인들을 위해 만들어진 곳으로 정부 보조를 받는 73개 아파트로 구성되어 있다. 1996년부터 이곳 운영을 맡아 온 재키 카슨Jacquie Carson은 원래 요양원 수준의 도움을 제공할 의도가 없었다. 그러나 입주민들이 나이가 들어가자, 그녀는 노인들이 원하기만 한다면 그곳에서 영구적으로 지낼 수 있는 방법을 찾아야겠다고 느꼈다. 실제로 입주민들이 절실히 원하는 일이기도 했다.

처음에는 집안일을 하는 데만 도움을 주면 됐다. 카슨은 지역 알선업자를 통해 가사 도우미를 구해서 빨래, 청소, 장보기 등을 돕도록 했다. 그러다가 일부 주민들의 몸이 너무 노쇠해지자 물리치료사를 불러 지팡이와 보행 보조기 등을 제공하게 하고, 신체 강화 운동을 가르치도록 했다. 또 카테터(체내에 삽입해서 소변 등을 뽑아내는 도관—옮긴이) 삽입, 피부 상처 치료 등 의학적 처치가 필요한 사람들이 생기자 정기적인 간호사 방문이 이루어지도록 했다. 가정 간호 알선업체에서는 카슨에게 주민들을 요양원으로 옮겨야 한다고 말했지만, 그녀는 따르지 않았다. 대신 자신이 직접 알선업체를 설립해 사람들을 고용해서 자기가 옳다고 믿는 방식으로 주민들을 돌봤다. 거기에는 밥 먹는 것에서부터 병원 방문에 이르기까지 주민들에게 필요한 모든 것이 포함됐다.

시간이 흐르면서 주민들 중 한 명이 알츠하이머병 진단을 받았다. "그 할아버지를 한 2년쯤 돌봤어요." 카슨이 말했다. "하지만 병이 진행되면서 결국 우리 능력 밖의 도움이 필요해졌죠." 그 할아버지에게는 24시간 내내 들여다보고, 화장실에 가는 걸 도울 사람이 필요했다. 카슨은 자신이 할 수 있는 일의 한계에 도달한 건 아닐까 생각했다. 이제는 그를 요양원으로 보내야 할 때가 된 건지도 모른다고 느낀 것이다. 그러나 카슨은 그의 아들들이 관여하고 있는 비영리기구 큐어 알츠하이머 펀드Cure Alzheimer's Fund의 도움으로 샌본 플레이스 최초의 야간 직원을 고용할 수 있었다.

그로부터 10여 년이 흐른 후, 샌본 플레이스 주민 70여 명 중 독립 적인 생활이 가능한 사람은 13명밖에 되지 않게 됐다. 25명은 식사, 장보기 등에 도움이 필요하다. 35명은 일상생활 전반에 도움이 필요 하고, 하루 24시간 필요한 때도 있다. 그러나 샌본 플레이스는 요양 원 자격을 얻지 않았다. 심지어 어시스티드 리빙 시설로 전환하지도 않았다. 공식적으로는 여전히 저소득층 노인을 위한 아파트 단지일 뿐이다. 다른 점이 있다면, 무슨 일이 있든지 간에 노인들이 자기 집 에서 자신이 원하는 방식으로 끝까지 살도록 돕겠다는 결의에 찬 원 장 한 사람이 있다는 것뿐이다.

나는 샌본 플레이스에서 주민 한 사람을 만났다. 루스 배럿 할머 니였다. 할머니는 그렇게 장애가 많은 사람도 여전히 자기 집에서 삶을 영위할 수 있다는 걸 보여 주는 좋은 예였다. 카슨은 여든다섯 이 된 루스 할머니가 그 집에서 11년째 살고 있다고 말했다. 그녀는 울혈심부전과 만성 폐질환 때문에 늘 산소가 필요했고, 관절염과 불 안정당뇨의 합병증으로 4년 동안 걷지를 못했다.

"나 걸어요." 전동 휠체어에 앉아 있던 루스 할머니가 동의할 수 없다는 듯 말했다.

"루스 할머니, 안 걸으시잖아요." 카슨이 킥킥 웃으며 말했다.

"내가 많이 걷지는 않지." 그녀가 답했다.

어떤 사람들은 나이가 들면서 마른 가지가 되고, 또 어떤 사람들은 나무등치가 된다. 루스 할머니는 나무등치 같은 사람이었다. 카슨은 루스 할머니가 원하면 24시간 언제라도 도움을 청할 수 있고, 휠체어에서 침대나 변기로 안전하게 옮길 수 있는 유압식 전동 장치도 있다고 설명했다. 그녀는 기억력도 많이 나빠졌다.

"내가 기억력이 아주 좋아요." 루스 할머니가 나한테 몸을 기울이면서 말했다. 나는 할머니 나이가 몇 살이냐며 좀 짓궂게 물었다. "쉰다섯." 그녀가 답했다. 그냥 한 30년 정도밖에 안 틀렸다. 할머니는 과거의 일(적어도 아주 오래된 과거의 일)은 상대적으로 잘 기억했다. 고등학교를 중퇴한 할머니는 결혼해서 자녀를 한 명 두고 이혼했다. 그 후 몇 년 동안 동네 식당에서 종업원으로 일하며 겨우 먹고살았다. 할머니는 다 합해서 세 번 결혼했는데, 그중 한 분에 대해 언급하길래 그에 대해 이야기해 달라고 부탁했다.

"일을 너무 많이 해서 죽을 걱정은 전혀 없는 사람이었지요." 그녀가 말했다.

루스 할머니가 바라는 것은 소박했다. 그녀는 규칙적인 일상에서 안정감을 느끼는 사람이었다. 느긋한 아침식사, 라디오에서 흘러나오는 음악, 로비에서 친구들과 나누는 수다, 딸과 하는 전화 통화, 오후에 즐기는 낮잠 같은 것들 말이다. 샌본 플레이스에서는 사람들이 일주일에 사나흘 도서관에 모여 DVD를 보는데, 할머니는 거의 항상 참여한다. 그녀는 또 금요일 점심 외식 모임을 정말 좋아한다. 직원들이 할머니가 나가기 전에 성인용 기저귀를 세 겹쯤 입혀 줘야 하고, 돌아온 다음에는 할머니를 씻겨 줘야 하지만 말이다. 또 그녀는 늘 소금을 두르지 않은 온더록스 마가리타를 즐긴다. 엄밀히 따지자면 당뇨병 때문에 금지된 것이긴 하지만 말이다.

"이분들은 평범한 동네에서 이웃들과 어울려 살 듯 생활합니다." 카슨은 이곳 주민들에 대해 그렇게 말한다. "잘못된 선택을 할 때도 있지만요."

카슨이 여기까지 오는 데는 내가 생각했던 것보다 훨씬 더 큰 강인함이 필요했다. 그녀는 종종 자신이 의료 시스템과 싸우고 있다고 느낄 때가 있었다고 한다. 응급실에 한 번 찾아가는 것만으로도 그녀와 그녀의 팀이 해 온 모든 일들을 무너뜨려 버릴 수 있었다. 병원에 간 주민들이 기본적인 투약 실수로 고생하기도 하고, 들것에 누운 채 몇 시간 동안 방치된 적도 있었다(얇은 매트리스에 누워 있는 바람에 욕창이 생겨 터진 적도 있었다). 주치의가 샌본 플레이스에 전화해서 환자에 대한 정보를 묻는다든지 치료 계획을 상의하는 경우는 거의 없었다. 게다가 환자를 병원에서 바로 재활 센터로 보낸 다음, 환자와 가족에게 다시는 샌본 플레이스의 아파트로 돌아갈 수 없다고 통고하는 일도 자주 일어났다. 카슨은 점차적으로 구급차 서비스 센터, 병원 등과의 관계를 다져 나갔다. 주민들의 치료 과정을 샌본 플레이스와 상의하고, 치료가 끝나면 다시 안전하게 돌려 보내 주기를 바란다는 점을 이해시킨 것이다.

심지어 1차 진료를 위해 주민들과 만나는 의사들마저 교육이 필요했다. 카슨은 어느 날 자기가 만난 의사 이야기를 해 주었다. 그 의사는 알츠하이머병이 있는 아흔세 살 할머니를 진료했다.

"지금 상태로는 안전하지 않아요." 의사가 카슨에게 말했다. "요양원으로 가야 합니다."

"왜죠?" 카슨이 물었다. "침대에는 패드가 깔려 있고, 경보기도 있고, GPS 추적기도 있는데요." 할머니는 충분히 훌륭한 보살핌을 받고 있었다. 친구도 있었고, 무엇보다 익숙한 환경에 있었다. 카슨은 그저 물리치료 방법을 처방받기 위해 그 의사를 찾은 거였다.

"물리치료는 필요 없어요. 어차피 어떻게 하는 건지 기억하지도 못할 테니까."

"기억할 거예요!" 카슨이 고집을 부렸다.

"이 할머니는 요양원으로 보내야 해요."

"이렇게 말해 주고 싶더라고요. '당신 은퇴해야겠군요.'" 카슨은 대신 할머니를 보며 이렇게 이야기했다. "의사를 바꿔야 할 것 같아요. 저분은 뭔가 새로운 것을 배우기에는 너무 나이가 든 것 같아요." 그리고 할머니의 가족에게는 이렇게 말했다. "기왕 에너지를 쓸 거라면, 저 의사한테 낭비하고 싶지는 않아요."

나는 카슨에게 그녀의 철학이 무엇인지 설명해 달라고 했다. 심신이 어떤 상태에 있든 간에 주민들이 계속해서 자기 방식으로 살아갈 수 있게 만드는 원동력이 무엇인지 말이다. 그녀는 자신의 철학을 이렇게 설명했다. "우리는 이 문제를 해결해 낼 수 있을 거야."

"피해야 할 장애는 모두 피하고 극복해야 할 장애는 모두 극복할 거예요." 그녀는 무슨 포위 공격을 모의하는 장군처럼 말했다. "모든 장애물을 포위해 밀어붙이고 결국은 넘어설 거예요."

카슨에게는 맞닥뜨려야 할 크고 작은 다양한 장애물들이 있다. 그녀는 여전히 그런 많은 문제들을 넘어설 최선의 해결책을 찾아내고 있었다. 예를 들어 그녀가 전혀 예상치 못한 일이 벌어지기도 했다. 모든 주민들이 자기 집에서 계속 살 수 있게 하려는 자신의 노력을 반대하는 주민들이 있었던 것이다. 그들은 이런 식으로 말하곤 했다. "아무개는 더 이상 여기 살면 안 돼요. 작년에는 빙고 게임을 할 수 있었는데 이제는 자기가 어디로 가는지조차도 모른다니까요."

그들과 논쟁을 벌여 봤자 소용이 없었다. 그래서 카슨은 새로운 전략을 사용했다. "좋아요. 그 할머니가 지낼 곳을 찾으러 가 보죠. 하지만 저랑 같이 다니셔야 해요. 내년에는 할머니가 가셔야 할지도 모르니까요." 지금까지는 그렇게 말하면 문제가 해결됐다.

또 다른 예도 있다. 샌본 플레이스에 들어온 주민들 중 상당수에게 반려동물이 있었다. 동물들과 함께 지내면 일상적으로 처리해야 할 곤란한 문제들이 증가하게 되지만, 그럼에도 주민들은 계속 자기 반려동물을 키우고 싶어 한다. 그래서 카슨은 직원들이 고양이 화장실을 치우게끔 했다. 그러나 직원들은 개를 돌보는 건 망설였다. 고양이보다 손이 더 많이 가기 때문이었다. 최근 카슨은 직원들이 작은 개를 돌볼 수 있는 방법을 고안해 냈다. 덕분에 주민들이 작은 개는 키울 수 있게 됐지만, 아직까지 큰 개를 키우는 문제는 해결하지 못했다. "직접 잘 돌보고 관리할 수 있을 정도는 돼야 해요. 너무 개 위주가 되는 것도 그다지 바람직한 상황은 아니지요."

늙어서도 삶을 의미 있게 살도록 만든다는 것은 새로운 개념이다.

그래서 노인들을 그냥 안전하게만 돌보는 것보다 훨씬 더 많은 상상력과 창의력이 필요하다. 통상적인 해결책이라는 것이 아직 다듬어지지 않은 상태다. 카슨을 비롯해 그녀와 같은 일을 하는 사람들은 문제가 생길 때마다 그때그때 하나씩 해결해 나가는 방식을 취하고 있다.

나는 2층 도서실 앞에서 친구들과 이야기를 나누고 있는 루스 베켓 할머니를 만났다. 그녀는 올해 아흔 살로 몸집이 작았으며 나무 둥치라기보다 마른 가지에 가까운 사람이었다. 할머니는 몇 년 전에 남편을 여의었고, 자기 집에서 혼자 살던 중 심하게 넘어져서 병원에 입원했다가 요양원으로 가게 됐다.

"나는 자주 넘어진다는 게 문제예요." 그녀가 말했다. "그런데 넘어지는 걸 고치는 의사는 없잖아요."

나는 할머니에게 어떻게 샌본 플레이스로 오게 됐는지 물었다. 그러자 루스 할머니는 아들 웨인에 대한 이야기를 해 주었다. 웨인은 쌍둥이로 태어났다. 그런데 태내에서 산소 공급을 충분히 받지 못한 게 문제가 되었다. 뇌성마비를 일으킨 것이다. 그는 이로 인해 걸을 때 근육이 경직되는 어려움을 겪었고 지적 발달이 늦어졌다. 어른이 된 후 기본적인 생활은 가능했지만 어느 정도 관리와 도움이 필요했다. 웨인이 30대가 되었을 때 그에게 필요한 모든 것을 제공하는 샌본 플레이스가 문을 열었고, 그는 이곳의 첫 입주자가 됐다. 그 후로 30년 동안 루스 할머니는 거의 날마다 웨인을 방문했다. 그러나 그녀가 넘어져서 요양원에 들어간 후로는 아들을 방문할 수 없게 되었고, 아들은 어머니를 찾아올 정도로 인지 발달이 되어 있지 않았다. 모자가 완전히 생이별을 하게 됐는데, 이 상황을 해결할 방도가 없어 보였다. 낙담한 루스 할머니는 더 이상 아들과 함께 시간을 보낼 수 없게 되었다고 생각했다. 그러나 카슨이 번뜩이는 아이디어를 내서 두 사람 모두 각자 아파트에 거주할 수 있게 할 방법을 고안해 냈다. 이제 루스 할머니와 웨인은 거의 바로 옆에 있는 아파트에 산다.

루스 할머니와 내가 이야기하던 자리에서 몇 미터 떨어진 곳에 웨인이 있었다. 그는 안락 의자에 앉아서 소다수를 홀짝이며 사람들이 오가는 것을 지켜보고 있었고, 바로 옆에 보행 보조기가 놓여 있었다. 두 사람은 이제 다시 한자리에서 가족처럼 살 수 있게 됐다. 누군가가 루스 할머니에게 이보다 더 중요한 것은 없다는 걸 이해했기 때문이다. 심지어 그녀의 목숨보다도 말이다.

나는 피터 샌본 플레이스에 들어오기 위해 기다리고 있는 사람의 수가 200명이 넘는다는 이야기를 들었을 때도 전혀 놀라지 않았다. 재키 카슨은 그들을 수용할 수 있는 아파트를 더 짓고 싶어 한다. 그녀는 또다시 부족한 재원, 정부의 관료적인 행정 절차 등 온갖 장애물들을 넘어서기 위한 기동 작전을 펴기 위해 애쓰고 있다. 그녀는 아마도 시간이 좀 걸릴 거라고 말했다. 그래서 그동안 사람들이 사는 곳으로 찾아가 도움을 줄 수 있는 기동반을 구성했다. 그녀는 여전히 모든 사람이 어디가 되었든 집이라고 부를 수 있는 곳에서 여생을 마칠 수 있도록 돕길 원한다.

세상에는 우리가 가진 상상의 틀 자체를 바꾸는 사람들이 있다. 우리는 선혀 예상치 못한 곳에서 그런 사람들을 만나곤 한다. 그리고 바로 지금, 언뜻 보기에는 조용하고 평범한 노인 주거 지구 곳곳에서 그런 인물들이 속속 나타나고 있다. 매사추세츠주 동부만 해도 이런 곳들이 일일이 다 방문할 수 없을 정도로 많았다. 나는 비콘 힐 빌리지Beacon Hill Villages의 설립자들 및 회원들과 두 차례 만나 오전을 보낸 적이 있다. 그들은 보스턴의 몇몇 이웃 동네들끼리 일종의 지역 협동조합을 만들어 노인들이 계속 자기 집에서 생활할 수 있도록 돕는 각종 서비스를 비싸지 않은 가격에 제공하고 있었다. 거기에는 배관 수리부터 세탁물 서비스에 이르기까지 다양한 일들이 포함되어 있었다. 나는 또 어시스티드 리빙 시설을 운영하는 사람들도 만났다. 온갖 장애에도 불구하고 케런 윌슨이 도입한 근본 개념을 유지하기 위해 애쓰는 사람들이었다. 나는 그토록 결의에 차고, 그토록 상상력이 풍부하고, 그토록 영감을 주는 사람들을 만나 보지 못했다. 앨리스 할머니가 그런 사람들 중 단 한 명이라도 만났더라면 그녀의 마지막 시간들이 얼마나 달라졌을까 하는 생각에 우울해지곤 한다. 할머니가 뉴브리지나 에덴 올터너티브 프로그램, 혹은 피터 샌본 플레이스 같은 곳에 의지할 수 있었다면 어떻게 되었을까? 그중 한 곳이라도 알았더라면, 할머니는 서서히 병약해져 갔음에도 불구하고 자신이 살아 왔던 대로 계속 살아갈 기회를 얻을 수 있었을 것이다. 할머니가 말한 대로 '진정으로 살 수' 있었을 거라는 얘기다.

내가 둘러본 곳들은 동물원의 동물들처럼 제각각 달랐다. 전체적으로나 부분적으로나 공통적인 게 하나도 없었다. 그러나 그런 곳들을 이끄는 사람들은 모두 하나의 뚜렷한 목적을 위해 헌신하고 있었다. 그들은 모두 생활하는 데 도움을 필요로 하는 사람이라고 해서 자율성을 희생할 필요는 없다는 믿음을 가지고 있었다. 그리고 나는 그들이 삶에서 가장 중요한 자율성이 어떤 것인지에 대해 특별한 철학을 공유하고 있다는 사실을 깨달았다.

자율성에는 여러 가지 다른 개념이 있다. 그중 하나는 자유로운 행동을 가리키는 자율성 개념이다. 강압과 제한 없이 완전히 독립적으로 사는 상태다. 이런 자유야말로 모든 사람이 공통적으로 외치는 구호다. 그러나 그런 자유는 환상에 불과하다. 빌 토머스가 뉴욕주 북부에서 자급자족형 농장을 꾸리며 살다가 깨닫게 된 것처럼 말이다. 토머스 부부의 두 아이는 심한 장애를 가지고 태어나 평생 도움을 받으며 살아야 하고, 토머스 자신도 언젠가는 질병과 노화를 비롯한 여러 가지 불운으로 도움이 필요해질 때가 올 것이다. 우리의 삶은 본질적으로 다른 사람에게 의존하도록 되어 있고, 우리가 제어할 수 있는 한계를 넘어선 상황과 힘의 영향을 받을 수밖에 없다. 자유를 더 갖는 것이 덜 갖는 것보다는 나아 보이기는 한다. 그러나 무엇을 위해? 누릴 수 있는 자유의 양이 삶의 가치와 비례하는 것은 아니다. 안전이라는 게 공허한 데다 심지어 자기 파괴적인 목표가 되기도 하는 것처럼 자율성도 마찬가지다.

위대한 철학자 로널드 드워킨Ronald Dworkin은 이와는 다른, 그러나 더 중요한 자율성 개념이 있다고 설파했다. 우리가 직면하는 한계와 역경이 무엇이든지 간에, 우리는 삶의 주인으로서 자율성—자유—을 유지하고 싶어 한다는 것이다. 이것이 인간으로 산다는 것의 핵심적 가치다. 드워킨은 1986년에 발표한 놀라운 논문에서 이 문제를 이렇게 쓰고 있다. "자율성의 가치는 그것이 만들어 내는 책임감 체계에 달려 있다. 자율성은 우리가 일관성 있고 분명한 각자의 개성, 확신, 관심 등에 따라 자신의 삶을 구체화할 책임을 지도록 만든다. 자율성은 우리가 남에게 이끌려 사는 것이 아니라 스스로 자신의 삶을 이끌며 살도록 하는 것이다. 그래서 우리 각자는 그러한 권리 체계가 허용하는 한 자기 스스로를 만들어 갈 수 있는 것이다."

우리가 원하는 건 그저 자신의 이야기를 스스로 쓸 수 있는 것이다. 그 이야기는 항상 변화한다. 살아가는 동안 우리는 상상할 수 없는 어려움을 만날 수도 있다. 관심사와 욕구가 변할 수도 있다. 그러나 무슨 일이 일어나든 우리는 자신의 개성 및 충성심과 합치하는 방식으로 삶을 꾸려 갈 자유를 유지하고 싶어 한다.

이 때문에 우리는 자신의 개성과 기억을 지워 버릴 위험이 있는 심신의 변화를 가장 끔찍한 고통으로 여기는 것이다. 죽을 수밖에 없는 존재로 살아가는 데 따른 투쟁은 곧 자신의 삶을 본래의 모습대로 유지하고자 하는 투쟁이기도 하다. 과거의 나와 현재 유지하고 싶은 나와의 연결고리를 끊어 버릴 만큼 너무 쇠약해지거나, 너무 소진되거나, 너무 종속되는 것을 피하려는 것이다. 질병과 노화만으로도 이 투쟁은 충분히 힘겹다. 우리가 의지하는 전문가들과 시설들이 이 투쟁을 더 어렵게 만들어서는 안 된다. 그러나 우리는 적어도 자신의 임무가 안전이라는 미명하에 사람들의 선택을 제한하는 것이 아니라 가치 있는 삶을 살도록 선택의 범위를 넓혀 주는 것이라고 믿는 전문가가 점점 많아지는 시대에 살고 있다.

　루 샌더스 할아버지는 노스 앤도버 요양원으로 들어가 휠체어에 묶인 채 긴장병 환자처럼 어린애 취급을 받으며 지내야 할 운명에 처해 있었다. 그때 셸리의 사촌이 첼시에 새로 문을 연 레너드 플로렌스 센터 포 리빙Lenard Florence Center for Living을 한번 방문해 보라고 권했다. 집에서 차로 그다지 멀지 않은 곳이었다. 셸리는 아버지와 함께 가 보기 위해 방문 약속을 잡았다.

　루 할아버지는 처음부터 그곳이 마음에 들었다. 셸리는 거의 기억하지도 못하는 안내원의 말 때문이었다. 모든 방은 혼자 쓰도록 되어 있다는 것이었다. 루 할아버지가 그때까지 본 요양원은 모두 다른 사람과 방을 같이 써야 했다. 사생활을 잃는다는 것은 그를 가장 두렵게 만드는 일 중 하나였다. 혼자 있을 수 있다는 것은 그에게 매우 근본적인 문제였다. 그럴 수 없다면 미쳐 버릴 거라고 생각했다.

　"아내가 나더러 외톨이처럼 지낸다고 말하곤 했는데, 실은 그게 아니에요. 난 그저 혼자 있는 시간을 즐기는 사람일 뿐이지요." 그래서 루 할아버지는 안내원이 플로렌스 센터의 방들은 모두 혼자 쓴다고 말하자 이렇게 말했다. "정말이요? 농담이죠?" 그리고 그는 시설을 다 둘러보기도 전에 이미 마음을 정해 버렸다.

안내원은 두 사람을 데리고 시설 전체를 돌았다. 입주민들과 직원들이 이곳을 그린 하우스라고 부른다는 설명도 들었다. 루 할아버지는 그게 뭘 의미하는지 알 수 없었다. 하지만 이것만큼은 알 수 있었다. "내게는 전혀 요양원 같지가 않았어요."

"그럼 어떤 곳 같았나요?" 내가 물었다.

"집 같았죠." 그가 말했다.

그곳은 바로 빌 토머스의 작품이었다. 에덴 올터너티브 프로그램을 성공적으로 이끈 이후 그는 몸이 들썩거려 가만히 있을 수 없었다. 그는 계속해서 일을 벌이는 사업가 기질을 갖고 있었다. 비록 늘 자금이 부족했지만 말이다. 토머스와 그의 아내 주드는 비영리기구를 만들어 수백 개 요양원에 에덴 프로그램의 원칙을 가르쳤다. 그후 두 사람은 또 파이오니어 네트워크Pioneer Network의 공동 설립자가 됐다. 노인을 돌보는 일을 혁신하는 데 헌신하는 사람들이 점점 늘어남에 따라 이들을 위해 만든 일종의 클럽 같은 것이었다. 파이오니어 네트워크는 특정 모델을 지지하지 않는다. 의학이 점령해 버린 노인 케어 문화를 탈바꿈시킬 수 있는 변화라면 무엇이든 지지한다.

2000년경, 토머스는 새로운 시도를 하고 싶어서 또 근질거리기 시작했다. 그는 뉴 베를린에서 했던 것처럼 기존 시설의 체계를 뒤엎는 것이 아니라 노인들을 위한 주거 시설을 처음부터 시작해 보고 싶었다. 그는 자신이 만들고 싶은 시설을 '그린 하우스'라고 불렀다. 그의 말을 빌리자면 '늑대의 탈을 쓴 양'을 만드는 것이 계획이었다. 공공 요양원 보조금을 받으려면 정부 쪽에는 요양원처럼 보여야 했고, 다른 요양원보다 비용이 더 들지 않아야 했다. 주민들의 장애와 손상이 아무리 심하다 해도 돌볼 수 있으려면 기술과 재원이 필요했다. 그러면서도 주민들과 그들의 가족들, 그리고 직원들에게 시설이 아니라 집 같다는 느낌을 줘야만 했다. 토머스는 비영리단체인 로버트 우드 존슨 재단Robert Wood Johnson Foundation으로부터 후원을 받고, 새로운 시설을 세우기로 결정한 에덴 올터너티브 요양원과 협력 관계를 맺어 미시시피주 투펠로에 첫 그린 하우스를 세웠다. 그로부터 얼마 지나지 않아 로버트 우드 존슨 재단은 이 사업을 전국적으로 확대하기 위한 내셔널 그린 하우스 리플리케이션 이니셔티브 National Green House Replication Initiative 프로그램에 착수해 25개 주에서 150개가 넘는 그린 하우스 건설을 지원했다. 그중 하나가 바로 루 할아버지가 둘러본 '레너드 플로렌스 센터 포 리빙'이었다.

열두 명의 입주민들을 위한 투펠로의 첫 그린 하우스든, 플로렌스 센터의 6층짜리 건물에 들어선 열 개의 그린 하우스든 그 원칙은 변하지 않고 있으며, 다른 모든 개척자들의 정신과 같은 선상에 있다. 모든 그린 하우스는 적은 규모로 공동 생활을 하도록 되어 있다. 어떤 곳도 주민이 열두 명을 넘지 않는다. 플로렌스 센터에는 한 층에 그린 하우스라고 부르는 단위가 두 개씩 있다. 한 곳에서 대략 열 명 정도의 주민이 함께 생활한다. 실내는 따뜻하고 가정적인 분위기가 나도록 디자인되어 있다. 평범한 가구와 벽난로가 있는 거실, 커다란 테이블에 둘러앉아 먹는 가족적인 식사, 초인종이 달린 현관문 등 보통의 집과 흡사하다. 음식, 살림살이, 친구 사귀기 등에 초점을

맞춤으로써 가치 있는 삶을 영위하게 할 수 있다는 생각에 따라 고
안된 것이다.

처음 루 할아버지의 마음을 끈 것은 그곳의 시각적인 분위기였다.
마음을 의기소침하게 만드는 획일화된 시설의 느낌이 전혀 없었다.
그러나 막상 입주를 한 다음에는 그곳의 생활 방식을 가장 소중하게
여기게 되었다. 자신이 원할 때 자고, 원할 때 일어나는 게 가능했
다. 그것만 해도 루 할아버지에게는 신세계였다. 아침 일곱 시에 직
원들이 복도를 따라 퍼레이드를 벌이듯 행진해 들어와 모든 사람을
서둘러 샤워시켜 옷을 입히고, 줄지어 약을 타 먹게 하고, 단체로 밥
을 먹는 일이 없었다. 대부분의 요양원(토머스가 일을 시작했던 체이스
메모리얼 요양원을 포함해서)에서는 그렇게 하는 것 말고는 다른 방법이
없다고 생각한다. 간호조무사들은 조리사들의 일정에 맞춰 주민들
을 준비시키고, 조리사들은 단체 활동 담당자들의 일정에 맞춰 주민
들에게 밥을 먹이며, 단체 활동 담당자들은 청소 직원들의 일정에
맞춰 주민들이 방에 들어가지 못하게 한다. 이후에도 이런 식의 연
쇄 작용이 계속된다. 그리고 이 모든 것들이 효율성이라는 이름 아
래 계획된다. 이를 위해 경영진들은 일정을 정하고 직원들에게 책임
을 분담한다. 하지만 토머스는 이 모델을 뒤집었다. 그는 일에 대한
주도권을 경영진이 아닌 일선에서 직접 노인을 돌보는 직원들에게
넘겼다. 그들로 하여금 각각 몇 명의 주민들에게만 집중할 수 있게
끔 했고, 여러 분야로 팀을 나누기보다는 한 사람이 전반적인 일을
관장할 수 있도록 했다. 한 사람이 요리와 청소를 비롯해 필요한 일

은 무엇이든 언제나 돕게 했다.(약을 챙겨 주는 것처럼 의학적인 일은 간호사의 도움을 받았다). 그 결과 각 직원들은 자기가 맡은 주민과 더 많은 시간을 보낼 수 있게 됐다. 이야기를 나누든, 밥을 먹든, 카드 놀이를 하든 말이다. 각 직원은 루 할아버지와 같은 사람에게 이반 일리치의 게라심 같은 역할을 했다. 치료사라기보다는 동반자에 가까운 관계가 형성된 것이다.

루 할아버지의 동반자가 되는 데는 많은 것이 필요한 게 아니었다. 한 직원은 할아버지를 볼 때마다 따뜻하게 포옹을 해 줬다. 할아버지는 셸리에게 이 인간적인 접촉이 얼마나 좋은지 털어놨다. 그와 포옹할 때를 제외하고는 그럴 일이 거의 없었기 때문이다. 그리고 화요일과 목요일 오후에는 여전히 찾아오는 친구 데이브와 함께 커피숍에서 크리비지 게임을 한다. 할아버지는 다른 층 그린 하우스에 사는 한 사람에게도 크리비지 게임을 가르쳐 줬다. 뇌졸중으로 마비가 된 사람이었는데, 가끔 할아버지 집에서 둘이 함께 게임을 즐긴다. 그럴 때면 직원 하나가 그의 카드를 들어 주기도 하고, 필요한 경우 루 할아버지가 그 일을 대신하기도 한다. 상대의 카드를 훔쳐보지 않으려고 애쓰면서 말이다. 카드놀이를 하지 않는 날 오후에는 할아버지가 사랑하는 개 베이징과 함께 셸리가 들른다.

하지만 그는 하루 대부분의 시간을 혼자 보내는 것도 행복해한다. 그런 날 할아버지는 아침식사를 한 후 자기 방으로 돌아가 텔레비전을 본다. 그의 말을 빌리자면 "엉망으로 돌아가는 세상 꼴을 봐야 하기" 때문이다.

"정계 소식에 관심이 많아요. 꼭 일일 연속극 같잖아. 날마다 또다른 사건이 벌어지곤 하지요."

나는 어떤 채널을 보는지 물었다. 폭스 채널?

"아뇨. MSNBC를 봐요."

"MSNBC요? 리버럴이세요?"(최근 미국에서는 민주당을 지지하는 진보 성향 인사를 가리켜 'liberal'이라고 말하곤 한다. MSNBC는 우파 성향의 폭스 채널과 정반대에 있는 뉴스 채널이다.—옮긴이) 내가 이렇게 묻자 그가 씩 웃으며 답했다.

"맞아요. 나 리버럴이지. 민주당이라고 하면 드라큘라한테라도 표를 던질 사람이에요, 내가."

할아버지는 한동안 텔레비전을 본 다음 운동을 한다. 그를 도와주는 직원과 함께 실내를 걷거나 날씨가 좋으면 밖으로 나가기도 한다. 이는 사실 할아버지에게 대단한 일이다. 이전에 지내던 어시스티드 리빙 시설에서는 직원들이 그를 휠체어에 태워 다니곤 했기 때문이다. 그가 종종 의식을 잃고 쓰러지기 때문에 걸어 다니는 건 안전하지 않다는 이유에서였다. "휠체어가 정말 싫었어요." 할아버지가 말했다. 플로렌스 센터에서는 그가 휠체어 대신 보행 보조기를 사용할 수 있게 해 주었다. "그 문제를 내 뜻대로 밀어붙이길 잘했다는 생각이 들어요."

정오가 되면, 그는 같은 하우스에 사는 사람들과 함께 큰 식탁에 둘러앉아 점심을 먹는다. 오후에 카드 게임을 비롯해서 다른 계획이 없으면 보통 독서를 한다. 『내셔널 지오그래픽National Geographic』과

『뉴스위크Newsweek』를 정기구독하고 있고, 책도 많이 읽는다. 최근에 로버트 러들럼Robert Ludlum의 스릴러를 끝낸 다음 스페인 무적함대의 패배에 관한 책을 시작했다.

때로 할아버지는 델 컴퓨터를 켜고 유투브 비디오도 본다. 어떤 것들을 즐겨 보는지 묻자, 그는 예를 하나 들어 줬다.

"중국에 가 본 지 무척 오래됐어요. 전쟁 끝나고 나서는 안 가 봤지. 그래서 청두에 한번 가 보자 생각했어요. 세계에서 가장 오래된 도시 중 하나거든요. 수천 년은 된 곳이에요. 전쟁 때 그 근처에 주둔을 했어요. 그래서 컴퓨터를 켜고 'Chengdu'라고 입력했죠. 그렇게 해서 도시 곳곳을 누비며 구경했지요. 거기 유대교 시나고그까지 있더라니까! 감탄이 절로 나와요. 시나고그가 여기 하나, 저기 하나 있다고까지 다 알려 주더군요. 난 이리저리 안 가 보는 곳이 없이 뛰어 다녔어요." 그가 말했다. "하루가 얼마나 빨리 지나가는지 몰라. 정말 믿을 수 없을 만큼 빨리 지나가 버려요."

저녁식사 후에는 침대에 누워 헤드폰을 쓰고 컴퓨터로 음악을 듣는 걸 좋아한다. "나는 고요한 밤 시간이 참 좋아요. 아마 그 시간에 오면 놀랄 거예요. 모든 게 고요해져요. 음악도 듣기 편한 조용한 것들을 고르게 되지요." 그는 판도라 채널에서 나오는 부드러운 재즈를 듣거나 베니 굿맨Benny Goodman 혹은 스페인 음악을 듣기도 한다. 그때그때 기분에 따라 선택하는 것이다. "그리고 나서는 편히 누워 생각에 잠기지요."

어느 날 루 할아버지를 만나 이야기를 나누다가 물었다. "할아버지에게는 삶을 가치 있게 만드는 것이 무엇인가요?"

그는 대답하기 전에 잠깐 생각에 잠겼다.

"이제 때가 됐다는 생각이 드는 순간들이 있어요. 주로 기분이 밑바닥으로 가라앉을 때 그런 생각이 드는 거겠죠." 그가 말했다. "이만하면 됐다, 더 이상은 안 되겠다는 생각이 드는 거예요. 그럴 때면 셸리한테 떼를 쓰다시피 해요. 아프리카에서는 옛날에 너무 늙어서 더 이상 생산을 못하게 된 노인네들을 정글로 데리고 가 동물들에게 잡아먹히도록 놔 뒀다는 얘기를 하지요. 내가 제정신이 아닌 줄 알더라고요. 그래서 이렇게 얘길 했어요. '이제 난 더 이상 아무것도 생산해 내지 못하잖니. 정부한테 부담이나 주는 노인네일 뿐이야.'"

할아버지는 계속 말을 이어 갔다.

"이따금 그런 생각이 들다가도 혼자 이렇게 되뇌곤 해요. '흠, 사는 게 그런 거지 뭐. 그냥 흘러가는 대로 맡기는 거야. 멀리 돌아가야 한다 해도 그게 뭐 어떻겠어.'"

우리는 부엌과 통해 있는 거실에 앉아서 이야기를 나누고 있었다. 양쪽으로 천장까지 닿는 커다란 창문이 나 있는 곳이었다. 여름을 지나 가을이 다가오고 있었고, 창문을 통해 들어오는 하얀 햇살이 따사로웠다. 바로 아래쪽으로 첼시 시가지가 보였고, 멀리 보스턴 항구가 있는 브로드 해협도 눈에 들어왔다. 주변 하늘이 전부 바닷물처럼 새파랗게 보였다. 루 할아버지가 살아온 이야기를 거의 두 시간 정도 듣다가 문득 이런 생각이 들었다. 루 할아버지와 같은 삶의 단계에 들어서는 게 두렵지 않다는 생각 말이다. 내 기억으로 그런 생각이 든 건 처음이었다. 루 할아버지는 아흔네 살이었고, 거기에 근사해 보이는 구석은 확실히 없었다. 그의 치아는 흔들거리는 돌멩이 같았고, 관절은 아프지 않은 곳이 없었다. 그는 아들과 아내를 잃었고, 노란 테니스 공을 앞쪽 다리에 끼운 보행 보조기 없이는 돌아다니지도 못한다. 또 그는 가끔 대화의 끈을 놓치거나 사실을 혼동하기도 한다. 그러나 그가 여전히 이 세상에 자신의 역할이 있다고 느끼는 방식으로 살아갈 수 있다는 것만은 분명했다. 아직은 세상이 루 할아버지가 좀 더 여기 머물러 있었으면 하고 바라는 것이다. 그리고 그것은 우리도 그렇게 살 수 있는 가능성이 있다는 것을 말해 준다.

질병과 노화의 공포는 단지 우리가 감내해야 하는 상실에 대한 두려움만은 아니다. 그것은 고립과 소외에 대한 공포이기도 하다. 사람들은 자신의 삶이 유한하다는 사실을 깨닫게 되면서부터는 그다지 많은 것을 원하지 않는다. 돈을 더 바라지도, 권력을 더 바라지도 않는다. 그저 가능한 한 이 세상에서 자기만의 삶의 이야기를 쓸 수 있기를 바랄 뿐이다. 일상의 소소한 일들에 대해 직접 선택을 하고, 자신의 우선순위에 따라 다른 사람이나 세상과의 연결고리를 유지하고 싶어 하는 것이다. 현대 사회에서 우리는 쇠약해지고 의존적이 되면 그러한 자율성을 갖는 것이 불가능해진다고 생각하게 됐다. 하지만 내가 루 할아버지, 루스 할머니, 앤 할머니, 리타 할머니를 비롯한 많은 사람들에게서 배운 것은 그것이 분명 가능하다는 사실이었다.

"난 미래를 걱정하지 않아요." 루 할아버지가 말했다. "동양에 '카르마'라는 말이 있어요. 일어나도록 되어 있는 일은 결국 일어나게 되어 있다는 거예요. 멈출 수 있는 방법이 없다는 거지요. 내 삶에 끝이 있다는 걸 알아요. 하지만 어쩌겠소? 지금까지 잘 살았으니 됐지."

Being Mortal

6

내려놓기

인간다운 마무리를 위한 준비

새라는 의식이 오락가락했고, 의료진에게는 한 가지 선택밖에 남아 있지 않았다. 인공호흡기를 연결하는 것이었다. 새라는 투지가 있는 사람 아니었던가? 그런 사람들이 갈 다음 단계는 중환자실이었다.

이것이 바로 수백만 번 반복되는 현대의 비극이다. 우리가 풀 수 있는 생명의 실타래가 정확히 얼마나 남았는지를 알 길이 없는 상황이라면, 그리고 실제보다 더 많이 남아 있다고 상상한다면 우리는 싸우고 싶은 충동을 느낀다. 그러나 노화나 질병으로 인해 심신의 능력이 쇠약해져 가는 사람들에게 더 나은 삶을 제공하려면 종종 순수한 의학적 충동을 제한할 필요가 있다. 너무 깊이 개입해서 손보고, 고치고, 제어하려는 욕구를 참아야 한다는 뜻이다.

내 나이 든 환자들, 그러니까 루 할아버지 같은 사람들의 앞날에 무엇이 기다리고 있을지 생각해 보기 전에는 과감히 진료실 밖으로 나가 그들의 삶을 살펴보려 하지 않았다. 그러나 이미 시작된 노인 케어의 혁신을 목격하면서 나는 그것을 떠받치고 있는 단순한 통찰, 그리고 그것이 의학 전반에 미칠 영향을 인상 깊게 느꼈다. 거기에는 내 진료실에서 벌어질 일들도 포함되어 있었다. 여기서 말하는 통찰이란 바로 노화나 질병으로 인해 심신의 능력이 쇠약해져 가는 사람들에게 더 나은 삶을 제공하려면 종종 순수한 의학적 충동을 제한할 필요가 있다는 것이다. 즉 너무 깊이 개입해서 손보고, 고치고, 제어하려는 욕구를 참아야 한다는 뜻이다. 이 개념이 날마다 진료실에서 만나는 환자들에게 얼마나 중요한지를 이해하는 건 어려운 일이 아니었다. 내 환자들은 나이에 상관없이 죽을지도 모르는 상황에 직면해 있다. 그런데 여기서 아주 어려운 질문이 제기될 수 있다. 고치려 애써야 할 때는 언제이고, 그러지 말아야 할 때는 언제일까?

우리 병원 의사들이 새라 토머스 모노폴리의 생명이 얼마 남지 않았다는 걸 알아냈을 때 그녀는 겨우 서른네 살이었고, 첫 아이를 임신한 상태였다. 새라의 증상은 기침과 허리 통증으로 시작됐다. 가슴 엑스레이를 찍어 보니 왼쪽 폐가 찌그러져 있었고, 가슴에 물이 차 있었다. 긴 바늘을 꽂아 가슴에 찬 물의 샘플을 채취해서 검사실로 보냈다. 모두들 염증이기를 바랐지만, 검사 결과는 폐암이었다. 암은 이미 그녀의 가슴 안쪽까지 퍼져 있었다. 당시 새라는 임신 39주 차였다. 검사를 요청했던 산부인과 주치의가 그녀를 앉혀 놓고 결과를 알려 줬다. 그녀의 남편과 부모도 함께 있었다. 예후에 대해서는 이야기하지 않았지만—그 부분은 암 전문의를 부를 예정이었다—새라는 충격에 휩싸였다. 가장 친한 친구를 폐암으로 잃은 적이 있는 새라의 어머니가 울기 시작했다.

의사들은 즉시 치료를 시작하기를 원했고, 그러기 위해서는 유도분만을 통해 태아를 꺼내야만 했다. 새라와 그녀의 남편 리치는 분만 병동 한쪽에 있는 조용한 테라스로 나가 잠깐 앉아 있었다. 6월의 따뜻한 월요일이었다. 그녀는 남편의 손을 잡고 방금 들은 소식을 소화하기 위해 애썼다. 담배를 피운 적도, 담배 피우는 사람과 함께 산 적도 없었다. 운동도 하고 건강한 식생활을 유지했다. 진단 결과는 실로 이해할 수 없는 것이었다. "괜찮아질 거야." 리치가 말했다. "함께 이겨 낼 수 있을 거야. 어려운 길인 건 사실이야. 하지만 함께 해결책을 찾아낼 수 있어. 치료할 방법이 있을 거야." 그러나 당장은 뱃속의 아기에 대해서도 생각해야만 했다.

"새라랑 저는 서로를 바라봤어요." 리치가 회상했다. "그리고 말했죠. '화요일은 암 같은 거 없는 날이야. 암 없는 날로 정하자. 이제 곧 아기를 만나게 되잖아. 정말로 신나는 일이야. 아기의 탄생을 축하하자.'" 화요일 저녁 8시 55분, 비비안 모노폴리가 태어났다. 엄마와 같은 갈색 곱슬 머리에 3.4킬로그램의 건강한 아기였다.

다음 날 새라는 혈액 검사와 정밀 촬영 검사를 받았다. 암 전문의 폴 마르쿠 박사가 새라와 그녀의 가족을 만나 검사 결과를 이야기했다. 그는 그녀가 왼쪽 폐에서 시작된 비소세포 폐암에 걸렸다고 말했다. 새라는 폐암을 유발시킬 만한 일을 한 게 아무것도 없었다. 그런데 폐암의 15% 이상이—사람들이 생각하는 것보다 더 많은 비율이다—비흡연자들에게서 생긴다고 한다. 그녀의 암은 꽤 많이 진행된 상태로, 이미 가슴의 림프절 여러 개와 가슴 안쪽까지 전이되어 있었다. 수술이 불가능했다. 그러나 화학요법을 시도해 볼 수는 있었다. 특히 엘로티닙erlotinib이라는 약물이 가장 많이 사용됐다. 엘로티닙은 비흡연 여성의 폐암에서 흔히 발견되는 돌연변이 세포를 공격하는 약이다. 환자의 85%가 이 약에 반응을 보이고, 마르쿠 박사 말대로 "장기적인 효과를 보일 수도" 있다.

'반응'이나 '장기적'이라는 단어들은 절박한 현실에 어느 정도 희망을 준다. 사실 이 정도 단계의 암은 치료할 방법이 없다. 화학요법을 써도 생존 중간 값이 약 1년 정도밖에 되지 않는다. 그러나 지금 당장 새라와 리치에게 그런 이야기까지 하는 것은 너무 가혹하고 무의미해 보였다. 비비안이 침대 옆 요람에 누워 있었고, 부부는 낙관적인 태도를 가지려 최선을 다하고 있었다. 새라와 리치는 나중에 그들을 만나러 온 사회복지사에게 생존율 통계 같은 것에는 초점을 맞추고 싶지 않다고 말했다. 그들은 이 진단 결과를 '공격적으로 관리'하는 데 집중하고 싶었다.

새라는 엘로티닙 투약을 시작했다. 얼굴에 여드름 같은 발진이 생기며 가려움증을 일으켰고, 정신이 멍해지는 엄청난 피로감이 몰려왔다. 또 폐 주변에 찬 물을 바늘로 찔러 빼내는 치료를 받았지만 다시 물이 차올랐고, 이 때문에 고통스러운 치료를 계속 반복해야만 했다. 결국 흉부외과 전문의가 새라의 가슴에 작은 관을 영구 삽입해서 물이 차올라 호흡이 곤란해지면 수도꼭지처럼 돌려 물을 빼낼 수 있게끔 했다. 새라는 비비안을 출산한 지 3주 만에 다시 병원에 입원했다. 폐색전으로 심각한 호흡곤란을 일으켰기 때문이다. 폐색전은 폐동맥 안에 생긴 혈전이 혈관을 막는 것으로, 암환자에게서 드물지 않게 나타나는 위험한 증상이다. 의료진은 새라에게 혈액 희석제를 투여하기 시작했다. 그리고 검사 결과 그녀의 암세포는 엘로티닙에 반응하는 돌연변이가 아니라는 사실이 밝혀졌다. 마르쿠 박사에게서 엘로티닙이 효과가 없을 거란 소식을 들은 새라는 대화 도중 갑자기 설사가 나 화장실에 뛰어 들어갈 정도로 격렬한 반응을 보였다.

마르쿠 박사는 다른 방법을 제안했다. 더 일반적인 화학요법이었다. 카보플라틴carboplatin과 파클리탁셀paclitaxel이라는 두 가지 약을 투여하는 방법이다. 그러나 파클리탁셀이 극도로 심한 알레르기를 일으키자 카보플라틴과 젬시타빈gemcitabine으로 약을 바꿨다. 그는 이 치료에 대한 반응 확률이 꽤 높다고 말했다.

새라는 남은 여름을 집에서 보냈다. 비비안과 남편, 그리고 도움을 주기 위해 온 부모님이 함께 있었다. 그녀는 엄마 노릇을 하는 게 행복했다. 화학 치료를 받는 사이 사이, 그녀는 이전의 삶을 되찾기 위해 안간힘을 썼다.

그러던 10월 어느 날, CT 스캔 결과 왼쪽 가슴과 림프절에 있는 종양이 훨씬 커졌다는 것을 알게 됐다. 화학요법이 실패한 것이다. 이번에는 페메트렉시드pemetrexed라는 약으로 바꿨다. 이 약을 사용한 환자의 수명이 상당히 연장됐다는 연구 결과가 나와 있었다. 그러나 실제로 그런 효과를 본 환자는 극소수였다. 평균적으로는 생존 기간이 11개월에서 13개월로 겨우 2개월 연장되는 데 그쳤다. 그것도 새라와 달리 1차 화학요법에 반응한 환자들의 경우였다.

새라는 치료 실패와 부작용에 침착하게 대응하려고 애썼다. 원래 긍정적인 성격의 그녀는 낙관적인 태도를 애써 유지했다. 그러나 그녀는 점점 더 기진맥진해지고 숨이 가빠 오면서 몸이 안 좋아지는 걸 느꼈다. 몇 달 만에 수십 년 나이가 든 것 같았다. 11월에는 병원 주차장에서 마르쿠 박사 진료실까지 걷는 데도 숨을 쉬기 힘들어서 결국 리치가 그녀를 휠체어에 태워 밀고 가야 했다.

추수감사절이 되기 며칠 전, 다시 한 번 CT 스캔을 해 본 결과 세 번째 약인 페메트렉시드도 효과가 없다는 결론이 났다. 폐암이 왼쪽에서 오른쪽 가슴, 간, 복부 안쪽, 척추까지 퍼져 있었다. 시간이 얼마 남지 않은 것이다.

새라의 이야기에서 바로 이 시점이 시사하는 바는 매우 크다. 현대 의학이 지배하는 시대에 사는 우리 모두가 어려운 질문과 직면해야 하는 시점이기 때문이다. 새라와 그녀의 주치의는 이제 어떻게 하는 것이 좋을까? 다른 식으로 표현을 해 보자. 만일 우리가 전이암 혹은 그와 비슷한 불치병으로 생이 얼마 남지 않은 상황이라면 의사가 어떻게 해 주기를 바랄까?

이 문제는 최근 들어 비용 문제로 인해 주목을 받게 되었다. 천정부지로 치솟는 의료비는 대부분의 선진국에서 장기적 재정 안정성을 위협하는 최대의 적으로 떠올랐는데, 그중 상당액이 불치병을 관리하는 데 쓰인다는 것이 밝혀졌다. 미국에서는 메디케어 비용의 25%가 생의 마지막 1년에 접어든 5%의 환자에게 사용되고, 또 그 가운데 대부분은 거의 아무런 효과가 없는 최후 1~2개월에 집중된다. 종종 이것이 이례적으로 미국에서 벌어지는 일이라고 생각하는 경향이 있는 것 같은데, 사실은 그렇지 않다. 다른 나라들에 대한 자료가 그리 많지는 않지만, 유효한 자료들을—예를 들어 네덜란드나 스위스 같은 나라들의 자료—살펴보면 상황이 비슷하다는 것을 알 수 있다.

암과 같은 질병에 대한 치료는 특정 패턴을 거치는 경향이 있다. 암 치료 초기 단계에는 비용이 많이 든다. 그러다가 치료가 잘 되면 비용이 점점 줄어든다. 예를 들어 2011년 연구 결과에 따르면 환자가 유방암 진단을 받은 첫해에 들이는 비용은 평균 2만 8000달러였다. 그중 대부분이 진단을 위한 초기 검사, 수술, 그리고 필요한 경우 방사능 치료나 화학요법 등에 들어간다. 그 후로는 1년에 2000달러로 비용이 떨어진다. 그러나 암이 생명을 위협할 만큼 치명적인 것으로 판명될 경우, 치료 비용은 U자 곡선을 그리며 말기에 증가하는 양상을 보인다. 전이성 유방암 환자가 마지막 1년에 들이는 비용은 평균 9만 4000달러다. 현대 의학은 한 달에 1만 2000달러가 드는 화학요법, 하루에 4000달러짜리 집중 치료, 한 시간에 7000달러짜리 수술 등으로 죽음을 미루려 애쓰는 데 능하다. 그러나 결국 죽음은 오고야 마는데도 어느 시점에 치료를 멈춰야 할지 아는 사람은 거의 없다.

우리 병원 중환자실에 있는 환자를 보러 갔다가 잠시 중환자 관리 전문의와 이야기를 나눴다. 대학 때부터 알고 지내던 의사다. "난 죽어 가는 사람들을 수용하는 창고에서 일하고 있는 거나 다름없어요." 그녀가 암담한 표정으로 말했다. 그녀가 맡고 있는 환자 10명 중 퇴원했다가 바로 병원으로 돌아오지 않을 확률이 있는 환자는 2명밖에 되지 않는다. 전형적인 예를 들어 보자면 거의 막바지에 이른 여성 환자가 있다. 나이 여든 가까이 된 그 할머니는 치료 불가능한 울혈심부전을 앓고 있었다. 3주 만에 두 번이나 중환자실에 입원한 할머니는 인사불성이 될 만큼 많은 약을 투여받았고, 몸에 난 구멍이란 구멍에는 죄다 관이 꽂혀 있었으며, 그것도 모자라 인공으로 몇 개 더 낸 구멍에까지 관이 꽂혀 있었다. 나이 일흔 살의 또 다른 환자는 폐와 뼈에 암이 전이된 상태였는데, 보통 말기에만 관찰되는 진균성 폐렴을 앓고 있었다. 환자 자신은 치료를 더 이상 받지 않겠다고 말했지만, 암 주치의가 환자를 설득해서 생각을 바꾸도록 했다. 산소호흡기를 매단 채 항생제를 투여받고 있는 중이었다. 80대의 또 다른 여성 환자는 호흡기와 신장 기능이 거의 멈춘 말기 상태로 2주 동안 중환자실에 있었다. 그녀의 남편은 기관을 절개해 영양 공급관을 삽입한 채로 오래 투병하다가 숨을 거뒀다. 그래서 그녀는 예전에 그런 식으로 죽고 싶지 않다는 말을 여러 번 했다고 한다. 하지만 자녀들이 어머니를 포기할 수 없어서 각종 장치를 사용해 달라고 요청했다. 영구적인 기관 절개, 영양 보급관 삽입, 신장 투석관 삽입 등이 이루어진 상태다. 지금 그녀는 각종 장치에 매달린 채 의식이 들락날락하며 표류하고 있는 중이다.

거기 누워 있는 환자들 대부분은 자신에게 가망이 없다는 걸 상당 기간 알고 있었다. 그럼에도 그들은—그들의 가족과 의사들도—마지막 단계에 대한 준비가 전혀 되어 있지 않았다.

"지금 우리는 환자들이 생을 어떻게 마감하고 싶어 하는지에 대해 그 어느 때보다 많은 대화를 나누고 있어요." 내 친구 의사가 말했다. "문제는 그게 너무 늦었다는 거예요."

2008년, '암에 대처하기Coping with Cancer'라는 전국 규모 프로젝트에서 발표한 연구 결과에 따르면 말기 암 환자가 기계적인 인공호흡, 전기적 심폐 소생술, 심장 압박 치료 등을 받았거나 죽음이 임박한 상황에서 중환자실에 들어가 집중 치료를 받았을 경우 그런 인위적 개입을 받지 않은 사람들보다 마지막 일주일에 경험한 삶의 질이 훨씬 나빴다는 걸 알 수 있다. 그리고 환자가 사망한 지 6개월 후 그를 돌봤던 사람들이 심각한 우울증을 겪을 확률도 세 배나 높았다. 말기 질환으로 생의 마지막 날들을 중환자실에서 보내는 것을 많은 사람들은 일종의 실패로 간주한다. 이곳에서 환자들은 몸의 각 기관이 하나씩 멈추고, 정신은 오락가락하며, 형광등이 켜진 이 낯선 방을 절대 살아서 떠날 수 없으리라는 것조차 모르는 상태로 인공호흡기에 매달린 채 누워 지낸다. "괜찮아" "미안해" 혹은 "사랑해" 같은 말로 작별의 인사를 할 기회조차 없이 마지막을 맞는 것이다.

심각한 질병을 갖고 있는 사람들에게는 단순히 생명을 연장하는 것 말고도 해야 할 다른 중요한 일들이 많다. 조사를 해 보면 이들에게 가장 중요한 문제는 고통을 피하고, 가족 및 친구들과의 관계를 더 돈독히 하고, 주변과 상황을 자각할 수 있는 정신적 능력을 잃지 않고, 타인에게 짐이 되지 않고, 자신의 삶이 완결됐다는 느낌을 갖는 것이다. 기술에 의존한 의학적 처치는 그런 욕구를 충족시키는 데 완전히 실패했다. 그리고 그 실패에 따른 대가는 돈으로 환산할수 없을 만큼 큰 것이다. 따라서 문제는 이 시스템을 유지하는 데 들어가는 돈을 어떻게 마련하느냐에 있는 것이 아니다. 그보다는 사람들이 삶의 마지막 순간에 가장 중요하게 여기는 것들을 성취할 수 있도록 실질적인 도움을 줄 의료 복지 시스템을 만들 수 있느냐는 것이다.

과거에는 보통 죽어 간다는 것이 급격하게 낭떠러지로 떨어지는 듯한 경험이었다. 따라서 이런 문제에 대해 고민하지 않아도 됐다.

조기에 질병을 찾아내는 정밀 촬영, 생명을 연장시키는 처치 등 현대 의학의 개입 없이도 본래 투병 기간이 길어지는 질병이 있기는 했다. 아마도 결핵이 대표적인 예일 것이다. 그러나 대부분은 자신이 생명을 위협하는 병에 걸렸다는 걸 인지하는 순간부터 죽음에 이를 때까지 며칠에서 몇 주 정도밖에 걸리지 않았다. 현대 의학이 발달하기 전 미국 대통령들이 어떻게 죽었는지 생각해 보자. 조지 워싱턴은 1799년 12월 13일 목에 염증이 생겼다는 것을 안 다음 날 집에서 세상을 떠났다. 존 퀸시 애덤스, 밀러드 필모어, 앤드루 존슨 등은 모두 뇌졸중으로 쓰러진 지 이틀 안에 죽음을 맞이했다. 러더포드 헤이스는 심장마비를 일으킨 지 3일 후 숨을 거뒀다. 이보다 시간을 더 끈 대통령들도 있다. 제임스 먼로, 앤드루 잭슨은 점진적으로 시간을 오래 끌며 몹시 두려움에 떨다가 목숨을 잃었다. 결핵때문이었다. 율리시스 그랜트는 구강암으로 1년 만에 세상을 떠났다. 그러나 삶의 종말에 관해 연구하는 조앤 린Joanne Lynn 박사의 연구 결과처럼 사람에게 생명을 위협하는 질병이란 대개 나쁜 날씨를 만나는 것과 비슷한 경험이었다. 별 경고 없이 갑자기 들이닥치는 일이었기 때문이다. 이때 사람들이 할 수 있는 일은 이겨 내거나 무릎을 꿇거나 둘 중 하나였다.

예전에는 죽어 가는 과정을 미리 규정된 관습에 따라 경험하는 경우가 많았다. 죽는 기술, 즉 '아르스 모리엔디ars moriendi'에 관한 안내서가 큰 인기를 끌 정도였다. 1415년에 라틴어로 출판된 중세 판은 유럽 전역에서 100쇄 넘게 인쇄되기도 했다. 사람들은 죽음에 대해 두려움도, 자기 연민도, 신의 용서 외에 다른 희망도 품지 말고 냉정하게 받아들여야 한다고 생각했다. 자신의 믿음을 재확인하고, 죄를 회개하는 한편 세속적인 소유와 욕망을 내려놓는 것이 가장 중요하다고 믿었다. 안내서에는 가족들이 할 수 있는 기도와 마지막 순간에 올바른 마음가짐을 갖도록 하기 위해 죽어 가는 사람들에게 던질 수 있는 질문들이 담겨 있다. 임종은 경의를 표하는 특별한 자리가 되도록 했다.

오늘날 비참한 질병에 걸려 갑작스럽게 죽음에 이르는 건 예외적인 일이 됐다. 요즘 대부분의 사람들은 결국 멈출 수 없는 상황이 올 때까지 오랜 의학적 투쟁을 벌인 끝에 죽음을 맞는다. 말기 암, 치매, 파킨슨병, 장기 부전(가장 흔한 경우는 심장이고 그 뒤를 폐, 신장, 간 등이 잇는다), 혹은 너무 나이 들어 나타나는 노환의 축적 등으로 죽음에 이르는 것이다. 이 모든 경우의 마지막 단계는 죽음이라는 것이 확실하다. 그러나 그 시기는 확실치 않다. 우리 모두는 이 불확실성과 싸우고 있다. 다시 말해 이 전투에서 패배했다는 걸 언제, 어떻게 받아들여야 하는지를 두고 싸우는 것이다. 임종의 말은 이제 거의 존재하지 않는다. 의학 기술은 의식이 없어지고 신체 기능이 제대로 돌아가지 않는 상황에서도 각 기관을 유지할 수 있게 만들었다. 게다가 죽어 가는 사람이 스스로를 인식하는 게 거의 불가능해질 때까지 의학적 처치를 해 대는 마당에 환자가 생각하는 바와 바라는 바를 돌볼 겨를이 어디 있겠는가? 말기 암, 치매, 혹은 불치의 심장질환을 가진 사람이 정확히 죽는 것은 어느 시점인가?

예전에 60대 여성 환자를 수술한 적이 있다. 가슴과 배에 극심한 통증을 호소하는 환자였다. 장 폐색으로 대장 파열을 일으켰고, 그 결과 심장마비와 패혈증성 쇼크, 그리고 신부전이 왔다. 나는 대장에서 손상된 부분을 떼어내고 인공 항문을 내기 위한 긴급 수술을 했다. 심장전문의가 스텐트를 삽입해서 좁아진 관상동맥을 열었다. 우리는 신장 투석, 산소호흡기, 정맥 영양 공급 등을 통해 그녀를 안정화시키려 했다. 그러나 한두 주일이 지나자, 그녀가 더 이상 호전되지 않을 거라는 게 확실해졌다. 패혈증성 쇼크로 인해 심장과 호흡부전이 계속됐고, 발에는 건성괴저가 생겨 절단해야 할 지경에 이르렀다. 또한 인공 항문을 내느라 생긴 커다란 상처를 통해 장에 든 내용물이 새 나오는 상태여서, 상처를 아물게 하려면 몇 주 동안 하루에 두 번씩 드레싱을 갈아 주고 씻어 줘야 했다. 게다가 그녀는 먹을 수 없었기 때문에 기관절개술을 받아야 했고, 이미 신장 기능을 잃어서 여생 동안 일주일에 사흘은 신장투석기에 매달려 지내야 했다.

그녀는 결혼을 하지 않았고, 자녀도 없었다. 그래서 나는 그녀의 자매들과 중환자실에 딸린 가족 대기실에서 다리 절단과 기관절개술을 감행할 것인지 상의했다.

"죽게 될까요?" 자매들 중 한 명이 내게 물었다.

나는 그 질문에 어떻게 답해야 할지 몰랐다. 심지어 '죽는다'는 말이 무얼 의미하는지조차 확신하기 어려웠다. 지난 몇 십 년 사이, 의학은 죽음에 관해 수백 년 동안 내려온 경험과 전통, 표현들을 더 이상 쓸모없게 만들어 버렸고, 인류에게 새로운 문제를 안겨 주었다. 바로 '어떻게 죽을 것인가' 하는 문제가 그것이다.

어느 봄 금요일 아침, 나는 새라 크리드Sarah Creed 선생과 함께 회진을 돌았다. 크리드는 우리 병원에서 말기 환자들을 위해 운영하는 호스피스 서비스 담당 간호사였다. 나는 이전까지 호스피스에 대해서 그다지 많은 것을 알지 못했다. 우선 나는 말기 환자들을 '편안하게 돌보는' 걸 전문으로 하는 분야라는 것, 그리고 비록 요즘에는 대개 집에서 이루어지긴 하지만, 때로 특별한 시설에서 돌보기도 한다는 걸 알고 있었다. 그리고 환자가 호스피스 케어를 받게 하려면 앞으로 6개월 이상 살지 못할 거라는 사실을 확인하는 서류에 담당 의사가 서명해야 한다는 것을 알고 있었다. 또한 수명이 며칠밖에 남지 않은 환자들을 제외하고는 이 서비스를 선택하는 사람이 극소수에 불과하다는 사실도 알고 있었다. 왜냐하면 환자가 자신의 병이 말기에 이르렀음을 이해하고 있으며, 병을 치료하기 위한 의학적 노력을 포기하겠다는 의사를 나타내는 서류에 서명해야 하기 때문이다. 사실 내가 '호스피스' 하면 떠올리는 것은 모르핀 주사였다. 어느 고요한 아침 청진기를 손에 든 채 보스턴 매너팬의 리 콕스 할머니네 문을 두드리는 크리드의 모습은 내가 상상하던 호스피스와 거리가 멀었다. 전직 중환자실 담당 간호사인 그녀는 갈색 머리에 푸른 눈을 하고 있었다.

"안녕하세요, 리 할머니." 크리드가 집에 들어서면서 인사했다.

"어서 와요, 새라." 리 콕스 할머니가 인사하며 우리를 맞았다. 일흔두 살인 그녀는 심근경색으로 인한 울혈심부전, 그리고 만성적으로 진행되며 치료가 불가능한 폐섬유증 때문에 몇 년 동안 점점 건강이 악화되고 있었다. 의사들은 스테로이드제를 사용해서 병세의 악화를 늦추려 했지만 효과가 없었다. 입원과 퇴원을 거듭하는 동안 상태는 점점 나빠질 뿐이었다. 결국 그녀는 호스피스 케어를 받아들이고, 여러 가지로 도움을 줄 수 있는 조카딸의 집으로 이사를 했다. 리 할머니는 산소흡입기에 의존해 호흡해야 했고, 일상생활을 영위하는 건 대부분 불가능했다. 10미터 길이의 산소흡입기를 매단 채 현관문을 여는 것만으로도 숨이 가빠졌다. 문을 연 그녀는 잠깐 그 자리에 서서 입을 꼭 다문 채 가슴을 헐떡거리며 숨을 골라야만 했다.

크리드는 리 할머니의 팔을 살짝 붙잡고 부엌으로 가서 자리에 앉은 다음 어떻게 지내는지 물었다. 그러고는 말기 환자들에게 일어날 수 있는 문제들에 중점을 둔 질문들을 했다. 통증이 있는지? 입맛은 어떤지? 갈증이나 수면 문제는 없는지? 혼란스럽거나, 불안하거나, 마음의 동요가 일어나지는 않는지? 숨찬 증상이 더 나빠지지는 않았는지? 가슴이 아프거나 심장이 두근거리지는 않는지? 배는 불편하지 않은지? 배변이나 배뇨, 혹은 걷는 데 문제는 없는지?

리 할머니는 몇 가지 새로운 문제가 생겼다고 말했다. 침실에서 화장실로 간 다음 숨을 고르려면 적어도 5분은 걸리고 그 때문에 겁이 난다는 것이었다. 가슴에 통증도 느껴지기 시작했다. 크리드는 진료 가방에서 혈압계를 꺼냈다. 할머니의 혈압은 괜찮았지만 맥박이 너무 빨랐다. 청신기로 심장 소리를 들어 보니 정상이었고, 폐에 청진기를 대 보니 섬유종 때문에 작게 치직거리는 것 외에 전에 없던 쌕쌕거리는 소리가 들렸다. 발목은 물이 차 부어 있었다. 할머니의 약상자를 확인해 보고 심장약이 떨어졌다는 것도 알았다. 그녀는 할머니의 산소 장비를 보여 달라고 했다. 단정하게 정리된 할머니의 침대 발치에 놓인 액화 산소통은 아직 꽉 차 있었고 아무 문제없이 돌아갔다. 그러나 흡입 치료를 위한 분무기가 고장 나 있었다.

심장약이 떨어진 데다 흡입 치료까지 제대로 안 되고 있었으니 상황이 악화된 게 당연했다. 크리드가 할머니 담당 약국에 전화해 물어보니 약을 준비해 놓고 기다린 지 꽤 오래되었다고 답했다. 그녀는 할머니의 조카에게 연락해 퇴근길에 약을 찾아오라고 당부했다. 또 흡입 장치를 공급하는 회사에도 전화해서 당일 긴급 서비스를 요청했다.

그런 다음 그녀는 부엌에 앉아 리 할머니와 몇 분 더 이야기를 했다. 할머니는 사기가 떨어져 있었다. 크리드는 그녀의 손을 잡고 모든 게 괜찮아질 거라고 말했다. 그녀는 할머니의 상태가 좋았던 때를 상기시켰다. 예를 들어 지난주만 해도 조카와 함께 휴대용 산소통을 들고 나가서 쇼핑도 하고 머리 염색도 하지 않았던가.

나는 리 할머니에게 젊은 시절 이야기를 해 달라고 부탁했다. 그녀는 보스턴에 있는 공장에서 라디오 만드는 일을 했고, 남편과 사이에서 두 자녀와 몇 명의 손주들을 뒀다.

내가 왜 호스피스 케어를 택했는지 묻자 그녀는 풀이 죽었다. "폐 주치의랑 심장 주치의 모두 더 이상 나를 도울 방법이 없다고 했어요." 그녀가 말했다. 크리드가 나를 노려봤다. 내 질문 때문에 리 할머니가 다시 우울해졌기 때문이다.

리 할머니는 노화에 따른 어려움과 언젠가 목숨을 앗아 갈 것이 분명한 질병을 안고 사는 데서 오는 시련이 가로놓인 삶에 대해 이야기하고 있었다. "조카딸과 그 애 남편이 날마다 나를 도와주는 게 보통 고마운 일이 아니에요." 그녀가 말했다. "하지만 여기는 내 집이 아니에요. 그 애들 사는 데 방해가 되는 것 같아 괴롭죠." 여러 세대가 함께 사는 것에 대한 이상적인 이미지가 현실과 다르다는 것을 다시 한 번 보여 주는 사례다.

크리드는 할머니를 꼭 안아 준 뒤 떠나기 전에 다시 한 번 중요한 사실을 상기시켜 주었다. "가슴 통증이 계속 사라지지 않으면 어떻게 하셔야 된다고요?" 그녀가 물었다.

"나이트로를 먹어요." 혀 밑에 넣어 녹여 먹는 나이트로글리세린을 말하는 거였다.

"그러고요?"

"새라한테 전화를 해야지요."

"제 전화번호는 어디 있나요?"

할머니는 전화기 바로 옆에 붙여 놓은 24시간 운영 호스피스 센터의 전화번호를 가리켰다.

집을 나선 후 나는 크리드가 보여 준 일들 때문에 혼란스러워졌다는 것을 고백했다. 그녀가 할머니 집에서 한 일들 중 많은 부분이 생명 현상을 위한 소서처럼 보였기 때문이다. 호스피스의 목적은 모든 과정을 자연스럽게 맡기자는 것 아니었던가?

"호스피스의 목적은 그게 아니에요." 크리드가 말했다. 일반적인 의료 행위와 호스피스 케어의 차이점은 치료하느냐 아무것도 하지 않느냐에 있는 게 아니라 우선순위를 어디에 두느냐에 있다는 것이었다. 보통의 의료 행위는 생명 연장에 목적을 두고 있다. 지금 당장은 수술, 화학요법, 중환자실 입원 등으로 삶의 질을 희생하게 되더라도 시간을 좀 더 벌 수만 있다면 그렇게 한다. 호스피스 케어는 간호사, 의사, 성직자, 사회복지사 등을 동원해서 치명적인 질병을 가진 사람들이 현재의 삶을 최대한 누릴 수 있도록 돕는다. 요양원을 개혁하려는 사람들이 심각한 장애를 가진 주민을 돕는 데 직원들을 동원하는 것과 비슷한 개념이다. 질환이 말기에 이르렀다면 불편함과 통증으로부터 벗어날 수 있게 하고, 가능한 한 오래 의식을 유지할 수 있게 하고, 가끔은 가족과 외출할 수 있게 돕는 것과 같은 목적에 초점을 맞춘다. 여기서 환자가 살날이 많이 남았는지 적게 남았는지는 문제가 되지 않는다. 리 할머니를 호스피스 케어로 넘겼을 때, 할머니의 주치의들은 그녀가 몇 주를 넘기지 못할 거라고 생각했다. 그러나 효과적인 호스피스 케어를 받은 할머니는 이미 1년을 넘긴 상태였다.

호스피스 케어를 받겠다고 선택하는 것은 쉬운 결정이 아니다. 호스피스 담당 간호사가 환자의 인생에 들어가는 것은 참으로 묘한 시점이다. 환자는 자신이 치명적인 질병을 가지고 있다는 사실을 이해하지만, 죽어 가고 있다는 것까지는 인정하지 못하는 경우가 많다. "호스피스로 오는 사람들 중 자신의 운명을 받아들인 사람은 4분의 1 정도밖에 되지 않아요." 크리드가 말했다. 처음 환자를 만나 보면, 의사가 자신을 버렸다고 생각하는 사람이 많다고 한다. "99퍼센트는 자신이 죽어 가고 있다는 걸 이해합니다. 하지만 모두 다 자신은 그렇게 되지 않기를 바라죠. 여전히 병을 이기고 싶어 하는 거예요." 처음 만남이 항상 어렵다. 하지만 상황을 부드럽게 만드는 요령도 생겼다. "간호사는 5초 안에 환자가 자기를 좋아하고 신뢰하도록 만들어야 해요. 이는 전반적으로 나를 어떻게 보이도록 하느냐에 달려 있어요. 나는 '아, 정말 안되셨어요.' 하는 식으로 말하지 않아요. 대신 '저는 호스피스 간호사예요. 당신의 삶을 더 나아지게 할 이러저러한 방법이 있습니다. 낭비할 시간이 없다는 것도 잘 알고 있고요.'라고 시작하지요."

크리드는 데이브 갤러웨이와 처음 만났을 때도 같은 방법을 적용했다. 그는 우리가 리 콕스 할머니네 집을 나온 다음 방문한 사람이다. 그는 마흔두 살이었다. 데이브와 그의 아내 새런은 보스턴 소방대원들이었고, 둘 사이에는 세 살 난 딸이 있었다. 그는 췌장암에 걸렸고, 이미 다른 부위로 전이된 상태였으며, 윗배가 종양으로 완전히 딱딱해져 있었다. 데이브는 지난 몇 달 동안 통증이 참을 수 없을 만큼 심해졌고, 이로 인해 여러 번 입원해야 했다. 가장 최근 입원한 일주일 전쯤, 의사들은 종양이 그의 창자에 구멍을 냈다는 것을 알아냈다. 이 문제는 임시로도 해결할 방법이 없었다. 의료진은 경정맥 영양 공급을 시작했고, 그에게 중환자실로 가거나 집으로 돌아가 호스피스 케어를 받거나 둘 중 하나를 선택하라고 했다. 그는 집으로 돌아가는 쪽을 선택했다.

"우리한테 좀 더 빨리 왔으면 좋았을 걸 그랬어요." 크리드가 말했다. 그녀와 호스피스 담당의 조앤 노왁JoAnne Nowak은 데이브가 집에 돌아온 직후 그를 진단하고 며칠밖에 남지 않았다고 결론 내렸다. 퀭한 눈에 숨쉬는 것도 힘들어했고, 물이 차서 하체 전체가 부어오르다 못해 물집이 생겨 터질 지경이었다. 게다가 복부 통증으로 정신이 나가기 직전이었다.

호스피스 팀은 작업에 들어갔다. 그들은 진통제 펌프를 설치하고 환자 스스로 단추를 누르면 지금까지 허용된 것보다 더 많은 양의 마약성 진통제가 투여되도록 했다. 또한 병원용 전동 침대를 설치해 상체를 약간 세운 자세로 잘 수 있게 했다. 그리고 섀런에게 데이브를 씻기는 요령, 피부가 상하지 않도록 보호하는 방법, 그리고 위기가 닥쳤을 때 대처하는 법 등을 가르쳤다. 크리드는 자기 일에 환자의 가족을 평가하는 것도 포함되어 있다고 설명했다. 섀런은 대단히 능력 있는 사람이라는 인상을 줬다. 그녀는 끝까지 남편을 돌보겠다는 결의에 차 있었고, 소방대원이어서인지 그렇게 할 활력과 역량을 갖고 있었다. 그녀는 개인 간호사를 고용하길 원치 않았고, 정맥 주사와 침구 교환에서부터 도움이 필요할 때 가족을 동원하는 일에 이르기까지 모두 혼자서 해냈다.

크리드는 '비상 약품 세트'를 긴급 택배로 보내 데이브 침대 옆에 놓인 작은 냉장고에 보관하도록 했다. 거기에는 너무 통증이 심하거나 숨이 찰 때 쓸 모르핀, 불안증이 극심해질 때 먹을 아티반, 메스꺼움이 심할 때 쓸 콤파진, 섬망증에 필요한 할돌, 열을 가라앉힐 타이레놀, 마지막 순간 상기도가 가르랑거리는 소리를 내며 막힐 수 있을 때 이를 말려 줄 아트로핀 등이 들어 있었다. 그러한 증상들 중 어느 하나라도 나타나면, 섀런은 24시간 대기 중인 호스피스 간호사에게 전화해서 어떤 약을 어떻게 써야 할지 지시받을 수 있었고, 필요하면 간호사 방문을 요청할 수도 있었다.

데이브와 섀런은 마침내 밤새 깨지 않고 잘 수 있게 됐다. 크리드가 아니면 다른 간호사라도 날마다 방문을 했고, 어떨 때는 하루에 두 번 오기도 했다. 그 주만 해도 섀런은 세 번이나 호스피스 센터에 전화를 해서 데이브의 극심한 통증이나 환각 증상에 대해 도움을 받았다. 며칠 후 데이브 부부는 심지어 두 사람이 가장 좋아하는 식당에서 외식까지 했다. 데이브는 배가 고프지 않았지만 그곳에 있다는 것만으로도 행복했고, 그 식당에 얽힌 추억들에 잠길 수 있었다.

섀런은 지금까지 가장 어려웠던 부분은 데이브가 날마다 공급받고 있던 2리터짜리 경정맥 영양 공급을 포기하는 일이었다고 말했다. 그것이 데이브의 몸에 들어가는 유일한 영양 공급원이기는 했지만, 호스피스 직원은 이를 중단하는 쪽을 권장했다. 데이브의 몸에서 영양을 전혀 흡수하지 못하고 있는 듯했기 때문이다. 당, 단백질, 지방이 섞인 액체가 몸에 들어가서 피부가 아프도록 부풀어 오르고,

숨도 더 가쁘게 했다. 이 모든 고통을 무엇을 위해 감수해야 한다는 말인가? 호스피스 케어의 정신은 '지금 이 순간을 산다'는 것 아니었던가? 새런은 망설였다. 그렇게 하면 남편을 굶어 죽게 만드는 것 아닐까 하는 두려움이 느껴졌기 때문이다. 그러나 나와 크리드가 방문하기 전날, 그녀와 데이브는 영양 공급을 중단하기로 결정했다. 아침이 되자 벌써 부기가 많이 빠져 있었다. 이제 더 많이 움직일 수 있게 됐고, 움직일 때 덜 불편했다. 그는 음식도 몇 입씩 먹기 시작했다. 음식의 맛을 즐기는 것이 주 목적이었지만, 그것만으로도 새런은 자신이 내린 결정을 더 마음 편하게 느꼈다.

우리가 도착했을 때 데이브는 샤워를 마치고 침대로 다시 가는 중이었다. 아내의 어깨에 팔을 걸치고 슬리퍼를 신은 발을 한 발씩 천천히 옮기고 있었다.

"오랫동안 따끈하게 샤워하는 것만큼 좋아하는 게 없어요." 새런이 말했다. "그럴 수만 있으면 아마 샤워실 안에서 살 거예요."

데이브는 새로 갈아입은 깨끗한 파자마 차림으로 침대 끝에 앉아 숨을 가다듬었다. 데이브가 크리드와 이야기를 나누는 동안 방울 달린 끈으로 머리를 묶은 그의 딸 애슐리가 아빠 무릎 위에 봉제 인형을 올려놓고는 방으로 뛰어 들어왔다 나갔다 하고 있었다.

"통증이 1부터 10 사이에서 어느 정도 되나요?" 크리드가 물었다.

"6이요." 데이브가 말했다.

"진통제 펌프 단추를 눌렀나요?"

그는 한동안 대답을 하지 않다가 그러지 않았다는 걸 인정했다.

"망설여져요."

"왜죠?"

"지는 것처럼 느껴져서요."

"진다고요?"

"마약 중독자가 되고 싶지 않아요." 그가 설명했다. "이게 필요한 사람이 되고 싶지 않아요."

크리드는 데이브 앞에 무릎을 꿇은 자세로 앉았다. "데이브, 이 정도 통증을 약 없이 견딜 수 있는 사람은 없다고 생각해요." 그녀가 말했다. "지는 게 아니에요. 아름다운 아내와 딸이 있는데 통증이 너무 심하면 그들과 지내는 시간을 즐길 수가 없잖아요."

"그건 맞는 말인 것 같아요." 그는 자기에게 작은 말 인형을 건네는 애쉴리를 바라보며 말했다. 그리고 진통제 투약 단추를 눌렀다.

데이브 갤러웨이는 일주일 후에 숨을 거뒀다. 집에서 평화롭게, 가족들에게 둘러싸인 채 말이다. 그로부터 또 일주일이 지난 후 리 콕스 할머니가 운명했다. 그러나 정형화된 인간의 생명이라는 것이 얼마나 쉽게 현실에 저항하는지를 증명이라도 하듯, 리 할머니는 자신이 결코 고칠 수 없는 병에 걸렸다는 사실을 끝내 받아들이려 하지 않았다. 그래서 그날 아침 할머니가 심장마비를 일으키자 가족들은 그녀가 원하는 대로 호스피스 서비스가 아닌 구급차를 불렀다. 긴급 의료 팀과 소방대원, 경찰 등이 모두 들이닥쳤다. 그들은 그녀의 옷을 벗긴 뒤 흉부 압박을 실시하고, 기도에 관을 삽입해 폐에 산소를 강제 주입하면서 전기 충격을 가해 멈춰 버린 심장을 되돌리려 애썼다. 그러나 그런 노력은 말기 환자의 경우 거의 효과가 없었고, 리 할머니의 경우에도 마찬가지였다.

호스피스 케어는 '어떻게 죽을 것인가'에 대한 새로운 개념을 제공하려고 시도해 왔다. 모두가 그 절차를 받아들여 온 것은 아니다. 하지만 호스피스 케어를 수용한 사람들은 우리 시대의 '아르스 모리엔디'를 만드는 데 일조한 것이다. 그러나 그 과정에는 많은 장애가 존재한다. 고통뿐 아니라 멈출 수 없어 보이는 의학적 치료 행위의 관성에도 맞서 싸워야 하기 때문이다.

추수감사절 직전에 새라 모노폴리와 그녀의 남편 리치, 그리고 어머니 돈 토머스는 마르쿠 박사를 만났다. 새라에게 남은 선택이 무엇인지 논의해 보기 위해서였다. 그녀는 이미 세 가지 화학요법 치료를 받았지만, 효과가 있더라도 아주 미미할 뿐이었다. 마르쿠 박사는 죽음이 가까워진 이 시점에 그녀가 가장 원하는 게 무엇인지, 그리고 그것을 이루어 낼 수 있는 최선의 방법이 무엇인지 이야기 나눌 수도 있었을 것이다. 그러나 그는 새라와 그녀의 가족이 다음에는 어떤 치료법을 적용할 수 있는지에 대해서만 이야기하고 싶어 한다는 인상을 강하게 받았다. 그들은 죽음에 대해서는 말하고 싶어 하지 않았다.

나중에 새라가 죽고 난 후, 나는 그녀의 남편 및 부모와 이야기할 기회가 있었다. 그들은 새라가 자신의 병을 치료할 수 없다는 걸 잘 알고 있었다고 말했다. 암 진단을 받은 뒤 비비안을 출산한 다음 주,

그녀는 자신이 가고 난 후 비비안을 어떻게 키웠으면 좋겠는지 상세히 말했다. 그녀는 가족들에게 병원에서 죽고 싶지 않다고 여러 번 말했다. 마지막 순간을 평화롭게 지내고 싶었던 것이다. 그러나 그 순간이 금방 닥칠 수도 있다는 것, 그리고 병세를 늦출 방법이 없다는 것 등은 "새라도 나도 이야기하고 싶지 않은 문제였다"고 그녀의 어머니는 말했다.

새라의 아버지 개리와 쌍둥이 자매 에밀리는 그녀가 회복될 수 있으리라는 희망을 끝까지 버리지 않았다. 두 사람은 의사들이 최선을 다해 치료법을 찾지 않고 있을 뿐이라고 느꼈다. "어떻게 할 도리가 없다는 건 믿을 수가 없었어요." 개리가 말했다. 리치에게는 아내의 투병 과정 전체가 무척 혼란스러운 경험이었다. "우리는 이제 막 아이를 낳은 젊은 부부였어요. 이 상황이 너무나 충격적이고 이상하게 느껴질 수밖에 없었죠. 그래서 우리는 치료를 포기하는 문제에 대해서는 결코 이야기 나눌 수 없었습니다."

마르쿠 박사는 방에 모인 사람들을 훑어봤다. 폐암 치료를 하면서 보낸 20년의 세월 동안 그는 이런 종류의 대화를 많이 경험했다. 그는 침착한 데다 상대를 안심시키는 면이 있었고, 미네소타 토박이답게 서로 대립하는 것도 지나치게 친밀해지는 것도 피하려는 경향이 있었다. 마르쿠 박사는 과학적인 결론을 내리기 위해 노력했다.

"환자들 중 대다수는 결국 그 병으로 죽게 되리라는 걸 나도 알아요." 그가 내게 말했다. 통계 자료에 따르면 폐암 환자가 두 번째 화학요법에도 실패할 경우 더 치료한다 해도 생존 기간을 늘릴 확률이 거의 없고, 오히려 상당한 부작용을 겪는 경우가 많다. 그러나 마르쿠 박사 역시 희망을 버리지는 않았다.

그는 가족들에게 어느 시점에는 고통을 완화하고 심리적인 안정을 돕는 '지원 치료supportive care'를 고려해 보는 것도 좋을 것이라고 조언했다. 그러나 덧붙여 임상 실험 단계에 있는 치료법들이 있다는 점도 언급했다. 그리고 현재 시험을 거치고 있는 몇몇 치료법들에 대해 설명했다. 그중 가장 유망한 것은 새라의 암세포에서 발견된 돌연변이를 공격하는 파이저사의 약품이었다. 새라와 그녀의 가족들은 곧바로 그 약에 모든 희망을 걸었다. 이 신약은 너무 최근에 나와서 이름조차 붙어 있지 않았고, 그저 'PF0231006'이라는 번호로만 불렸다. 그 사실이 환자와 가족들의 마음을 더욱 사로잡았다.

몇 가지 마음에 걸리는 문제점들이 있기는 했다. 그중 하나는 과학자들이 아직 어느 정도가 안전한 용량인지를 모른다는 사실이었다. 이 약은 아직 실험 1단계에 불과했다. 다시 말해 약의 효능이 아니라 용량에 따른 유독성을 판단하는 실험 단계에 있었던 것이다. 게다가 페트리 접시에서 새라의 암세포에 이 약을 써 본 결과 아무 효과가 없다는 것까지 밝혀졌다. 그러나 마르쿠는 이 모든 게 부정적인 요소이긴 하지만 결정적인 장애는 아니라고 생각했다. 규정상 새라는 이 시험에 참여할 수 없다는 게 가장 중요한 문제였다. 여름에 생긴 폐색전 때문이었다. 따라서 새라가 자격을 갖추려면 폐색전 증상을 보인 후 정해진 기간이 지나야 했고, 이를 위해서는 두 달을 기다려야만 했다. 마르쿠 박사는 그사이 비노렐빈vinorelbine이라는 기존의 화학요법을 사용해 보자고 제안했다. 새라는 추수감사절 직후 월요일에 바로 이 치료를 시작했다.

이쯤에서 잠시 멈추고 새라가 겪은 일에 대해 차분히 생각해 볼 필요가 있다. 그녀는 하나하나 단계를 거치면서 네 번째 화학요법에까지 이르게 됐다. 그런데 네 번째 치료는 병세를 호전시킬 확률이 극히 적은 데 비해 막대한 부작용을 겪을 가능성은 엄청나게 컸다. 게다가 피할 수 없는 운명에 대비할 기회도 놓치고 말았다. 이 모든 일이 극히 정상적인 상황 때문에 벌어졌다. 환자와 가족들이 그녀가 안고 있던 병의 현실을 직면할 준비가 안 된 상황 말이다.

나는 마르쿠 박사에게 폐암 말기 환자들을 처음 만날 때 그들을 위해 무얼 해내길 바라는지 물었다. "1~2년 정도 그럭저럭 잘 지내게 할 수 있을까를 생각하죠." 그가 말했다. "그게 내가 갖고 있는 기대치입니다. 새라 같은 환자의 경우 운이 아주 좋아야 3~4년 정도예요." 하지만 이는 환자들이 듣고 싶어 하는 말이 아니다. "환자들은 10~20년을 생각하고 와요. 어떤 환자를 만나도 같은 얘기를 듣게 됩니다. 사실 내가 그들 입장이었다 하더라도 똑같이 했을 거예요."

사람들은 의사들이라면 이 수많은 환자들을 이끌 준비가 잘 되어 있을 거라 생각한다. 그러나 방해가 되는 요인이 적어도 두 가지는 있다. 첫째, 의사들의 견해 자체가 비현실적일 수 있다. 사회학자 니컬러스 크리스터키스Nicholas Christakis는 말기 환자 500여 명의 주치의들에게 자신의 환자가 얼마나 오래 살 거라고 생각하는지 물은 다음 환자들의 병세를 추적했다. 그 결과 63%의 의사들이 환자의 생존 기간을 과대평가한 것으로 나타났다. 너무 작게 잡은 의사들은 17%에 불과했다. 평균적으로는 530% 과대평가되어 있었다. 의사가 환자를 더 잘 알수록 오차 범위가 커졌다.

둘째, 의사들은 이 정도의 의견조차도 환자들에게 전달하기를 꺼린다. 의사들은 보통 암을 완치하는 것이 불가능한 경우 이를 환자들에게 알리기는 하지만, 정확한 예후는 환자가 그 정보를 요구할 때조차도 밝히기를 꺼려한다는 연구 결과가 나와 있다. 또한 효과가 없을 거라고 믿는 치료법을 제공했다고 인정한 암 전문의가 40%를 넘었다. '고객은 언제나 옳다'는 소비자 문화의 영향으로 의사와 환자의 관계가 점점 왜곡되는 시대에 의사들은 환자의 기대를 짓밟는 발언을 하기를 특히 주저하게 된다. 우리는 과도하게 낙관적인 것보다 과도하게 비관적인 것에 대해 훨씬 더 많이 걱정한다. 그리고 죽음에 관해 이야기하는 것은 엄청나게 불편하고 곤란하게 여긴다. 의사들은 새라 모노폴리와 같은 환자를 대할 때 진실에 직면하는 일을 맨 뒤로 미룬다. 나는 그 사실을 잘 알고 있다. 새라와 진실에 대해 이야기 나누기를 꺼린 사람은 마르쿠 박사만이 아니었기 때문이다. 나도 그랬다.

그해 초여름, PET(양전자단층촬영) 검사 결과 새라는 폐암뿐 아니라 목의 림프절까지 퍼진 갑상선암에도 걸렸다는 것이 밝혀졌다. 나는 수술 여부를 결정하는 회의에 참석했다. 폐암과 관련 없는 이 두 번째 암의 경우 사실 수술은 가능한 것이었다. 그러나 갑상선암이 생명을 위협할 정도로 퍼지려면 몇 년이 걸린다. 갑상선암이 문제를 일으키기 훨씬 전에 새라는 이미 폐암으로 저세상 사람이 되어 있을 것이다. 필요한 수술의 범위와 합병증 유발 가능성을 고려하면 아무 것도 하지 않는 쪽이 최선이었다. 그러나 내 논리를 새라에게 설명하려면 그녀로 하여금 폐암으로 결국 죽을 수밖에 없다는 현실을 직면하게 만들어야 했다. 그리고 나는 그렇게 할 준비가 되어 있지 않았다.

내 진찰실을 찾은 새라는 두 번째 암의 발견 때문에 특별히 더 낙담한 것 같아 보이지 않았다. 그녀는 결의에 차 있었다. 갑상선암 치료는 상당한 성과가 있다는 글도 읽고 왔다고 했다. 새라는 마음의 준비가 되어 있었고, 언제 수술할 것인지를 이야기하고 싶어 했다. 나는 그녀의 낙관적인 기분에 휩쓸리지 않을 수 없었다. 만일 내 생각이 틀렸고, 그녀가 전이성 폐암을 이겨 낼 기적의 환자라면? 그렇다면 그녀의 갑상선암을 그대로 놔둘 수는 없는 일 아닌가?

내 해결책은 그 주제를 완전히 피하는 것이었다. 나는 새라에게 갑상선암은 확산 속도가 느리고 치료 가능하다는 비교적 좋은 소식을 전했다. 그러나 폐암에 우선순위를 둬야 한다는 말도 덧붙였다. 또한 폐암을 치료하는 데 방해가 되는 일은 하지 말아야 하며, 갑상선암의 경우 지금 당장은 관찰만 하다가 몇 달 후에 수술 계획을 잡아도 늦지 않는다고 말했다.

나는 새라를 6주에 한 번씩 만났고, 그때마다 그녀의 몸 상태가 점점 나빠지고 있다는 걸 알 수 있었다. 하지만 새라는 휠체어를 타고 와야 할 정도로 상태가 안 좋을 때조차도 늘 화장을 하고 앞머리를 단정히 넘겨 핀으로 고정한 채 웃는 모습으로 나타났다. 그녀는 작은 일에도 잘 웃었다. 몸에 꽂은 관들 때문에 옷이 엉뚱한 곳에서 삐죽 튀어나오는 것마저도 웃어넘겼다. 무엇이든 시도해 볼 준비가 되어 있는 새라를 대하면, 나는 어느새 그녀의 폐암과 관련된 실험적인 치료법을 전하는 데 초점을 맞추고 있었다. 그녀에게 적용한 화학요법 중 하나가 갑상선암을 약간 줄어들게 만든 것 같고, 심지어 이 실험적인 치료법이 두 개의 암에 동시에 작용할 가능성이 있을지도 모른다고 이야기하기까지 했다. 그것이 환상에 불과하다는 것을 알면서도 말이다. 내 눈앞에서 벌어지고 있는 현실보다 환상을 이야기하는 것이 더 쉬웠다. 감정적이 되거나, 격해지거나, 오해를 불러일으킬 소지가 덜했다.

새라는 폐암과 화학요법의 부작용 때문에 점점 더 병약해져 갔다. 하루 대부분을 잠든 채 보냈고, 집 밖으로는 거의 나서지 못했다. 12월 임상 기록에 따르면 그녀는 호흡곤란, 헛구역질, 혈흔 섞인 기침, 극심한 피로와 같은 증상을 보이고 있었다. 그녀는 가슴에 배액관이 설치되어 있었지만, 이에 더해 배에 바늘을 꽂아 물을 빼내는 치료를 1~2주일에 한 번씩 받아야 했다. 암세포들이 만들어 내는 엄청난 양의 액체 때문에 생기는 압력을 줄이기 위해서였다.

12월에 한 CT 스캔 결과 이제 암세포가 척추, 간, 다른 쪽 폐에까지 퍼졌다는 것이 밝혀졌다. 1월에 만났을 때 새라는 천천히, 그리고 불편한 동작으로밖에 움직이지 못했다. 하체가 너무 부어올라 피부가 팽팽해져 있었다. 또한 한 문장 정도 말하고 나면 잠시 멈추고 숨을 골라야 했다. 2월 첫째 주에 접어들면서는 숨을 쉬기 위해 집에서도 산소흡입기가 필요했다. 그러나 폐색전 후 충분한 시간이 흘러서 이제는 파이저사의 실험 약품을 사용할 자격이 되었다. 한 번만 더 정밀 촬영 검사를 하면 승인을 받을 수 있었다. 그런데 검사 결과 암이 뇌까지 전이됐다는 사실이 밝혀졌다. 최소한 아홉 개의 전이성 종양이 뇌 양쪽 반구에 흩어져 있었다. 크게는 1센티미터가 넘는 것들이었다. 실험 약품은 혈액-뇌 장벽(이물질이 혈액에서 뇌로 들어가지 못하도록 막는 기세—옮긴이)을 뛰어넘도록 만들어지지 않았다. PF0231006이 소용없게 된 것이다.

그럼에도 여전히 새라와 그녀의 가족, 그리고 의료진은 전투 태세를 버리지 않았다. 새라는 검사 결과가 나온 지 24시간도 되지 않아 방사선 전문의를 만나러 갔다. 뇌 전체에 방사선 치료를 받아 전이성 종양을 줄이기 위해서였다. 2월 12일, 그녀는 5일간에 걸친 방사선 치료를 마쳤다. 치료 부작용으로 온 극도의 피로감으로 침대에서 일어날 수조차 없었으며, 거의 아무것도 먹지 못했다. 새라는 가을에 비해 체중이 10킬로그램 넘게 줄었다. 그녀는 남편에게 지난 2개월 동안 물건이 두 개로 보이고, 손에 감각이 없었다고 고백했다.

"왜 아무한테도 얘기하지 않았어?" 리치가 물었다.

"치료를 중단하고 싶지 않았어." 그녀가 말했다. "그 말을 하면 치료를 그만두게 할 것 같아서."

의료진은 새라에게 방사선 치료에서 회복할 시간을 2주 줬다. 그런 다음 작은 바이오테크 회사에서 개발한 또 다른 실험 약품을 사용해 볼 예정이었다. 2월 25일에 시작하기로 계획을 잡았다. 그녀가 회복될 가능성은 빠르게 줄어들고 있었다. 그러나 과연 누가 그럴 가능성은 제로라고 단언할 수 있단 말인가?

1985년, 고생물학자 스티븐 제이 굴드Stephen Jay Gould는 「중간 값은 중요하지 않다The Median Isn't the Message」라는 탁월한 논문을 발표했다. 복부 중피종 진단을 받은 지 3년 후에 쓴 논문이었다. 중피종은 대개 석면 노출과 연관되어 있는 것으로 알려져 있으며, 흔치는 않지만 매우 치명적인 암이다. 그는 진단을 받은 후 의대 도서관에 가서 중피종에 관한 가장 최근의 과학 논문을 찾아봤다. "그 논문은 너무나 잔인하리만치 명확했다. 중피종은 치료 불가능했고, 발견 후 생존 중간 값은 겨우 8개월이었다." 너무나 충격적인 정보였다. 그러나 그는 환자의 생존율 곡선 그래프를 찾아보기 시작했다.

굴드는 동식물학자로서의 경험을 살려 중간 값 자체보다 곡선의 중간 지점 주변에서 벌어지는 변화에 주목했다. 그가 알아낸 것은 곡선의 놀랄 만한 변화 양상이었다. 각 환자들은 생존율 중간 값 근처에만 모여 있는 게 아니라 양쪽 방향으로 넓게 퍼져 있었다. 게다가 곡선은 오른쪽으로 비스듬히 긴 꼬리를 그리며 뻗어 있었다. 비록 아주 가느다란 꼬리였지만 그것은 8개월을 넘어 수년간 생존한 환자들이 있다는 의미였다. 굴드는 바로 그 부분에서 위안을 찾았다. 그는 자신이 긴 꼬리를 그리며 오래 살아남는 걸 상상할 수 있었다. 그리고 그는 실제로 그렇게 살아남았다. 수술과 실험적인 화학요법 치료를 받은 그는 2002년 60세를 일기로 세상을 뜰 때까지 20년을 살아남았다. 중피종과 관련이 없는 폐암 때문이었다.

"내 생각에는 죽음을 받아들이는 걸 뭔가 본질적인 품위 같은 것으로 여기는 게 유행이 된 듯하다." 그는 1985년 논문에서 이렇게 쓰고 있다. "물론 나는 전도서의 설교자들이 말한 것처럼 사랑할 때가 있고 죽을 때가 있다는 것에 동의한다. 그리고 내 삶의 실타래가 다하면 조용히 나만의 방식으로 마지막 순간을 받아들일 수 있기를 희망한다. 그러나 나는 대부분의 상황에서 죽음을 궁극의 적으로 여기는 용감한 관점을 더 선호한다. 빛이 꺼져 가는 상황에 맞서 맹렬히 싸우는 사람들을 나무랄 만한 점은 아무것도 없다."

나는 말기 질환 환자를 만날 때마다 굴드와 그의 글을 생각하곤 한다. 아무리 희박하더라도 항상 긴 꼬리를 그리며 살아남을 가능성은 있는 법이다. 그 가능성을 찾으려는 것이 무슨 잘못이란 말인가? 내가 보기엔 아무런 잘못도 없다. 다만 동시에 그보다 훨씬 확률이 높은 결과에 대해서도 준비해야만 한다. 문제는 현대 의학 시스템과 문화가 그 긴 꼬리를 위해서만 만들어졌다는 점이다. 우리는 의학적으로 마치 복권과도 같은 것을 제공하기 위해 몇 조 달러에 달하는 체제를 만들었으면서도, 복권에 당첨될 확률이 거의 없는 환자들에게는 아주 기본적인 서비스만을 시행하고 있을 뿐이다. 희망은 계획이 아니다. 그러나 우리가 가진 계획은 희망밖에 없다.


새라에게 기적적인 회복 같은 건 일어나지 않았다. 그리고 마지막

이 다가왔지만 본인도 가족도 아무런 준비가 되어 있지 않았다. "나는 집에서 평화롭게 죽고 싶다던 아내의 소원을 늘 들어주고 싶었어요." 훗날 리치가 내게 말했다. "하지만 그렇게 할 수 있으리라고는 믿지 않았죠. 어떻게 해야 할지 몰랐어요."

2월 22일 금요일 아침, 새로운 화학요법 치료에 들어가기 3일 전, 잠에서 깬 리치는 곁에 있는 아내가 꼿꼿이 앉아 있는 걸 발견했다. 그녀는 눈을 부릅뜨고 팔을 앞으로 받친 채 가쁜 숨을 몰아쉬고 있었다. 얼굴은 잿빛에다 호흡이 빨라지고 있었고, 입을 벌린 채 힘겹게 숨을 들이쉴 때마다 몸이 들썩였다. 그녀는 마치 물에 빠져 들어가는 사람처럼 보였다. 리치가 새라의 코에 연결된 산소량을 늘려 봤지만 아무 소용이 없었다.

"숨을 못 쉬겠어." 새라가 숨을 헐떡이느라 한마디 한마디 끊어 가며 힘겹게 말했다. "무서워."

냉장고에는 비상 약품 세트가 없었고, 전화할 호스피스 케어 간호사도 없었다. 게다가 이 새로운 증상을 고칠 수 있는 건지 없는 건지 리치가 어떻게 알 수 있었겠는가?

리치는 새라에게 병원으로 가자고 했다. 차를 운전해서 갈까 하고 묻자 그녀는 고개를 저었다. 그래서 그는 구급차를 부르고 옆방에 있던 새라의 어머니 돈에게 상황을 설명했다. 몇 분 후, 소방관들이 사이렌을 울리며 달려와 새라의 침실이 있는 2층으로 들이닥쳤다. 새라를 들것에 실어 구급차에 싣는 동안 돈이 눈물을 쏟으며 따라 나왔다.

"괜찮을 거예요." 리치가 말했다. 그는 스스로에게도 그냥 또 한 번 병원에 가는 것일 뿐이라고 타일렀다. 의사들이 어떻게 고칠지 알고 있을 거라 생각하며 말이다.

병원에 도착한 새라는 폐렴 진단을 받았다. 가족들 모두 너무나 괴로웠다. 그녀가 감염되지 않도록 최선을 다해 왔다고 생각했기 때문이다. 꼼꼼히 손을 씻었고, 어린아이가 있는 사람들은 방문을 자제시켰고, 심지어 비비안조차도 콧물만 조금 내비치면 새라와 있는 시간을 제한했다. 그러나 새라의 면역력과 폐 분비물 제거 능력은 지속적으로 약화된 상태었다. 암뿐 아니라 여러 번의 방사능 치료와 화학 치료 때문이었다.

어떻게 보면 폐렴이라는 진단은 안심되는 소식이기도 했다. 그냥 감염에 불과한 것이었고, 치료 가능한 병이었기 때문이다. 의료진은 정맥 주사로 항생제를 투여하고 마스크를 통해 고단위 산소를 공급했다. 가족들은 그녀의 침대를 둘러싸고 항생제가 효과를 발휘하기를 빌었다. 되돌릴 수 있는 문제라고 서로를 안심시키면서 말이다. 그러나 그날 밤과 그다음 날 아침까지도 그녀의 호흡은 점점 더 힘겨워지기만 했다.

"웃기는 말이 하나도 생각나질 않아." 부모님 곁에 서 있던 에밀리가 새라에게 말했다. "나도 마찬가지야." 새라가 웅얼거리며 말했다. 나중에야 깨달은 일이지만, 그것이 그녀에게서 들을 수 있었던 마지막 말이었다. 그 후로 새라는 의식이 오락가락했고, 의료진에게는 한 가지 선택밖에 남아 있지 않았다. 인공호흡기를 연결하는 것이었다. 새라는 투지가 있는 사람 아니었던가? 그런 사람들이 갈 다음 단계는 중환자실이었다.

　이것이 바로 수백만 번 반복되는 현대의 비극이다. 우리가 풀 수 있는 생명의 실타래가 정확히 얼마나 남았는지를 알 길이 없는 상황이라면, 그리고 실제보다 더 많이 남아 있다고 상상한다면 우리는 싸우고 싶은 충동을 느낀다. 혈관에 화학약품을 투여하고, 목구멍에 관을 삽입하고, 살에 수술로 꿰맨 자국을 가진 채 죽어 가기를 선택하는 것이다. 그렇게 하는 것이 오히려 우리에게 남은 시간을 더 단축시키고, 삶의 질을 악화시킬지도 모른다는 생각은 거의 떠오르지 않는다. 우리는 의사들이 이제 더 이상 아무것도 할 수 있는 게 없다고 말할 때까지 기다릴 수 있다고 생각한다. 그러나 의사들에게 더 이상 할 수 있는 일이 남아 있지 않은 경우는 거의 없다. 효과가 밝혀지지 않은 독성 약품을 줄 수도 있고, 종양 일부를 제거하는 수술을 할 수도 있고, 환자가 먹지 못하면 영양 공급관을 삽입할 수도 있다. 언제나 무언가 할 일은 있다. 우리는 선택 가능성이 주어지기를 바란다. 그러나 그것이 스스로 선택하고 싶어 한다는 걸 의미하는 것은 아니다. 대신 우리는 대부분 아무 선택도 하지 않는다. 자동 모드를 켜고 그 뒤에 숨어 버리는 것이다. 자동 모드는 이렇게 설정되어 있다. '뭔가를 하라.' '뭔가를 고쳐라.' '이 상황에서 벗어날 방법을 찾아라.'

　시장의 힘이 부재한다는 데 문제가 있다는 관점으로 말하는 사람들이 있다. 만약 보험 회사나 정부가 아닌 말기 환자들 본인이 호스피스 케어 대신 선택하는 치료에 들어가는 추가 비용을 부담해야 한다면, 비용 지출에 따른 희생에 대해 좀 더 고려하게 될 거라는 논리다. 잘해야 몇 달 더 살기 위해 말기 암 환자가 8만 달러를 주고 화학약품을 투여하거나, 말기 심장병 환자가 5만 달러를 들여 자동 제세동기를 삽입하지는 않을 거라는 주장이다. 그러나 이 주장은 중요한 요인을 무시하고 있다. 환자들은 몇 달 더 살 수 있을 거라는 생각에 그런 선택을 하는 것이 아니다. 그들은 몇 년을 생각한다. 심지어 자신의 병이 더 이상 문제를 일으키지 않게 될지도 모른다는 엄청난 '복권 당첨'의 가능성까지 생각한다. 더욱이 만약 우리가 자유 시장에서 사고 싶은 게 있다거나 정부에 낸 세금으로 얻고 싶은 게 있다고 한다면, 확언하건대 우리 스스로 그런 선택을 필요로 한다는 것을 알게 될 때 비용 걱정을 할 필요는 없을 것이다.

바로 이 때문에 '배급rationing' 개념이 여전히 복잡한 감정과 논란을 불러일으키는 것이다. 우리는 지금 처한 상황에 대해서 대체로 불편해하고 있지만, 구체적으로 토론을 하는 것은 두려워한다. 시장 원리에 따라야 한다는 주장을 대체할 수 있는 유일한 선택은 전면적인 배급제밖에 없는 듯하기 때문이다. 일부에서 비난조로 사용한 용어를 빌리자면 '죽음 위원회death panel'를 활용하는 것이다.('death panel'은 2009년 미국 공화당의 새라 페일린이 오바마 정부의 건강보험 개혁안을 비난하며 만들어 낸 용어다. 당시 오바마 정부는 말기 환자나 고령 환자의 의료 문제에 있어서 우선순위가 무엇인지 논의해 보도록 했다. 하지만 새라 페일린은 이를 두고 누가 의료보험 혜택을 받을지, 누구를 살리고 누구를 죽일지를 'death panel'이 결정하도록 하는 일이라고 비난했다.—옮긴이) 1990년대에 보험 회사들은 말기 질환 담당 의사들과 환자들이 결정한 치료법에 대해 이의를 제기하려 했다. 그러나 이 시도는 역효과를 불러일으켰을 뿐 아니라 특히 한 사례에서 그들의 전략에 완전히 종지부를 찍고 말았다. 바로 넬린 폭스Nelene Fox 사건이다.

폭스는 캘리포니아주 터메큘러 출신으로, 1991년 전이성 유방암 진단을 받았다. 당시 그녀의 나이는 서른여덟 살이었다. 수술과 화학요법 치료가 실패로 돌아갔고 암은 골수까지 퍼져 있었다. 말기에 이른 것이다. 서던캘리포니아 주립대학의 의료진은 그녀에게 급진적이지만 꽤 유망해 보이는 새 치료법을 제안했다. 골수 이식과 고단위 화학요법을 병행하는 것이었다. 폭스에게는 그것이 유일한 희망이었다.

하지만 폭스의 보험회사 헬스 넷Health Net은 효과가 입증되지 않은 실험적 치료이므로 그녀가 든 보험 조항에 해당하지 않는다는 이유로 비용 지불 요청을 거절했다. 헬스 넷은 그녀에게 다른 의료기관에서도 의견을 들어 보라고 압력을 넣었다. 폭스는 이를 거부했다. 자기들이 뭐길래 다른 병원에서 의견을 구하라 마라 하는 것인가? 그녀의 생명이 걸려 있는 문제 아닌가? 폭스는 자선단체를 통해 직접 21만 2000달러를 모아 치료 비용을 지불했다. 하지만 시간이 너무 지체됐고, 그녀는 결국 치료를 받은 후 8개월 만에 사망했다. 그녀의 남편은 헬스 넷을 상대로 배임, 계약 위반, 고의에 의한 정신적 피해, 징벌적 손해 배상 등의 소송을 걸어 승소했다. 배심원들은 폭스 가족에게 8900만 달러를 배상하라고 판결했다. HMO(Health Maintenance Organization, 헬스 넷이 포함되어 있는 민간 의료보험 기구―옮긴이) 경영진들에게는 살인자라는 낙인이 찍혔다. 이후 10개 주에서 보험 회사는 유방암 환자에게 골수 이식 수술 비용을 대야 한다는 법안이 통과됐다.

연구 결과에 따르면, 폭스에게 적용한 치료법은 유방암 환자에게 아무런 효과가 없었고 오히려 환자의 삶을 더 악화시킬 뿐이었다. 하지만 결과적으로 헬스 넷이 옳았다는 사실은 상관이 없었다. 배심원의 판결은 미국 보험산업계를 뒤흔들었다. 의사와 환자가 말기 질환에 대해 결정한 치료법에 의문을 제기하는 것은 정치적 자살 행위라는 판결이 난 것이다.

2004년, 또 다른 보험 회사인 애트나Aetna의 경영진은 이와 다른 접근법을 시도했다. 말기 질환을 가진 보험 고객들이 선택할 수 있는 공격적인 치료법의 범위를 줄이는 대신 호스피스 케어에 대한 선택 범위를 넓히기로 한 것이다. 애트나는 병을 고치려는 노력을 중단하고 호스피스 서비스에 등록하는 환자들이 소수라는 점에 주목했다. 또한 그런 사람들도 대개 막바지 단계에 이르러서야 호스피스를 선택했다. 애트나는 실험을 해 보기로 했다. 남은 시간이 1년 미만인 보험 계약자들은 다른 치료를 포기하지 않고도 호스피스 케어를 받을 수 있도록 한 것이다. 이를테면 새라 모노폴리 같은 환자가 화학요법이나 방사선 치료 등을 계속 받으며 원할 때마다 병원에 갈 수 있도록 하는 동시에 아침에 숨 쉬기 어려운 상태로 일어나는 것과 같은 위기 상황에 호스피스 케어 팀의 도움을 받으며 현재 가능한 최선의 삶을 누리는 데 필요한 것에 초점을 맞출 수도 있게 했다.

이렇게 '동반 케어concurrent care' 프로그램을 2년간 시행한 결과 보험 가입자들의 호스피스 이용률이 훨씬 높아졌다. 수치가 26%에서 70%로 폭등한 것이다. 사실 이는 놀라운 일이 아니다. 환자들 입장에서는 아무것도 포기하지 않아도 됐으니 말이다. 관계자들을 놀라게 한 것은 사실상 그들이 포기한 것도 많았다는 점이다. 대조군 환자들에 비해 응급실을 찾은 횟수는 절반으로 줄어든 것이다. 또한 병원과 중환자실 이용률은 3분의 2 이상 줄었고, 전반적인 비용도 거의 4분의 1이 줄었다.

실험 결과는 충격적이고 당황스러운 것이었다. 이 접근법이 성공한 이유는 분명치 않았다. 애트나는 적당한 가격대에서 더 넓은 범위의 말기 환자들에게 적용할 수 있는 동반 케어 프로그램도 운영했다. 이 프로그램에 가입한 환자들에게는 전통적인 호스피스 규칙을 적용했다. 가정에서 호스피스 케어를 받기 위해서는 병을 고치는 데 목적을 둔 치료를 포기해야 한다는 규칙이었다. 이 프로그램을 선택해도 환자의 상태를 정기적으로 체크해 주는 완화치료 전문 간호사들의 전화 서비스를 받을 수 있었고, 이들에게 통증 완화에서부터 살아날 가망이 없을 때 그대로 죽기를 바란다는 뜻을 밝힌 '리빙 윌 living will' 작성에 이르기까지 다양한 도움을 받을 수 있었다. 이 그룹에서도 호스피스 서비스 가입률이 70%까지 치솟았고, 병원 이용률은 뚝 떨어졌다. 특히 고령 환자들이 중환자실을 이용하는 빈도는 85% 이상 줄었다. 또한 중요한 것은 만족도가 엄청나게 증가했다는 점이다. 무슨 일이 벌어진 것일까? 이 프로그램의 운영자들은 심각하게 아픈 환자들이 일상적인 걱정거리들을 경험과 지식이 있는 사람과 상담할 기회를 갖게 된 것이 주효했다는 인상을 받았다. 그것만으로도 충분한 듯했다. 그저 이야기를 나누는 것만으로도 말이다.

　이런 설명은 신뢰감을 주기에 좀 무리인 듯한 인상을 준다. 그러나 최근 들어 이를 뒷받침할 증거가 점점 쌓여 가고 있다. '암에 대처하기' 프로젝트에 참여한 말기 암 환자 중 3분의 2가 남은 시간이 평균 4개월밖에 되지 않았는데도 불구하고 '종말기 케어end-of-life care'와 관련해 무엇을 바라는지 의사들과 상의하지 않은 것으로 조사됐다. 이 문제에 관해 의사와 대화를 나눈 나머지 3분의 1은 심폐소생술을 받거나 인공호흡기를 사용하거나 중환자실에서 마지막을 맞는 일이 훨씬 적었고, 대부분 호스피스 케어를 신청했다. 이들은 고통을 덜 받았고, 신체적인 기능을 더 많이 유지했으며, 더 긴 시간 동안 주변 사람들과 소통할 수 있었다. 이와 더불어 그들이 숨을 거둔 후 6개월이 지난 시점까지 가족들이 지속적으로 반복되는 주요 우울장애major depression를 겪을 확률도 훨씬 적었다. 다시 말하자면 생의 마지막 순간에 어떤 케어를 받길 원하는지에 대해 의사들과 실질적인 대화를 나눈 환자들이 상황을 스스로 관리하면서 더 평화롭게 임종을 맞이했고, 가족들의 고통을 덜어 준 경우가 훨씬 많았다.

　2010년, 매사추세츠 종합병원의 획기적인 연구에서는 이보다 더 놀라운 결과가 나왔다. 연구자들은 새라와 같은 폐암 4기 환자 151명을 무작위로 나눠 서로 다른 두 가지 치료법을 적용받게 했다. 한 그룹은 통상적인 암 치료를 받았고, 다른 한 그룹은 기존 치료와 더불어 완화치료 전문가들의 방문을 받았다. 완화치료 팀은 환자들의 고통을 방지·완화하는 데 전문가들이고, 환자가 죽어 가는지 아닌지 여부와 상관없이 만날 수 있다. 심각하고 복잡한 질병을 가진 사람이라면 누구나 완화치료 전문가의 도움을 받을 수 있다. 2010년 연구에 참여한 완화치료 팀은 환자들을 만나 만약 상황이 악화된다면 그때 우선순위와 목표를 어디에 둘 것인지 이야기 나눴다. 그 결과, 완화치료 전문가들과 상담한 환자들은 화학요법 치료를 더 일찍 중단했고, 호스피스 케어를 더 일찍 선택했으며, 삶의 마지막 순간에 고통을 덜 경험했다. 게다가 생존 기간도 25%나 늘어났다. 바꿔 말하자면, 의학적인 의사 결정은 크게 실패를 했고 죽음이라는 주제를 피하느라 환자들에게 오히려 해를 주는 지경에까지 이르렀다는 뜻이다. 생을 어떻게 마감할 것인지에 관한 대화가 실험 의약품이었다면, FDA는 이 약을 승인했을 것이다.

호스피스 케어를 받는 환자들도 이와 똑같이 놀라운 결과를 보였다. 다른 많은 사람들과 마찬가지로 나 또한 호스피스 케어가 죽음을 재촉한다고 믿은 적이 있었다. 환자들이 병원 치료를 포기하고 높은 용량의 마약성 진통제를 사용하기 때문이다. 그러나 다수의 연구 결과를 보면 그렇지 않다는 것을 알 수 있다. 그중 한 연구에서는 말기 암이나 말기 울혈심부전을 가진 4493명의 메디케어 가입 환자들을 추적 조사했다. 유방암, 전립선암, 대장암 환자들의 경우 호스피스 케어를 선택한 환자와 그렇지 않은 환자의 생존 기간에 아무런 차이가 없었다. 그런데 신기하게도 어떤 질병들은 호스피스 케어가 생존 기간을 늘리는 듯했다. 췌장암 환자는 평균 3주를 더 살았고, 폐암 환자는 6주, 울혈심부전 환자는 6개월을 더 살았다. 이 결과는 거의 선禪적인 메시지처럼 느껴지기까지 한다. 더 오래 살려는 노력을 멈춰야만 더 오래 산다는.

단지 마지막 순간에 대해 논의하는 것만으로도 이런 효과를 얻을 수 있을까? 위스콘신주 라 크로스의 사례를 살펴보자. 이곳 노인들이 생의 마지막 시기에 들이는 병원비는 보통의 경우보다 훨씬 낮다. 메디케어 자료에 따르면 라 크로스 주민들이 마지막 6주 동안 병원에서 보내는 날짜 수는 전국 평균의 절반밖에 되지 않았다. 그렇다고 해서 의사나 환자가 치료를 조기에 그만둔다는 징후도 보이지 않는다. 비만율과 흡연율이 평균에서 벗어나지 않는데도 기대 수명은 전국 평균에 비해 1년이나 길었다.

나는 군더슨 루서런Gundersen Lutheran 병원의 중환자 전문의 그레고리 톰슨Gregory Thompson 박사를 만났다. 그날 저녁 마침 중환자실 근무조로 일하던 그는 그곳에 입원한 환자 리스트를 보여 주었다. 환자들의 증상은 대부분 여느 중환자실과 다름없었다. 병이 위중했고, 그들 삶에서 가장 위태로운 시기를 겪고 있었다. 그곳에는 극심한 폐렴으로 복합 장기부전을 보이는 젊은 여성, 장파열로 치명적인 감염과 심근경색을 일으킨 60대 중반 남성 등이 있었다. 그럼에도 이 환자들은 내가 일하던 중환자실 환자들과 다른 점이 있었다. 말기 전이성 암이나 치료 불가능한 심부전이나 치매와 고통스런 전투를 벌이는 환자는 아무도 없었다.

톰슨 박사는 라 크로스를 이해하려면 1991년으로 돌아가야 한다고 말한다. 바로 이 지역 의료 시스템을 이끄는 사람들이 의료진과 환자들로 하여금 삶의 마지막 시기에 원하는 것들이 무엇인지 대화를 나누도록 장려하는 캠페인을 벌인 해다. 그로부터 몇 년 사이 병원, 요양원, 어시스티드 리빙 시설에 들어가는 모든 환자들이 이런 문제에 경험을 가진 사람과 대화를 나누고 선다형 설문지를 작성하는 것이 관례가 됐다. 설문지의 내용은 네 가지 핵심적인 문제로 압축된다. 삶의 현재 시점에서 어떤 선택을 하고 싶은지 묻는 질문들이다.

1. 심장이 멈추면 심폐소생술을 받기를 원하십니까?
2. 삽관이나 기계적 인공호흡기 같은 공격적 치료를 받기를 원하십니까?
3. 항생제 투약을 원하십니까?
4. 스스로 음식을 먹지 못할 경우 관이나 정맥 주사로 영양 공급을 받기를 원하십니까?

1996년에 이르자 라 크로스 주민 중 이런 식의 서면 지시 사항을 미리 작성해 놓은 다음 사망한 사람의 비율이 85%에 이르렀다. 캠페인을 벌이기 전까지는 15%에 불과했는데 말이다. 의사들은 사실상 늘 환자들의 지시 사항을 숙지하고 있었고, 이를 존중했다. 톰슨 박사는 이 시스템이 정착되면서부터 일하기가 훨씬 쉬워졌다고 말한다. 그 서식에 중환자실에 환자들이 들어올 때마다 어떻게 해야 할지 상세히 적혀 있어서 그런 것은 아니다.

"그런 것들이 명문화되어 있는 건 아니에요." 하지만 사람들이 종이에 '예/아니오'로 답해 놨다 하더라도 그게 의미하는 바가 무엇인지 복잡한 뉘앙스까지 느끼게 된다고 한다. "중환자실에 와서야 대화를 나누는 게 아닙니다. 그 전에 이미 여러 번 이야기를 나눈 상태인 거죠."

설문지에 기재된 답은 아이를 분만하러 오는 산모에서부터 알츠하이머병 합병증으로 입원하는 사람에 이르기까지 환자 유형에 따라 다양하게 나타난다. 라 크로스 주민들은 이 시스템 덕분에 자신과 가족들에게 고통스러운 위기와 공포가 닥치기 전부터 그들이 원하는 것과 원하지 않는 것이 무엇인지를 논의할 가능성이 훨씬 더 커졌다. 물론 바라는 바가 명확하지 않을 때도 있는데, 이에 대해 톰슨 박사는 이렇게 말한다. "이 경우에도 가족들이 그런 논의를 하는 걸 훨씬 잘 받아들이게 되었습니다." 설문지 자체가 아니라 이를 계기로 대화를 나누는 게 가장 중요하다. 바로 그 대화 덕분에 라 크로스의 종말기 의료 비용이 전국 평균의 절반밖에 되지 않는 것이다. 이토록 간단한 문제고, 또 그만큼 복잡한 문제다.

어느 겨울 토요일 아침, 나는 전날 밤 내가 수술을 한 여성을 만났다. 그녀는 전날 난소 낭종을 제거하기 위한 수술을 받고 있었다. 그런데 수술을 집도하던 산부인과 의사가 전이성 대장암을 발견했고, 나는 외과의 자격으로 불려 가서 대책을 논의했다. 다량의 암세포 덩어리가 모인 대장의 한 부분을 잘라 내긴 했지만 종양이 이미 넓은 부위로 확산되어 있어서 모두 제거하지는 못했다. 내가 그녀에게 인사하자, 그녀는 수련의에게서 종양을 찾았으며 대장 일부를 절개했다는 이야기를 들었다고 말했다.

나는 그 말이 사실이며 '문제가 되는 주요 부위'를 제거했다고 말했다. 그러고는 대장을 얼마나 잘라 냈는지, 회복 과정은 어떨 것 같은지 등을 설명했다. 암세포가 얼마나 확산된 상태인지만 빼고 모든 정보를 준 것이다. 그러나 그 순간 나는 새라 모노폴리를 치료할 때 내가 얼마나 겁을 냈는지를 기억해 냈고, 의사들이 얼마나 빙빙 둘러 말하는지를 보여 주던 연구 보고서들을 상기해 냈다. 그래서 그녀가 암 상태에 대해 더 설명해 달라고 했을 때, 암이 난소뿐 아니라 림프절에까지 퍼졌다는 사실을 이야기해 주었다. 종양을 모두 제거하는 것은 불가능했다는 말도 덧붙였다. 하지만 나는 거의 즉각적으로 방금 한 말의 영향을 최소화하는 데 급급해졌다. "암 전문의가 동원될 겁니다." 나는 서둘러 덧붙였다. "이런 상황에서는 화학요법이 아주 효과적일 수 있습니다."

그녀는 반란을 일으킨 자신의 몸을 덮고 있는 담요를 내려다보며 이 모든 정보를 아무 말 없이 받아들였다. 이윽고 그녀가 고개를 들어 나를 바라봤다. "죽게 되는 건가요?"

나는 몸을 움찔했다. "아뇨, 아뇨." 내가 말했다. "물론 아닙니다."

며칠 후, 나는 다시 그녀를 만났다. "완치할 방법은 없어요. 하지만 치료를 하면 오랫동안 암을 억제할 수는 있습니다." 그리고 '생명을 연장하는' 데 치료의 목적이 있다고 설명했다.

나는 그녀가 화학요법 치료를 시작한 후 몇 달, 몇 년을 계속 지켜봤다. 그녀는 힘든 치료를 잘 버텨 냈고 다행히 암은 제어가 가능한 상태로 머물렀다. 언젠가 그녀와 남편에게 우리가 처음 나눴던 대화에 대해 물은 적이 있다. 둘 모두에게 그다지 좋지 않은 기억으로 남아 있는 것 같았다. "선생님이 썼던 그 표현 말이에요. '생명을 연장한다'고 했던 그 말은 정말…." 그녀는 비난한다는 인상을 주고 싶지는 않은 듯했다.

"좀 너무 직설적이었죠." 그녀의 남편이 말했다.

"가혹하게 들렸어요." 그녀가 따라 말했다. 내가 그녀를 절벽으로 떨어뜨리는 것 같은 느낌이 들었다고 했다.

나는 우리 병원에서 완화치료 전문가로 일하는 수전 블록Susan Block 선생을 만났다. 그녀는 이처럼 어려운 대화를 수천 번 경험한 사람이며, 의사를 비롯한 관계자들이 환자 및 가족들과 함께 삶의 마지막 단계를 둘러싼 쟁점들을 잘 다루어 나가도록 훈련시키는 분야에서 전국적으로 인정받는 선구자다. 수전이 말했다. "이 점을 이해해야 해요. 가족 면담에도 절차와 방법이 있다는 것, 그리고 수술에 버금가는 기술과 능력이 필요하다는 것 말이에요."

개념을 잘못 잡는 데서 기본적인 실수를 저지르기 쉽다. 대부분의 의사들은 환자들이 원하는 게 무언지를 알아내는 데 말기 질환 상담의 목적이 있다고 믿는다. 화학요법 치료를 원하는지, 심폐소생술을 원하는지, 호스피스 케어를 원하는지 등을 묻는 과정으로 생각하는 것이다. 의사들은 사실과 선택지들을 나열하는 데 초점을 맞춘다. 그러나 수전은 그것이 실수라고 말한다.

"가장 주요한 과제는 사람들이 그들을 압도하는 불안감에 잘 대처하도록 돕는 거예요. 죽음에 관한 불안감, 고통에 대한 불안감, 사랑하는 사람에 대한 불안감, 돈에 대한 불안감 등 말이에요." 그녀가 설명했다. "걱정거리도 많고 무서운 것도 너무 많아요." 한 번의 대화만으로 이런 문제를 모두 해결하는 것은 불가능하다. 자신이 죽을 수밖에 없다는 걸 받아들이고, 의학으로 가능한 일과 불가능한 일을 분명히 이해하는 과정은 서서히 진행된다. 갑작스런 직관과 통찰을 통해 일어나는 일이 아니란 얘기다.

말기 질환자가 이 과정을 거치도록 돕는 방법이 딱 하나만 있는 것은 아니다. 그러나 수전은 꼭 지켜야 할 몇 가지 규칙은 있다고 말한다. 우선 같이 앉아서, 시간을 들여야 한다. 상담자는 환자와 그 가족이 X와 Y 중 어떤 치료법을 원하는지 알아내기 위해 거기 있는 것이 아니다. 이 상황에서 그들에게 가장 중요한 것이 무엇인지를 이해하기 위해 앉아 있는 것이다. 그리고 이를 바탕으로 그들이 원하는 것을 가장 잘 성취할 수 있는 방법에 대해 조언하고 정보를 제공하는 것이 상담의 목적이다. 그러기 위해서는 말하는 것만큼 듣는 것도 중요하다. 수전은 상담 시간의 절반 이상을 상담자가 말했다면 너무 많이 한 거라고 설명한다.

사용하는 말도 중요하다. 완화치료 전문가에 따르면 "일이 이렇게 돼서 정말 유감입니다."라는 식으로 말해서는 안 된다. 거리를 두는 것처럼 느껴질 수 있기 때문이다. 그보다는 이렇게 말하는 편이 낫다. "상황이 이렇지 않았으면 좋겠어요." 또한 이렇게 물어서도 안 된다. "임종이 가까워지면 어떻게 하길 원하세요?" 그보다는 이게 낫다. "만약 시간이 촉박해진다면, 선생님에게 가장 중요한 게 뭘까요?"

수전은 마음의 결정을 내려야 할 시점이 되기 전 환자를 보호하기 위해 꼭 물어야 할 질문 목록을 가지고 있다. 병의 예후를 어떻게 이해하고 있는지, 앞으로 일어날 일 중 무엇이 염려스러운지, 기꺼이 희생할 용의가 있는 것은 무언지, 건강이 더 악화되면 시간을 어떻게 보내고 싶은지, 스스로 결정을 내리지 못할 상황이 되면 누구에게 그걸 대신하게 할 건지 등 말이다.

10년 전, 수전의 아버지 잭 블록 교수는 샌프란시스코 병원에 입원했다. 당시 그는 일흔네 살이었고, 캘리포니아 주립대학 버클리 캠퍼스의 심리학 명예 교수로 있었다. 블록 교수는 목 부분 척수에 커다란 종양이 자라고 있다는 진단을 받았다. 소식을 들은 그녀는 아버지를 만나기 위해 비행기를 타고 버클리로 갔다. 신경외과 의사는 종양 제거 수술을 하게 되면 목 아래 전신마비를 일으킬 확률이 20%나 된다고 설명했다. 그러나 수술을 하지 않으면 100% 사지마비가 올 거라는 설명도 덧붙였다.

수술 전날 저녁, 아버지와 딸은 친구와 가족들에 대해 수다를 떨었다. 앞으로 닥칠 일을 생각하고 싶지 않아서였다. 수전은 한동안 그렇게 아버지와 이야기를 나누다가 밤이 돼서야 병원에서 나왔다. 베이 브리지를 반쯤 건넜을 때 그녀는 문득 이런 생각이 들었다. '맙소사, 아버지가 원하는 게 뭔지 난 전혀 모르잖아.' 아버지는 그녀를 자신의 건강 문제 의사 결정 대리인으로 지정해 둔 상태였다. 하지만 정작 지금의 상황에 대해서는 서로 피상적인 대화만 나누었을 뿐이었다. 수전은 차를 돌려 병원으로 향했다.

"다시 병실로 돌아가는 게 정말 불편했어요." 그녀는 삶의 마지막 시점에 나눠야 할 대화에 관한 한 전문가였지만, 그 사실도 전혀 도움이 되지 않았다. "아버지와 그런 이야기를 해야만 한다는 게 정말 싫었어요." 그럼에도 그녀는 자신의 목록에 있는 이야기들을 모두 꺼내 놓았다. "아버지, 제가 알아야 할 게 있어요. 아버지가 생명 유지를 위해 얼만큼 견뎌 낼 용의가 있는지, 그리고 어느 정도 상태면 사는 게 괴롭지 않을지 알아야만 해요." 그녀는 아버지와의 대화가 정말로 고통스러웠다고 한다. 그런데 아버지의 대답이 충격적이었다. "글쎄, 초콜릿 아이스크림을 먹으면서 미식축구 중계를 볼 수만 있다면 기꺼이 살고 싶구나. 그럴 수만 있다면 통증이 좀 심하더라도 이겨 낼 자신이 있어."

"아버지가 그렇게 말하리라고는 생각지도 못했어요." 수전이 말했다 "그러니까 내 말은, 아버지는 명예 교수잖아요. 내 기억에 미식축구라고는 단 한 번도 본 적이 없는 분이에요. 아이스크림을 먹으면서 미식축구를 본다니. 내가 알던 아버지의 모습이 아니었어요." 하지만 결과적으로 그 대화는 정말 중요한 것이 되었다. 수술 후 블록 교수의 척수에 출혈이 일어났기 때문이다. 의사들은 수전에게 아버지를 살리려면 재수술을 해야 한다고 말했다. 또한 아버지가 이미 출혈로 거의 사지마비가 된 상태고, 적어도 몇 달 동안, 어쩌면 영원히 심각한 장애를 겪을 거라는 전망도 덧붙였다. 수전이 결정을 해야 할 상황이 온 것이다.

"3분 안에 결정을 내려야 했어요. 그런데 아버지가 이미 결정해 줬다는 걸 깨달았죠." 그녀는 의사에게 아버지가 살아난다면 초콜릿 아이스크림을 먹으면서 미식축구 중계를 볼 수 있느냐고 물었다. 대답은 '예스'였다. 그녀는 아버지를 재수술하는 데 동의했다.

"아버지랑 이야기를 나누지 않았다면 그 순간 본능적으로 아버지를 포기하고 말았을 거예요. 너무 끔찍할 것만 같았거든요." 그녀가 말했다. "그러고는 내내 후회했겠죠. 아버지를 너무 빨리 포기해 버린 것 아닐까 하고요." 아니면 순전히 자기 혼자만의 결정으로 아버지를 수술대에 보내 놓고, 그가 '끔찍한 재활 치료'를 1년이나 받은 뒤 장애를 안고 살아가는 모습을—아버지가 실제로 고통스런 과정을 겪게 되긴 했다—지켜봐야 했을 수도 있다. "만약 내가 결정한 거라면 아버지에게 그런 고통을 안겨 드린 걸 엄청나게 자책했을 거예요. 하지만 나는 아무것도 결정할 필요가 없었어요." 그녀의 아버지가 이미 모든 결정을 내렸기 때문이다.

그 후 블록 교수는 2년에 걸친 재활 치료를 통해 짧은 거리 정도는 걸을 수 있는 능력을 회복했다. 씻거나 옷을 입을 때 도움이 필요했고, 음식을 먹거나 삼키는 데 어려움을 겪었지만, 정신은 멀쩡했고 손도 부분적으로는 사용할 수 있었다. 적어도 책 두 권을 집필하고 10여 건의 과학 논문을 발표하는 데 충분할 정도의 손놀림이 가능했다. 그는 수술 후 10년을 더 살았다. 그러나 결국 음식을 삼키는 게 점점 어려워졌고, 뭔가 먹을 때마다 음식물 조각이 기도에 걸리는 지경에 이르렀다. 그로 인해 생긴 폐렴으로 병원과 재활 치료 시설을 오가는 일이 반복됐다. 그는 음식물 공급관을 삽입하길 원치 않았다. 결국 점점 줄어드는 기적적인 회복 가능성을 위해 싸우는 걸 포기하지 않으면 영영 집으로 돌아가지 못하게 되리라는 것이 분명해졌다. 그래서 수전의 아버지는 내가 그녀와 이야기를 나누기 불과 몇 달 전 투쟁을 그만두고 집으로 돌아가기로 결정했다.

"그때부터 아버지는 호스피스 케어를 받기 시작했어요." 수전이 말했다. "숨이 막히도록 음식이 목에 걸리는 문제를 어떻게 해야 할지, 그리고 어떻게 하면 아버지를 좀 더 편안하게 할지를 두고 고심했어요. 결국 아버지는 먹고 마시는 걸 중단했어요. 그리고 한 닷새 후에 돌아가셨죠."

수전 블록과 그녀의 아버지가 나눈 대화는 사실 우리 모두에게 필요한 것이다. 화학요법이 더 이상 효과가 없을 때, 집에서도 산소흡입기가 필요해질 때, 위험 부담이 큰 수술을 해야 할 때, 간부전이 점점 심각해질 때, 더 이상 혼자 힘으로 옷을 입을 수 없을 때 반드시 나눠야 하는 대화다. 스웨덴 의사들은 이를 '브레이크포인트 대화breakpoint discussion'라고 부른다는 이야기를 들은 적이 있다. 생명을 연장하기 위해 싸우는 방식에서 사람들이 소중하게 여기는 다른 것들, 이를테면 가족, 여행, 초콜릿 아이스크림 같은 것들을 위해 싸우는 방식으로 전환할 필요가 있을 때 나누는 일련의 대화를 말한다. 이런 대화를 나누는 사람이 거의 없고, 또 모두가 이를 꺼려하는 데는 그럴 만한 이유가 있다. 바로 직면하기 어려운 감정을 불러일으키기 때문이다. 화를 내는 사람도 있고, 압도당해 버리는 사람도 있다. 대화를 잘못하면 당사자의 신뢰를 잃을 수 있고, 잘 풀린다 해도 시간이 오래 걸린다.

나는 최근에 한 암 전문의와 이야기를 나눈 적이 있다. 그녀는 수술이 불가능한 뇌종양에 걸린 한 환자에 대해 이야기해 주었다. 그 환자는 스물아홉 살이었고, 2차 화학요법에도 불구하고 계속 종양이 커지고 있었다. 결국 환자는 더 이상 화학요법을 받지 않기로 결정했다. 하지만 그 결정을 내리기까지는 몇 시간에 걸친 대화가 필요했다. 사실 그건 환자가 본래 기대했던 결론이 아니었기 때문이다. 암 전문의는 우선 환자하고 단 둘이서만 이야기를 나눴다. 두 사람은 그의 병이 어디까지 진행됐는지, 그리고 어떤 선택들이 남아 있는지 검토했다. 암 전문의는 아주 솔직하게 말했다. 자신이 의사로 일하는 동안 이런 종류의 뇌종양이 3차 화학요법에 상당한 반응을 보인 적은 단 한 번도 없다고 설명했다. 현재 나와 있는 실험적인 치료법들도 모두 검토해 봤지만 정말로 가능성 있어 보이는 것은 없었다. 그리고 화학요법 치료를 더 진행할 용의는 있지만, 이로 인해 환자와 가족들의 에너지와 시간을 얼마나 많이 빼앗게 될지도 설명했다.

그 환자는 마음의 문을 닫아 버리거나 반발하지 않았다. 대신 그는 한 시간에 걸쳐 질문을 했다. 처음에는 이런저런 치료법에 대해 묻는 것으로 시작했다. 그러다 점점 질문의 방향이 바뀌었다. 종양이 커지면 어떤 일이 일어나는지, 어떤 증상이 생기는지, 그런 증상들을 관리하는 방법은 무엇인지, 그리고 결국 마지막에는 어떻게 될지를 묻는 쪽으로 옮겨 간 것이다.

다음으로 한 일은 환자와 가족을 함께 만나는 것이었다. 이 만남은 그리 잘 돌아가지 않았다. 환자에게는 아내와 어린 자녀들이 있었다. 그의 아내는 처음에는 화학요법 중단을 고려해 볼 준비가 되어 있지 않았다. 그러나 의사의 요청으로 환자가 직접 그들이 나눴던 대화 내용을 설명하자 아내도 이해를 했다. 간호사였던 그의 어머니도 마찬가지였다. 하지만 그의 아버지는 내내 아무 말 없이 앉아 있었다.

며칠 후 환자가 암 전문의를 다시 찾아왔다. "무슨 방법이 있을 거예요. 틀림없이 있을 거예요." 아버지가 인터넷에 나온 치료 사례들을 보여 줬다는 것이었다. 또한 그는 아버지가 이 일로 얼마나 충격을 받았는지도 털어놨다. 가족에게 고통을 주고 싶어 하는 환자는 아무도 없다. 수전은 환자들 가운데 3분의 2가 비록 자신은 원치 않는 치료일지라도 사랑하는 사람들이 원한다면 기꺼이 감내하려 한다고 설명했다.

암 전문의는 환자의 아버지 집으로 찾아갔다. 인터넷에서 찾은 치료와 실험 사례들을 인쇄한 종이가 두텁게 쌓여 있었다. 그녀는 그 사례들을 모두 살펴봤다. 그리고 환자의 아버지에게 자신도 의견을 바꿀 용의가 있다고 설명했다. 그러나 거기 나온 치료법들은 하나같이 환자에게 적용될 수 없는 것들이었다. 전혀 다른 뇌종양을 대상으로 한 것이거나 그 환자에게는 적합하지 않은 것들이었다. 기적을 일으킬 치료법은 없었다. 그녀는 환자의 아버지에게 아들과 보낼 시간이 얼마 남지 않았고, 아들이 남은 시간을 견뎌 내려면 아버지의 도움이 필요하다는 사실을 이해해야 한다고 말했다.

그녀는 자신이 그저 화학요법 처방을 내렸다면 얼마나 일이 쉬웠을지 생각해 보라고 했다. "하지만 환자의 아버지를 만난 게 전환점이 됐어요." 환자와 가족들은 호스피스 케어를 선택했다. 덕분에 그는 죽기 전까지 한 달 이상을 가족과 함께 보낼 수 있었다. 시간이 흐른 뒤 환자의 아버지가 의사에게 고맙다는 뜻을 전했다. 마지막 한 달 동안 그저 가족들과 함께 있다는 것에 초점을 맞췄으며, 결국 그들이 함께 보낸 나날 중 가장 의미 있는 시간이었다고 말했다.

많은 사람들은 이런 대화가 때로 얼마나 긴 시간을 필요로 하는지를 감안한다면 결국 금전적인 동기가 주요 문제가 된다고 주장한다. 화학요법 치료나 수술을 하면 돈을 받지만, 그렇게 하는 게 그다지 현명하지 않은 시점이 언제인지를 판단하고 조언하는 데 들이는 시간에 대해서는 아무런 보상도 받지 못하기 때문이라는 것이다. 그것도 분명 여러 요인 중 하나다. 그러나 이 쟁점이 단지 돈의 문제만은 아니다. 진짜 문제는 의학의 기능이 실제로 무엇인가 하는, 아직 풀리지 않은 논쟁이 남아 있다는 데 있다. 이는 달리 말하자면 의학이 어떤 일을 할 때 우리가 돈을 지불해야 하고, 또 지불하지 말아야 하는지를 다시 논의해야 한다는 뜻이다.

의학은 죽음과 질병에 맞서 싸우기 위해 존재한다는 단순한 시각도 있다. 물론 그것이 의학의 가장 기본적인 임무다. 그러나 죽음이 적이라고 한다면, 그 적은 우리보다 강력한 힘을 갖고 있다. 결국은 죽음이 이기게 되어 있다. 이길 수 없는 전쟁이라면, 우리는 아군이 전멸할 때까지 싸우는 장군을 원치 않는다. 커스터가 아니라 로버트 리가 필요한 것이다.(커스터 장군의 제7기병대는 리틀 빅혼 전투에서 인디언 원주민 연합군에게 몰살당했다. 한편 로버트 리 장군은 남북전쟁 당시 승패가 이미 결정됐다고 느끼자 남부 병사들에게 투항하라고 권고했다.—옮긴이) 점령할 수 있는 영토를 위해서는 싸우고 그럴 수 없을 때는 항복할 줄 아는 장군 말이다. 우리가 하는 모든 일이 쓰디쓴 최후를 맞을 때까지 싸우는 것일 뿐이라면 결국 최악의 대가를 치르게 된다는 걸 이해하는 누군가가 필요하다.

사실 요즘 의학계에서는 커스터 장군도 리 장군도 찾아보기 힘들다. 우리 의사들은 병사들을 진군시키면서 계속 "멈추고 싶으면 알려 줘."라고 말하는 장군이 되어 가고 있다. 또한 의사들은 불치병에 걸린 사람들에게 전면적인 치료 과정을 두고 언제라도 하차할 수 있는 기차라고 말한다. 언제든 멈추고 싶을 때 말만 하면 된다는 것이다. 그러나 이는 대부분의 환자들과 가족들에게 너무 큰 요구 사항이다. 그들은 의혹과 두려움과 절박함에 휩싸인 상태고, 일부는 의학이 해낼 수 있는 일에 대한 환상에 사로잡혀 있다. 의료인들의 책임은 인간을 인간으로 대하는 것이다. 모든 사람은 한 번 죽는다. 생이 끝나 가는 걸 경험해 본 사람은 아무도 없다. 마지막에 이른 사람들은 차마 꺼내기 어려운 대화를 기꺼이 나눠 줄 의사와 간호사를 필요로 한다. 자신이 알고 있는 것을 이야기해 주고, 앞으로 닥칠 일에 대비할 수 있도록 도와주고, 아무도 원치 않는 '죽음을 기다리는 창고' 같은 시설에서 잊혀 갈 운명을 피할 수 있도록 도와줄 사람을 필요로 한다는 것이다.

새라 모노폴리는 가족과 암 전문의에게 마지막 순간을 병원이나 중환자실에서 보내고 싶지 않다는 의견을 충분히 전달했다. 그러나 그 목표를 어떻게 이뤄 낼 수 있는지는 충분히 이해하지 못했다. 2월의 어느 금요일 아침, 새라는 일련의 사건들로 인해 평화로운 마지막으로부터 점점 멀어지고 있었다. 이때 이 모든 상황을 혼란스런 마음으로 지켜보다가 중재에 나선 사람이 있었다. 바로 새라의 1차 진료 주치의 척 모리스Chuck Morris 박사였다. 그는 이전 1년 동안 새라의 병이 점점 악화돼 가자, 그녀에 대한 의사 결정 대부분을 가족들과 암 전문 팀에게 맡겼다. 그럼에도 그는 여전히 새라와 그녀의 남편을 정기적으로 만나 무엇에 대해 걱정하고 있는지 대화를 나눠

왔다. 그 절박한 아침, 구급차에 타기 전 리치가 전화한 유일한 사람이 바로 모리스 박사였다. 모리스 박사는 응급실로 가서 막 도착한 새라와 리치를 만났다.

모리스 박사는 폐렴은 치료할 가능성이 있다고 설명했다. 그러나 그는 리치에게 이렇게 덧붙였다. "이제 때가 온 것 아닌가 하는 걱정이 듭니다. 새라가 걱정이에요." 그리고 그는 다른 가족들에게도 자신이 한 말을 전해 달라고 부탁했다.

새라의 병실에서 그는 두 사람에게 상황을 설명했다. 암이 그녀의 몸을 어떤 식으로 약화시켰고, 또 감염을 이겨 내기 어렵게 만들었는지를 말이다. 또한 항생제로 감염은 멈출 수 있을지 모르지만, 암을 멈출 수 있는 건 아무것도 없다는 점을 기억했으면 좋겠다고 말했다.

"새라는 정말 끔찍해 보였어요." 모리스 박사가 내게 말했다. "숨을 헐떡거리는데, 보는 것만으로도 마음이 불편했죠. 그때 함께 있던 담당 의사가 아직도 기억나요." 폐렴 치료를 위해 그녀를 입원시킨 당직 암 전문의였다. "담당 의사가 새라 문제로 상당히 당황한 기색이 역력했어요. 그가 당황할 정도라면 얼마나 심각한 건지 짐작할 수 있었죠."

새라의 부모가 도착하자 모리스 박사는 그들과도 대화를 나눴다. 이야기가 끝난 뒤 새라와 가족들은 앞으로 어떻게 할 것인지에 대해 합의했다. 의료진에게 항생제 치료는 계속 해 달라고 요청할 것이지만, 상황이 악화돼도 인공호흡기는 사용하지 않기로 했다. 그들은 또 모리스 박사가 완화치료 전문 팀을 부르는 것도 허락했다. 완화치료 팀이 도착한 후 소량의 모르핀을 처방하자마자 새라의 호흡이 즉시 편안해지는 게 보였다. 새라의 고통이 줄어드는 걸 본 가족들은 문득 그녀를 더 이상 괴롭게 하고 싶지 않다는 생각이 들었다. 다음 날 아침이 되자, 이제는 가족들이 의료진을 말리고 있었다.

"의료진이 새라에게 카테터를 삽입하고 이것저것 하려고 했어요." 그녀의 어머니 돈이 내게 말했다. "그래서 얘기했죠. '아뇨, 그 애한테 아무것도 하지 마세요.' 침대에 소변을 봐도 상관없다는 생각이 들었어요. 의료진은 또 혈압과 혈당 측정 등 이런저런 검사들을 하려고 했죠. 하지만 이제 검사 결과 같은 것에는 더 이상 관심이 가지 않았어요. 수간호사에게 가서 이제 모든 걸 그만 멈추라고 말했죠."

이전 3개월 동안 우리가 새라에게 한 것들—수많은 스캔, 검사, 방사능 치료, 화학요법 치료 등—은 아무 효과가 없었고, 오히려 그녀의 상태를 악화시키기만 했다. 그 어떤 것도 하지 않았다면 새라는 더 오래 살았을지도 모른다. 적어도 그녀는 맨 마지막 순간에나마 평화를 찾았다.

그날 새라는 신체 기능을 잃어 가면서 의식불명 상태에 빠져들었다. 리치는 그다음 날 밤새 내내 "지독한 신음소리가 계속됐다"고 회고한다. 아름다운 죽음은 없다. "숨을 내쉴 때였는지 들이마실 때였는지 잘 기억나지 않아요. 하지만 정말 듣고 있기에 끔찍했어요. 너무 끔찍했어요."

새라의 아버지와 쌍둥이 자매 에밀리는 그녀가 살아날지도 모른다는 희망을 버리지 않았다. 그러나 리치는 다른 가족들이 잠시 자리를 비켜 주자 무릎을 꿇고 눈물을 흘리며 그녀의 귀에 속삭였다. "이제 내려놔도 괜찮아. 더 이상 싸우지 않아도 돼. 금방 다시 만나자."

그날 오전 늦게, 새라의 호흡이 달라지면서 점점 느려졌다. 리치가 말했다. "새라가 흠칫하더니 길게 숨을 내쉬었어요. 그러고는 그냥 멈췄지요."

Being Mortal

7

어려운 대화

두렵지만 꼭 나눠야 하는 이야기들

나는 이제 우리도 어려운 대화를 나눌 때가 됐다는 걸 깨달았다. 사지마비가 진행되면서 머지않아 아버지가 가장 소중하게 여기는 것들을 앗아 가려 하고 있었다. 사지마비가 오면 24시간 간호, 산소 흡입기, 영양 공급관이 필요해질 것이다. 아버지는 그걸 원하지 않는 것 같다고 내가 말했다.

"절대 안 되지. 그냥 죽는 게 낫다." 아버지의 대답이었다.

그날 나는 내 평생 가장 어려운 질문들을 아버지에게 던졌다. 커다란 두려움을 안고 하나하나 물었던 기억이 난다. 무엇을 두려워했는지는 모르겠다. 아버지나 어머니의 분노, 혹은 우울, 아니면 그런 질문을 함으로써 뭔가 그분들의 기대를 저버리는 것 아닐까 하는 두려움이었는지도 모른다. 하지만 이야기를 나눈 후, 우리는 안도감이 들었고 뭔가 명확해졌다는 걸 느꼈다.

그 일이 있고 얼마 후, 나는 외국 여행을 하다가 우간다 출신 의사 두 명, 남아프리카 공화국 출신 작가 한 명과 대화를 나누게 됐다. 나는 새라 이야기를 들려주고 그들이라면 그녀를 위해 어떻게 했을지 물었다. 그들 눈에는 우리가 새라에게 제공한 선택지들이 과해 보였다. 그들 나라에서는 말기 질환 환자들이 아예 병원에 오지를 않는다고 했다. 병원에 온다 하더라도 궁극적인 결말이 그토록 분명한 상황이라면 여러 차례의 화학요법이나 최후의 시도가 될 수술, 실험적 요법 같은 것들은 결코 기대하지도, 받아들이지도 않을 거란다. 게다가 의료 시스템 자체가 그렇게 할 재원을 갖추고 있지도 않았다.

하지만 그들의 개인적 경험을 털어놓기 시작하면서부터는 익숙하게 들리는 부분들이 많았다. 자신의 바람과 상관없이 생명 유지 장치를 쓰게 된 할아버지, 불치암 진단을 받고 실험 요법을 받다가 병원에서 죽은 친척, 말기 뇌종양 진단을 받은 후에도 끝없는 화학요법 치료를 받다가 효과는 보지 못한 채 점점 스스로를 파괴해 간 처남 이야기 등 내가 그동안 보고 들은 사례들과 다르지 않은 것들이 많았다. "매 치료 단계가 이전 단계보다 훨씬 끔찍했어요." 남아프리카공화국 작가가 말했다. "약물이 살을 갉아먹는 게 보였어요. 아이들은 너무 충격을 받았고요. 하지만 본인이 결코 내려놓지를 못한 거죠."

그들의 나라는 현재 변화를 겪고 있는 중이다. 세계에서 가장 빠른 성장을 보이는 10개국 중 5개국이 아프리카에 있다. 2030년이 되면 세계 인구의 절반 내지 3분의 2가 중산층이 될 전망이다. 엄청난 수의 사람들이 텔레비전, 자동차 등 소비재를 구매할 능력을 갖추게 될 것이다. 거기에는 의료 서비스도 포함된다. 아프리카 일부 도시에서는 이제 80세 이상 노인의 절반 이상이 병원에서 임종하고, 80세 미만으로 가면 그 비율은 더 높아진다. 이 숫자는 선진국 수준을 넘어선다. 새라의 이야기와 같은 일들이 전 세계적으로 벌어지게 된 것이다. 오늘날 소득이 증가하면서 개인 의료 서비스 분야가 급격히 성장했으며, 이런 서비스는 보통 현금으로 결제가 된다. 어디를 가나 의사들이 너무 쉽게 근거 없는 희망을 펼쳐 보이며 환자 가족들로 하여금 은행 잔고를 털고, 씨앗용 작물을 팔고, 아이들 교육비를 털어서 헛된 치료에 쏟아붓게 만든다. 그러나 동시에 호스피스 프로그램도 세계 곳곳에서 점점 더 많이 나타나고 있다. 캄팔라에서 킨샤사, 라고스에서 레소토, 뭄바이에서 마닐라에 이르기까지 전 세계적인 현상이 되고 있는 것이다.

학자들은 한 나라의 경제가 성장하면 그와 더불어 의학도 세 단계를 거쳐 발전한다는 것을 알아냈다. 첫 번째 단계에서는 나라 전체가 극도로 빈곤한 상태라 대부분의 사람들이 집에서 죽음을 맞는다. 전문적인 진단과 치료를 받을 수 없기 때문이다. 두 번째 단계에서는 나라가 경제적으로 발전하고 국민소득이 늘어남에 따라 재원이 풍부해져서 의료 서비스가 더 널리 퍼진다. 이제 사람들은 아플 경우 병원을 찾는다. 따라서 집보다 병원에서 임종하는 경우가 더 많아진다. 세 번째 단계, 즉 한 나라의 소득이 가장 높은 수준으로 진입할 즈음 사람들은 삶의 질을 생각할 여유가 생긴다. 삶의 질에 대한 고려는 몸이 아플 때도 계속 이어진다. 이로 인해 집에서 임종하는 경우가 다시 늘어난다.

이 패턴은 실제 미국에서 벌어지고 있는 현상과 일치하는 듯하다. 1945년에만 해도 집에서 임종하는 경우가 단연 과반수를 차지했던 것이 1980년대 말에는 17%에 그쳤다가, 1990년대부터 다시 늘어나는 추세를 보이고 있다. 호스피스 케어를 이용하는 빈도도 점점 늘어나 2010년에는 미국인 사망자의 45%가 이 서비스를 받다가 임종한 것으로 집계됐다. 그중 절반 이상이 집에서 호스피스 케어를 받았고, 나머지는 호스피스 전문 시설 혹은 요양원에서 받았다. 이는 세계에서 가장 높은 비율에 속한다.

현재 역사적인 변화가 일어나고 있다. 미국을 포함해 전 세계적으로 요양원 혹은 양로원에서 시들어 가다가 병원에서 죽어 가는 길을 대체할 방법이 늘어나고 있고, 그 기회를 붙잡으려는 사람들이 수백만 명에 달한다. 그러나 아직은 혼란기다. 우리는 나이 들어 죽는 과정을 획일화된 시설 안에서 경험하는 걸 거부하기 시작했지만, 아직 새로운 방법을 정착시키지는 못했다. 지금 우리는 전환기에 살고 있는 것이다. 구체제가 아무리 좋지 않았다 하더라도 최소한 의사는 그 체제에 관한 한 전문가다. 모든 것이 어떻게 돌아가는지 잘 알고 있다. 우리가 환자가 되는 데 동의한다면, 의사는 병을 고치기 위해 노력하는 데 동의한다. 고칠 가능성이 아무리 낮든, 그 과정이 얼마나 고통스럽든, 그로 인해 어떤 대가를 치러야 하든, 비용이 얼마나 들든 말이다. 그러나 어떻게 하면 죽음에 직면하고, 또 충성심과 개성을 담아 의미 있는 삶의 근간을 보존할 수 있는지를 모두 함께 궁리해 내려 애쓰고 있는 새로운 단계에서는 의사들마저도 힘들게 나아가고 있는 초보자에 불과하다. 우리는 지금 한 번에 한 사람씩 경험하면서 사회적 학습을 하고 있는 중이다. 나 역시 의사이자 하나의 인간으로서 그 과정에 참여하고 있다.

아버지가 영원히 살지 못하리라는 걸 깨달을 수밖에 없었을 때 그분은 70대 초반에 접어들고 있었다. 아버지는 그때까지 브라마 소처럼 건강했다. 일주일에 세 번씩 테니스를 했고, 바쁜 비뇨기과를 운영했으며, 지역 로터리 클럽 회장으로도 일했다. 엄청나게 에너지가 넘치는 분이었다. 아버지는 인도 시골에서 건물 하나로 시작한 대학을 학생 2000명 규모의 캠퍼스로 늘리는 등 자선 활동도 활발히 벌였다. 나는 집을 찾을 때마다 테니스 라켓을 가지고 가서 아버지와 함께 동네 코트로 나갔다. 그분도 나도 상대를 봐 주는 일이 전혀 없었다. 아버지가 드롭샷을 날리면 나도 드롭샷을 날렸고, 아버지가 로빙을 하면 나도 로빙으로 맞섰다. 물론 가끔은 말 그대로 노인 같은 행동을 하기도 했다. 아무 때나 테니스 코트에 코를 풀어 젖힌다든지 멀리 날아간 공은 꼭 나한테 주워 오라고 시킨다든지 하는 것 말이다. 그러나 그건 아버지니까 아들한테 시키는 일종의 심부름 같은 거라고 생각했지 나이가 들어서 그런 거라고는 생각지 않았다. 아버지는 30년 넘게 병원을 운영하는 동안 몸이 아파서 환자와의 약속이나 수술을 취소한 적이 단 한 번도 없었다. 그래서 아버지가 목에서 시작된 통증이 왼팔 아래로 내려갔고 왼손가락까지 저리다는 이야기를 했을 때도 우리 둘 다 별로 심각하게 생각하지 않았다. 목 부분 엑스레이를 찍어 보니 관절염밖에 보이지 않았다. 아버지는 소염제를 먹으며 물리치료를 받았고, 테니스를 할 때 공을 높이 올려 쳐 내리는 서브는 당분간 하지 않기로 했다. 그 동작이 통증을 더 악화시켰기 때문이다.

그러나 그 후 1~2년 동안 아버지의 목 통증은 점점 더 심해져서 편안히 잠을 잘 수 없는 지경에 이르렀다. 왼손가락만 저리던 것이 이제는 왼손 전체가 무감각해질 정도가 됐고, 정관수술 중 절개를 봉합할 때 쓰는 실을 만져도 감각이 오질 않는다는 것도 깨달았다. 2006년 봄, 담당 의사가 아버지의 목을 MRI 촬영했고, 그 결과는 너무나 충격적이었다. 아버지의 척수 안에 종양이 자라고 있었던 것이다.

바로 그 순간 우리의 입장은 완전히 바뀌고 말았다. 아버지의 삶과 삶에 거는 기대에 대한 관점이 완전히 달라질 수밖에 없게 되었다. 우리 가족이 죽음이라는 현실과 대결하는 여정에 접어든 것이다. 부모와 자식으로서 우리가 아버지를 위해 어떤 다른 선택을 하게 될지, 다시 말해 의사로서 내가 환자들을 이끌었던 것과 다른 길을 가게 될지 같은 길을 가게 될지 시험대 위에 오른 셈이었다. 시험에 쓸 연필을 손에 쥐었고, 시험 시간을 재는 시계가 작동됐지만, 우리는 그 시험이 시작됐다는 것조차 실감하지 못하고 있었다.

아버지는 MRI 사진들을 이메일로 내게 보냈다. 우리는 각자 컴퓨터로 그 사진들을 보면서 전화통화를 했다. 종양은 보는 것만으로도 현기증이 났다. 척추를 꽉 채우고 있었고, 뇌 아래에서 어깨뼈 높이까지 퍼져 있었다. 종양 때문에 척수가 눌리는 듯했다. 아버지에게 마비가 오지 않은 것이 놀라웠다. 그냥 손이 무감각해지고, 목에 통증을 느끼는 정도였다는 게 놀라울 정도였다. 하지만 우리는 이 부분에 대해서는 아무것도 이야기하지 않았다. 우리는 둘 다 좀 더 신중하게 대화할 수 있는 방법을 찾느라 애를 먹었다. 나는 아버지에게 방사선과 전문의는 뭐라고 했는지 물었다. 각종 양성, 악성 종양들을 언급했다는 답이 돌아왔다. 종양이 아닐 가능성에 대해 묻자 별로 없다고 했다. 우리 둘 모두 외과의사였고, 이런 종류의 종양을 어떻게 제거하는 게 좋을지 궁리했지만, 별다른 방도가 없어 보였다. 우리는 침묵에 빠져들었다. 나는 서둘러 결론 내리지 말고 신경외과 전문의와 상의해 보자고 말했다.

척수 종양이 극도로 드문 탓인지 이 방면에 경험이 있는 신경외과 전문의는 거의 없었다. 열두어 건만 다뤄 봤어도 경험이 굉장히 많은 편에 속했다. 경험 있는 의사들 중 하나는 부모님이 사는 곳에서 320킬로미터 정도 떨어진 클리블랜드 클리닉에 있었고, 또 한 명은 내가 일하는 이곳 보스턴의 병원에 있었다. 우리는 두 군데 모두 예약을 했다.

두 전문의 모두 수술을 제안했다. 척추를 열고—나는 그런 게 가능한지도 몰랐다—종양을 가능한 한 많이 제거하자는 것이었다. 그러나 전부 제거하는 것은 불가능했다. 주 원인이 되고 있는 종양은 척추 안쪽의 매우 협소한 공간에서 자라고 있었다. 맹수가 철창보다 더 커져 버린 것이다. 종양이 커지면서 척수를 척추 뼈 가까이 밀어붙이는 바람에 통증을 유발시킬 뿐 아니라 척수를 형성하는 신경섬유까지 파괴하고 있었다. 그래서 두 전문의는 모두 종양이 자랄 수 있는 공간을 더 넓게 확보해 주는 수술도 제안했다. 척추 뒤쪽을 열어서 종양의 압력을 줄이고, 쇠막대를 심어서 척추 뼈를 안정시킨다는 계획이었다. 높은 건물의 벽을 허물어 내고 기둥을 세워 각 층을 지지하겠다는 것과 같았다.

우리 병원의 신경외과 전문의는 지금 당장 수술해야 한다고 주장했다. 그는 아버지에게 상황이 위급하다고 말했다. 몇 주 사이에 사지마비가 올 수도 있다는 것이었다. 그는 다른 선택의 여지가 없다고 강조했다. 화학요법이나 방사능 치료는 병의 진행을 막는 데 수술만큼 효과적이지 않기 때문이라는 것이었다. 수술에는 위험이 따르지만 걱정할 정도는 아니란다. 그보다 더 신경 쓰이는 것은 종양 자체이며, 아버지가 너무 늦기 전에 조치를 취해야 한다고 조언했다.

클리블랜드 클리닉의 의사는 약간 더 애매한 태도를 취했다. 그역시 보스턴 의사와 동일한 수술을 제안했지만, 바로 해야 한다고주장하지는 않았다. 그는 척수 종양 중에 진행이 빠른 것들도 있지만, 자라는 데 몇 년씩 걸리는 경우도 많이 봤다고 말했다. 그리고갑작스럽게 악화되기보다는 단계적으로 진행되는 병이라는 설명도덧붙였다. 그는 아버지의 병세가 손이 무감각해지는 단계에서 하룻밤 새에 갑자기 전신마비로 넘어가지는 않을 거라고 추측했다. 따라서 수술 시점을 잡는 게 중요한데, 그의 생각으로는 병이 상당히 진행돼서 아버지가 치료를 받지 않으면 안 되겠다고 느낄 때가 적당한시기라는 것이었다. 그는 수술의 위험성에 대해서도 더 신중하게 접근했다. 수술로 사지마비가 오거나 사망할 확률이 4분의 1이나 된다는 게 그의 의견이었다. 그는 아버지가 스스로 "분명하게 한계를 정해 둘 필요가 있다"고 말했다. 지금 당장 수술을 원할 만큼 증상이심한가? 외과 의사로서 수술할 능력을 위협할 만큼 손의 마비가 심해질 때까지 기다리길 원하는가? 걷지 못할 정도가 될 때까지 수술을 미루고 싶은가?

아버지로서는 이 모든 정보가 소화하기 힘든 것들이었다. 아버지는 지금까지 얼마나 많은 환자들에게 이와 같은 나쁜 소식을 전해야했을까? 예를 들어 전립선 암에 걸렸고, 이와 비슷한 끔찍한 선택들밖에 남아 있지 않다는 소식 같은 것 말이다. 나는 또 몇 번이나 이런 선고를 내렸던가? 하지만 우리 둘 모두 그런 경험을 했음에도 불구하고 이 소식은 전신을 강타하는 듯한 충격이었다. 두 전문의 모두 이 종양으로 아버지가 목숨을 잃을 거라고는 말하지 않았지만, 종양을 완전히 제거할 수 있다는 말도 하지 않았다. 할 수 있는 일은 종양의 '압력을 제거'하는 일뿐이었다.

이론적으로는 자신의 생명을 좌우하는 결정을 할 때 사실에 근거한 분석적 사고를 통해 결론을 도출해 내야 한다. 그러나 그 사실이라는 것들이 불확실성으로 가득 차 있었다. 희귀 종양이기 때문에 확실한 예측을 할 수가 없었던 것이다. 선택하려면 정보의 빈 틈을 무언가로 메워야 했고, 아버지는 그걸 두려움으로 메웠다. 아버지는 종양을 두려워했고, 종양이 자신의 몸에 끼칠 영향을 두려워했다. 또한 종양을 관리하기 위한 해결책도 두려워했다. 척추를 연다는 걸 도저히 상상할 수 없었던 것이다. 자신이 이해하지 못하는 수술, 자신이 할 수 없을 것 같은 수술을 신뢰하기 힘들었다. 아버지는 두 의사에게 수술이 정확히 어떻게 진행되는지를 두고 수없이 많은 질문을 했다. 척수에 접근하기 위해 어떤 도구를 사용하는가? 현미경을 사용하는가? 종양은 어떻게 자르는가? 혈관 지혈을 위해 지질 때는 어떻게 할 것인가? 혈관을 지지면 척수 신경섬유에 손상이 가지는 않는가? 비뇨기과에서는 전립선의 출혈을 제어하기 위해 이런 기구를 사용하는데, 이 경우에도 그걸 사용하는 게 낫지 않을까? 아니라면 왜 그런가?

우리 병원의 신경외과 전문의는 아버지의 질문 세례를 그다지 달가워하지 않았다. 처음 한두 질문에는 대답을 잘 했지만, 그 후로는 완전히 질린 표정이 됐다. 그는 저명한 교수로서의 태도를 갖춘 사람이었다. 권위 있었고, 확신에 차 있었으며, 할 일이 많은 바쁜 사람이었다.

그가 아버지에게 말했다. 자, 이 종양은 위험하다. 자신은 신경외과 전문의로 이런 종양을 다룬 경험이 많은 사람이다. 사실 자기보다 더 경험이 많은 사람은 없다. 아버지는 이 종양에 대해 뭔가 조처를 취하고 싶은지를 결정해야 하고, 만일 그럴 용의가 있다면 자신이 도와줄 수 있다. 그러나 그렇지 않다면, 그건 아버지의 선택이니 자기로서는 어쩔 수 없다.

의사가 말을 끝내자 아버지는 더 이상 아무런 질문도 하지 않았다. 그러나 아버지는 이 사람에게 수술을 맡기지 않을 거라는 결정도 내렸다.

클리블랜드 클리닉의 신경외과 전문의 에드워드 벤젤Edward Benzel 박사도 자신감이 넘쳐 보이기는 마찬가지였다. 그러나 그는 아버지의 질문들이 두려움에서 비롯된 것이라는 점을 이해했다. 그래서 심지어는 짜증날 법한 질문에 대해서까지도 시간을 들여 성의 있게 답해 주었다. 또한 그는 그 과정에서 아버지가 어떤 상태인지 살폈으며, 이를 통해 아버지가 종양보다 수술이 끼칠 영향을 더 걱정하는 것 같다고 말했다.

아버지는 그 말에 동의했다. 어떤 이점을 가져다줄지 불확실한 치료를 받기 위해 의사로서 자신의 능력을 잃는 위험을 감수하고 싶지 않다는 것이었다. 벤젤 박사는 자신도 아버지 입장이었다면 같은 생각을 했을지 모른다고 답했다.

벤젤 박사는 자기 앞에 앉아 있는 사람에게 정말 온 정신을 집중하고 있다는 느낌을 주면서 상대방을 쳐다보는 사람이었다. 그는 우리 부모님보다 훨씬 키가 컸지만 그분들의 눈높이에 맞춰서 앉았고, 컴퓨터에서 몸을 돌려 온전히 마주보는 자세를 취했다. 아버지가 말하는 동안 몸을 움직이거나 움찔거리지 않았고, 심지어는 어떤 반응도 보이지 않는 상태로 경청했다. 상대방이 말을 끝내면 진짜 끝난 건지 확인하기 위해 잠시 기다렸다가 입을 여는 미국 중서부 사람의 습관도 가지고 있었다. 금속 테 안경 뒤로 작고 짙은 갈색 눈이 반짝였고, 반 다이크 스타일의 짙은 회색 수염으로 입은 보이지 않았다. 그가 뭔가 생각하고 있다는 걸 알 수 있는 유일한 단서는 반짝이는 그의 이마에 주름이 잡힐 때뿐이었다. 결국 그는 대화의 물꼬를 우리가 당면한 주요 문제 쪽으로 돌렸다. 종양이 걱정되기는 하지만, 이제 아버지가 우려하는 게 뭔지 좀 이해가 된다고 했다. 그는 아버지가 조금 기다리면서 증상이 변화해 가는 속도를 관찰할 시간은 있다고 믿었다. 아버지가 필요하다고 판단할 때까지 수술을 미룰 수도 있다고 덧붙였다. 아버지는 벤젤 박사의 충고를 받아들이기로 결정했다. 부모님은 몇 달 후에 돌아와 다시 검진받기로 했고, 그사이에라도 중대한 변화가 있으면 전화를 하겠다고 했다.

아버지가 벤젤 박사를 선호한 것이 단지 그가 종양에 대해 좀 더 나은 전망, 적어도 덜 걱정스러운 이야기를 해서였을까? 어쩌면 그럴지도 모른다. 충분히 가능한 일이다. 환자들은 대체로 낙관적이다. 그로 인해 잘못된 의사를 선택할 위험이 있더라도 말이다. 두 의사들 중 누구의 말이 옳았는지 밝혀지려면 시간이 흐르는 수밖에 없다. 그렇지만 벤젤 박사는 아버지가 중요하게 생각하는 것이 무언지 이해하려 했고, 아버지에게는 그 점이 중요했다. 아버지는 벤젤 박사와의 만남이 반도 채 지나기 전에 그가 믿을 만한 의사라고 결론 내렸다.

그리고 결국 벤젤 박사가 옳았다는 게 입증되었다. 시간이 흐르도록 아버지의 증상에는 아무런 변화가 없었다. 그래서 결국 다음 진찰 예약을 연기했고, 1년 뒤에야 벤젤 박사를 찾아갔다. MRI 검사 결과 종양이 커졌다는 게 밝혀졌지만, 다른 신체검사 소견으로는 힘, 감각, 기동성 등이 전혀 약해지지 않았다. 그래서 MRI 사진보다 아버지의 느낌을 척도로 삼기로 결정했다. MRI 판독 결과만 보면 공포스러울 지경이었다. "목에서 시작된 종양이 숨뇌와 중뇌 부분까지 자라 있다는 걸 보여 주고" 있었다. 그러나 향후 몇 개월 동안 아버지가 사는 데 영향을 줄 정도의 변화는 전혀 일어나지 않았다.

짜증나는 목 부위 통증이 계속됐지만, 아버지는 밤에 잠을 잘 때 가장 편한 자세를 찾아냈다. 날씨가 추워질 때면 무감각한 왼손이 얼음장처럼 차가워졌는데, 그래서 아버지는 집 안에서도 왼손에는 마이클 잭슨처럼 장갑을 끼기 시작했다. 그런 것만 제외하면 아버지는 여느 때처럼 운전을 하고, 테니스를 치고, 수술을 하면서 변함없는 생활을 했다. 아버지와 벤젤 박사는 앞으로 무슨 일이 닥칠지 알고 있었다. 그러나 두 사람 모두 아버지에게 중요한 것이 무언지 알고 있었기 때문에 때를 기다렸다. 당시 나 역시 환자들과 함께 그런 식으로 결정을 내려야겠다고 생각했던 기억이 난다. 이는 우리 의료 진 모두가 쥐해야 할 방식이기도 하다.

의과대학을 다닐 때 우리는 의학 윤리학자 에제키엘 엠마누엘 Ezekiel Emanuel과 린다 엠마누엘Linda Emanuel이 쓴 짧은 논문을 읽으라는 과제를 받았다. 우리같이 임상의가 되려는 사람들이 환자들과 맺을 수 있는 여러 가지 관계에 관한 논문이었다. 그중 가장 오래되고 전통적인 관계는 '가부장적paternalistic' 관계다. 의사는 의학적 권위를 가진 사람으로서 환자에게 최상의 치료를 제공하는 걸 목적으로 삼는다. 의사는 필요한 지식과 경험을 갖고 있는 사람으로서 중요한 결정을 내린다. 빨간 약과 파란 약이 있을 때 의사는 환자에게 이렇게 말할 것이다. "빨간 약을 드세요. 그게 당신한테 적합합니다." 파란 약에 대해 말해 줄 수도 있고, 그렇지 않을 수도 있다. 환자가 알아야 할 필요가 있다고 판단한 정보만 말해 주면 된다. 의사가 마치 사제처럼 최선의 방법을 알고 있다고 믿는 모델이다. 종종 비난을 받기도 하지만, 여전히 가장 흔한 모델이다. 특히 환자가 너무 쇠약하거나, 가난하거나, 나이 들었거나, 시키는 대로 하는 유형이면 이런 경향이 심해진다.

두 번째 유형은 '정보를 주는informative' 관계다. 가부장적 관계와 정반대 개념이다. 의사는 환자에게 사실과 수치를 제공한다. 나머지는 모두 환자에게 달려 있다. "빨간 약은 이런 효과가 있고, 파란 약은 저런 효과가 있습니다." 의사는 이렇게 설명한 뒤 환자에게 묻는다. "어떤 약을 원하십니까?" 소매상 같은 관계다. 의사는 기술적 지식을 가진 전문가이고, 환자는 소비자다. 최신 지식과 기술을 제공하는 게 의사가 할 일이고, 최종적으로 결정하는 건 환자의 몫이다. 점점 더 많은 의사들이 이런 방식을 취하고 있고, 이 때문에 의사들의 분야가 더욱 전문화되어 간다. 환자들에 대한 지식은 점점 줄어들고, 의학 지식은 점점 늘어 가는 추세다. 전반적으로 볼 때 선택지들이 확실하고, 포기할 것과 얻을 것이 분명하고, 사람들의 선호도가 명확하면 멋지게 돌아갈 수 있는 모델이다. 원하는 검사, 약, 수술 등을 선택하고 그에 따르는 위험은 감수하겠다고 결심하면 된다. 환자에게 완전한 자율성이 주어지는 것이다.

보스턴의 우리 병원에서 만난 신경외과 전문의는 이 두 가지 모델의 요소를 고루 보여 주었다. 그는 가부장적인 의사였다. 수술이 아버지가 할 수 있는 최선의 선택이며, 그것도 당장 해야 한다고 주장했다. 그러나 아버지는 그를 '정보를 주는' 의사로 만드는 데 필요한 압력을 넣으면서 세부 사항과 선택지들을 검토하고 싶어 했다. 그래서 의사는 태도를 바꿨고, 그가 준 정보들은 아버지의 두려움을 증폭시켰다. 그 결과 아버지에게는 더 많은 의문점들이 생겼고, 뭘 선택해야 할지 더 오리무중에 빠져들고 말았다. 그 의사는 아버지와 무얼 어떻게 해야 할지 알지 못했다.

사실 이 두 가지 모델은 사람들이 원하는 관계가 아니다. 우리는 정보와 상황을 제어할 권한을 원하기도 하지만, 누군가 우리를 안내해 주기를 원하기도 하기 때문이다. 엠마누엘 부부는 논문에서 의사와 환자가 맺을 수 있는 세 번째 관계 유형을 기술한다. 그들은 이를 '해석적interpretive' 관계라고 불렀다. 이 관계에서 의사의 역할은 환자가 무엇을 원하는지 스스로 이해하도록 돕는 것이다. '해석적'인 의사들은 우선 이런 질문을 던진다. "환자 분에게 가장 중요한 건 뭔가요?" "걱정되는 게 뭐지요?" 대답을 듣고 난 후에는 빨간 약과 파란 약에 대해 설명하고 환자의 우선순위에 맞는 약은 어떤 것이라고 말해 준다.

전문가들은 이것이 의사 결정을 공유하는 것이라고 말한다. 의과대학생이었던 우리에게는 이것이 의사가 환자와 맺을 수 있는 가장 이상적인 관계로 보였지만, 동시에 거의 전적으로 이론적인 관계처럼 느껴지기도 했다. 당시 분위기로 봐서는 대부분의 의사가 이런 식으로 환자를 대한다는 게 허무맹랑한 이야기 같았다.(외과의사가? '해석적'이라고? 하하!) 이후로는 의사들끼리 그 개념에 대해 이야기 나누는 걸 들을 기회가 없었고, 나 역시 까맣게 잊고 있었다. 우리에게 주어진 선택은 가부장적인 의사가 되거나 정보를 주는 의사가 되거나 둘 중 하나인 듯했다. 그러나 그로부터 20년도 채 지나지 않아 아버지와 함께 오하이오주 클리블랜드에 있는 신경외과 전문의 진찰실에서 그 세 번째 유형의 의사를 만나고 있었다. 아버지의 척추에서 자라고 있는 커다랗고 치명적인 종양을 MRI 영상으로 보면서, 의사 결정을 공유할 용의가 있는 의사와 이야기를 나누고 있었던 것이다. 벤젤 박사는 자신을 전투를 이끄는 지휘관으로도, 단순한 기술자로도 보지 않았다. 대신 상담자이자 아버지 입장에서 일하는 도급업자 정도로 간주했다. 아버지가 필요로 하는 바로 그런 의사였다.

엠마누엘 부부의 논문을 다시 읽던 나는 저자들이 써 놓은 경고를 발견했다. 환자들이 원하는 걸 이루도록 제대로 돕기 위해서는 그들의 욕구를 '해석하는 것' 이상을 해야 할 수도 있다는 경고였다. 원하는 것은 변할 수 있다. 그리고 모든 사람은 철학자들이 '2차적 욕구'라고 부르는 '욕구에 관한 욕구'를 가지고 있다. 예를 들어 덜 충동적이고, 더 건강하고, 두려움이나 배고픔 같은 1차적 욕구에 덜 지배받고, 더 큰 목표에 충실해지고 싶은 욕구를 가질 수 있다. 순간적이고 1차적인 욕구에만 귀 기울이는 의사들은 결국 환자가 진정으로 원하는 것을 얻는 데 도움을 주지 못할 수 있다. 우리는 약을 거른다든지 운동을 충분히 하지 않는 등 근시안적인 선택을 할 때 더 나은 선택을 하도록 인도해 준 의료진에게 고마움을 느끼는 경우가 종종 있다. 그리고 처음에는 두려워했던 변화에도 결국 적응하는 경우가 많다. 따라서 어느 시점에는 의사가 환자와 함께 더 큰 목표를 신중히 생각해 보도록 돕는 게 옳을 뿐 아니라 필요해지게 된다. 거기에는 잘못된 우선순위나 믿음을 다시 생각해 보게끔 이의를 제기하는 것까지도 포함되어 있다.

나는 이 일을 하면서 늘 '정보를 주는' 의사 역할을 하는 것이 가장 편했다.(우리 세대의 의사들은 대부분 '의사가 가장 잘 안다'는 식의 태도를 피하는 경향이 있다.) 그러나 정보를 주는 의사가 되는 것만으로는 새라 모노폴리를 비롯해 내게 왔던 심각한 환자들을 돕기에 역부족이라는 것이 분명해졌다.

아버지가 벤젤 박사를 찾아갈 무렵, 나는 구토 증세로 응급실을 찾은 선이성 난소암 환자를 만났다. 나이 일흔두 살인 그 할머니의 이름은 주얼 더글러스였다. 그녀의 진료 기록을 보니 2년 동안 치료를 받아 왔다는 걸 알 수 있었다. 처음 암의 징후를 발견한 건 배가 부푼 느낌 때문에 산부인과를 찾았을 때였다. 초음파 검사를 통해 아이 주먹만 한 덩어리가 있는 것을 발견했다. 수술을 위해 개복해 보니 그 덩어리는 난소암이었고 배 전체에 퍼져 있었다. 균처럼 발육하는 부드러운 종양이 그녀의 자궁, 방광, 대장, 그리고 복부 내벽에까지 퍼져 있었다. 외과의사는 난소 두 개, 자궁 전부, 대장 절반, 방광의 3분의 1을 제거했고, 3개월 동안 화학요법을 실시했다. 이 정도 치료를 받을 경우 대부분의 난소암 환자들은 2년을 살고, 3분의 1은 5년 정도 생존한다. 암에서 완전히 회복하는 비율은 약 20% 정도다. 그녀는 자신도 이 소수에 들기를 희망했다.

기록에는 그녀가 화학요법을 잘 견뎌 낸 것으로 나와 있었다. 머리카락이 많이 빠졌지만, 그것 말고는 가벼운 피로감을 느낀 정도에 그쳤다. 9개월 후, CT 스캔 결과 종양이 하나도 보이지 않았다. 그러나 수술 후 1년 만에 한 검사에서는 작은 종양들이 다시 자라기 시작한 게 보였다. 종양들은 몇 밀리미터에 불과했고 그녀에게는 아무 느낌도 없었지만, 종양임에는 변함이 없었다. 그녀의 암 전문 주치의는 또 다른 화학요법을 시작했다. 이번에는 입이 헐고, 화상 같은 두드러기가 온몸에 나타나는 등 더 고통스러운 부작용이 뒤따랐지만, 이런저런 연고를 바르면 견딜 만했다. 하지만 다시 스캔을 해 보니 화학요법이 효과가 없었다. 종양이 커진 것이다. 이제는 종양으로 인해 골반에 날카로운 통증이 느껴지기 시작했다.

세 번째 화학요법으로 바꾸자 이번에는 좀 더 효과가 있었다. 종양의 크기가 줄었고 골반 통증도 없어졌다. 그러나 부작용이 훨씬 심했다. 기록에는 여러 가지 약을 써 봤지만 구역질이 심하다고 적혀 있었다. 사지가 축 처지는 듯한 피로감 때문에 하루에도 몇 시간씩 침대에 누워 있어야만 했다. 또한 알레르기 반응으로 두드러기가 나고 심하게 가려워서 스테로이드제를 먹어야 했다. 그러던 어느 날 그녀는 숨이 너무도 가빠져서 구급차를 타고 병원에 왔다. 검사 결과 폐색전이 생긴 것으로 드러났다. 새라 모노폴리의 경우와 비슷했다. 날마다 주사로 혈액 희석제를 맞으면서 서서히 정상적으로 숨 쉬는 능력을 되찾았다.

하지만 문제가 해결된 게 아니었다. 뭔가 배를 움켜쥐는 듯한 통증이 생겼고, 구토가 계속됐다. 액체가 됐든 고체가 됐든 먹고 나면 모두 토하고 말았다. 연락을 받은 암 주치의는 CT스캔을 했다. 전이된 암 때문에 장관이 막혀 있었다. 주얼 할머니는 방사선과에서 바로 응급실로 옮겨졌다. 당직 일반의로 근무하고 있던 나는 대책 논의를 위해 호출됐다.

나는 방사선 전문의와 함께 스캔 영상을 자세히 살펴봤지만 정확히 어떻게 암이 장 폐색을 일으킨 건지 알 수가 없었다. 장관이 종양에 잘못 걸려서 꼬인 걸 수도 있다. 그럴 경우 시간이 지나면 저절로 해결될 수도 있는 문제였다. 만일 장이 종양 덩어리에 물리적으로

눌려 있다면 수술로 종양을 제거하거나 장을 우회시켜야 한다. 어느 쪽이 됐든 세 번에 걸친 화학요법에도 불구하고 암이 진전됐다는 불길한 징후였다.

나는 이 정보들을 어디까지 공개해야 할지 고민하면서 주얼 할머니를 찾아갔다. 이미 간호사가 정맥 주사를 놓아 줬고, 수련의가 1미터 가까운 관을 위까지 삽입해 담즙이 섞인 초록색 액체를 0.5리터 정도 뽑아낸 상태였다. 코에서 위로 통하는 관은 굉장히 불편한 고문 도구다. 그런 관이 꽂혀 있는 사람들은 보통 누군가와 말할 기분이 아니다. 그러나 내가 인사를 하자 할머니는 미소를 지으며 이름을 다시 묻고 자신이 내 이름을 제대로 발음하는지 확인하기까지 했다. 할머니의 남편이 바로 옆에 있었지만 생각에 잠긴 듯 조용히 앉아서 그녀가 대화를 이끌도록 내버려뒀다.

"가만 보니 내가 지금 좀 곤란한 상태인가 봐요." 그녀가 말했다. 주얼 할머니는 코에 테이프로 삽입관을 붙인 상태에서도 단발머리를 단정히 빗고, 안경을 고쳐 쓰고, 담요를 단정히 정리해서 덮을 줄 아는 사람이었다. 주어진 상황에서 최선을 다해 자신의 존엄성을 잃지 않으려는 것이 보였다.

나는 기분이 어떠냐고 물었다. 그녀는 삽입관 덕에 훨씬 구역질이 덜 난다고 말했다.

나는 할머니가 들은 이야기를 설명해 달라고 부탁했다. "그러니까 선생님, 암이 장을 막은 건가 봐요. 그래서 내려간 게 모두 다시 올라오나 보죠."

할머니는 암울한 기본 정보를 완벽하게 이해하고 있었다. 이 시점에서는 특별히 어려운 결정은 하지 않아도 됐다. 나는 그녀에게 장이 꼬였을 가능성이 있고, 그런 경우라면 하루 이틀 사이에 다시 풀릴 수 있다고 말했다. 만일 그렇지 않으면 수술 가능성도 있지만 지금 당장은 기다려도 된다고 설명했다.

나는 아직 더 어려운 문제에 대해서는 이야기하고 싶지 않았다. 그 자리에서 더 이야기를 밀고 나갈 수 있었을지도 모른다. 어느 경우라 하더라도 장이 막힌 것은 나쁜 징후라고 말이다. 암이 생명을 앗아 가는 방법은 여러 가지다. 그중 하나가 서서히 음식 섭취 능력을 빼앗는 것이다. 그러나 할머니는 나를 잘 몰랐고, 나도 할머니를 잘 몰랐다. 그 정도 수준의 대화를 나누기 위해서는 서로 조금 더 잘 알게 되어야 한다는 생각이 들었다.

그다음 날, 우리가 바랄 수 있는 한도 내에서 가장 좋은 소식이 들려왔다. 우선 관을 통해 나오는 액체의 양이 줄어들었다. 또한 할머니가 방귀를 뀌고 대변을 보기 시작했다. 따라서 코에 꽂힌 관을 빼내고 유동식을 먹을 수 있게 됐다. 당분간은 괜찮을 듯 보였다.

나는 그냥 그녀를 집으로 보내 준 뒤 행운을 빌어 주고 싶은 유혹을 느꼈다. 그렇게 하면 어려운 대화는 완전히 피할 수 있는 것이다. 하지만 주얼 할머니에게는 이것이 끝이 아니었다. 그래서 할머니가 집에 돌아가기 전, 나는 그녀의 입원실로 돌아가서 할머니, 할머니의 남편, 그리고 아들과 함께 이야기를 나눴다.

나는 할머니가 음식을 다시 먹게 돼서 얼마나 기쁜지 모른다고 운을 뗐다. 할머니는 이번만큼 방귀를 뀌고 기뻤던 적은 없었다고 말했다. 그리고 장이 다시 막히지 않게 하려면 어떤 음식은 먹고 어떤 음식은 피해야 하는지 물어 왔고, 나는 이에 대해 답해 줬다. 그런 다음 이런저런 대화를 나누던 중 가족들이 할머니에 대한 이야기를 조금 해 주었다. 주얼 할머니는 한때 가수였고, 1956년 미스 매사추세츠로 뽑힌 적도 있단다. 그 후 냇 킹 콜이 자신의 순회공연에 백업 가수로 참여해 달라고 했지만, 할머니는 연예인으로 사는 건 자신이 원하는 게 아니라는 것을 깨닫고 거절했다. 보스턴 집으로 돌아온 할머니는 아서 더글러스를 만나서 결혼했고, 남편은 결혼 후 집안 사업이었던 장례식장 일을 맡아 경영했다. 할머니 부부는 자녀를 넷 뒀지만 큰아들을 어린 나이에 먼저 떠나보내는 슬픔도 겪었다. 할머니는 이제 친구와 가족이 있는 집으로 돌아가 암 같은 골칫거리에서 벗어나기 위해 계획해 둔 플로리다 여행을 갈 생각에 마음이 들뜬다고 했다. 그녀는 병원을 떠나고 싶어 했다.

그럼에도 나는 본래 꺼내려던 말을 포기하지 않겠다고 마음을 다졌다. 할머니의 앞날에 대해 이야기하고 있는 이 시점이야말로 말을 꺼낼 수 있는 기회인 듯싶었다. 하지만 어떻게 말을 꺼내야 할까? 그냥 단도직입적으로 "그런데 말이죠, 암이 점점 더 악화되고 있어서 장이 언젠가 다시 막힐 거예요."라고 말해야 하나? 피츠버그 대학에서 만난 완화치료 전문의 밥 아널드Bob Arnold는 의사들이 이런 상황에서 자신의 임무를 단지 인지 정보를 전달하는 것으로 생각하기 때문에 실수를 저지르게 된다고 설명했다. 딱딱하고 차갑게 사실을 설명해 주는 식이라는 것이다. 그러나 사람들은 사실보다 그 뒤에 숨은 의미를 더 알고 싶어 한다. 아널드 박사는 숨은 의미를 가장 잘 전달하는 방법은 그 정보가 자신한테는 어떤 의미를 지니는지를 말해 주는 것이라고 설명했다. 그리고 그렇게 하기 위해 어떤 식으로 말을 꺼내는 게 좋은지도 알려 줬다.

"저는 걱정이 됩니다." 내가 주얼 할머니에게 말했다. 그러고는 종양이 아직 남아 있고, 그래서 장이 다시 막힐까 봐 걱정이 된다고 설명했다.

정말 단순한 표현들이었다. 그러나 그것으로 얼마나 많은 의미가 전달됐는지 이해하기는 어렵지 않았다. 나는 그녀에게 사실을 알렸다. 그러나 내가 걱정하고 있다는 사실을 포함시킴으로써 상황이 얼마나 심각한지뿐 아니라 내가 그녀 편이라는 것, 나도 그녀를 위해 애쓰고 있다는 걸 알릴 수 있었다. 그 표현에는 또 내가 심각한 문제에 대해 걱정하고 있기는 하지만, 불확실하게나마 어떤 여지가 있다는 의미도 함축되어 있었다. 자연이 허락하는 한도 내에서 희망의 여지가 있다는 사실 말이다.

나는 환자와 가족들이 내가 한 말을 소화할 시간을 줬다. 주얼 할머니가 어떤 표현을 썼는지는 정확히 기억나지 않는다. 하지만 내 기억이 맞는다면 방 안의 날씨가 바뀌었다고 했던 것 같다. 구름이 몰려들었고, 할머니는 더 많은 정보를 요구했다. 나는 무엇을 알고 싶은지 물었다.

이것도 내가 여러 번 경험을 쌓아 가며 의도적으로 사용해 온 질문이다. 지금까지도 사람들과 어떻게 대화해야 하는지 배우고 있다는 사실이 바보처럼 느껴지기는 한다. 그러나 아널드 박사는 사람들에게 나쁜 소식을 전해야 할 때 완화치료 전문의들이 사용하는 전략을 추천했다. '묻고, 말하고, 묻는' 방식이다. 완화치료 전문가들은 환자가 무엇을 알고 싶은지 묻고, 설명을 한 다음에, 그 설명을 얼마나 이해했는지 다시 묻는다. 그래서 나도 물었다.

주얼 할머니는 자기한테 무슨 일들이 일어날 수 있는지 알고 싶다고 했다. 나는 이번 같은 일이 다시는 일어나지 않을 수도 있다고 말했다. 하지만 종양 때문에 장이 다시 막힐까 봐 염려가 된다고 했다. 그 경우에는 병원에 다시 돌아와야 할 것이고, 삽입관을 다시 꽂아야 한다. 아니면 막힌 것을 해결하기 위해 수술해야 할지도 모른다. 회장루 형성 수술을 할 가능성이 높은데, 이는 소장을 피부로 끌어와 그 부분을 절개한 뒤 주머니에 연결하는 수술이다. 혹은 막힌 것을 해결하지 못할 확률도 있다.

그 후로 할머니는 더 이상 아무것도 묻지 않았다. 어떻게 이해했는지 묻는 내게 그녀는 곤란한 상태가 아직 해결되지 않은 걸로 이해했다고 답했다. 그렇게 말하는 그녀의 눈에 눈물이 맺혔다. 아들이 어머니를 위로하며 괜찮을 거라 말했고, 그녀는 신을 믿는다고 말했다.

몇 달 후, 나는 주얼 할머니에게 우리가 나눴던 대화를 기억하는지 물었다. 할머니는 당연히 기억한다고 말했다. 그날 저녁 집에 돌아가서도 잠을 이루지 못했다고 했다. 먹기 위해 배에 주머니를 차고 있어야 하는 광경이 마음을 떠나지 않았다. "정말 겁이 많이 났어요."

그녀는 내가 부드럽게 소식을 전하려고 애쓰는 게 느껴졌다고 말했다. "하지만 장이 또 막힐 거라는 걸 선생님이 알고 있다는 사실에는 변함이 없었죠." 할머니는 난소암이 결국 자신을 위협하리라는 걸 알고 있었다. 그러나 그때까지는 어떤 식의 위협이 될지 전혀 상상이 가질 않았다. 할머니는 그때 그런 대화를 나눠서 다행이라고 했고, 나도 같은 생각이었다. 할머니가 퇴원한 다음 날부터 다시 토하기 시작했기 때문이나. 장이 다시 막힌 것이다. 할머니는 다시 입원했고, 의료진은 다시 관을 삽입했다.

할머니는 하룻밤 동안 주사를 맞고 휴식을 취하면서 증상이 가라앉았고 수술할 필요까지는 없게 됐다. 하지만 그녀는 이런 일을 두 번 당하고 나자 큰 충격을 받은 듯했다. 장이 다시 막혔다는 건 종양이 커지고 있다는 의미라는 걸 이미 들었기 때문이었다. 그녀는 이전 한두 달 사이에 벌어졌던 일들을 떠올리며 그것을 연결 지어 바라볼 수 있게 됐다. 우리는 점점 더 심각해져 가는 그녀의 증상에 대해 이야기했다. 두 번째 화학요법이 효과가 없자 받았던 세 번째 화학요법도 실패로 끝난 일, 화학요법에 따른 심각한 부작용, 치명적인 호흡곤란을 일으킨 폐색전, 뒤이은 장 폐색, 그리고 퇴원 후 바로 장 폐색이 재발한 점 등을 상기했다. 주얼 할머니는 이것이 바로 현대인이 삶의 종말에 가까워졌을 때의 모습이라는 걸 이해하기 시작했다. 점점 더 큰 위기가 몰아닥치는데, 의학은 아주 짧은 임시방편

밖에 제시하지 못하는 상태 말이다. 그녀는 내가 'ODTAA 증후군'이라고 이름 붙인 상태에 이른 것이다. ODTAA는 나쁜 일이 계속 몰아닥친다는 의미의 'One Damn Thing After Another'를 줄인 말이다. 이 상태에 이르면 예측할 수 있는 패턴이 없다. 위기와 위기 사이의 휴지 기간도 그 길이가 다양하다. 하지만 일정 시점을 지나고 나면 그 여정이 어디로 향하게 될지 확실히 보이기 시작한다.

주얼 할머니는 그렇게 원하던 플로리다 여행을 갈 수 있었다. 모래에 발을 파묻고, 남편과 산책을 하고, 친구들을 만나고, 생과일과 생채소를 배제한 식사를 했다. 섬유질이 많은 채소 이파리가 장에 끼어서 막히는 걸 방지하기 위해 제안한 식생활이었다. 여행 막바지에는 할머니를 두려움에 떨게 한 일도 생겼다. 식사 후 배가 더부룩하게 부풀어 오른 것이다. 장 폐색이 재발한 것 아닐까 두려워진 할머니는 예정보다 이틀 일찍 매사추세츠주 집으로 돌아왔다. 하지만 증상이 가라앉았고, 그때 그녀는 결심을 했다. 적어도 당분간만이라도 화학요법 치료를 중단하기로 한 것이다. 화학 치료제를 몸에 가득 부어 넣고, 부작용으로 생기는 구토증과 고통스러운 두드러기, 피로감에 찌들어서 몇 시간씩 침대에 누워 생활하는 패턴으로 남은 인생을 계획하고 싶지 않았다. 주얼 할머니는 아내, 엄마, 이웃, 친구 노릇을 다시 한 번 하고 싶었다. 그녀는 우리 아버지처럼 자신에게 주어진 시간이 얼마나 길지는 모르지만 그것을 잘 사용하기로 결심했다.

나는 자신에게 주어진 시간이 유한하다는 걸 이해하는 게 축복일 수 있다는 것을 이제야 이해하기 시작했다. 우리 아버지는 척수 종양이라는 진단을 받은 후 초기에는 이전까지와 같은 일상을 유지했다. 병원 일, 자선 프로젝트, 일주일에 세 번씩 하던 테니스 등 하나도 변한 것이 없었다. 그러나 자신의 삶이 언제라도 깨질 수 있다는 사실을 깨달은 후부터는 삶에 대한 초점이 좁아지고, 욕구에도 변화가 생겼다. 관점의 변화에 대한 로라 카스텐슨의 연구 결과처럼 말이다. 그 후로 아버지는 손주들을 더 자주 찾아봤고, 특별히 시간을 내 인도로 날아가 친척들을 만났으며, 새로운 일을 벌이는 걸 줄였다. 또한 우리 남매를 앉혀 놓고 유언장에 관한 이야기를 나누었고, 인도 고향 근처에 세운 대학을 아버지 사후에도 계속 지원할 방법을 생각했다. 그러나 시간에 대한 감각은 변하게 마련이다. 증상이 악화되지 않은 채 몇 달이 지나면서 미래에 대한 아버지의 두려움이 희미해지기 시작했다. 시간을 보는 관점이 다시 넓어지기 시작한 것이다. 우리 모두 무슨 일이 벌어지려면 몇 년은 걸릴 거라고 생각했다. 그렇게 되자 아버지의 야망이 다시 돌아왔다. 아버지는 인도에 있는 대학에 새 건물을 짓는 프로젝트를 시작했다. 또한 로터리 클럽의 오하이오주 남부 지역 회장 선거에도 출마해서 이겼다. 임기 시작 시점까지 1년 이상 남은 자리였다.

그러던 중 2009년 초, 진단을 받은 지 2년 반 지난 시점에 아버지의 증상이 변화를 보이기 시작했다. 오른손에 문제가 생긴 것이다. 처음에는 손가락 끝이 저리고 무감각해졌으며, 악력이 약해졌다. 테니스 코트에서 손에 쥐고 있던 라켓을 놓쳐 날아가는 일이 벌어졌다. 들고 있던 물잔을 떨어뜨리기도 했다. 병원에서는 매듭을 짓고 카테터를 조작하는 데 어려움을 겪었다. 양팔 모두 마비 증세를 보이기 시작하자 자신이 그어 둔 한계선에 가까이 다가간 듯하다는 생각이 들었다.

우리는 이야기를 나눴다. 병원 일을 그만둘 때가 된 게 아닐까? 그리고 벤젤 박사를 만나 수술 이야기를 해야 할 때가 된 것 아닐까?

아버지의 대답은 '노'였다. 아버지는 아직 둘 다 마음의 준비가 되지 않았다고 말했다. 그러나 몇 주 후 병원에서 은퇴를 하겠다고 선언했다. 수술에 관해서는 아직도 얻는 것보다 잃는 게 더 많을 거라는 두려움을 떨치지 못했다.

그해 6월 은퇴 파티를 한 후, 나는 최악의 사태가 벌어질지 모른다고 생각하고 마음의 준비를 단단히 했다. 병원 일은 아버지의 천직이었다. 아버지 인생의 목적이자 의미였다. 아버지의 충성심이 바로 병원 일에 있었던 것이다. 아버지는 젊은 어머니가 말라리아로 목숨을 잃는 것을 보고 열 살부터 의사가 되고 싶어 했다. 그러니 이제 그분에게 무슨 할 일이 남아 있겠는가?

그런데 우리는 전혀 예상치 못한 변화를 목격했다. 아버지는 막 임기가 시작된 로터리 클럽 지역 회장 업무에 몸과 마음을 다 바쳤다. 그 일에 전적으로 몰두한 아버지는 이메일 서명을 '아트마람 가완디, M.D.'에서 '아트마람 가완디, D.G.'로 바꾸기까지 했다.(M.D.는 Medical Doctor의 약자, D.G.는 지역 회장이라는 뜻을 지닌 District

Governor의 약자다.—옮긴이) 아버지는 평생 지켜 왔지만 이제는 자기에게서 멀어져 가는 정체성에 매달리는 대신 새로운 정체성을 찾기로 한 것이다. 아버지는 자신이 그어 둔 삶의 한계선을 다른 자리로 옮겼다. 바로 이것이 자율성을 갖는다는 것의 의미다. 삶에서 벌어지는 상황을 제어할 수는 없지만, 자신의 인생 이야기를 스스로 써 내려간다는 건 그 상황에서 무슨 일을 할 수 있는지 제어할 힘을 갖고 있다는 걸 의미한다.

지역 회장은 1년 동안 그 지역 모든 로터리 클럽이 할 봉사 활동 프로그램을 개발하는 일을 한다. 아버지는 59개나 되는 지역 클럽을 모두—그것도 두 번씩이나—돌면서 연설하기로 목표를 정하고 어머니와 함께 여행에 나섰다. 그 후 부모님은 몇 달에 걸쳐서 만 평방마일에 달하는 오하이오주 남부 지역을 샅샅이 누볐다. 운전은 항상 아버지가 했다. 아직 운전은 문제없이 할 수 있었고, 다니는 길에 웬디스 체인점이 보이면 멈춰서 닭고기 샌드위치를 먹는 걸 즐겼다. 그리고 3700명에 달하는 지역 로터리 클럽 회원들을 될 수 있는 대로 많이 만나려고 노력했다.

다음 해 봄 즈음, 부모님은 전 지역을 두 번째 도는 순회 방문을 거의 마쳐 가고 있었다. 그러나 왼쪽 팔이 약해지는 게 더 심해졌다. 팔을 60도 이상 들 수 없었다. 오른손도 힘을 잃어 가고 있었고, 걷는 데도 문제가 생기기 시작했다. 그때까지만 해도 테니스를 계속하고 있었지만, 이제는 실망스럽게도 그만둘 때가 온 것이다.

"다리에 추를 단 느낌이 들어." 아버지가 말했다. "아툴, 나는 두

럽다."

아버지와 어머니가 나를 만나러 보스턴으로 왔다. 어느 토요일 밤, 우리 셋은 거실에 모여 있었다. 두 분이 소파에 나란히 앉아 있었고, 나는 그 맞은편에 앉아 있었다. 우리에게 점점 위기가 닥쳐 오고 있다는 느낌이 들었던 기억이 생생하다. 아버지에게 사지마비가 오고 있었던 것이다.

"이제 수술할 때가 온 것 아닐까요?" 내가 물었다.

"모르겠다." 아버지가 말했다. 나는 이제 우리도 어려운 대화를 나눌 때가 됐다는 걸 깨달았다.

"걱정이 돼요." 내가 말했다. 나는 완화치료 전문가 수전 블록이 가장 중요하다고 했던 질문들을 생각해 냈고, 이를 하나씩 물어 갔다. 나는 아버지가 지금 일어나는 일을 어떻게 이해하고 있는지 물었다.

아버지는 내가 이해하고 있는 만큼 알고 있었다. 자신에게 사지마비가 오고 있다고 말했다.

나는 만일 그렇게 되면 무엇이 가장 두려운지 물었다.

아버지는 어머니에게 짐이 될까 봐 두렵고, 스스로를 돌보지 못하게 될까 봐 두렵다고 말했다. 또한 앞으로 자신이 어떻게 살아가게 될지 가늠하기가 어렵다고 했다. 그러자 어머니는 눈물을 글썽이며 자기가 곁에 있어 줄 테니 걱정하지 말라면서, 아버지를 기쁘게 돌볼 수 있다고 덧붙였다. 일상에서 이미 변화가 일어나고 있었다. 어머니가 점점 더 운전을 많이 하게 됐고, 아버지의 병원 예약도 어머니가 관리했다.

나는 아버지의 상태가 더 나빠졌을 때 목표가 무엇인지 물었다.

아버지는 잠시 생각에 잠겼다. 우선 로터리 클럽에서 맡은 책임을 완수하는 것이 중요하다고 말했다. 6월에 임기가 끝날 예정이었다. 그리고 인도에 세운 대학과 친척들이 앞으로도 문제가 없도록 하고, 가능하면 방문도 하고 싶다고 했다.

나는 아버지에게 일어나고 있는 일을 멈추게 하기 위해 기꺼이 맞바꿀 수 있는 것과 맞바꿀 수 없는 것이 무언지 물었다. 아버지는 그게 무슨 뜻인지 잘 이해하지 못했다. 나는 아버지처럼 척수 종양을 앓은 수전 블록의 아버지 이야기를 했다. 블록 교수는 초콜릿 아이스크림을 먹으면서 미식축구 중계를 볼 수 있는 정도면 참을 만하다고 했었다.

아버지는 그 정도만으로는 전혀 충분치 않다고 했다. 사람들과 함께하며, 그들과 상호작용하는 걸 늘 가장 중요하게 생각했다는 설명도 덧붙였다. 나는 아버지의 말을 이해하려 애썼다. 그렇다면 마비가 되도 사람들과 함께하는 시간을 즐길 수만 있다면 받아들일 수 있다는 뜻이냐고 물었다.

"그건 아니다." 아버지는 육체적으로 완전히 마비된 상태, 전적으로 도움에 의존해야 하는 상태를 받아들일 수 없다고 말했다. 사람들과 함께할 수 있을 뿐 아니라, 자신의 세계와 삶을 스스로 관리할 수 있기를 원했다.

사지마비가 진행되면서 머지않아 아버지가 가장 소중하게 여기는 것들을 앗아 가려 하고 있었다. 사지마비가 오면 24시간 간호, 산소 흡입기, 영양 공급관이 필요해질 것이나. 아버지는 그걸 원하시 않는 것 같다고 내가 말했다.

"절대 안 되지. 그냥 죽는 게 낫다." 아버지의 대답이었다.

그날 나는 내 평생 가장 어려운 질문들을 아버지에게 던졌다. 커다란 두려움을 안고 하나하나 물었던 기억이 난다. 무엇을 두려워했는지는 모르겠다. 아버지나 어머니의 분노, 혹은 우울, 아니면 그런 질문을 함으로써 뭔가 그분들의 기대를 저버리는 것 아닐까 하는 두려움이었는지도 모른다. 하지만 이야기를 나눈 후, 우리는 안도감이 들었고 뭔가 명확해졌다는 걸 느꼈다.

나는 아버지의 말을 들어 보니 이제 벤젤 박사와 수술에 대해 이야기할 때가 된 것 같다고 말했다. 아버지는 작은 소리로 동의했다.

아버지는 벤젤 박사에게 이제 수술받을 준비가 됐다고 말했다. 이제는 종양이 자신의 몸에 끼칠 영향이 수술의 부작용보다 더 두려워진 것이다. 수술 시기는 로터리 클럽 회장 임기를 마칠 즈음인 두 달 후로 정해졌다. 그즈음이 되자 아버지의 걸음걸이가 불안해졌고, 자꾸 넘어지는 일이 잦아졌으며, 앉아 있다가 일어서는 데 어려움을 겪었다.

2010년 6월 30일, 우리는 마침내 클리블랜드 클리닉으로 갔다. 어머니, 여동생, 나는 수술 대기실에서 아버지에게 입을 맞춘 뒤 수술 모를 고쳐 씌워 드리면서 우리가 당신을 얼마나 사랑하는지 이야기했다. 그런 다음 아버지를 벤젤 박사와 그의 수술 팀 손에 맡겼다.

수술은 하루 종일 걸릴 예정이었다.

그러나 수술이 시작된 지 두 시간 만에 벤젤 박사가 수술실에서 나왔다. 아버지의 심장박동이 비정상적인 상황이라고 말했다. 맥박이 1분에 150번까지 뛰고 혈압이 심하게 떨어졌으며, 심장마비 가능성의 징후를 보이고 있어서 수술을 중단했다는 것이다. 약을 투입해서 아버지의 심장을 정상으로 돌이킬 수 있었고 심장 전문의가 치명적인 심근경색을 일으키지 않을 정도로 맥박을 떨어뜨렸지만, 비정상적인 심장박동을 초래한 원인이 무엇인지는 모르겠다고 말했다. 투여한 약물이 다시 그런 사태가 오지 않도록 방지할 거라 예상하긴 하지만 100% 확실치는 않다고 덧붙였다. 아직 돌이키지 못할 정도까지 수술이 진전된 상태가 아니었다. 따라서 우리에게 수술을 멈출지 계속할지 물은 것이다.

나는 그때 아버지가 이런 경우 우리가 어떻게 해야 할지 모두 이야기해 줬다는 사실을 깨달았다. 수전 블록의 아버지가 그랬던 것처럼 말이다. 아버지는 죽는 것보다 사지마비가 되는 것을 더 두려워했다. 따라서 나는 벤젤 박사에게 앞으로 한두 달 사이에 아버지를 사지마비로 몰고 갈 확률이 높은 게 어느 쪽인지 물었다. 멈추는 쪽, 아니면 계속하는 쪽? 그는 멈추는 쪽이라고 답했다. 우리는 수술을 계속해 달라고 말했다.

벤젤 박사는 기나긴 7시간의 시간이 흐른 후 수술실에서 다시 나왔다. 그는 아버지의 심장이 계속 안정적이었고, 초기에 발생했던 것 말고는 아무 문제도 없었으며, 모든 것이 바라던 대로 됐다고 전했다. 종양의 압력을 성공적으로 낮췄고, 많은 양은 아니지만 약간의 종양노 세서했나. 아버지의 최추 뒤쪽을 목 위에서 아래까지 열어 둔 상태여서 종양이 자랄 공간이 확보됐다. 그러나 심각한 손상이 발생하지 않았는지는 아버지가 깨어나 봐야 알 수 있다고 했다.

우리는 아버지가 누워 있는 중환자실에 앉아 있었다. 아버지는 의식이 없었고 인공호흡기로 숨을 쉬고 있었다. 심장 초음파 검사 결과 아무런 손상이 없다는 판명이 나서 모두 안도의 숨을 내쉬었다. 그에 따라 의료진은 진정제 투여량을 줄여서 아버지가 천천히 의식이 돌아오도록 했다. 마취에서 깨어난 아버지는 몽롱하긴 했지만 지시사항을 따를 수 있었다. 수련의가 자기 손을 가능한 한 세게 쥐어 보라고 했고, 발로 자기를 밀어 보라고 했고, 침대에서 다리를 들어 보라고 했다. 그런 다음 운동 신경에 큰 손상이 없는 것 같다고 말했다. 그 말을 들은 아버지는 서툰 몸짓으로 우리를 불렀다. 호흡기가 입에 꽂힌 상태여서 무슨 말을 하는지 알아들을 수가 없었다. 아버지는 손가락으로 허공에 글자를 써서 뭔가 말하고 싶은 것을 전하려 했다. L-S-I…? T-A-P…? 어디가 아픈 걸까? 무슨 문제가 있는 걸까? 여동생은 알파벳을 처음부터 읊으면서 아버지가 원하는 글자에 도달하면 손가락을 들라고 했다. 그런 식으로 아버지가 하려던 말을 알아냈다. 아버지의 메시지는 '해피'였다.

아버지는 다음 날 중환자실에서 나왔고, 그로부터 이틀 후 병원에서 나와 클리블랜드 재활 치료 시설에서 3주를 보냈다. 그리고 더운 여름날 여느 때보다 더 건강한 느낌으로 집에 돌아왔다. 걸을 수도 있었고, 목의 통증도 거의 없었다. 아버지는 목이 뻣뻣해져서 굽힐 수 없었고, 수술에서 회복되는 데까지 한 달을 견뎌 내야 했지만 이전에 느꼈던 통증을 없앤 것만으로도 고생한 보람이 있다고 생각했다. 어느 모로 보나 아버지는 각 단계에서 옳은 선택을 했다. 즉각 수술하지 않은 것, 병원 일을 그만둔 후에도 수술받지 않고 기다린 것, 거의 4년이 지나 걷는 데 어려움을 겪으면서 일상생활을 영위할 능력을 잃을 위협에 처한 다음에야 수술의 위험을 감수하기로 결심한 것 등이 모두 잘한 선택이었다. 얼마 지나지 않아 아버지는 운전도 다시 할 수 있을 것 같다고 느꼈다.

아버지는 옳은 선택들을 한 것이다.


그러나 선택은 한 번으로 끝나는 것이 아니다. 삶 자체가 끊임없이 밀어닥치는 선택의 연속이다. 선택을 하나 하고 돌아서자마자 또 다른 선택을 해야 할 상황이 생기는 것이다.

조직 검사 결과 아버지의 종양은 비교적 천천히 진행되는 암의 일종인 성상세포종인 것으로 드러났다. 벤젤 박사는 아버지가 회복된 후 방사선종양과 전문의와 신경종양과 전문의에게 보내 조직 검사 결과를 논의하도록 했다. 그들은 아버지에게 방사선 치료와 화학요법을 권했다. 이런 종양은 완쾌될 수 없지만 치료는 가능하다고 설명했다. 치료를 받으면 아버지의 여러 능력들을 길게는 몇 년 동안 유지할 수 있고, 심지어 일부 잃어버린 능력까지 회복할 수 있을지도 모른다고 했다. 아버지는 이제 막 회복돼서 봉사 활동 프로그램을 다시 검토하기 시작한 참이었다. 다시 여행할 계획도 세우고 있었나. 아버지의 우선순위는 명확했고, 그래서 다시 치료를 시작한 경우 그것들을 희생시키게 될까 봐 걱정했다. 그러나 의료진은 아버지를 종용했다. 그들은 이 치료를 받아서 얻을 것이 굉장히 많고, 새로 나온 방사선 치료 기술 덕분에 부작용은 그다지 많지 않을 거라고 주장했다. 나도 그들을 거들었다. 나는 거의 장점만 있는 것 같다고 말했다. 하나 가장 큰 단점이라면 부모님 댁 근처에는 그 치료를 받을 시설이 없다는 것이었다. 아버지와 어머니가 클리블랜드로 이사해 6주간 날마다 방사선 치료를 받으면서 삶의 다른 모든 것은 잠시 멈춰야 한다는 뜻이었다. "하지만 그게 다예요." 나는 그렇게 말했다. 아버지라면 그 정도는 감당할 수 있을 거라고 생각했다.

아버지는 결국 압력을 이기지 못하고 승낙했다. 그러나 얼마 지나지 않아 그 모든 예측이 얼마나 바보 같은 것이었는지 알 수 있었다. 벤젤 박사와 달리 이번 의료진은 치료가 가져오는 혜택이 불확실하다는 걸 인정할 준비가 되어 있지 않았다. 아버지를 이해할 시간을 가질 준비도, 방사선 치료가 아버지에게 줄 영향을 숙고해 볼 준비도 되어 있지 않았다.

처음에는 아무것도 아닌 듯 보였다. 그들은 아버지의 몸에 딱 맞는 틀을 만들어서 치료를 받는 동안 매번 같은 자세로 누워 있게끔 했다. 아버지는 단단한 그물 모양 마스크로 얼굴을 덮은 채 그 틀에서 길게는 한 시간 가까이 누워 있어야 했다. 방사선 치료기가 '웡웡, 딸깍' 거리면서 뇌간과 척수에 감마선을 쏟아붓는 동안 아버지는

2밀리미터도 움직이면 안 됐다. 그러나 시간이 흐르면서 아버지는 허리와 목에 칼로 찌르는 듯한 통증을 간헐적으로 느꼈다. 그러면서 점점 틀 안에 누워 있는 자세를 견디기 어려워졌다. 또 방사선 치료 때문에 점차 낮은 수준의 구역질이 생겼고, 뭔가 삼킬 때마다 목이 타는 듯한 통증도 느꼈다. 약을 먹으면 증상을 견딜 만했지만, 부작용으로 극심한 피로감과 변비가 생겼다. 아버지는 치료를 받은 후 내내 낮잠을 자기 시작했다. 평생 한 번도 없던 일이었다. 치료를 받기 시작한 지 몇 주가 지나면서 아버지는 아무 맛도 느끼지 못하게 됐다. 의료진은 이런 일이 벌어질 가능성에 대해서는 아무것도 말해주지 않았다. 아버지에게는 너무나 큰 손실이었다. 음식을 사랑했던 사람이 이제는 모든 걸 억지로 먹어야 하게 됐다.

집으로 돌아온 아버지는 체중이 거의 10킬로그램이나 줄어 있었고, 끊임없이 귀가 울리는 이명에 시달렸다. 왼쪽 팔과 손에는 전기에 감전된 것처럼 타는 듯한 통증이 새로 생겼다. 의료진은 곧 다시 맛을 느끼게 될 거라고 예상했지만 실상은 그렇지 않았다.

결국 나아진 건 아무것도 없었다. 그해 겨울, 아버지는 체중이 더 줄어서 겨우 60킬로그램 정도밖에 되지 않았다. 왼손에 국한됐던 무감각과 통증은 줄어들기는커녕 팔꿈치 위까지 퍼졌고, 다리가 무감각해지는 증상도 무릎 위까지 올라왔다. 그리고 이명에 더해 어지럼증까지 생겼고, 얼굴 왼쪽이 처지기 시작했다. 목과 허리를 찌르는 듯한 통증도 계속됐다. 게다가 아버지는 넘어지기까지 했다. 물리치료사가 보행 보조기를 권했지만 아버지는 원치 않았다. 실패를 인정하는 것처럼 느껴졌기 때문이다. 의료진은 아버지에게 메틸페니데이트methylphenidate 성분의 리탈린Ritlain을 처방해 입맛을 돋우고, 일종의 마취제인 케타민ketamine으로 통증을 관리하려 했다. 하지만 그 약을 먹은 아버지는 환각 증세를 일으켰다.

우리는 도대체 무슨 일이 벌어지고 있는지 이해할 수 없었다. 의료진은 종양이 줄어들면서 아버지의 증상도 호전될 거라는 예측을 포기하지 않았다. 그러나 치료 6개월 시점 MRI 검사 후, 아버지와 어머니가 내게 전화를 했다.

"종양이 커지고 있다." 아버지가 말했다. 조용하고 체념한 듯한 목소리였다. 방사선 치료는 효과가 없었던 것이다. MRI 영상을 보니 종양이 줄어들기는커녕 계속 자라나 위로 뻗쳐 올라갔고 심지어는 뇌에까지 미치고 있었다. 그래서 이명이 계속되고 어지럼증이 생긴 것이다.

나는 슬픔에 잠겼고, 어머니는 분노했다.

"방사선 치료는 도대체 왜 받은 거지?" 어머니가 물었다. "종양이 줄어들었어야 하잖아. 줄어들 거라고 했잖아."

아버지는 화제를 바꿨다. 몇 주 만에 처음으로 그날 증상이 어땠고, 어떤 문제가 있었는지 이야기하고 싶어 하지 않았다. 그 대신 아버지는 손주들이 어떻게 지내고 있는지 알고 싶어 했다. 그날 해티가 심포니 밴드 음악회를 잘했는지, 워커가 스키 팀에서 잘 지내고 있는지, 헌터는 'hello'라고 인사할 줄 아는지 물었다. 아버지의 관점이 다시 좁아진 것이다.

의사는 암 전문의를 만나 화학요법 치료를 계획하라고 권했다. 며칠 후 나는 클리블랜드로 가서 부모님을 만나 병원에 같이 갔다. 이제 암 전문의가 중심에 섰다. 그러나 그녀 역시 벤젤처럼 전체 그림을 보는 능력은 부족했고, 우리는 그런 능력을 가진 의사가 너무도 필요했다. 그녀는 정보를 주는 의사 모드로 상담을 진행하면서, 10분 만에 8~9가지 서로 다른 화학요법들을 읊어 나갔다. 약 하나의 음절 수만 해도 평균 4.1개였다. 어지러울 정도로 많은 정보가 쏟아져 나왔다. 아버지는 베파시지맵, 카보플라틴, 테모졸로미드, 탈리도미드, 빈크리스틴, 빈블라스틴, 그리고 내가 공책에 채 받아 적지도 못한 몇 가지 다른 약품 중에서 고를 수 있었다. 의사는 또 그 약들을 서로 다른 조합으로 사용할 수 있다는 점도 고려해 보라고 덧붙였다. 그녀가 이야기하지 않은 유일한 선택지는 '아무것도 하지 않는 것'이었다. 결국 의사는 아버지가 테모졸로미드와 베파시지맵을 함께 사용하는 걸 권장했다. 종양이 반응할 확률, 다시 말해 아버지 몸 안의 종양이 화학요법 후에 더 이상 자라지 않을 확률은 약 30%라고 했다. 그러나 그녀는 이 말이 비관적으로 들리게 하고 싶지 않은 듯 이제 종양은 많은 환자들에게 계속 주시하고 관리할 수 있는 '그리 심각하지 않은 만성 질환'이 되고 있다고 덧붙였다.

"일이 잘되면 올 여름에는 다시 테니스를 칠 수도 있어요." 그녀가 말했다.

나는 이 의사가 감히 그런 말을 한다는 걸 믿을 수가 없었다. 아버지가 테니스 코트로 돌아갈 수도 있다는 건 정말 말도 안 되는 소리였다. 그건 그야말로 꿈에도 생각할 수 없는 비현실적인 환상에 불과한 일이었다. 아버지에게 그런 미끼를 제시하다니 격분하지 않을 수 없었다. 아버지가 다시 테니스 코트에 서는 자신의 모습을 상상하는 것이 표정에 드러났다. 그러나 아버지가 의사라는 게 이럴 때는 장점으로 작용했다. 아버지는 그것이 환상에 불과하다는 것을 바로 깨달았고, 마지못해 그랬겠지만 그 미끼를 잡지 않았다. 대신 그는 치료를 받으면 일상생활에 어떤 영향을 끼치는지 물었다.

"지금도 머리가 맑지 않고 안개 낀 느낌이 들어요. 이명도 있고, 팔 전체에 통증이 퍼지고 있어요. 걷는 것도 힘들고요. 그래서 무척 우울해요. 화학요법으로 이런 증상을 악화시킬 수 있을까요?"

의사는 그럴 수 있긴 하지만 약에 따라 다르다고 말했다. 뒤이은 설명은 나나 부모님이나 따라가기가 힘들었다. 우리 셋 다 의사인데도 말이다. 너무 많은 선택지들이 있었고, 그에 따른 위험이나 효과도 너무 많아서 가능한 모든 경로를 검토한다는 건 사실상 불가능했다. 따라서 아버지에게 가장 소중한 게 무엇인지, 아버지가 가장 가치 있게 여기는 삶을 유지하기 위한 최선의 방법은 무엇인지를 논의하는 데까지는 이르지도 못했다. 그녀의 상담은 내가 환자들과 여태껏 해 온 상담, 그러나 더 이상 하고 싶지 않게 된 상담의 형태를 그대로 따르고 있었다. 이 의사는 정보를 제공하고 아버지에게 선택하라고 했다. 빨간 약을 원하십니까, 파란 약을 원하십니까? 하지만 각 선택에 어떤 의미가 담겨 있는지는 분명치 않았다.

나는 어머니와 아버지에게 물었다. "선생님에게 종양이 자라면 어떤 일이 일어나는지 물어봐도 될까요?" 부모님은 고개를 끄덕였고, 나는 그 질문을 했다.

의사는 솔직하게 답했다. 양팔의 힘이 점점 더 약해질 것이고, 다리 힘도 점점 약해질 것이다. 그러나 더 큰 문제는 가슴 근육 약화로 인한 호흡부전, 다시 말해 산소를 충분히 들이마시지 못하게 되는 것이라고 설명했다.

아버지가 물었다. "그렇게 되면 불편할까요?"

의사는 그렇지는 않으며, 그저 피곤하고 졸리게 될 거라고 했다. 그러나 목 부분의 통증과 간헐적으로 찌릿한 통증은 점점 심해질 것이다. 종양이 자라면서 주요 신경들에 압박을 가하면 삼키는 게 어려워질 수도 있다.

나는 화학요법을 받을 경우와 받지 않을 경우, 방금 말한 것과 같은 마지막 단계에 이르는 데 각각 얼마나 걸리는지 물었다.

그 질문에 의사는 몸을 움찔하며 당황스러워했다. "단정하기는 어렵습니다."

하지만 나는 그 물음에 답하게끔 밀어붙였다. "지금까지 경험으로 봤을 때 치료받지 않은 환자들이 마지막 단계에 이르는 데까지 가장 짧은 경우와 가장 긴 경우 각각 얼마나 됐습니까?"

짧게는 3개월, 길게는 3년이었다는 게 그녀의 대답이었다.

그렇다면 치료한 경우는 어떤지 다시 물었다.

그녀는 말을 웅얼거리기 시작했다. 그러다가 마침내 치료를 받아도 길어 봐야 3년을 넘지 않았다고 말했다. 그러나 치료를 받으면 평균적으로 더 긴 쪽으로 기울게 된다고 덧붙였다.

예상치 못한 고통스런 대답이었다. "그런 줄은 몰랐군요." 그렇게 말하는 아버지의 말꼬리가 흐려졌다. 나는 새라 모노폴리의 암 주치의였던 마르쿠 박사가 자신의 환자들에 대해 했던 말이 기억났다. "나는 1~2년 정도 그럭저럭 잘 지내게 할 수 있을까를 생각하죠. (…) 환자들은 10~20년을 생각하고 와요." 우리도 10~20년을 생각하고 있었다.

아버지는 좀 시간을 갖고 결정해 보겠다고 했다. 의사는 부작용이 덜하면서 일시적으로 종양이 자라는 것을 억제해 줄 스테로이드제를 처방해 줬다. 그날 밤 부모님과 나는 저녁식사를 하러 나갔다.

"이런 식으로 가면 몇 달 안에 내가 침대에서 못 일어날 수도 있겠구나." 아버지가 말했다. 방사선 치료는 상황을 악화시키기만 했다. 화학요법도 똑같다면 어떻게 될까? 누군가 안내해 줄 사람이 필요했다. 아버지는 남아 있는 능력으로 가능한 한 최선의 삶을 영위하는 것과 불확실한 미래의 가능성을 위해 남은 삶의 질을 희생하는 것 사이에서 결정을 내리지 못하고 있었다.

기존 시스템의 가장 큰 장점은 결정이 쉬웠다는 것이다. 누구나 가능한 한 가장 공격적인 치료법을 선택했다. 사실 그것은 선택이 아니라 자동 모드로 결정되는 것이었다. 모든 선택지들을 고려하는 것, 다시 말해 우선순위를 정하고 이를 위해 의사와 함께 적절한 치료법을 선택하는 것은 지치고 복잡한 일이었다. 특히 미지수와 모호한 요소들을 분석하는 걸 도와줄 전문가가 없을 때는 더욱 그랬다.

그러다 보니 늘 한 방향으로 압박이 가해진다. 뭔가를 더 많이 하는 쪽으로 말이다. 왜냐하면 의사들은 할 수 있는 만큼 노력을 다하지 않는 실수를 범하는 것을 가장 두려워하기 때문이다. 그러다 보니 대부분 다른 방향에서 똑같이 끔찍한 실수를 저지를 수 있다는 것을 인식하지 못하는 듯하다. 노력을 너무 적게 하는 것만큼이나 너무 많이 하는 것도 한 사람의 삶을 파괴할 수 있다는 사실 말이다.

아버지는 어떻게 해야 할지 마음을 정하지 못한 채 집으로 돌아갔다. 그리고 대여섯 번 연달아 넘어지는 일이 일어났다. 다리가 무감각해지는 증상이 더 심해졌다. 발이 어디쯤 놓여 있는지를 느낄 수 없게 되었다. 한번은 넘어지면서 머리를 세게 부딪혀서 어머니가 구급차를 불러야 했다. 구급 대원들이 사이렌을 울리며 달려와 아버지를 척추고정판에 올리고 벨트로 머리 부분을 단단히 고정한 다음 응급실로 싣고 갔다. 아버지의 병원으로 갔는데도 세 시간이나 기다린 다음에야 엑스레이를 찍을 수 있었고, 아무것도 부러지지 않았다는 걸 확인하고서야 머리를 고정시킨 벨트를 풀고 일어나 앉을 수 있었다. 아버지는 딱딱한 벨트와 바위 같은 척추고정판 때문에 엄청난 통증을 견뎌야 했고, 모르핀 주사를 여러 번 맞고서야 겨우 통증이 제어됐다. 결국 아버지는 자정이 다 돼서야 집에 올 수 있었다. 아버지는 어머니에게 두 번 다시 이런 일을 겪고 싶지 않다고 말했다.

이틀 후, 어머니에게서 전화가 왔다. 새벽 2시쯤 아버지가 화장실에 가려고 침대에서 일어나다가 다리가 꺾여 주저앉고 말았다는 것이다. 바닥에는 카펫이 깔려 있었다. 머리를 부딪히지도, 다친 것 같지도 않았다. 하지만 아버지는 다시 일어서질 못했다. 팔과 다리에 힘이 너무 없었다. 어머니가 아버지를 침대로 끌어 올리려 했지만 그러기에는 너무 무거웠다. 아버지는 구급차를 다시 부르고 싶어 하지 않았다. 그래서 아침까지 기다렸다가 도움을 구하기로 했다. 어머니는 베개와 담요를 침대에서 끌어 내려 아버지를 덮어 주고, 그 옆에 누웠다. 아버지를 혼자 두고 싶지 않아서였다. 하지만 무릎 관절염을 앓고 있던 어머니마저도—어머니도 일흔다섯 살 노인이었다—일어설 수가 없었다. 아침 여덟 시경에 도착한 가사 도우미가 두 분 모두 바닥에서 일어서질 못하고 있는 것을 발견했다. 그녀는 어머니를 일으켜 주고, 아버지를 침대에 눕혔다. 그런 뒤에 어머니가 전화를 한 것이다. 어머니의 목소리는 겁에 질려 있었다. 나는 아버지를 바꿔 달라고 했다. 울면서 당황한 목소리로 빠르게 횡설수설하는 아버지의 말을 알아듣기가 힘들었다.

"두렵다. 마비가 되고 있어. 이렇게는 살 수가 없어. 이건 아니야. 난 견딜 자신이 없구나. 그러느니 차라리 죽는 게 낫겠어."

눈물이 났다. 나는 외과의사다. 나는 문제를 해결하는 사람이다. 하지만 이 문제는 어떻게 해결해야 할까? 약 2분 동안, 나는 아버지가 이렇게는 살 수 없다고 반복하는 걸 듣고 있었다. 이윽고 아버지는 내게 와 줄 수 있는지 물었다.

"네, 그럴게요."

"애들도 데리고 올 수 있니?" 아버지는 자신이 죽을 거라고 생각하는 듯했다. 하지만 문제는 그렇지 않다는 것이었다. 나는 아버지가 이런 식으로 상당히 오래갈 수 있다는 걸 깨달았다.

"일단 저만 갈게요." 내가 말했다.

나는 오하이오에 있는 집으로 갈 비행기표를 예약하고, 진료 환자들을 비롯해 보스턴에 잡혀 있던 약속들을 취소하기 시작했다. 두 시간쯤 후, 아버지가 다시 전화를 했다. 차분해진 목소리로 다시 일어날 수 있게 됐고 심지어 부엌까지도 걸어갔다고 했다. "올 필요 없다." 아버지가 말했다. "주말에 오렴." 하지만 나는 가기로 결심했다. 상황이 점점 악화되고 있었다.

그날 이른 저녁, 애선스의 집에 도착해 보니 어머니와 아버지는 저녁식사를 하는 중이었다. 그리고 침대에 올라가지 못한 채 바닥에서 지낸 6시간을 다시 이야기하면서 이미 코미디처럼 웃어넘기고 있었다.

"바닥에서 자 본 게 몇 년 만인지 몰라." 어머니가 말했다.

"거의 낭만적이기까지 했다니까." 아버지가 킥킥 웃으면서 말했다.

나도 장단을 맞추려 애썼다. 하지만 내 눈앞에 있는 사람은 불과 몇 주전에 봤던 그 아버지가 아니었다. 살이 더 빠져 있었고 너무 쇠약해져서 가끔 발음까지 흐려졌다. 음식을 입에 떠 넣는 것이 어려워서 셔츠가 음식 범벅이 되었고, 앉았다 일어날 때마다 도움이 필요했다. 보는 사이 늙어 가는 느낌이 들었다.

문제가 가까이 다가와 있었다. 그날 나는 처음으로 마비되는 것이 아버지에게 어떤 의미일지 이해했다. 일어서기, 화장실 가기, 목욕하기, 옷 입기 등 기본적인 일들부터 어려워질 것이다. 어머니가 도울 수 있는 일들이 아니었다. 대화가 필요했다.

그날 밤 나는 부모님하고 같이 앉아서 질문을 했다. "아버지를 돌보는 문제는 어떻게 해야 할까요?"

"모르겠다." 아버지가 말했다.

"숨 쉬는 게 어려웠던 적은 있으세요?"

"숨 쉬는 건 괜찮으셔." 어머니가 말했다.

"아버지를 제대로 돌볼 방법을 마련해야 해요." 내가 어머니에게 말했다.

"어쩌면 화학요법 치료를 받는 게 나을지도 모르겠구나." 어머니가 말했다.

"싫어." 아버지가 날카롭게 반응했다. 결심을 한 것이다. 스테로이드제 부작용마저도 참기가 힘든 지경이었다. 식은땀, 불안감, 사고력 감퇴, 감정 기복 등 부작용이 심한 데 반해 긍정적인 효과는 별로 없었다. 아버지는 본격적인 화학요법 치료로 증상이 크게 완화되리라 생각하지 않았고 부작용도 원치 않았다.

밤이 늦어지자 나는 어머니를 도와 아버지를 침대에 눕혔다. 그리고 어머니와 앉아 앞으로 아버지에게 필요해질 도움에 대해 이야기했다. 간호사의 도움, 병원식 침대, 욕창 방지를 위한 공기 주입식 매트리스, 근육 경직 방지를 위한 물리치료 등이 필요했다. 나는 요양원은 어떠냐고 물었다.

어머니는 기겁을 했다. 절대 안 된다는 것이었다. 친구들이 들어간 근처 요양원들에 가 봤는데 정말 끔찍했다고 말했다. 아버지를 그런 데 보낸다는 건 상상도 할 수 없는 일이었다.

앨리스 홉슨 할머니를 비롯해 지금까지 내가 만난 수십 명의 환자들이 마주친 바로 그 갈림길에 우리도 와 있었다. 우리가 직면한 문제는 해결할 수 없는 것이었다. 그러나 우리는 그 문제가 관리 불가능한 것이 아니라고 절박하게 믿고 싶었다. 하지만 다음 번에 또 위기가 닥쳤을 때 구급차를 부르고 의학적 논리와 해결책에 몸을 맡기는 것 말고 우리가 할 수 있는 게 뭐가 있을까? 의사로서 우리 세 사람의 경력을 모두 합치면 120년이 넘는다. 그러나 이 문제는 그 경험으로도 풀 수 없는 수수께끼처럼 보였다. 아직도 배워야 할 것이 많았다.

우리에게 필요한 것은 선택 가능성이었다. 그러나 노쇠한 사람들을 위해 보스턴에서 싹트기 시작한 다양한 선택 가능성을 애선스에서는 기대할 수 없었다. 애선스는 애팔래치아 기슭에 자리한 작은 도시였다. 이 지역의 주 수입원이라고는 오하이오 주립대학뿐이었다. 주민들 가운데 3분의 1이 빈곤층으로 분류될 만큼 오하이오주에서 가장 가난한 곳에 속했다. 그러나 이리저리 수소문해 본 결과 이곳에서도 반란이 일어나고 있다는 걸 알고는 깜짝 놀랄 수밖에 없었다. 나이가 들면 의학과 수용소 같은 시설에 자율권을 넘겨야 하는 현실에 대한 저항이 일어나고 있었던 것이다.

은퇴한 생물학자 마거릿 콘Margaret Cohn과 노먼 콘Norman Cohn 부부의 이야기를 예로 들어야겠다. 노먼은 강직성 척추염이라는 심각한 관절염을 앓고 있었다. 몸 떨림 증세와 어릴 때 겪은 소아마비로 인해 노먼은 점점 더 걷기가 어려워졌다. 두 사람은 남의 도움을 받지 않고 집에서 생활하는 게 가능할지 염려되기 시작했다. 하지만 어쩔 수 없이 세 자녀들의 집에 들어가 살기는 싫었다. 그들은 멀리 흩어져 살고 있었고, 지금껏 살아온 동네를 떠나는 게 싫었다. 어시스티드 리빙 시설을 찾아 주변 지역을 둘러보기도 했지만 그 어떤 곳도 받아들이기 어렵다는 결론에 이르렀다. "그렇게 사느니 천막을 치고 사는 게 더 낫겠다 싶더라고요." 마거릿이 말했다.

그녀와 노먼은 스스로 해결책을 마련하기로 했다. 나이는 문제가 되지 않았다. "우리 스스로 나서지 않으면 아무도 해결해 주지 않으리라는 걸 깨달았어요." 마거릿이 말했다. 그녀는 비콘 힐 빌리지Beacon Hill Village에 관해 읽은 기사가 생각났다. 보스턴에 사는 노인들이 자기 집에서 계속 생활할 수 있도록 돕는 공동체 지원 프로그램이었다. 마거릿은 거기서 영감을 얻었다. 2009년, 콘 부부는 친구들을 모아 비콘 힐 빌리지 모델에 기초한 애선스 빌리지Athens Village를 만들었다. 75명이 1년에 400달러씩 내면 노인들이나 심각한 장애가 있는 사람들에게 꼭 필요한 서비스를 마련할 수 있다고 계산했다. 그리고 모두 100명이 참여함으로써 애선스 빌리지가 시작됐다.

집 안팎의 잔일을 돌봐 줄 사람을 고용하는 것으로 첫출발을 했다. 친절하기 이를 데 없는 사람이었다. 그는 사람들이 보통 건강할 때는 당연하게 해치우지만, 몸이 아프거나 쇠약해지면서는 집에서 생활하는 데 중대한 영향을 주게 되는 일상적인 일들을 돕기 위해 팔을 걷어붙이고 나섰다. 부숴진 자물쇠를 고치거나, 전구를 갈아 끼우거나, 온수기가 망가졌을 때 조치를 취하는 것 같은 일들 말이다.

"그는 거의 모든 일을 해결할 능력이 있었어요. 가입자들은 그 사람 하나만으로도 400달러를 낼 가치가 있다고 생각했죠." 마거릿이 말했다.

애선스 빌리지는 파트 타임으로 일할 회장도 고용했다. 회장은 가입자들을 둘러보고 전기가 나간 집이 있다거나 캐서롤이 필요한 사람이 있을 때 들러 줄 자원봉사자들을 모았다. 또한 지역의 방문 간호사 협회에서 무료로 쓸 수 있는 사무실 공간을 내줬고, 회원들에게 할인된 비용으로 간호사 서비스를 제공했다. 교회와 인권 단체들은 필요한 사람들에게 교통 수단과 식사 배달 서비스를 지원했다. 애선스 빌리지는 조금씩 서비스를 늘려 가면서 공동체를 형성했다. 이를 통해 회원들이 도움을 필요로 할 때 혼자 허우적거리지 않을 수 있는 장치를 다져 나갔다. 콘 부부 입장에서는 시기도 너무 적절했다. 애선스 빌리지를 세운 지 1년 후 마거릿이 넘어져서 영원히 휠체어를 사용하게 됐기 때문이다. 부부 모두 장애를 안은 채 살게 됐고 80대 중반이었지만, 여전히 집에서 살아갈 수 있었다.

부모님과 나는 애선스 빌리지 가입에 대해 상의했다. 이를 제외하고도 선택지가 하나 남아 있긴 했다. 바로 가정 방문 호스피스 케어였다. 하지만 나는 그 말을 꺼내는 게 망설여졌다. '호스피스'라는 단어를 언급하는 것만으로도 입 밖에 낼 수 없는 어두운 주제를 끌어들이는 일이었기 때문이다. 우리 앞에 놓인 탁자 위에 죽음이라는 주제를 올려 놓는 셈이었던 것이다. 우리는 애선스 빌리지에 대해 이야기할 때까지만 해도 아버지의 문제가 그저 단순한 노화 때문인 것처럼 가장할 수 있었다. 그러나 나는 마음을 다잡고 가정 방문 호스피스 케어에 대해서는 어떻게 생각하는지 물었다.

막상 이야기를 꺼내 보니 아버지는 호스피스 케어를 고려할 용의가 있었다. 하지만 어머니는 망설였다. "그런 건 필요할 것 같지 않구나." 하지만 아버지는 호스피스 서비스 업체 사람을 불러 이야기를 들어 보는 것도 나쁘지 않을 것 같다고 했다.

다음 날 아침, 애팔래치안 커뮤니티 호스피스Appalachian Community Hospice 소속 간호사가 집으로 방문했다. 우리는 어머니가 내온 차를 앞에 두고 둘러앉았다. 고백하건대 사실 나는 그 간호사에게 그다지 큰 기대를 하지 않았다. 이곳은 보스턴이 아니지 않은가? 게다가 '애팔래치안 커뮤니티 호스피스'란 이름은 또 뭔가? 영 믿음이 가질 않았다. 하지만 그 간호사는 내 예상을 완전히 뒤엎고 말았다.

"안녕하세요?" 그녀가 아버지에게 말했다. "통증이 심하세요?"

"지금은 별로 안 아파요." 아버지가 답했다.

"어디가 아프세요?"

"목하고 허리요."

나는 그녀가 이 첫마디로 중요한 사실 몇 가지를 파악하고 확보했다는 걸 깨달았다. 먼저 그녀는 아버지가 이야기를 나눌 수 있을 정도로 정신이 온전하다는 걸 확인했다. 그녀는 자신에게 중요한 건 아버지의 병이나 진단명이 아니라고 말했다. 그보다는 아버지가 어떤 분인지, 그리고 현재 어떤 상태인지에 초점을 맞추고 있음을 분명히 밝혔다. 그리고 이 집이 의사들로 가득할는지 모르지만, 이 일에 관한 한 전문가는 자신이라는 것도 명확히 했다.

그녀는 희끗희끗한 짧은 머리에 쉰 살 정도 돼 보였고, 장미 문양을 수놓은 흰색 면 스웨터를 입고 있었다. 가방 안에서 청진기가 삐죽 튀어나와 있는 것도 보였다. 그녀는 이 지역 억양으로 곧장 본론에 들어갔다.

"호스피스 서류를 가지고 왔습니다." 그러고는 아버지에게 물었다. "어떻게 생각하세요?"

아버지는 한동안 아무 말이 없었다. 간호사는 기다렸다. 침묵을 지킬 줄 아는 사람이었다.

"이게 최선일 수도 있겠다는 생각이 들어요." 아버지가 말했다. "화학요법은 받고 싶지 않으니까."

"지금은 어떤 문제가 있으신가요?"

"구역질." 아버지가 답했다. "통증이랑 몸이 축 처지듯이 피곤한 것도 문제예요. 약 때문에 너무 졸려요. 코데인이 든 타이레놀도 먹어 보고, 토라돌도 먹어 봤어요. 지금은 케타민을 먹고 있고요."

아버지는 계속 말을 이어 갔다. "오늘 아침에 일어났을 때 뭔가 단단히 변했다는 걸 느꼈어요. 일어서지질 않는 거예요. 베개를 침대 위쪽으로 밀 수조차 없더라고요. 칫솔을 쥘 수가 없어서 양치질도 못 하겠고, 바지를 올리거나 양말을 신을 수도 없었어요. 몸통에도 점점 힘이 빠지고, 앉기조차 힘들어요."

"호스피스는 그런 증상들을 완화시키는 치료에 주안점을 둡니다." 그녀가 말했다. 아버지가 겪고 있는 곤란을 관리할 수 있도록 돕는다는 것이었다. 그리고 메디케어를 통해 비용을 충당할 수 있는 서비스에 대해서도 이야기했다. 완화치료 의사의 도움을 받아 구역질과 통증을 비롯한 여러 증상을 최대한 줄일 수 있도록 약의 용량을 조절할 수도 있을 거라고 했다. 또한 정기적인 간호사 방문과 전화를 통한 24시간 긴급 간호 지원 서비스를 받을 수 있고, 가정 간병인에게서 일주일에 14시간씩 목욕, 옷 입기, 집 청소를 비롯한 의료 외적 도움을 받을 수도 있다. 나아가 사회복지사와 영성상담사의 도움을 받을 수 있고, 필요한 의료 기구도 공급받게 된다. 중요한 건 이 모든 걸 언제라도 철회(호스피스 서비스 취소)할 수 있다는 점이다.

그녀는 아버지에게 지금 당장 이 서비스를 받고 싶은지, 아니면 좀 더 시간을 두고 생각해 보겠는지 물었다.

"당장 시작합시다." 아버지가 말했다. 준비가 된 것이다. 하지만 어머니를 쳐다보자 무표정한 얼굴을 하고 있었다.

간호사는 핵심 사안으로 곧장 들어갔다. DNR, 즉 소생술 포기 서류를 가지고 있는지, 돌봐 줄 사람을 부를 수 있는 베이비 모니터나 벨을 가지고 있는지, 하루도 빠짐없이 24시간 옆에서 도움을 줄 사람이 집에 있는지 등 아버지의 현 상황에 대해 세세히 물었다.

그런 다음 그녀가 던진 질문에 나는 충격을 받아야 할지 안심을 해야 할지 갈피를 잡을 수 없었다. "장례식장으로 생각해 두신 데가 있나요?" 지금 정말 저런 걸 이야기해야 하나? 하지만 그녀에게는 너무나 정상적이고 일상적인 질문이라는 느낌이 들었다.

"재거스가 좋겠어요." 아버지는 주저하지 않고 대답했다. 그제서야 나는 아버지가 이 문제를 계속 염두에 두고 있었다는 걸 깨달았다. 아버지는 침착하기 그지없었다. 그러나 어머니는 충격을 받은 듯 멍해져 있었다. 이런 이야기까지 나눌 마음의 준비가 되어 있지 않았던 것이다.

간호사는 어머니에게 고개를 돌렸다. 그러고는 비정한 것까지는 아니지만 너무나 분명한 어조로 말했다. "돌아가시면 911에 전화하지 마세요. 경찰이나 구급차 회사에도 전화하지 마시고요. 저희한테 연락하셔야 합니다. 간호사가 도와 드릴 거예요. 남은 약물을 폐기하고, 사망증명서를 발급하고, 시신을 수습하고, 장례 절차를 돕는 일까지 모두 다요."

"지금 당장은 죽는 일까지 생각하고 있지 않아요." 어머니가 단호하게 말했다. "그냥 마비에 대해서만 생각하고 있지요."

"알겠습니다." 간호사가 말했다.

그녀는 아버지에게 가장 중요하게 여기는 것이 뭐냐고 물었다. 아버지는 가능한 한 오랫동안 체력을 유지하고 싶다고 했다. 컴퓨터 자판을 사용할 수 있는 것도 우선순위 중 하나였다. 스카이프와 이메일은 아버지가 전 세계에 흩어져 있는 친구나 친척들과 소통할 수 있는 유일한 창구였기 때문이다. 그리고 아버지는 통증 없이 살 수 있기를 원했다.

"행복하게 지내고 싶어요." 아버지가 말했다.

그녀는 거의 두 시간을 머물렀다. 아버지를 진찰한 뒤 집에 위험 요소는 없는지, 침대는 어디에 둘지 두루 살펴봤고, 간호사와 가정 간병인의 방문 시간표를 짰다. 그녀는 또 아버지에게 두 가지만 신경 써 달라고 말했다. 우선 아버지가 진통제 용량을 조절하며 되는 대로 먹어 왔다는 걸 알아차리고는 꾸준히 일정량을 복용하면서 약에 대한 반응을 기록해 달라고 부탁했다. 그러면 호스피스 팀이 약의 효과를 정확히 파악해서 통증과 피로감을 최소화할 수 있는 이상적인 조합과 용량을 찾아내는 데 도움이 될 거라는 설명도 덧붙였다. 그녀는 또 도움을 줄 사람이 옆에 없을 때 혼자 일어나거나 돌아다녀서도 안 된다고 당부했다.

"나는 그냥 일어나서 걸어 다니는 것이 더 익숙해요." 아버지가 말했다.

"가완디 박사님, 그러다가 고관절이 골절되면 정말 큰일 나요."

결국 아버지는 그녀의 지시사항을 따르겠다고 동의했다.

그 후 며칠 동안, 나는 호스피스 간호사의 간단한 지시사항 두 가지가 얼마나 큰 효과를 가져왔는지를 보고 놀라지 않을 수 없었다. 아버지는 약을 마음대로 조절하고 싶은 유혹을 여전히 떨쳐 버리지 못했다. 하지만 전보다는 훨씬 덜했고, 몸에 나타나는 여러 증상과 어떤 약을 언제 먹었는지를 기록했다. 간호사는 날마다 방문해서 아버지와 함께 그 기록을 다시 살펴본 뒤 조정할 사항들을 확인했다. 그제서야 우리는 이전까지 아버지가 극심한 통증과 과도한 약물 복용이라는 양극단을 오가고 있었다는 걸 깨달았다. 약물을 과다 복용하면 술 취한 사람처럼 횡설수설하면서 발음이 어눌해지고, 팔다리를 잘 가누지 못했다. 하지만 복용량을 조정하면서 부침이 훨씬 덜해졌고, 술 취한 것처럼 보이는 일은 완전히 없어졌다. 통증도 전보다는 훨씬 좋아졌다. 비록 완전히 사라진 건 아니라서 가끔 좌절하고 분노하기도 했지만 말이다.

아버지는 또 도와 줄 사람이 없을 때 돌아다니지 않겠다는 지시사항도 잘 따랐다. 호스피스 팀은 밤새 머물면서 아버지가 화장실에 가고 싶을 때 도와 줄 개인 간병인을 고용하도록 해 줬다. 그 후로 아버지는 더 이상 넘어지지 않았고, 이전까지 한 번 넘어질 때마다 얼마나 상황이 악화됐는지 깨달을 수 있었다. 넘어지지 않고 하루를 넘길 때마다 목과 허리에 찾아오던 경련이 줄어들었고, 통증을 조절하기도 더 쉬워졌으며, 체력이 좋아지는 걸 느낄 수 있었다.

우리는 미래를 위해 현재를 희생하는 대신 오늘을 최선의 상태로 살기로 한 결정의 열매를 눈으로 확인했다. 아버지는 거의 휠체어에 의지하게 됐지만 완전히 사지마비로 치닫던 증세는 어느 정도 멈췄다. 그리고 보행 보조기를 이용해 짧은 거리 정도는 더 잘 걸어 다닐 수 있게 되었다. 손놀림과 팔의 힘도 좋아져서, 전화를 하거나 노트북 컴퓨터를 사용하는 데 어려움을 덜 느꼈다. 이 모든 것들 덕분에 하루 일상을 예측하기가 훨씬 수월해지면서 더 많은 손님들을 맞을 수 있게 됐다. 얼마 지나지 않아 아버지는 집에서 다시 파티를 열기 시작했다. 끔찍한 종양이 아버지에게 허락한 그 좁은 틈에서나마 살아 낼 여지를 다시 찾은 것이다.

그로부터 두 달이 지난 6월, 나는 보스턴에서 오하이오행 비행기에 몸을 실었다. 아버지를 만나기 위해서이기도 했지만, 다른 한편으로는 오하이오 대학 졸업식 연설 때문이기도 했다. 아버지는 1년전 내게 초대장이 온 순간부터 졸업식에 참석할 생각에 흥분돼 있었고, 이 사실을 너무나 자랑스러워했다. 나는 어머니, 아버지가 졸업식장에 앉아 있는 장면을 상상해 봤다. 고향에서 나를 다시 불러 주는 것만큼 보람 있는 일도 드물 것이다. 그러나 나는 한동안 아버지가 그때까지 살아 있지 못할까 봐 걱정을 했다. 그러나 졸업식을 몇주 앞둔 시점부터 아버지의 참석이 확실해지면서 구체적인 계획을 세우기 시작했다.

졸업식은 대학 농구장에서 열릴 예정이었다. 졸업생들은 농구 코트 바닥에 놓인 접이식 의자에 앉고, 가족들은 응원석에 앉도록 되어 있었다. 하지만 우리는 아버지를 농구장 문 앞까지 골프 카트로 이동시킨 다음 휠체어에 옮겨서 졸업생들 옆에서 식을 관람하도록 할 계획이었다. 그러나 졸업식 당일 카트를 타고 농구장 문 앞에 도착한 아버지는 걸어 들어가겠다고 고집을 부렸다. 휠체어를 탄 채 농구 코트에 앉아 있지는 않겠다는 것이었다.

나는 아버지가 일어서는 걸 도와 드렸다. 아버지는 내 팔을 붙잡고 걷기 시작했다. 지난 반년 동안 걸어 다닌 거라고는 거실을 가로지를 때뿐이었다. 그 이상 걷는 걸 본 일이 없었다. 하지만 아버지는 천천히 농구 코트를 지나서 콘크리트 계단 20개를 올라가 관중석에 마련된 가족석에 앉았다. 그 광경은 나를 완전히 압도하고 말았다.

이것이야말로 전혀 다른 방식의 케어—그리고 전혀 다른 방식의 의학—덕분에 가능한 일이라는 생각이 들었다. 바로 어려운 대화가 이뤄 낸 일이었다.

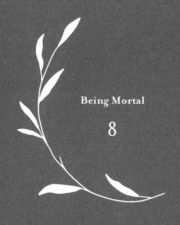

Being Mortal

8

용기

끝이 있다는 것을 받아들여야 할 순간

"무슨 생각 하세요?" 내가 물었다.

"죽기까지의 과정을 늘리지 않으려면 어떻게 하는 게 좋을까 생각 중이다. 이거, 이 음식이 그걸 길어지게 만들고 있어."

어머니는 그런 말을 듣고 싶어 하지 않았다.

"우리는 당신을 돌보는 게 좋아요, 램. 당신을 사랑하니까."

아버지는 고개를 저었다.

"힘드시죠, 그렇죠?" 여동생이 말했다.

"응, 힘들다."

"쭉 잘 수 있다면 그렇게 하고 싶으세요?" 내가 물었다.

"그래."

"깨어 있고 싶지 않아요? 우리가 옆에 있다는 걸 느끼고, 이렇게 우리와 같이 있고 싶지 않아요?" 어머니가 물었다.

아버지는 한동안 아무 말이 없었다. 우리는 기다렸다.

"이런 일을 겪고 싶지 않아."

기원전 380년, 플라톤은 대화편 중 하나인『라케스Laches』를 집필했다. 책에서 소크라테스는 아테네 장군 두 명과 함께 대화를 나눈다. 언뜻 보기에는 무척 단순한 질문에 대한 답을 찾기 위한 대화다. 바로 '용기란 무엇인가?'에 대한 것이다. 라케스와 니시아스는 소년들에게 군사 훈련을 시킬 때 갑옷을 입혀야 하는지를 두고 논쟁을 벌이다가 답을 찾으려고 소크라테스를 찾아간다. 니시아스는 갑옷을 입혀야 한다는 쪽이고, 라케스는 그렇지 않다는 쪽이다.

먼저 소크라테스가 묻는다. "자, 훈련의 궁극적인 목적은 뭔가요?" 그러자 두 사람 모두 용기를 북돋우기 위해서라고 답한다. 다시 한 번 소크라테스가 묻는다. "용기는 뭘까요?" 그러자 라케스는 "영혼이 뭔가를 견뎌 내는 힘"이라고 말한다. 소크라테스는 이 말에 그다지 호응하지 않는다. 그는 견뎌 내는 것보다 후퇴, 심지어 도주를 하는 것이 더 용감한 행동일 때도 있지 않느냐고 지적한다. 견디는 것이 어리석은 경우도 있다는 것이다.

라케스는 소크라테스의 말에 수긍하고 다른 답을 내놓는다. 어쩌면 "지혜롭게 견뎌 내는 힘"일지도 모르겠다는 것이다. 이 정의는 좀 더 말이 되는 듯하다. 그러나 소크라테스는 용기가 지혜와 꼭 밀접하게 연결돼 있어야 하는 덕목인지 묻는다. 지혜롭지 못한 목표를 추구할 때 보이는 용기를 찬양할 때도 있지 않은가. 라케스는 이를 인정하고, 갑자기 니시아스가 끼어든다. 그는 용기란 "전쟁을 비롯한 그 어떤 상황에서도 무얼 두려워하고 무얼 희망할 수 있는지를 아는 것"이라고 주장한다. 그러나 소크라테스는 거기서도 잘못된 점을 찾아낸다. 미래에 대한 완벽한 지식 없이도 용기를 내는 것이 가능하기 때문이다. 사실 그래야 할 때가 많다.

두 장군은 어찌할 바를 모른다. 이야기는 두 장군이 용기에 대한 최종 정의를 내리지 못한 상태에서 끝난다. 그러나 독자인 우리가 결론을 내리는 것은 가능하다. 용기란 무얼 두려워하고 무얼 희망할 수 있는지에 대한 지식을 직면할 수 있는 힘이다. 그리고 지혜란 분별력 있고 신중한 힘이다.

나이 들어 병드는 과정에서는 적어도 두 가지 용기가 필요하다. 하나는 삶에 끝이 있다는 현실을 받아들일 수 있는 용기다. 이는 무얼 두려워하고 무얼 희망할 수 있는지에 대한 진실을 찾으려는 용기다. 그런 용기를 갖는 것만도 어려운 일이다. 우리는 이런저런 이유로 그 진실을 직면하기를 꺼린다. 그런데 이보다 훨씬 더 어려운 용기가 있다. 바로 우리가 찾아낸 진실을 토대로 행동을 취할 수 있는 용기다. 문제는 어떤 것이 현명한 길인지 알기 어려운 때가 너무도 많다는 점이다. 오랫동안 나는 이게 단지 불확실성 때문이라고 생각했다. 무슨 일이 일어날지 알기 어려우면 무슨 일을 해야 할지 아는 것도 어렵다. 그러나 나는 우리에게 닥친 문제가 그보다 훨씬 근본적인 데 있다는 걸 깨닫게 됐다. 우리는 자신의 두려움과 희망 중 어느 것이 더 중요한지를 판단해야 한다.

 오하이오주에서 보스턴으로 돌아와 병원에서 일하는데 한밤중에 호출이 왔다. 주얼 더글러스 할머니가 다시 병원으로 돌아왔다는 것이었다. 주얼 할머니는 먹은 걸 모두 게워 냈다. 암이 악화되고 있었던 것이다. 지난번에 퇴원한 후 석 달 반이 흐른 시점이었다. 내가 예상했던 것보다는 길었지만, 할머니가 기대했던 것보다는 짧았다. 지난 일주일 내내 증상이 점점 심해지고 있었다. 배가 부풀어 오르는 것으로 시작해서 움켜쥐는 듯한 위경련이 일어났고, 연이어 구역질과 구토가 시작됐다. 암 주치의가 할머니를 곧장 병원으로 보냈고, 스캔 결과 난소암이 상당히 크게 자라서 장을 일부 막고 있는 게 보였다. 게다가 이번에는 복부에 물도 차 있었다. 이전에는 없던 문제였다. 종양이 림프 시스템을 꽉 막고 있어서 생긴 일이었다. 림프 시스템은 신체 내벽에서 분비되는 윤활액이 한군데 고이지 않게끔 하는 배수관 역할을 맡고 있다. 따라서 이 시스템이 막히면 윤활액이 갈 곳을 잃는다. 폐암을 앓았던 새라 모노폴리처럼 횡격막 위에서 막힐 경우 가슴이 늑골로 둘러싸인 접이식 물통처럼 돼 버려서 액체가 꽉 차는 바람에 호흡이 곤란해진다. 한편 주얼 할머니처럼 횡격막 아래에서 막히면 풍선에 물이 차듯 배가 부풀어 오르면서 터질 것 같은 느낌이 든다.

주얼 할머니의 입원실로 들어가 보니 스캔 결과를 보지 않았다면 그녀의 상태가 얼마나 위중한지 전혀 모를 정도의 분위기였다. "아이고, 이게 누구야!" 할머니는 내가 칵테일 파티에라도 들어선 듯 반갑게 맞아 줬다. "잘 지냈어요, 선생님?"

"그건 제가 여쭤 봐야 할 것 같은데요?" 내가 말했다.

할머니는 밝게 웃으며 병실에 있는 사람들을 소개했다. "이쪽은 우리 남편 아서예요. 지난번에 이미 만나셨죠? 이쪽은 우리 아들 브렛이고요." 할머니는 나를 미소 짓게 만들었다. 밤 열한 시였고, 물 한 모금이라도 삼키면 바로 게워 내는 상황이었지만, 여전히 립스틱을 바른 채 은발을 단정히 빗은 모습으로 식구들을 소개하고 있었다. 할머니도 상황을 모르는 건 아니었다. 그저 환자 노릇을 하는 것도, 이 우울한 상황도 모두 싫었던 것이다.

나는 할머니에게 스캔 결과를 알려 주었다. 그녀는 사실을 외면하려 하지 않았다. 그러나 그것에 대해 어떤 행동을 취할지는 또 다른 문제였다. 우리 아버지의 담당 의사들이 그랬던 것처럼 암 전문의와 나도 엄청나게 많은 선택지들을 갖고 있었다. 종양의 부담을 줄일 가능성이 있는 새로운 화학요법들이 광범위하게 있었고, 나 역시 그녀의 문제를 해결하기 위한 몇 가지 수술 방법을 제안할 수 있었다. 나는 주얼 할머니에게 수술한다고 해서 장 폐색 자체를 해결할 수는 없지만, 우회할 방법은 있을 거라고 말했다. 막힌 장을 막히지 않은 쪽과 연결하거나 막힌 부분 위쪽을 절개해서 인공 항문을 만드는 방법이 있었다. 인공 항문을 만들 경우 계속 배에 주머니를 달고 살아야 한다. 그와 동시에 가대디를 한두 개 영구 삽입하면 배에 물이 차오를 때마다 밸브를 열어서 뺄 수 있을 것이다. 수술에는 심각한 합병증 위험이 따른다. 상처가 덧나거나 장 내용물이 복강으로 새서 염증을 일으킬 수도 있다. 그러나 음식 섭취 능력을 되찾으려면 이 방법밖에 없었다. 나는 할머니에게 화학요법이나 수술을 모두 받지 않는 방법도 있다고 말했다. 진통제와 구토증 조절 약을 처방해 가정 방문 호스피스 서비스를 준비해 줄 수 있다는 설명을 덧붙였다.

하지만 주얼 할머니는 너무도 많은 선택지 앞에서 압도되고 말았다. 하나같이 두렵게만 들렸다. 어떻게 해야 할지 도무지 알 수가 없었다. 나는 내가 다시 '정보를 주는' 의사의 모습으로 돌아가 버린 걸 깨닫고는 부끄러워졌다. '여기 사실과 수치가 있습니다. 어떻게 하시겠습니까?' 그래서 나는 한 발짝 물러나 우리 아버지에게 했던 질문들을 던졌다. 가장 두렵고 걱정스러운 게 무엇인지, 할머니에게 가장 중요한 목표는 무엇인지, 그걸 이뤄 내기 위해 기꺼이 포기할 수 있는 것과 그럴 수 없는 것은 무엇인지를 말이다.

모든 사람이 그런 질문에 답할 수 있는 건 아니다. 그러나 주얼 할머니는 대답을 했다. 그녀는 통증, 구역질, 구토증이 사라지기를 원했다. 다시 먹을 수 있는 능력도 원했다. 무엇보다도 다시 일어날 수 있으면 좋겠다고 했다. 할머니가 가장 두려워한 것은 두 번 다시 사는 것처럼 살면서 삶을 즐길 수 없을지도 모른다는 것이었다. 집으로 돌아가 사랑하는 사람들과 함께할 수 없게 될지도 모른다는 게 두려웠던 것이다.

그렇다면 할머니가 앞으로 시간을 좀 더 얻을 가능성을 걸고 기꺼이 포기할 수 있는 것은 무엇이며, 기꺼이 감당할 수 있는 희생은 무엇일까? "별로 많지 않아요." 그녀가 말했다. 할머니는 시간에 대한 관점이 변함에 따라 현재, 그리고 가장 가까운 사람들에게 집중하고 있었다. 지금 그녀의 마음속에서 가장 중요하게 떠오르는 문제는 주말로 예정된 결혼식이었다. 절대 빠지고 싶지 않다고 말했다. "남편 동생이 내 제일 친한 친구하고 결혼을 해요." 두 사람을 처음 만나게 해 준 것이 바로 할머니였다. 그런데 그 둘이 이틀 뒤 토요일 오후 1시에 결혼을 하게 된 것이다. "정말 최고로 좋은 일이에요." 그녀가 말했다. 할머니의 남편이 신랑에게 반지를 건네주는 역할을 맡았고, 할머니는 신부 들러리를 할 예정이었다. 결혼식에 참석할 수만 있다면 무슨 일이라도 할 용의가 있다고 말했다.

갑자기 방향이 명료해졌다. 화학요법은 현재 상태를 개선시킬 확률이 아주 낮은 데 반해 할머니에게 허용된 시간을 상당히 희생해야 했다. 수술을 하면 결혼식에 가는 건 물 건너간 일이다. 그래서 우리는 할머니를 결혼식에 참석시킬 방법을 궁리했다. 다음 일은 할머니가 결혼식이 끝난 후 병원으로 돌아왔을 때 결정하기로 했다.

우선 우리는 긴 바늘로 할머니의 배에서 갈색 액체를 1리터 정도 빼냈다. 그러고 나니 임시방편이긴 하지만 몸 상태가 좀 나아진 느낌이 들었다. 할머니의 구역질을 제어할 수 있는 약도 처방했다. 탈수가 일어나지 않을 만큼만 물을 마실 수도 있었다. 금요일 오후 3

시, 우리는 사과 주스보다 진한 건 아무것도 마시지 말고, 결혼식이 끝나지미지 돌시와야 한다는 당부와 함께 할머니를 퇴원시켰다.

하지만 주얼 할머니는 결국 결혼식에 가지 못했다. 그날 밤 다시 병원으로 돌아와야 했기 때문이다. 흔들리고 덜컹거리는 차를 타는 것만으로도 구토가 다시 시작됐다. 배를 쥐어짜는 듯한 통증도 재발했다. 집에 도착했을 즈음에는 상황이 더 악화됐다.

우리는 이제 수술이 최선의 선택이라는 데 합의를 보고, 그다음 날로 수술 일정을 잡았다. 나는 그녀의 음식 섭취 능력을 회복시키고, 배수관을 설치하는 데 초점을 맞출 생각이었다. 화학요법 치료를 받을지, 호스피스 케어를 받을지는 그다음에 생각하기로 했다. 주얼 할머니는 분명한 목표가 있었고, 이를 이루기 위해 무얼 하길 원하는지에 대해서도 그 누구보다 명확하게 이해하고 있었다.

하지만 할머니는 여전히 확신하지 못하는 구석이 있었던 것 같다. 다음 날 아침 내게 수술을 취소해 달라고 말한 것이다.

"두려워요." 그녀가 말했다. 수술할 용기가 나질 않는다는 것이었다. 밤새 잠을 이루지 못한 채 온갖 생각을 떠올렸다고 한다. 통증, 배수관, 인공 항문에 주머니를 달고 살아야 하는 수치스러움, 그리고 예측할 수 없는 합병증에 대한 공포까지 너무나 많은 두려움이 밀려왔다. "위험을 감수하고 싶지가 않아요."

이야기를 나누다 보니 이건 할머니가 위험을 감수하고 행동할 용기가 부족해서 생긴 일이 아니라는 게 점점 명확해졌다. 할머니는 자신이 처한 곤경에 대해 어떻게 생각하고 대처해야 할지 몰랐던 것이다. 그녀는 고통받는 게 가장 두렵다고 말했다. 고통을 줄이려고 수술하기로 한 건데, 그로 인해 고통이 더 늘어날 수도 있는 것 아닌가?

나는 그렇다고 답했다. 그럴 가능성이 있다고 말했다. 할머니는 수술을 통해 음식 섭취 능력을 회복하고, 구역질에서도 벗어날 가능성이 컸다. 하지만 상황을 개선시키지 못한 채, 혹은 더 악화시킨 채 고통만 증가시킬 확률도 상당히 컸다. 나는 수술로 할머니의 미래, 적어도 가까운 미래가 나아질 확률이 75% 정도 되지만, 상황을 더 악화시킬 확률도 25% 정도는 된다고 추정했다.

그렇다면 할머니는 어떻게 해야 옳은 것일까? 그리고 왜 이 선택을 하는 것이 그토록 어렵고 괴로운 일일까? 나는 이 경우 선택이라는 게 단순히 얼마나 위험한지를 확률로 계산하는 것보다 복잡한 일이라는 걸 깨달았다. 한쪽에는 구역질이 사라지고, 다시 음식을 먹을 가능성이 놓여 있다. 다른 한쪽에는 통증, 감염, 그리고 배에 달린 주머니로 대변을 배출하며 살게 될 가능성이 놓여 있다. 하지만 이걸 어떻게 수치로 비교할 수 있겠는가?

뇌는 고통과 같은 경험을 두 가지 방식—경험하는 순간에 내리는 평가와 나중에 내리는 평가—으로 평가한다. 그리고 이 둘은 굉장히 모순된다. 노벨상 수상자 대니얼 카너먼Daniel Kahneman은 역작 『생각에 관한 생각Thinking, Fast and Slow』에서 일련의 실험을 통해 관찰한 사례를 밝히고 있다. 그중 한 실험에서 카너먼 박사와 토론토 대학의 의사 도널드 레델마이어Donald Redelmeier는 깨어 있는 상태로 대장 내시경과 신장 결석 치료를 받은 환자 287명을 조사했다. 연구원들은 환자에게 매 60초마다 자신이 느끼는 통증은 1(통증 없음)에서 10(참을 수 없는 통증)까지 평가하도록 했다. 순간순간 느끼는 고통을 수치화한 것이다. 시술이 끝난 후 환자들은 전 과정을 통틀어 느낀 통증 점수를 매겼다. 시술 시간은 4분에서 1시간까지 다양했다. 환자들은 대부분 낮은 수준에서 중간 수준의 통증이 계속되다가 가끔 심한 통증을 느낀 것으로 기록했다. 대장 내시경을 받은 환자들 가운데 3분의 1, 신장 결석 환자들 가운데 4분의 1이 시술 도중 통증 척도 10을 기록한 순간이 한 번 이상 있었다.

상식적으로는 최종 척도가 순간순간 느낀 척도들을 합친 거라고 여기기 쉽다. 우리는 통증 지속 시간이 짧은 쪽보다 긴 쪽이, 그리고 평균 통증 척도가 낮은 쪽보다 높은 쪽이 더 나쁠 거라고 믿는다. 그러나 환자들의 반응은 전혀 그렇지 않았다. 최종 척도를 평가할 때 통증 지속 시간은 대개 무시됐다. 대신 최종 척도를 가장 잘 예측할 수 있는 지표는 따로 있었다. 바로 카너먼 박사가 말한 '정점과 종점 규칙Peak-End rule'이다. 이는 가장 아팠던 순간과 마지막 순간에 느낀 통증의 척도를 평균 낸 것이다. 이 실험에 참여한 소화기 전문의들이 평가한 통증 기준도 환자들이 정점과 종점을 기준으로 내린 평가와 매우 비슷했다.

사람들은 서로 다른 두 개의 자아를 가진 듯하다. 하나는 매 순간을 동일한 비중으로 견뎌 내는 '경험하는 자아experiencing self'이고, 다른 하나는 시간이 흐른 후 최악의 시점과 종료 시점 단 두 군데에만 거의 모든 비중을 실어서 평가하는 '기억하는 자아remembering self'다. 기억하는 자아는 심지어 마지막 순간이 완전히 이례적인 경우에 해당할 때조차도 '정점과 종점'에 고착하는 경향을 보인다. 30분 넘게 극심한 통증을 경험했더라도 시술 과정에서 마지막 몇 분간만이라도 통증이 없었다면 환자의 전체 통증 평가 지수가 극적으로 낮아졌다. 따라서 이 경우 환자들은 나중에 이렇게 말하곤 한다. "그다지 나쁘지 않았어요." 반면 마지막 순간에 통증을 심하게 느낀 경우 평가 지수가 극적으로 높아졌다.

그 밖의 수많은 연구에서도 '정점과 종점 규칙'에 비중을 두는 경향과 고통이 지속되는 기간을 무시하는 경향이 확인됐다. 이런 현상은 사람들이 즐거웠던 경험을 기억할 때도 똑같이 나타난다는 연구 결과가 나와 있다. 스포츠 경기 관람을 즐기는 사람이라면 누구나 자기가 응원하는 팀이 내내 잘하다가 마지막에 시합을 망치는 걸 경험해 봤을 것이다. 이때 우리는 마지막 순간 때문에 경기 전체를 망쳤다고 느낀다. 그러나 잘 살펴보면 이 판단에 모순이 존재한다는 걸 알 수 있다. 경험하는 자아는 한 시간 내내 즐거움을 느꼈고, 딱 한 순간만 실망감을 맛봤을 뿐이다. 그러나 이 경우 기억하는 자아는 전혀 즐거움을 느끼지 못한다.

기억하는 자아와 경험하는 자아가 같은 경험에 대해 완전히 다른 견해를 보인다면 어느 쪽을 따를지 선택해야 하는 어려운 문제에 직면하게 된다. 주얼 할머니의 마음속 깊은 곳에 깔려 있는 번민은 바로 그거였다. 또한 그녀를 이끌고 도와줘야 하는 나 역시 어느 정도까지는 같은 고민에 휩싸여 있었다. 우리는 기억하는 자아—이 경우에는 예측하는 자아—에 귀 기울여야 할까? 그렇다면 그녀가 감내해야 하는 최악의 경우에 초점을 맞춰야 할 것이다. 아니면 경험하는 자아에 귀 기울여야 할까? 이 경우 집으로 가기보다 수술을 받는다면, 다가올 시간 동안 평균적으로 고통을 덜 느끼게 될 것이고, 심지어 얼마 동안만이라도 음식을 다시 먹을 수 있을 것이다.

　결국 사람들이 자신의 삶을 조망할 때는 단순히 매 순간을 평균 내서 평가하지 않는다. 어차피 삶은 대부분 잠자는 시간을 포함해 별다른 일 없이 지나간다. 인간에게 삶이 의미 있는 까닭은 그것이 한 편의 이야기이기 때문이다. 이야기는 그 자체로 온전한 하나의 단위라는 느낌을 준다. 그리고 그 전체적인 구도는 의미 있는 순간들, 즉 무슨 일인가 일어났던 순간들이 모여서 결정된다. 사람들이 매 순간 느끼는 즐거움과 고통을 측정한다는 건 인간의 근본적인 면을 간과하는 행위다. 겉으로는 행복해 보이는 삶이 실은 텅 비어 있을 수도 있고, 겉으로는 곤경에 처한 것 같은 삶이 실은 대의를 위해 헌신하는 것일 수도 있다. 우리는 자기 자신보다 더 큰 목적을 가지고 있다. 경험하는 자아—순간에 몰입하는 자아—와 달리 기억하는 자아는 기쁨의 정점이나 비참함의 심연만이 아니라 이야기 전체를 어떻게 이해할 것인지 인식하려 한다. 그리고 이는 이야기가 궁극적으로 어떻게 끝나는지에 따라 지대한 영향을 받는다. 미식축구 팬이 마지막 몇 분 동안 일이 잘 안 풀렸다고 해서 이전 세 시간 동안 행복했던 시간을 모두 망쳤다고 기억하는 까닭은 무엇일까? 그

경기가 하나의 이야기이기 때문이다. 그리고 이야기에서는 결말이 중요하다.

그러나 우리는 경험하는 자아도 무시하지 말아야 한다는 걸 안다. 정점과 종점만이 중요한 게 아니다. 기억하는 자아는 꾸준한 행복감보다 순간적으로 강렬한 기쁨을 맛보는 걸 더 선호하기 때문에 그다지 현명하다고는 볼 수 없다.

"우리의 마음은 모순된 구조로 되어 있다." 카너먼은 말한다. "우리는 기쁨과 고통을 경험하는 기간에 대해 강력한 선호 체계를 갖고 있다. 고통은 짧게, 기쁨은 길게 지속되기를 원한다. 그러나 우리의 기억은 고통이나 기쁨이 가장 강렬했던 순간(정점)과 이야기가 끝났을 때의 감정을 가장 뚜렷이 기억하도록 진화해 왔다. 기간을 무시하는 기억은 가능한 한 오래 지속되는 기쁨과 짧은 고통을 선호하는 우리의 성향에 도움이 되지 않을 것이다."

우리에게 주어진 시간이 한정되어 있고, 우리의 우선순위에 가장 도움이 되는 방식이 무언지 불확실할 때는 경험하는 자아와 기억하는 자아 모두 중요하다는 사실을 받아들이지 않을 수 없다. 기나긴 고통과 짧은 기쁨을 원하는 사람은 아무도 없다. 그러나 우리가 경험하는 기쁨 중에는 고통을 감내할 만한 가치가 있는 것도 있다. 그런 의미에서 우리에게는 정점도 중요하고, 종점도 중요하다.

주얼 할머니는 수술이 가져다줄지도 모를 고통을 직면할 수 있을지 확신이 서질 않았고, 수술 후 상태가 더 나빠질까 봐 두려웠다. 그녀는 "위험을 감수하고 싶지 않다"고 했다. 나는 이 말이 자신의 이야기가 어떻게 끝날 것인지를 두고 너무 많은 판돈이 걸린 도박을 하고 싶지 않다는 의미라는 걸 깨달았다. 다른 한편으로 보면, 그녀에게는 여전히 하고 싶은 일들이 많았다. 그저 소소한 일들이긴 했지만 말이다. 그 주에만 해도 그녀는 교회에 갔고, 차를 타고 가게에 갔고, 가족을 위해 저녁을 만들었고, 남편과 함께 텔레비전을 봤고, 손주들을 불러 이런저런 조언을 해 줬고, 가장 친한 친구들과 결혼식에 참석할 계획을 세웠다. 만일 그녀에게 그런 일들을 조금이라도 더 할 수 있는 기회가 주어진다면, 종양이 자기 몸에 끼치고 있는 영향에서 벗어나 사랑하는 사람들과 그런 경험을 몇 번만이라도 더 할 수 있다면 할머니는 많은 것을 견뎌 낼 용의가 있었다. 그러나 다른 한편으로는 이미 겪고 있는 상태보다 더 나빠질 가능성을 마주하고 싶지 않았다. 지금도 장이 꽉 막혀 있고, 배에는 수도꼭지가 새듯 물이 차오르고 있지 않은가. 해답이 없는 듯했다. 토요일 아침, 아래층 수술실에서는 모든 준비를 마친 채 할머니가 오기를 기다리고 있었고, 나는 그녀의 병실에서 가족들에게 둘러싸여 이야기를 나누었다. 그리고 나는 내가 알아야 할 모든 정보를 그녀가 이야기해 줬다는 걸 깨달았다.

나는 할머니에게 수술실로 가야 한다고 말했다. 하지만 방금 할머니가 말한 방향에 따르겠다고 약속했다. 가족이 있는 집으로 돌아갈 수 있도록 최선을 다하겠지만, 절대로 위험한 선택은 하지 않겠다고 말이다. 나는 작은 복강경을 삽입해서 배 안을 살펴본 뒤 비교적 쉽게 해낼 수 있겠다는 판단이 설 때만 장 폐색 수술을 감행하겠다고 설명했다. 또한 어렵고 위험한 수술이 되리라 예상되면 배수관을 삽입해서 막힌 곳에 고인 물만 빼내도록 하겠다고 약속했다. 나는 언뜻 모순되게 들릴지도 모를 수술을 목표로 삼고 있었다. 굳이 말하자면 완화치료 수술이었다. 수술이라는 것이 본질적으로는 아무리 폭력적이고 위험한 것이라 하더라도 환자의 상태를 즉시 완화할 수 있는 수술을 하겠다고 마음먹은 것이다.

할머니는 조용히 생각에 잠겨 있었다.

할머니의 딸이 그녀의 손을 잡았다. "해야 돼요, 엄마."

"좋아요, 하지만 위험한 선택은 하면 안 돼요." 할머니가 말했다.

"네, 위험한 선택은 하지 않을게요." 내가 말했다.

할머니를 마취한 다음 배꼽 위를 1센티미터 정도 절개했다. 피가 섞인 묽은 액체가 쏟아져 나왔다. 나는 장갑 낀 손가락을 집어넣어 광섬유 내시경을 삽입할 공간이 있는지 살폈다. 그러나 절개구가 종양에 싸인 딱딱한 장관으로 막혀 있었다. 카메라를 넣을 공간이 없었다. 나는 수련의에게 직접 눈으로 확인하고 손을 집어넣을 수 있을 만큼 절개구를 위쪽으로 확장시키도록 지시했다. 구멍 아래쪽으로 팽창된 장관이 보였다. 바람을 많이 넣은 고무 튜브 같았다. 나는 그 부분을 피부까지 끌어 올려 인공 항문을 만들 수 있겠다는 생각이 들었다. 그러면 할머니는 다시 음식을 먹을 수 있게 될 것이다. 그러나 그 부분은 종양에 걸려 들어 올릴 수 없었다. 종양에서 떼어 내 보려고 했지만 잘못하면 절대 수선할 수 없는 구멍이 생길 위험이 있어 보였다. 복강에 장 내용물이 새면 말 그대로 재앙이 일어날 것이다. 그래서 우리는 거기서 멈췄다. 주얼 할머니가 원하는 건 분명했다. 위험한 선택은 하지 않는다. 우리는 곧바로 수술의 초점을 바꿔서 긴 플라스틱 배수관 두 개를 삽입했다. 하나는 위에 직접 꽂아 역류하는 내용물을 빼내도록 했고, 다른 하나는 복강에 삽입해 장 밖에 고이는 물을 배출하도록 했다. 그런 다음 절개를 봉합하고 수술을 마쳤다.

가족들에게 할머니가 다시 음식을 먹을 수 있게 하지는 못했다고 말했다. 주얼 할머니가 깨어났을 때에도 같은 이야기를 했다. 딸은 눈물을 흘렸다. 남편은 시도라도 해 줘서 고맙다고 말했다. 그리고 할머니는 용감한 표정을 짓기 위해 애를 썼다.

"어차피 난 음식에 그다지 집착하지 않아요." 그녀가 말했다.

삽입관은 할머니의 통증과 구역질을 상당 부분 감소시켰다. "90퍼센트 줄었어요!" 할머니가 말했다. 간호사들은 구역질이 느껴질 때 위 삽입관을, 배가 너무 팽팽하게 느껴질 때 복부 삽입관을 여는 방법을 가르쳐 줬다. 그리고 우리는 할머니가 원한다면 뭐든 마셔도 되고, 음식의 맛을 느끼고 싶다면 유동식 정도는 먹어도 된다고 말했다. 주얼 할머니는 수술한 지 사흘 만에 집으로 돌아가 호스피스 케어를 받기 시작했다. 퇴원하기 전, 암 전문의와 암 병동 간호사가 할머니를 만나러 왔다. 할머니는 그들에게 시간이 얼마나 남았는지 물었다.

"두 사람 다 눈물을 글썽거렸어요." 할머니가 말했다. "그게 답이었죠."

퇴원한 지 며칠 후, 주얼 할머니와 가족들은 내가 일을 마친 다음 잠깐 들를 수 있게 허락해 줬다. 할머니가 직접 문을 열어 주었고, 삽입관 때문에 가운을 입고 있다며 사과를 했다. 우리는 거실로 들어가 자리를 잡았고, 나는 그녀에게 요즘 어떻게 지냈는지 물었다.

할머니는 잘 지내고 있다고 말했다. "계속 아래로 아래로 미끄러져 내려가고 있는 게 느껴져요." 하지만 그녀는 요즘 오랜 친구들과 친척들을 하루 종일 만날 수 있어서 너무나 행복하다고 말했다. "생명줄 그 자체예요. 계속 만나고 싶어요." 가족들이 할머니가 너무 지치지 않도록 방문 간격을 조정하고 있다고 했다.

그녀는 자기 몸에서 삐죽삐죽 튀어나온 장치들이 싫다고 말했다. 배에서 관이 달린 부분이 여간 불편한 게 아니라고 했다. 하지만 삽입관을 여는 것만으로도 구역질이 없어진다는 걸 알고부터는 생각을 바꿨다. "삽입관을 쳐다보면서 말했죠. '거기 있어 줘서 고맙구나.'라고요."

통증 조절은 타이레놀만으로 하고 있었다. 할머니는 마약성 진통제를 좋아하지 않았다. 잠이 쏟아지는 데다 몸에 힘이 빠져서 사람들과 만날 때 방해가 되기 때문이었다. "아마도 호스피스 사람들이 혼란스러웠을 거예요. '불편한 건 싫어요, 뭐든 다 주세요.'라고 말한 적이 있거든요." '뭐든 다 달라'는 말은 마약성 진통제를 의미했다. "하지만 아직 그 정도는 아니에요."

우리는 주로 할머니의 추억들에 대해 이야기했다. 좋은 기억들이 많았다. 그녀는 자신이 신과 사이좋게 지내게 됐다고 말했다. 나는 그녀의 집을 나서면서 적어도 이번만은 일을 제대로 해냈다는 느낌이 들었다. 주얼 할머니의 이야기는 그녀가 마음속에 그리던 대로 끝나 가고 있지 않았지만, 그럼에도 자신에게 가장 중요한 일을 선택할 기회는 가질 수 있었다.

2주일 후, 할머니의 딸 수전이 내게 쪽지를 보냈다. "엄마가 금요일 아침에 돌아가셨어요. 조용히 잠에 빠져드시더니 마지막 숨을 내쉬셨어요. 굉장히 평화로웠어요. 아빠가 홀로 엄마 곁을 지켰고, 우리는 모두 거실에 있었어요. 완벽한 마감이었던 것 같아요. 두 분이 함께 나눠 온 관계를 생각하니 너무나 잘 어울리는 마지막이라는 생각이 들었어요."

삶의 마지막 단계를 제어할 수 있다는 개념을 제안한다는 것은 보통 조심스러운 일이 아니다. 마지막 순간을 진정으로 제어할 수 있는 사람은 아무도 없다. 우리 삶을 지배하는 것은 결국 물리학과 생물학, 그리고 우연일 뿐이다. 그러나 중요한 점은 우리 역시 속수무책으로 당하고만 있지는 않아도 된다는 사실이다. 용기란 이 두 가지 현실을 모두 인식할 수 있는 힘이다. 우리에게는 행동할 여지가 있고, 자신만의 이야기를 만들어 나갈 가능성이 있다. 물론 시간이 지남에 따라 그 범위가 점점 더 좁아지기는 하지만 말이다. 이 문제에 대해 명확한 결론을 내리려면 몇 가지 이해하고 넘어가야 할 부분이 있다.

첫째, 우리가 병들고 노쇠한 사람들을 돌보는 데서 가장 잔인하게 실패한 부분은 이것이다. 그들이 단지 안전한 환경에서 더 오래 사는 것 이상의 우선순위와 욕구를 갖고 있다는 사실을 인식하는 데 실패했다는 점이다.

둘째, 자신의 이야기를 스스로 써 나갈 기회를 갖는다는 건 삶의 의미를 지속시키는 데 매우 본질적이고 중요한 부분이다.

셋째, 우리에게는 삶의 마지막 장에 남아 있는 가능성을 혁신적으로 바꾸기 위해 제도와 문화, 그리고 대화 방식을 변화시켜 나갈 기회가 있다.

물론 불가피하게도 맨 마지막 순간에 남아 있는 가능성을 어디까지 확장해야 하는지에 관한 문제가 남아 있긴 하다. 삶에 대한 자율성과 통제력을 유지하게끔 한다는 논리에는 스스로 종말을 앞당기기를 원할 때도 돕는다는 의미가 내포되어 있는가? 보통 우리는 이를 '안락사Assisted suicide'라고 말한다. 이 개념을 지지하는 사람들은 '존엄사death with dignity'라는 표현을 더 선호한다. 오늘날 우리는 벌써 이 권리를 일부 인정하고 있다. 누군가 음식이나 물, 투약이나 치료 등을 거부할 경우 그 뜻을 존중해 주는 것이다. 그게 비록 현대 의학의 관성에 맞서 싸우는 일이 될지라도 말이다. 환자에게서 인공호흡기나 영양 공급관을 떼어 낼 때마다 우리는 그 사람의 죽음을 앞당기는 행위를 하는 셈이다. 약간의 저항이 있긴 했지만, 심장 전문의들도 이제는 환자가 원할 경우 의사에게 심박 조율기를 꺼 달라고 할 권리가 있다는 걸 인정했다. 우리는 또 마약성 진통제와 진정제가 죽음을 앞당긴다는 걸 알면서도 고통과 불편을 줄이기 위해 처방하기도 한다. 안락사를 지지하는 사람들은 고통받는 사람들에게 그들이 필요로 하는 약을 처방받을 자격을 줘야 한다고 말한다. 그런 경우에 한해서 죽음의 시점을 앞당길 수 있도록 해 주자는 것이다. 그러나 우리는 이 문제에 있어서 일관된 철학적 입장을 고수하기 어렵다는 난관에 부닥쳐 있다. 다시 말해 외부적이고 인공적인 장치를 꺼서 생명 연장을 포기할 권리를 부여하는 것과 생명을 유지하고 있는 내부적이고 자연적인 기능을 멈출 권리를 부여하는 것 사이에서 분명한 입장을 표명하지 못하고 있는 것이다.

근본적으로 볼 때 이 논쟁은 우리가 어떤 실수를 저지르는 걸 가장 두려워하는지에 관한 것이다. 고통을 연장시키는 실수와 가치 있는 생명을 단축시키는 실수 중 어느 것을 더 두려워하는지에 관한 문제라는 의미다. 건강한 사람들이 자살하는 걸 막는 까닭은 그들의 정신적 고통이 일시적인 경우가 많다는 것을 알기 때문이다. 이 경우 우리는 그들에게 도움을 주면 기억하는 자아가 경험하는 자아와 다른 시각으로 문제를 인식하리라는 걸 믿는다. 사실 자살 기도를 했다가 살아난 사람들 중 극소수만 재시도를 하고, 대다수는 결국 살아 있어서 기쁘다고 말한다. 그러나 우리가 알고 있듯이 고통에 시달리는 말기 환자들은 점점 늘어날 것이다. 피도 눈물도 없는 사람이 아니고서야 어떻게 이들을 동정하지 않을 수 있겠는가?

그럼에도 나는 의료 행위의 지평을 넓혀서 사람들이 스스로 죽음을 재촉하는 걸 돕는 일에까지 손을 뻗으면 무슨 일이 일어날지 두렵다. 그 힘을 남용하게 될까 봐 염려되는 것이 아니다. 안락사에 의존하게 될까 봐 두려운 것이다. 안락사를 지지하는 사람들은 실수와 남용을 피하기 위해 무척 엄격한 규칙을 만들어 냈다. 예를 들어 의사들이 안락사 처방을 할 수 있는 곳—네덜란드, 벨기에, 스위스, 그리고 미국의 오리건주, 워싱턴주, 버몬트주 등—에서는 여러 세부 조항을 규정해 두고 있다. 우선 참을 수 없는 고통을 겪고 있는 성인 말기 환자에게만 처방할 수 있다. 그리고 이때도 서로 다른 개별적 상황에서 여러 번 요청한 경우여야 하고, 우울증을 비롯한 정신질환 때문이 아니라는 확인을 거쳐야 하고, 또 다른 의사가 이 모든 조건에 부합한다고 확인해 준 경우여야 한다. 그럼에도 안락사 실행 권한의 적용 방식은 결국 광범위한 문화에 따라 결정될 수밖에 없다. 예를 들어 네덜란드에서는 수십 년 전 이 시스템이 정착된 후 별다른 저항 없이 사용 빈도가 상당히 크게 증가해 왔다. 그러나 2012년 현재 네덜란드인 사망자 35명 중 1명이 안락사를 선택한다는 사실이 성공을 가늠하는 척도가 될 수는 없다. 그것은 실패의 척도다. 결국 우리의 궁극적인 목표는 '좋은 죽음'이 아니라 마지막 순간까지 '좋은 삶'을 사는 것이다. 네덜란드는 다른 나라에 비해 마지막까지 좋은 삶을 확보해 줄 가능성이 있는 완화치료 프로그램을 개발하는 데 뒤처져 있다. 어쩌면 안락사 시스템이 정착돼 있는 탓에 장애가 생기거나 심각한 질병에 걸렸을 경우 다른 방법으로 고통을 줄이거나 삶을 개선시키는 게 불가능하다는 믿음이 강화됐을 수도 있다.

삶의 마지막 단계에 이르러 고통을 받는 것이 간혹 피할 수도 견딜 수도 없는 일이 되는 경우가 있다. 이때 우리는 사람들이 스스로 그 비참한 상황에 종지부를 찍을 수 있게 도울 필요가 있을지도 모른다. 기회가 주어진다면, 나는 환자에게 그런 처방을 내릴 수 있도록 허용하는 법을 지지할 것이다. 사실 처방전을 받은 사람들 중 절반 정도는 그걸 사용하지 않는다. 그 처방전이 필요해질 때 자기 뜻대로 쓸 수 있다는 걸 아는 것만으로도 안심이 되는 것이다. 그러나 안락사를 선택할 여지를 마련했다고 해서 환자들의 삶을 개선하는 문제에 대해 눈을 돌려 버리게 된다면 사회 전체적으로 크나큰 해를 끼치게 될 것이다. '어시스티드 리빙'은 '어시스티드 데스assisted death' 보다 훨씬 어려운 일이다. 그러나 그만큼 훨씬 더 큰 가능성을 갖고 있기도 하다.

극심한 고통을 겪는 순간에는 그 가능성을 인식하는 게 힘들 수도 있다. 어느 날 나는 페그 바첼더 선생님의 남편 마틴에게서 연락을 받았다. 페그 선생님은 내 딸 헌터에게 피아노를 가르치는 분이었다. "페그가 병원에 있어요." 마틴이 말했다.

페그 선생님이 심각한 건강 문제를 갖고 있다는 사실은 이미 알고 있었다. 그녀는 2년 반 전 오른쪽 고관절에 통증을 느꼈지만, 관절염이라는 오진을 받은 채 1년을 보냈다. 점점 상태가 나빠지고 있었는데도 한 의사는 심지어 정신과 의사를 만나 보라면서 '고통을 내려놓는 법'에 관한 책을 읽어 보라고 했다. 하지만 결국 MRI 검사 결과 12센티미터가 넘는 육종이 있다는 게 밝혀졌다. 매우 드문 연조직 암이었는데, 육종이 골반을 먹어 들어가고 있었고 다리에는 다량의 혈전이 생긴 상태였다. 그녀는 곧 화학요법과 방사선 치료를 받았고, 골반의 3분의 1을 제거한 뒤 금속제 보철물로 재건하는 대대적인 수술까지 받았다. 지옥 같은 1년이었다. 합병증으로 몇 달씩 입원까지 해야 했다. 이전까지 그녀는 자전거와 요가를 즐겼고, 남편과 함께 셰틀랜드 양몰이개를 데리고 산책 나가는 시간을 기다렸으며, 음악을 연주하고 사랑스런 제자들을 가르치는 일을 좋아했다. 하지만 이제는 그 모든 걸 포기해야만 했다.

그러나 결국 페그 선생님은 회복되어 학생들을 다시 가르치기 시작했다. 목발을 짚어야 걸어 다닐 수 있었지만, 그것 말고는 다시 우아한 예전의 모습을 되찾았고, 배우겠다는 학생이 줄을 섰다. 당시 예순두 살이었던 그녀는 큰 키에, 커다랗고 둥근 안경을 쓰고 있었고, 숱이 많은 적갈색 머리를 단발로 단정하게 자른 모습이었다. 페그 선생님은 사랑스럽고 상냥한 성품이어서 인기가 많았다. 딸이 음을 알아내는 데 애를 먹거나 필요한 테크닉을 잘 익히지 못할 때도 절대 서두르는 법이 없었다. 이 방법 저 방법 시도해 보게끔 도와주다가, 아이가 마침내 해내면 진심으로 기뻐하며 꼭 껴안아 주곤 했다.

페그 선생님은 정상적인 생활로 돌아온 지 1년 반 만에 백혈병과 유사한 악성 종양 진단을 받았다. 이전에 받은 방사선 치료 때문이었다. 화학요법을 다시 받기 시작했지만 학생들을 가르치는 일은 어떻게든 이어 가려 했다. 몇 주에 한 번씩 헌터의 레슨 시간표를 바꿔야 했고, 우리는 당시 열세 살밖에 안 됐던 딸에게 상황 설명을 해야 했다. 그러나 페그 선생님은 포기하지 않았다.

그러던 어느 날, 페그 선생님은 2주 연속 레슨을 연기했다. 마틴에게서 전화를 받은 게 바로 그때였다. 병원이라고 했고, 아내가 며칠간 입원해 있었다는 설명을 덧붙였다. 마틴은 전화기를 스피커 모드로 전환해서 그녀가 이야기할 수 있도록 했다. 힘없는 목소리였고, 중간 중간 길게 쉬어 가며 말을 이었다. 그러나 자신이 처한 상황에 대해서는 명확한 목소리로 설명했다. 백혈병 치료의 효과가 없어진 지 몇 주 됐고, 면역력이 떨어진 탓에 고열과 감염을 일으켰다. 또한 검사 결과 골반에 생겼던 암이 재발했고, 간에도 전이가 됐다는 사실도 알게 됐다. 재발한 암이 골반에 꼼짝할 수 없을 만큼 극심한 통증을 일으키면서 실금 증상까지 유발했다. 그 시점에 병원에 입원을 하긴 했는데, 이제는 어떻게 해야 할지 모르겠다는 것이었다.

나는 그녀에게 의사들이 어떤 조처를 취할 수 있는지 말해 줬냐고 물었다.

"별로 없대요." 그녀가 말했다. 완전히 희망을 잃은 풀 죽은 목소리였다. 수혈을 하고, 종양으로 인한 열을 내리기 위해 스테로이드제와 진통제를 처방했다고 한다. 화학요법은 중단했다.

나는 그녀에게 스스로는 이 상황을 어떻게 이해하고 있는지 물었다.

그녀는 자기가 죽게 되리라는 걸 안다고 말했다. 병원에서 더 이상 해 줄 게 없다는 것도 안다고 말할 때는 목소리에 분노가 섞여 있는 걸 느낄 수 있었다.

목표가 뭔지 물었다. 그녀는 이룰 가능성이 있는 목표가 생각나지 않는다고 말했다. 장래에 두려운 것이 뭐냐고 묻자 기나긴 설명이 이어졌다. 통증이 더 심해지는 것, 몸을 제어할 능력을 더 잃는 수치스러운 상황이 벌어지는 것, 결국 병원을 벗어나지 못하게 되는 것 등등. 말을 이어 가는 그녀의 목이 메었다. 병원에 며칠이나 있었는데 점점 더 나빠지기만 했고, 살날이 얼마 남지 않은 것 같아 두렵다고 했다. 나는 병원에서 호스피스 케어에 대해 들은 게 있는지 물었다. 그녀는 듣기는 했지만 무슨 도움을 받을 수 있는 건지 잘 모르겠다고 했다.

페그 선생님과 비슷한 상황에 처한 이들 중에는 '존엄사'를 선택할 권리가 주어질 경우 그렇게 할 사람들이 있을 것이다. 다른 선택의 여지가 없다는 게 분명해 보인다면 그것만이 유일하게 스스로를 제어할 기회라고 생각할 수 있기 때문이다. 마틴과 나는 호스피스 케어를 받아 보자고 설득했다. 나는 적어도 그렇게 하면 집에라도 돌아갈 수 있을 것이고, 생각보다 많은 도움을 받을 수 있을지도 모른다고 말했다. 또한 호스피스 케어의 목표가, 적어도 이론적으로는, 환자가 처한 상황에서 가능한 한 최상의 나날을 보낼 수 있도록 돕는 데 있다고 말했다. 그 상황에서 가능한 최상의 상태를 어떻게 정의하든 말이다. 페그 선생님이 좋은 날을 보낸 게 상당히 오래된 일 같다는 말도 덧붙였다.

"맞아요. 상당히 오래됐어요." 그녀가 말했다.

나는 좋은 날 하루, 그것만으로도 기대할 가치가 있는 것 아니겠느냐고 말했다.

페그 선생님은 나와 통화를 끝낸 후 48시간이 채 지나지 않아 호스피스 케어를 신청하고 집으로 돌아갔다. 나는 헌터에게 페그 선생님이 더 이상 레슨을 할 수 없게 됐으며, 곧 돌아가시게 될 거라는 소식을 전했다. 헌터는 큰 충격을 받았다. 선생님을 너무 좋아했기 때문이다. 딸아이는 한 번 더 선생님을 볼 수 있는지 물었다. 하지만 나는 그럴 수 없을 거라고 말해야만 했다.

며칠이 지난 후 우리는 놀라운 전화를 받았다. 페그 선생님이었다. 그녀는 헌터가 원한다면 다시 레슨을 시작하고 싶다고 말했다. 헌터가 오고 싶어 하지 않는다 해도 이해하고, 얼마나 레슨을 더 할 수 있을지는 모르지만 시도는 해 보고 싶다고 했다.

호스피스 케어를 받고 다시 레슨을 하는 게 가능해질 줄은 몰랐다. 페그 선생님은 물론이고 나 역시 상상하지 못한 일이었다. 그러나 호스피스 간호사인 데보라가 페그 선생님을 만나 그녀의 삶에서 가장 소중한 것이 무엇인지, 가능한 한 가장 좋은 날을 보낸다는 게 그녀에게 어떤 의미인지 이야기를 나눴다. 그런 다음 두 사람은 그것을 가능하게 할 방법을 모색하기 시작했다.

처음에 페그 선생님의 목표는 일상생활의 어려움을 극복하는 것이었다. 호스피스 팀은 1층에 병원 침대를 설치해서 그녀가 침실로 가기 위해 계단을 오르내리지 않아도 되게 했다. 침대 옆에는 이동식 변기를 가져다 놓았고, 몸을 씻거나 옷을 입을 때 도와줄 도우미도 구해 줬다. 또한 통증을 완화하기 위해 모르핀, 가바펜틴, 옥시코 돈을 처방했고, 그 약들로 인해 혼미해지는 증상은 메틸페니데이트를 사용해서 효과적으로 잡았다.

페그 선생님은 일상적인 문제들을 제어할 수 있게 되자 불안감이 많이 사라졌다. 그녀는 곧 좀 더 높은 목표를 잡았다. "페그는 가장 중요한 문제에 초점을 맞췄어요." 훗날 마틴은 그렇게 말했다. "남은 나날을 어떻게 살고 싶은지 명확하게 깨달았죠. 집에서 시간을 보내는 것과 아이들을 가르치는 것, 그게 아내가 원하는 것이었어요."

매번 레슨을 가능하게 하려면 많은 계획과 전문가들의 도움이 필요했다. 데보라는 페그 선생님에게 약의 용량을 조절하는 방법을 가르쳐 줬다. "레슨을 하기 전에 모르핀을 추가로 투여했어요. 레슨을 할 수 있을 만큼 편안하게 만들면서도 정신이 혼미해지지는 않을 정도의 용량을 투여하려면 기술이 필요했어요." 마틴이 당시를 회상하며 말했다.

그럼에도 페그 선생님은 레슨을 손꼽아 기다렸다. "아내는 레슨을 하기 몇 시간 전부터 활기에 넘쳐 있었어요. 심지어는 레슨이 끝난 다음에도 며칠간 그 활기가 계속되곤 했죠." 그녀에게는 아이가 없었고, 제자들이 그 빈자리를 메우고 있었다. 그녀는 자신이 사라지기 전에 아이들에게 꼭 가르쳐 주고 싶은 것들이 남아 있었다. "소중한 친구들에게 작별인사를 하고, 제자들과 이별하기 전에 조언을 남기는 것이 아내에게는 굉장히 중요한 일이었어요."

페그 선생님은 호스피스 케어를 받기 시작한 후 6주를 더 살았다. 그사이 헌터는 4주 동안 레슨을 받았고, 마지막 두 번의 연주회가 열렸다. 하나는 당시 페그 선생님에게서 배우고 있던 초등학생 아이들의 연주회였고, 다른 하나는 전국 각지에서 찾아온 옛 제자들의 연주회였다. 모두들 그녀의 집 거실에 모여 사랑하는 선생님을 위해 브람스, 드보르작, 쇼팽, 베토벤을 연주했다.

이른바 기술 사회가 되면서 우리는 학자들이 '죽는 자의 역할'이라고 부르는 개념을 잊고 말았다. 그것이 삶의 마지막을 향해 가는 시점에서 사람들에게 얼마나 중요한지를 잊어버린 것이다. 사람들은 추억을 나누고, 애정이 담긴 물건과 지혜를 물려주고, 관계를 회복하고, 이 세상에 무엇을 남길지 결정하고, 신과 화해하고, 남겨질 사람들이 괜찮으리라는 걸 확실히 해 두고 싶어 한다. 자신의 이야기를 자기가 원하는 방식으로 마치고 싶은 것이다. '죽는 자의 역할'이라는 개념을 신봉하는 사람들은 이것이야말로 죽는 자에게나 남는 자에게나 삶에서 가장 중요한 요소에 속한다고 주장한다. 만약 우리가 이토록 중요한 역할을 둔감하게 도외시하며 사람들로 하여금 수행할 기회를 주지 않는다면 그것이야말로 영원히 지울 수 없는 부끄러운 일이 될 것이다. 의학계에 종사하는 우리들은 삶의 막바지에 이른 사람들에게 깊은 상처를 주고도, 해를 입혔다는 것조차 의식하지 못한 채 계속 일을 해 나가고 있다.

페그 선생님은 '죽는 자의 역할'을 수행할 수 있었다. 임종 3일 전까지 그 역할을 해내던 그녀는 고열로 의식을 잃은 후 정신이 오락가락하기를 반복하다가 숨을 거뒀다.

그녀에 대한 마지막 추억이 생각난다. 아이들과 함께한 마지막 음악회가 끝나 갈 무렵이었을 것이다. 그녀는 사람들이 모여 있는 데서 조금 떨어진 곳으로 딸아이를 데려간 다음 음악책을 한 권 건네면서 아이의 어깨를 꼭 감싸 안았다.

"너는 아주 특별한 아이란다." 그녀가 헌터의 귀에 속삭였다. 아이가 꼭 기억했으면 하는 마음이 담긴 말이었다.

결국 우리 아버지의 이야기가 끝날 시간도 다가왔다. 많은 준비를 해 왔다고 생각했고, 많은 것을 배워 왔다고 믿었지만, 사실 우리는 아무것도 준비가 되어 있지 않았다. 이른 봄날 호스피스 케어를 받기 시작한 이후로 아버지는 비록 완벽하지는 않더라도 관리는 가능한 새로운 안정기에 접어든 듯했다. 어머니를 비롯해 도움을 주는 여러 사람들, 그리고 자신의 강철 같은 의지에 힘입어 몇 주씩 상태가 좋은 나날을 보내곤 했다.

물론 고통스럽고 수치스런 순간이 전혀 없지는 않았을 것이다. 아버지는 매일 관장을 해야 했고, 침대를 적셨다. 또한 진통제가 머리를 가물거리고, 몽롱하고, 무겁게 했다. 아버지는 그런 상태가 되는 걸 너무나 싫어했다. 반쯤 혼미해진 채로 살고 싶지 않았다. 사람들과 만나 의사소통을 하고 싶었기 때문이다. 그러나 어쩔 수 없을 만큼 통증이 심했다. 약의 용량을 줄이면 극심한 두통에다 목과 등을 찌르는 듯한 통증을 감내해야 했다. 통증에 시달리다 보면, 온 세상이 고통으로 가득 차 버렸다. 그래서 아버지는 늘 용량을 조절해 가면서 통증을 느끼지도 정신이 혼미해지지도 않는 이상적인 조합을 찾으려 애썼다. 아버지가 바라는 건 그저 정상적인 느낌을 갖는 것이었다. 몸이 아버지를 저버리기 전 정상적이었던 자신의 상태로 돌아가고 싶었던 것이다. 그러나 어떤 약을 어떤 용량으로 복용해도 정상적인 상태에 이를 수 없었다.

그러나 이 정도면 괜찮은 수준이라고 받아들일 만한 상태에 이를 수는 있었다. 그해 봄부터 초여름까지 아버지는 사람들을 저녁식사 자리에 초대했고, 테이블 상석에 앉아 만찬을 이끌었다. 또한 인도에 세운 대학에 새 건물을 지을 계획을 세웠고, 손이 쇠약해져 말을 듣지 않는데도 하루에 열두어 통씩 이메일을 보냈다. 아버지와 어머니는 거의 매일 밤 영화를 한 편씩 봤고, 윔블던 대회 때는 노박 조코비치가 챔피언이 될 때까지 2주일 내내 열렬히 응원했다. 그 무렵 여동생이 '바로 그 사람'인 것 같은 느낌이 든다는 새 남자친구를 소개했고—두 사람은 결국 결혼을 했다—아버지는 너무도 행복해했다. 날마다 살 만한 가치가 있다고 느끼게 만드는 순간이 있었다. 그리고 그런 날이 몇 주를 지나 몇 달까지 계속되면서 그런 식으로 좀 더 오랜 시간을 보낼 수 있을 것 같기도 했다.

돌이켜 보면 결코 그렇게 될 수 없다는 걸 보여 주는 징후들이 있었다. 체중이 계속 감소했고, 필요한 진통제의 양이 점점 늘어났다. 8월 초에는 한 이틀 정도 아버지에게서 전혀 알아볼 수 없는 이메일이 계속 날아들었다. "아툴리에게, ㄴ가 얼9k는 수드…"로 시작하는 메일도 있었다. 맨 마지막에 받은 메일에서 아버지는 이렇게 말했다.

아들에게,

횡설수설 뒤엉킨 메 일 미안하다하.

어려움 겪고 있다.

사랑하는

아버지가


아버지는 전화 통화를 할 때도 말이 점점 느려졌고, 한마디를 끝낼 때마다 긴 침묵이 흘렀다. 아버지는 이따금 뭔가 혼동할 때가 있고, 의사소통을 하는 데 어려움이 있다고 설명했다. 이메일도 처음에 쓸 때는 말이 된다고 생각하는데 나중에 읽어 보면 도통 무슨 말인지 모를 때가 많다고 했다. 아버지의 세상이 점점 닫혀 가고 있었다.

그러던 어느 날 어머니에게서 전화가 왔다. 8월 6일 토요일 아침 9시경이었다. 겁에 질린 목소리였다. "아버지가 깨어나질 않아." 어머니가 말했다. 아버지가 숨은 쉬는데 깨울 수가 없다는 것이었다. 우리는 약 때문이라고 생각했다. 아버지가 전날 밤 마약 성분이 있는 부프레노르핀을 한 알 다 먹겠다고 고집을 피웠다는 것이다. 평상시에는 반 알만 먹던 약이었다. 어머니가 말렸지만 소용없었다. 아버지가 화를 내며 통증을 완전히 없애고 싶다고 했다는 것이다. 그리고 이제 아버지는 깨어나질 못하고 있었다. 어머니는 의사 모드로 들어가 동공이 축소된 걸 보니 마약성 진통제 과다 복용의 징후인 게 분명하다고 결론 지었다. 우리는 약효가 떨어지기를 기다리기로 했다.

세 시간이 지난 후 어머니가 다시 전화를 했다. 어머니는 호스피스 팀이 아니라 구급차를 불렀다고 말했다. "아버지가 파랗게 질려 가고 있어, 아툴." 어머니는 병원 응급실에서 전화를 하고 있었다. "혈압이 50밖에 안 돼. 아직 의식이 없고, 혈중 산소 농도가 낮아." 의사가 마약성 진통제를 상쇄하는 약인 날록손을 투여했다. 마약성 진통제 과다 복용 때문인 거라면 깨어나야 했다. 그러나 아버지는 계속 아무 반응도 보이지 않았다. 가슴 부위를 엑스레이 촬영한 결과 오른쪽 폐에 폐렴 증세가 있다는 것이 밝혀졌다. 의료진은 아버지에게 산소 마스크를 씌워 농도 100%의 산소를 공급했고, 항생제와 포도당을 투여했다. 그러나 혈중 산소 농도는 70% 이상 오르지 않았다. 생존 가능 수준이 아니었다. 이제 의료진은 아버지에게 관을 삽입하고 링거액을 투여해서 혈압을 유지한 뒤 중환자실로 옮기겠느냐고 물었다. 어머니는 어떻게 해야 할지 결정을 내릴 수가 없었다.

한 사람의 종말이 가까워 오면, 무엇을 할 것인지 결정해야 할 책임이 다른 사람에게로 넘어가는 시점이 온다. 우리는 그 순간에 대해서 거의 준비가 되어 있었다. 이미 어려운 대화를 나눴던 것이다. 아버지는 자신의 이야기가 어떻게 끝나기를 원하는지 상세히 밝혀 두었다. 아버지는 인공호흡기도, 고통도 원하지 않았다. 집에서 사랑하는 사람들에게 둘러싸여 있기를 원했다.

그러나 사태가 꾸준히 흘러가기를 거부하고 갑자기 방향을 틀면,

결정권을 가진 대리인의 마음에 큰 혼란이 생긴다. 그 전날까지만 해도 아버지는 몇 주 아니 몇 달 정도 더 살 수 있을 것처럼 보였다. 그런데 이제는 갑자기 몇 시간을 바라는 것도 욕심이 됐다는 말인가? 어머니는 가슴이 찢어지는 것 같았다. 그러나 어머니는 나와 이야기를 하면서 중요한 사실을 깨달았다. 우리가 위험을 감수하면서까지 택해야 하는 방향, 다시 말해 중환자실에서 생명을 유지하는 건 아버지가 바라던 것과 너무나 거리가 멀다는 사실이었다. 마지막 순간은 너무나 중요하다. 단지 자기 자신을 위해서뿐만이 아니라 남겨질 사람들을 위해서도 말이다. 어쩌면 남은 사람들에게 훨씬 더 중요할지도 모른다. 어머니는 아버지에게 관을 삽입하지 말라고 이야기하기로 결심했다. 나는 곧이어 여동생에게 전화했다. 막 출근 기차에 오르려던 참이라고 했다. 하지만 동생은 이런 소식을 접할 준비가 되어 있지 않았다.

"어떻게 그럴 수가 있어?" 동생이 물었다. "아버지를 어제처럼 되돌릴 가능성은 전혀 없는 거야?" "어려울 것 같아." 내가 말했다.

이런 상황을 모두가 같은 시각으로 바라보는 가족은 거의 없다. 아버지에게 마지막 순간이 다가오고 있다는 걸 가장 먼저 알아챈 사람은 나였다. 내가 가장 염려한 건 아버지의 고통을 너무 오래 지속시키는 실수를 범하는 일이었다. 나는 지금이 평화로운 임종이라는 축복을 받아들일 기회라고 생각했다. 그러나 동생은 아버지가 끝에 다다랐다는 걸 전혀 확신할 수 없었다. 어머니는 더했다. 그들은 아버지의 생명을 충분히 길게 연장하지 못하는 실수를 범할까 봐 걱정했다. 그럼에도 우리는 의료진이 아버지를 소생시키기 위해 더 이상 어떤 조처도 하시 못하게 한다는 데 동의했고, 우리 남매가 병원에 도착할 때까지 아버지가 버텨 줬으면 하는 실낱 같은 희망을 가졌다. 나와 여동생이 서둘러 비행 편을 알아보는 동안 아버지는 개인 병실로 옮겨졌다.

그날 오후, 공항 대기실에 앉아 있던 내게 전화가 왔다. 어머니였다. "아버지가 깨어났어!" 무척 흥분된 목소리였다. 아버지는 어머니를 알아봤고, 자기 혈압이 지금 얼마나 되느냐고 물을 만큼 정신이 맑은 상태였다. 의식이 돌아오지 않을 거라고 믿었던 내가 겸연쩍게 느껴졌다. 아무리 많은 경험을 했다 하더라도, 예측을 불허하는 자연 앞에서는 어쩔 수가 없는 모양이라는 생각이 들었다. 그러나 그런 생각도 잠깐이고, 내 머릿속은 내내 희망적인 생각으로 가득 차 있었다. '금방 갈 수 있어. 아버지는 한동안 괜찮으실지도 몰라.'

그러나 결국 아버지는 4일밖에 더 살지 못했다. 병실에 도착했을 때 아버지는 말짱한 정신으로 앉아 있었다. 왜 자기가 병실에서 깨어난 거냐며 불만을 토로하고 있었고, 아무도 자기 말을 들어주지 않는다고 투덜거렸다. 깨어나면서부터 통증이 심했는데도 의료진이 진통제를 충분히 주지 않았다는 것이다. 실은 아버지가 의식을 다시 잃을까 봐 그런 것이었다. 나는 간호사에게 아버지가 집에서 쓰던 것만큼 진통제를 달라고 했다. 그녀는 당번 주치의의 허가를 받아야 했고, 의사는 절반밖에 주지 않았다.

새벽 3시경, 마침내 아버지의 인내심이 바닥나고 말았다. 아버지는 소리를 지르며 정맥 주사를 빼 달라고 말했다. 집에 가겠다는 것이었다. "왜 아무것도 하지 않는 거냐?" 아버지가 외쳤다. "왜 내가 고통받게 내버려 두는 거냐고!" 아버지는 통증 때문에 앞뒤가 맞지 않는 말을 하기 시작했다. 휴대전화로 300킬로미터가 넘는 곳에 있는 클리블랜드 클리닉에 전화를 해서, 당황한 당직 의사에게 뭐든 조처를 취하라고 요구했다. 결국 야간 당직 간호사가 겨우 허가를 얻어 정맥 주사에 마약 성분 진통제를 주입하겠다고 했지만 아버지는 거부했다. "소용없어." 우리는 새벽 5시가 돼서야 겨우 아버지를 설득해서 진통제를 주입할 수 있었다. 통증이 가라앉자 아버지는 다시 침착함을 되찾았다. 그러나 집으로 돌아가겠다는 의사에는 변함이 없었다. 병원에서는 어떤 대가를 치르더라도 환자의 생명을 유지하는 것이 유일한 목표다. 그 목표 말고 다른 길에 대해서는 전혀 대책이 없다. 아버지는 그런 병원에서는 자신에게 선택권이 주어지지 않는다는 사실을 알고 있었다.

우리는 의료진에게 산소 마스크를 떼고, 폐렴 때문에 실시한 항생제 투여를 중단한 뒤 아버지가 아침에 먹을 약을 챙겨서 퇴원시켜 달라고 요청했다. 아침 나절 즈음 아버지는 다시 집에 돌아와 자기 침대에 누울 수 있었다.

"고통받고 싶지 않구나." 아버지는 나와 단둘이 있을 때 그 말을 되풀이했다. "무슨 일이 있어도 내가 고통받도록 놔두지 않겠다고 약속할 수 있니?"

"네." 내가 말했다.

그러나 그건 생각보다 힘든 일이었다. 예를 들어 소변을 보는 일만도 문제가 됐다. 아버지의 마비 증세는 불과 일주일 진보다도 너빠져 있었다. 소변을 보지 못한다는 게 그 증거였다. 방광이 차서 소변을 봐야 한다는 건 느낄 수 있지만 나오게 할 수가 없었다. 나는 아버지가 화장실에 가서 변기에 앉는 것까지 도와 드렸다. 그리고 아버지가 거기 앉아 있는 동안 내내 기다렸다. 30분이 지났다. "나올 거야." 아버지는 계속 고집을 부렸다. 아버지는 이 문제에 대해 생각하지 않으려 애쓰는 듯했다. 한두 달 전에 새로 설치한 화장실용 비데를 가리키고는 전기로 돌아가는데 정말 좋다며 말을 돌렸다. 물이 쫙 나와서 엉덩이를 씻어 주고 말려 주기까지 한다는 것이었다. 이제는 누가 닦아 주지 않아도 되니 스스로를 돌볼 수 있다고 말했다.

"써 봤니?"

"아뇨, 아직."

"한번 꼭 써 봐야 얼마나 좋은지 안다니까." 아버지가 미소를 지으며 말했다.

하지만 여전히 소변은 나오지 않았다. 그리고 방광 경련이 시작됐다. 아버지는 통증이 밀려올 때마다 신음 소리를 냈다. 결국 아버지는 상황을 인정했다. "카테터를 삽입해야겠다." 호스피스 간호사는 이런 일이 벌어지리라는 걸 예상하고 있었다. 그래서 모든 장비를 구비해 두고 어머니에게 사용법을 알려 주었다. 하지만 이건 내가 환자들에게 수백 번 해 본 일이었다. 나는 아버지를 변기에서 일으켜 침대에 눕힌 다음 작업에 들어갔다. 그동안 아버지는 내내 눈을 꼭 감고 있었다. 어느 누구도 자신이 이렇게까지 되리라고는 예상하지 않는다. 그러나 바로 그 순간 아버지에게 그런 일이 일어났고, 나는 카테터를 삽입했다. 소변이 파도처럼 쏟아져 나오면서 바다 같은 안도감이 밀려왔다.

아직 아버지에게는 가장 큰 문제가 남아 있었다. 바로 종양 때문에 생기는 통증이었다. 통증을 제어하는 게 어려워서가 아니었다. 얼마나 제어할 것인가를 두고 의견 일치를 볼 수가 없는 게 문제였다. 집으로 돌아온 지 셋째 날이 되면서부터 아버지가 오랫동안 깨어나지 못하는 일이 반복됐다. 액체 모르핀을 평소 용량대로 유지해야 하는가가 문제로 떠올랐다. 혀 밑에 넣으면 점막을 통해 혈관으로 흡수되는 약이었다. 여동생과 나는 아버지가 깨어났을 때 통증이 너무 심할까 봐 그 용량을 유지해야 한다고 생각했다. 하지만 어머니는 우리 의견에 반대했다. 정반대되는 상황이 벌어질까 봐 두려웠던 것이다.

"통증이 조금 있으면 오히려 깨어나지 않겠니?" 그렇게 말하는 어머니 눈에 눈물이 고였다. "아직도 할 수 있는 일이 많은데."

어머니의 말은 틀리지 않았다. 비록 마지막 하루이틀뿐이긴 했지만 말이다. 아버지는 육체의 한계를 조금이라도 벗어날 수 있는 순간이 오면 소소한 즐거움을 충분히 만끽했다. 여전히 몇몇 음식들은 즐길 수 있었고, 놀라울 정도로 잘 먹었다. 차파티 빵, 밥, 완두콩 커리, 감자, 렌즈콩 다알, 처트니 소스, 그리고 어릴 때 먹던 달콤한 맛의 디저트 시라 등 온갖 음식들을 주문했다. 또 아버지는 손주들하고 전화 통화를 했고, 사신을 정리했으며, 다 끝내지 못한 프로젝트들에 대한 당부 사항을 남겼다. 아버지는 그야말로 실낱 같은 생명의 끈에 매달려 있었고, 우리는 그 모습을 지켜보며 괴로워했다. 조금이라도 그 끈을 연장할 수 있는 방법은 없는 걸까?

그럼에도 나는 아버지와 한 약속을 잊지 않았고, 계획대로 매 두 시간마다 모르핀을 투여했다. 어머니는 그 상황을 너무나 괴로운 심정으로 받아들였다. 아버지는 가르랑거리는 숨소리만 빼면 너무도 조용히 꼼짝하지 않고 누운 채 몇 시간씩 보내곤 했다. 숨을 갑자기 훅 들이마셨다가—코를 골다가 갑자기 뚜껑이 닫힌 것처럼 멈추는 것과 같은 소리였다—잠시 후 길게 내쉬곤 했다. 공기가 기도를 채운 가래를 지나면서 내는 소리가 마치 아버지 가슴에 든 빈 관에 조약돌을 채우고 흔드는 것같이 들렸다. 그러다가 영원처럼 긴 시간 동안 아무 소리도 들리지 않다가 다시 처음부터 반복됐다.

우리는 그런 아버지의 모습을 보는 데 점차 익숙해졌다. 아버지는 배 위에 두 손을 올린 채 평화롭고 고요하게 누워 있었다. 우리는 아버지 침대 옆에 앉아 오랫동안 시간을 보냈다. 어머니는 지역 신문 『애선스 메신저』를 읽으며 차를 마셨고, 나와 여동생이 음식을 잘 먹지 못하는 건 아닌지 걱정했다. 그 자리에 있는 것이 우리 모두에게 위로가 됐다.

마지막 순간이 오기 바로 전날 오후, 아버지는 온몸에 진땀을 흘렸다. 여동생이 아버지의 셔츠를 갈아 입히고 몸을 씻겨 드리자고 제안했다. 우리는 아버지를 안아 일으켜 앉혔다. 의식이 없어서 몸이 완전히 축 처져 있었다. 셔츠를 머리 위로 벗기려 했지만 생각대로 잘 되지 않아 간호사들이 어떻게 했는지 기억을 더듬어 보았다. 그 순간 갑자기 아버지가 눈을 뜨고 있다는 걸 깨달았다.

"안녕하세요, 아버지." 내가 말했다. 아버지는 가쁜 숨을 쉬면서 한동안 그저 나를 쳐다보고만 있었다.

"잘 있었냐?" 아버지가 말했다.

아버지는 우리가 젖은 수건으로 몸을 닦고 새 셔츠를 입히는 동안 계속 쳐다보기만 했다.

"아프세요?"

"아니다." 아버지는 일어나고 싶다고 손짓을 했다. 우리는 아버지를 휠체어에 앉혀 뒷마당이 보이는 창문 앞으로 밀고 갔다. 꽃과 나무가 우거진 아름다운 여름날이었다. 아버지의 정신이 점점 맑아지는 게 보였다.

조금 있다 우리는 아버지를 저녁식사 테이블로 밀고 갔다. 아버지는 망고, 파파야, 요구르트, 그리고 약을 먹었다. 호흡이 정상으로 돌아왔지만, 아버지는 생각에 잠겨 침묵을 지켰다.

"무슨 생각 하세요?" 내가 물었다.

"죽기까지의 과정을 늘리지 않으려면 어떻게 하는 게 좋을까 생각 중이다. 이거, 이 음식이 그걸 길어지게 만들고 있어."

어머니는 그런 말을 듣고 싶어 하지 않았다.

"우리는 당신을 돌보는 게 좋아요, 램. 당신을 사랑하니까."

아버지는 고개를 저었다.

"힘드시죠, 그렇죠?" 남동생이 말했다.

"응, 힘들다."

"쭉 잘 수 있다면 그렇게 하고 싶으세요?" 내가 물었다.

"그래."

"깨어 있고 싶지 않아요? 우리가 옆에 있다는 걸 느끼고, 이렇게 우리와 같이 있고 싶지 않아요?" 어머니가 물었다.

아버지는 한동안 아무 말이 없었다. 우리는 기다렸다.

"이런 일을 겪고 싶지 않아."

마지막 날, 아버지가 겪은 고통은 딱히 육체적인 것은 아니었다. 약으로 통증을 상당히 효과적으로 제어할 수 있었기 때문이다. 아버지는 이따금 어렴풋이 의식의 표면으로 떠오를 때면 우리 목소리를 듣고 미소를 지었다. 하지만 완전히 정신이 들었을 때는 아직 끝나지 않았다는 걸 깨달을 수밖에 없었다. 그러고는 오랫동안 지속돼 온 수많은 걱정들, 이제는 모두 끝나 버리기를 바랐던 그 모든 근심들이 아직 거기에 있다는 걸 깨달았다. 그건 단지 육체적인 문제만이 아니었다. 아버지를 더 고통스럽게 만든 건 오히려 마음의 문제였다. 정신적인 혼돈, 끝내지 못한 일들과 어머니에 대한 걱정, 그리고 자신이 어떻게 기억될까에 대한 우려 같은 것들이었다. 이제 아버지는 깨어 있을 때보다 잠들어 있을 때 평화를 느꼈다. 자연의 한계에 도달한 지금, 아버지가 자신의 이야기에서 마지막으로 원한 것은 평화로움이었다.

마지막으로 의식이 돌아왔을 때, 아버지는 손주들이 보고 싶다고 말했다. 하지만 아이들은 거기에 없었고, 나는 대신 아이패드에 있는 사진을 보여 드렸다. 아버지는 눈을 크게 뜨고 활짝 미소 지었다. 그러고는 모든 사진을 하나하나 눈에 담았다.

아버지는 다시 무의식으로 빠져들었다. 호흡이 한 번에 20~30초씩 멈추는 일이 반복됐다. 이제 끝인가 하면 호흡이 다시 시작되곤 했다. 그렇게 몇 시간이 흘렀다. 아버지 곁을 지키며 어머니와 여동생은 이야기를 나누고 있었고, 나는 책을 보고 있었다.

오후 6시 10분쯤 결국 마지막 순간이 왔다. 나는 아버지의 호흡이 이전보다 더 오래 멈춰 있다는 걸 깨달았다.

"아버지가 멈춘 것 같아요." 내가 말했다.

우리는 아버지에게 다가갔다. 어머니가 아버지의 손을 잡았다. 우리는 아무 말 없이 귀를 기울였다.

아버지는 더 이상 숨을 쉬지 않았다.

에필로그

죽어 간다는 건 우리의 생물학적 제약에 대처하기 위해 분투하는 과정이다. 유전자와 세포와 살과 뼈가 가진 한계 말이다. 의학은 이 한계를 뒤로 밀어붙일 놀라운 힘을 우리에게 주었다. 그리고 이 힘이 가진 잠재력이야말로 내가 의사가 되기로 결심한 가장 큰 이유였다. 그러나 나는 의학의 힘이라는 게 무척 제한되어 있으며 앞으로도 이 사실은 변하지 않으리라는 점을 인정하지 못할 때 생기는 피해를 너무도 많이 목격해 왔다.

의료계 종사자들은 우리가 할 일이 무엇인지에 대해 잘못 생각해 왔다. 우리는 사람들의 건강과 생존을 보장하는 것이 주된 임무라고 생각하지만, 실은 그 이상의 일을 해내야 한다. 바로 환자의 행복을 보장해 주는 것이다. 행복은 한 사람이 살아 있기를 바라는 이유와 깊은 관련이 있다. 삶의 이유는 단지 마지막 단계에 이르렀거나 심각한 장애를 겪게 됐을 때만 중요한 게 아니다. 인생 전반에 걸쳐 중요한 요소인 것이다. 살아가면서 심각한 질병이나 부상을 당할 때마다, 그리고 심신에 큰 타격을 입을 때마다 우리는 매우 중요하면서도 동일한 질문을 던져야 한다. 지금 이 상황을 어떻게 이해하고 있으며, 이로 인해 어떤 일이 벌어질 가능성이 있다고 생각하는가? 두려운 것은 무엇이고 바라는 것은 무엇인가? 기꺼이 포기할 용의가 있는 것과 그럴 수 없는 것은 무엇인가? 그리고 이러한 것들을 이해할 수 있도록 돕는 최상의 행동방침은 무엇인가?

죽어 가는 환자를 돌보는 문제에 이런 사고방식을 도입한 것이 바로 최근 수십 년 사이에 떠오른 완화치료 분야다. 완화치료 분야는 발전을 거듭하면서 말기 환자든 아니든 상관없이 심각한 질병을 앓는 환자들 누구에게나 비슷한 접근법을 적용하기 시작했다. 이는 무척 고무적인 일이다. 그러나 아직 자축할 수준까지 간 것은 아니다. 모든 의료계 종사자들이 환자들을 돌볼 때 같은 사고방식을 적용할 수 있게 될 때에야 비로소 샴페인을 터뜨릴 수 있을 것이다. 완화치료 분야가 따로 필요하지 않은 상태 말이다.

인간으로 산다는 것이 한계를 안고 살아가야 한다는 의미라면, 그런 인간을 돌보는 역할을 하는 직업이나 기관—의사에서 요양원까지—에 종사하는 사람들은 인간이 그 한계에 직면하고 분투하는 과정을 도와야 한다. 어떤 때는 병을 고쳐 줄 수도 있고, 어떤 때는 연고를 처방해 주는 데 그칠 수도 있고, 어떤 때는 그나마 아무것도 하지 못할 수도 있다. 그러나 우리가 제공해 줄 수 있는 것이 무엇이든 간에 의료진이 개입해 환자로 하여금 희생과 위험을 감수하도록 하는 일은 더 큰 삶의 목적을 위한 것일 때만 정당화될 수 있다. 이를 망각할 경우 우리는 환자들에게 거의 야만적인 고통을 주게 될 수도 있다. 만년 의사의 넉살과 한계를 분명히 기억할 경우, 우리가 가져다줄 혜택은 실로 놀라운 것이 될 수도 있다.

나는 의학이 해낼 수 있는 일뿐 아니라 그럴 수 없는 일에 대해서까지도 사람들이 잘 대처할 수 있도록 돕는 것이 내가 의사로서—그리고 사실 인간으로서—경험할 수 있는 가장 의미 있는 일이 되리라고는 생각해 보지 못했다. 그러나 많은 사람들을 만나면서 그것이 얼마나 값진 경험인지 깨달을 수 있었다. 그게 주얼 할머니 같은 환자가 됐든, 페그 선생님 같은 친구가 됐든, 아니면 아버지만큼 깊이 사랑했던 누군가가 됐든 말이다.

우리 아버지는 자신의 충성심이나 정체성을 희생하지 않고 생을 마감할 수 있었다. 너무나 감사한 일이다. 아버지는 세상을 뜬 후의 일에 대해서도 자신이 무엇을 원하는지 확실히 밝혀 두었다. 어머니, 여동생, 그리고 내게 이런저런 일들을 당부해 둔 것이다. 우선 아버지는 시신을 화장해서 생전 자신이 가장 중요하게 여긴 세 곳에 재를 뿌리라고 했다. 그곳은 바로 애선스, 어린 시절 아버지가 자란 동네, 그리고 모든 힌두교도의 성지 갠지스강이었다. 힌두 신화에 따르면 망자의 유해가 위대한 강에 닿는 순간 그는 영원한 구원을 받는다고 한다. 수천 년 동안 유족들은 사랑하는 사람의 재를 갠지스강에 가서 뿌렸다.

아버지가 세상을 떠난 지 몇 달 후, 우리 가족은 그 발자취를 따라

갔다. 우리는 바라나시로 갔다. 갠지스 강변에 있는 고대 사원의 도시로, 기원전 12세기까지 거슬러 올라가는 곳이다. 해가 뜨기 전, 우리는 강으로 이어진 계단을 따라 내려갔다. 거대한 강가에 이르기까지 가파르게 이어져 있었다. 미리 의식을 진행해 줄 힌두 성자와 만나기로 약속해 둔 상태였다. 그는 우리를 노 젓는 사람이 딸린 작은 나무 배로 이끌었다. 우리는 그 배를 타고 해가 뜨기 전의 강으로 나아갔다.

공기는 청량하고 쌀쌀했다. 하얀 안개가 수의처럼 도시의 탑들과 강물을 뒤덮었다. 치직거리는 스피커에서는 사원에서 외는 염불 소리가 울려 퍼지고 있었다. 일찌감치 비누를 챙겨 목욕하러 나온 사람들, 돌판에 옷을 쳐 대며 빨래하는 사람들, 정박용 밧줄 위에 앉은 물총새 위로 그 소리가 퍼져 나갔다. 우리는 한 무더기의 장작들이 쌓인 강둑을 따라 지나갔다. 그날 수십 구의 시신을 화장하는 데 쓸 장작이었다. 강 한가운데까지 충분히 나아갔을 때 안개 사이로 해가 떠오르는 게 보이기 시작했고, 힌두 성자는 베다 성가를 낭송하며 노래를 불렀다.

가족 중 가장 나이가 많은 남자인 나는 아버지가 목샤moksha—윤회의 굴레를 벗어나 니르바나에 이르는 것—를 이루는 데 필요한 의식을 돕게 돼 있었다. 힌두 성자는 내 오른손 넷째 손가락에 노끈을 감은 뒤 아버지의 유해가 들어 있는 손바닥만 한 놋쇠 항아리를 들고 있으라고 했다. 그러고는 항아리 속에 약재와 꽃, 그리고 빈랑, 쌀, 커런트, 크리스탈 슈가, 강황 등 음식들을 조금씩 집어넣었다.

다른 식구들에게도 똑같이 따라 하라고 했다. 우리는 향을 태워 아버지의 유해 위로 연기를 날려 보냈다. 힌두 성자는 뱃머리 아래로 손을 뻗어 작은 컵에 강물을 담아 내게 작은 수저로 세 번 마시라고 했다. 그런 다음 내게 항아리에 든 내용물을 오른쪽 어깨 너머로 강물에 쏟고, 항아리와 뚜껑까지 던져 넣으라고 했다. "보지 말아요." 그가 영어로 타이르듯 충고했고, 나는 보지 않았다.

부모님이 아무리 애를 썼다 해도 오하이오주의 작은 마을에서 힌두교도를 길러 내기란 쉬운 일이 아니다. 나는 신들이 인간의 운명을 좌우한다는 생각을 믿지 않았고, 그래서 우리가 무슨 일을 한다 해도 저세상으로 간 아버지에게 특별히 도움이 될 거라고는 생각지 않았다. 세계에서 가장 규모가 큰 종교 중 하나인 힌두교에서는 갠지스강을 성스럽게 여길지 모르지만, 의사인 나는 그곳이 세계에서 가장 오염된 강 가운데 하나라는 사실이 더 신경 쓰였다. 완전히 화장되지 않은 채 강으로 던져지는 시신들도 강을 오염시키는 데 한몫을 했다. 강물을 조금 마셔야 한다는 걸 알고 있던 나는 갠지스강물의 박테리아 지수를 미리 확인해서 적합한 항생제를 먹어 두었다.(하지만 편모충에 감염됐다. 기생충까지는 생각이 미치지 못한 것이다.)

그러나 나는 내 역할을 할 수 있다는 게 감사했고, 그 모든 경험이 나를 감동시켰다. 무엇보다도 아버지가 바라던 일이었고, 어머니와 여동생도 원하는 일이었다. 그와 더불어, 비록 컵에 담긴 강물이나 잿빛 유해 그 어느 것에서도 아버지를 느낄 수는 없었지만, 그토록 오랫동안 사람들이 의식을 치러 온 그곳에서 나는 아버지가 우리보다 훨씬 큰 무언가와 연결되었다는 느낌을 가질 수 있었다.

어린 시절, 아버지가 내게 가르쳐 준 것은 굴하지 않는 인내와 끈기였다. 삶의 여정에서 결코 한계를 받아들이지 않는 힘 말이다. 그리고 이제 어른이 되어 아버지가 삶의 마지막 여정을 걷는 걸 지켜보면서, 나는 아무리 노력하고 바라도 사라지지 않는 한계를 어떻게 받아들이게 되는지 이해했다. 한계에 도전하기를 멈추고 주어진 상황에서 최선을 다해야 하는 시점이 분명하게 모습을 드러내는 경우는 그리 많지 않다. 그러나 한계에 도전함으로써 치러야 할 대가가 그렇게 해서 얻을 수 있는 가치를 넘어서는 순간이 온다는 것만은 분명하다. 나는 아버지를 도와 그 순간을 찾아내기 위해 애썼다. 너무나 고통스러운 과정이었지만, 동시에 내 삶에서 가장 값진 경험이기도 했다.

아버지는 자신이 직면한 한계들을 다루기 위해 그것들을 환상에 사로잡히지 않은 눈으로 바라보려 애썼다. 자신의 상황 때문에 때로 우울해질지언정, 결코 실제 상황보다 더 좋은 척하지 않았다. 아버지는 늘 인생은 짧고, 한 사람이 세상에서 차지하는 자리는 아주 작다는 걸 이해했다. 그러나 아버지는 또 자기 자신을 역사의 한 고리로 생각했다. 나는 넘실거리는 강물 위에서 수많은 세대가 손을 맞잡고 연결돼 있다는 느낌을 갖지 않을 수 없었다. 아버지는 우리를 그곳에 데려감으로써 자신이 수천 년을 거슬러 올라가는 이야기의 일부분이고, 우리도 그렇다는 사실을 이해할 수 있게 해 주었다.

아버지가 원하는 게 무언지 들을 기회가 있었다는 것, 그리고 그분과 작별 인사를 할 수 있었다는 것이 얼마나 행운인지 모른다. 그럴 기회가 있었기에, 아버지는 우리에게 자신이 평화를 찾았다는 설 알릴 수 있었고, 덕분에 우리도 평화를 찾을 수 있었다.

아버지의 유해를 뿌린 다음, 우리는 잠시 조용히 강 위에 떠서 강 물이 인도하는 대로 흘러갔다. 안개를 걷어 내며 햇살이 타올랐고, 우리는 뼛속까지 온기를 느끼기 시작했다. 뱃사공에게 신호를 보내 자 그가 노를 집어 들었다. 그리고 우리는 다시 땅으로 향했다.